AF155536

Johann Georg Kohl

Reisen in Südrussland

1. Teil

weitsuechtig

Johann Georg Kohl

Reisen in Südrussland

1. Teil

ISBN/EAN: 9783956560590

Auflage: 1

Erscheinungsjahr: 2013

Erscheinungsort: Bremen, Deutschland

@ weitsuechtig in Access Verlag GmbH. Alle Rechte beim Verlag und bei den jeweiligen Lizenzgebern.

Cover: Foto © Ilya Schurov (Wikipedia)

weitsuechtig

Reisen

in

Südrussland

von

J. G. Kohl.

Erster Theil.

J. G. Kohl inv.

Gedr. v. C. Weinhold u. Sta.

Reisen

in

Südrußland

von

J. G. Kohl.

„Naso Tomitanae jam non novus incola terrae
„Hoc tibi de Getico littore mittit opus."

Ovid.

◆

Erster Theil.

Neurußland — Odessa — Ausflüge in die Steppen — die Krim.

———

Nebst einer Karte der Anlande des Pontus.

Dresden und Leipzig,
in der Arnoldischen Buchhandlung.

1841.

Den hochverehrten Damen,

der Frau

Baronin Elisabeth von Keyserling

geb. von Korff

und

der Frau

Baronin Elisabeth von Rutenberg

geb. von Keyserling,

als ein

kleines Zeichen aufrichtiger Ergebenheit

gewidmet

vom

Verfasser.

Vorwort.

„Viribus infirmi, vestro candore valemus,
    „Quem mihi si demas, omnia rapta putem.“

Die Landschaften im Norden des schwarzen Meeres gehören noch immer zu den am wenigsten gekannten Provinzen des russischen Reiches. Obgleich sie jetzt jährlich von Petersburg, Odessa und Taganrog aus von einer Menge gebildeter Männer bereis't werden, so ereignet es sich doch nur selten, daß man uns einen Reisebericht davon liefert. Die Fremden, welche hier eindringen, halten sich, von den geringen Reizen jener Gegenden nur wenig angezogen, gewöhnlich nicht lange genug daselbst auf, um sich mit den Verhältnissen der Bevölkerung und Natur einigermaßen vertraut zu machen, und die Einheimischen haben in der Regel ganz andere Interessen als die der bloßen Beobachtung zu verfolgen.

Von den älteren Reiseberichten aus der Zeit, als die Tataren und Türken noch Herren der pontischen Küsten waren, ist der des Baron de Tott einer der interessantesten. Die umfassendsten Nachrichten enthalten die bekannten Reisewerke des berühmten Pallas. Später gab der Engländer Clarke viel wichtige Aufschlüsse. Die neuesten Reisenden, welche über diese Länder geschrieben haben, sind Herr Murawieff-Apostol, der Marschall Marmont und Herr Anatol von Demidoff, welcher Letztere in Verbindung mit mehren französischen Gelehrten und Künstlern die Krim und die nogaische Steppe im Jahre 1837 durchforschte *).

---

*) Was die Alten — (Herodot, Strabo ꝛc.), — die Byzantiner — (Constant. Porphyrog. u. Andere), — dann die Araber (Asseb = o = seir u. Andere) — und endlich die Genueser und Venetianer, — was Rubruquis, Marco Polo und Olearius über die Steppenländer schrieben und sammelten, hat natürlich nur noch ein historisches Interesse und tritt jetzt, da dieselben eine so große Bedeutsamkeit und eine so merkwürdige Stellung wie nie zuvor in der Weltgeschichte erlangt haben, mehr in den Hintergrund.

Alle diese Werke lassen indessen noch viele Fragen unerörtert, und jeder neue Beitrag zur Erweiterung der Kenntniß des südlichen Rußlands ist daher willkommen. — Und so mögen auch wir darauf hoffen, daß das Publicum unsere Schilderungen und Beobachtungen freundlich aufnehmen werde, die wir ihm als das Resultat mehrfacher Streifereien und eines längeren Aufenthaltes an den nördlichen Küsten des Pontus übergeben.

Wir gestehen gern, daß wir in unseren Darstellungen weit hinter Dem, was wir erstrebten, zurückgeblieben sind, und bitten den gebildeten Leser und nachsichtigen Beurtheiler unseres Versuches, nicht die Schwierigkeiten, die sich bei Entwerfung solcher Bilder darbieten, außer Acht zu lassen. Die Manchfaltigkeit der politischen Beziehungen eines Landes ist so groß! Ohne Zweifel entgingen uns viele. Die Natur selbst der Wüsten ist so vielseitig, so erhaben und räthselhaft! Wer vermöchte sie würdig zu schildern?! — Ein Schriftsteller, der seine Anschauungen und Lebensbegegnisse wiedergiebt, ist immer in dem Falle eines Botanikers, der lebendige Pflanzen trocknet und für sein Herbarium sammelt. Wir werden glücklich sein, wenn Kenner uns zugestehen, daß wenigstens einige unserer gesammelten und getrockneten Blumen an die Frische und das Leben erinnern, welches sie in der Natur haben.

Für die meisten unserer Bemerkungen können wir nur selber verantwortlich gemacht, gelobt oder getadelt werden. Denn im Ganzen erfreuten wir uns bei unseren Bemühungen keinerlei besonderer Unterstützung. Nur einem ausgezeichneten und uns innig befreundeten Manne, dem Herrn Dr. v. Nordmann, dem bekannten Naturforscher und Professor am Lyceum zu Odessa, sind wir für vielfache Belehrung über die physikalischen Verhältnisse der Steppen, die wir bei unserer Charakteristik derselben benutzten, verpflichtet. Wir bitten ihn, unseren warmen Dank, den wir ihm für die Mittheilung so mancher interessanten Notiz hiermit öffentlich aussprechen, freundlich entgegenzunehmen.

Der Verfasser.

Inhaltsverzeichniß.

Reise durch die Ukraine und Neurußland.

Die
Ukraine und Neu=Rußland.

———

„Woll'n uns unter Hirten mischen,
„An Oasen uns erfrischen.
„Jeden Pfad woll'n wir betreten,
„Von der Wüste zu den Städten.“

———

Poltawa.

Es war im Anfange des Maimonats des Jahres 1838, wo ich meinen
Ausflug in die südrussischen Steppen in Poltawa begann, in derselben welt=
bekannten Stadt, vor welcher der abenteuerlichste König der neueren Zeit
den seinigen vor etwas mehr als einem Jahrhunderte endete. Der Zufall
hatte mich dort mit einem interessanten jungen Russen bekannt gemacht, des=
sen Weg, wie der meinige, durch die Steppen ging, und der daher eben
mit mir auf einer hübschen, flinken, dreispännigen Britschke von dem hohen
Ufer der Worskla, auf dem die Stadt Poltawa liegt, herabrollte, als
gerade die Steppensonne, eben so wenig frühlingsmäßig, eben so umwölkt
und trübe über dem Schlachtfelde aufstieg, wie sie dem Schwedenkönige hier
untergegangen war.

„Kun=laje“ war der Name meines Reisegefährten, den er sich aus dem
entferntesten Ende von Asien geholt hatte. Die Chinesen, in deren Haupt=
stadt er sich zwei Jahre lang als gelehrter Forscher bei der russischen Mission
aufgehalten, hatten ihm denselben gegeben. Dieses Volk, dem die Aus=
sprache aller fremden Namen und besonders der russischen sehr schwer wird und
das ohnedieß nur sinnreiche und bedeutungsvolle Namen liebt, hat nämlich
die Sitte, alle Fremden, die in sein Land kommen, umzutaufen und für sie
einen chinesischen Namen zu erfinden, dessen geschickte Wahl aber immer ei=
nige Schwierigkeiten macht, da er nicht nur in einigen Lauten an den eigent=

1

lichen Nationalnamen des Fremden erinnern, sondern auch seine Beschäfti=
gung, sowie sein äußeres Wesen und endlich wo möglich auch seine inneren
Charakter = Eigenthümlichkeiten andeuten muß. Alle diese Erfordernisse hatte
nun das Wort „Kun" (laje heißt blos so viel als Herr). Denn es bezeichnet
dasselbe einen gewissen bei den Chinesen heiligen schwarzen Stein, der von
ihnen bei einigen Krankheiten als Heilmittel angewendet wird. Einen Stein
hatten sie gewählt, weil mein Reisegefährte ein Mineralog war, einen heil=
samen, weil er zugleich als Arzt prakticirte, einen schwarzen wegen seines
schweigsamen Ernstes, und endlich einen Namen mit „Ku," weil dieß auch
die Hauptsylbe in seinem russischen Namen war.

Einen besseren Reisegefährten als meinen Kun = laje, der alle Steppen
von Ungarn bis China durchstreift hatte, konnte ich Neuling in den Steppen
mir also nicht wünschen; wohl freilich besseres Reisewetter, als uns am
ersten Tage unserer Fahrt der sibirische Osten zuschickte. Denn in der That,
ich hätte nicht geglaubt, daß der schöne sanfte Mai auf irgend einem Punkte
des Breitengrades von Paris, auf dem wir uns befanden, noch ein so win=
terliches Wetter gebären könnte, wie uns entgegenbrauste — das wildeste
Schneegestöber, zu Zeiten mit Regen untermischt, auf den Flügeln des hef=
tigsten Ostwindes getragen, — so daß wir uns unserer warmen Pelze herzlich
freuten und froh waren, den vorübergehenden schon so freundlichen Apriltagen
nicht allzuviel getraut zu haben. Da der Schnee schmolz, so verschlechterten
sich auch sehr bald die Wege, und wir kamen trotz unserer Britschke und trotz
dreier schnellfüßigen Steppenpferde in der fetten, klebrigen und zähen Erde
der südrussischen Ackerkrume, in der auch Karl's XII. Kanonen stecken blieben,
nur langsam fort.

Da Alles in Nebel und Schneeflocken gehüllt war, so machte auf den
ersten Stationen unsere Kenntniß Südrußlands auch nur schwache Fortschritte.
Das Einzige, was wir deutlich vor uns erkannten, war unser Jámschtschik
(Postillon), freilich fast immer ein interessanter Gegenstand und des Stu=
diums nicht unwerth. Denn so eigensinnig, langweilig und alltäglich ge=
wöhnlich unsere deutschen Postillone sind, so launig, beredt, willig und
amüsant sind die russischen. Ich wollte, ich könnte die ganze Reihe von
Jámschtschiks, die sich von Poltawa bis Odessa einer nach dem anderen auf
den Bock unserer Britschke setzten, portraitiren. Mit einem Commentare
versehen, würden alle diese verschiedenen Figuren, diese verschmitzten Physio=
gnomieen die interessanteste Bilderreihe von der Welt geben. Dabei ihre eigen=
thümlichen Stimmen, ihre originellen Antworten, ihre Selbstgespräche und
die beständigen Conversationen mit ihren Pferden, mit ihrer Peitsche, mit
dem Wagen, mit den Zügeln, kurz mit allem Todten und Lebendigen, Thie=

rischen und Menschlichen, was sie umgiebt, die freilich alle so ziemlich in derselben Art von Beredtsamkeit gehalten werden, wobei aber doch Jeder immer seine Lieblingsausdrücke hat. Bewunderungswürdig ist es, was diese Leute vom Wetter mit Geduld ertragen. So hatten wir in unserem unbarmherzigen Sturm und Schneegestöber gleich auf der zweiten Station einen kleinen, pfiffigen, untersetzten Burschen, der weiter nichts auf dem Leibe trug als seine Inexpressibles und ein rothes baumwollenes Hemd, die beide ein Gürtel zusammenhielt. Der Rand seines Hutes war schon rundherum herabgerissen, bis auf einer Seite, wo noch ein kleiner Flicken hielt. Den zog er nun beständig gegen die Windseite herunter, woher der Schnee kam, und dieser einen Zoll breite und vier Zoll lange Streifen war sein ganzes Wetterdach. Dabei beklagte er sich nie. Vielmehr sprudelte seine Beredtsamkeit beständig trotz Schneeflocken und Kälte, wie ein unversiegbarer Brunnen, und er war nachher für alles Ungemach, welches er für uns ausgestanden, und für alles Amüsement, das er uns verschafft, mit 30 Kopeken (etwa vier Silbergroschen) Trinkgeld überzufrieden.

In der That, es ist eine nicht genug zu bewundernde Weisheit der Natur, daß sie gerade eine so genügsame, geduldige und zähe Nation, wie die russische, in ein so unwirthliches rauhes Land, wie Rußland, versetzt hat. Schon auf der dritten Station, Reschitilowka, wo wir Mittag machten, trat uns von Neuem dieser Gedanke recht lebendig vor die Seele. Wir trafen hier auf ein paar Augenblicke mit einem Feldjäger zusammen, der von Odessa kam und uns sagte, daß er die 200 Meilen bis Petersburg in vier Tagen machen müsse. Er war ganz in Leder gehüllt. Eine lederne Capotte hatte er über Nacken und Kopf gezogen, und Ueberrock und Pantalons waren aus demselben Stoffe. Dem Wetter konnte er allenfalls so trotzen, allein leider half ihm sein Leder wenig gegen die unbarmherzigen Stöße seiner unbequemen Equipage, die ihm von Odessa her schon so zugesetzt hatten, daß er sich in einem völlig fieberhaften Zustande befand. Er sagte, in den ersten Tagen einer großen, an Schlaflosigkeit und Strapazen reichen Courier=Reise trete ein solches Reisefieber immer ein, doch verliere sich's mit der dritten oder vierten Nacht. Diese russischen Feldjäger, die mit allerlei Aufträgen und Sendungen beständig im großen Reiche umhergesandt werden, — bei'm Kaiser, bei der Kaiserin, bei'm Thronfolger, in jedem Ministerium ist eine gewisse Anzahl von ihnen angestellt — machen wohl die weitesten Reisen auf die unbequemste Art, die irgendwo gemacht werden. Sie fördern sich oft 10 bis 12 Tage hindurch, jeden Tag 50 bis 60 Meilen, mit Equipagen, in denen uns schon die Brust wehe thun würde, wenn wir damit von Berlin nach Charlottenburg fahren sollten. Obgleich man schon immer die stärksten Naturen dazu aussucht, so halten das doch nur wenige lange aus. Die aber, deren Natur sich daran gewöhnt, stehen sich gut dabei, werden gut besoldet, und haben auch noch sonst Gelegenheit, sich Manches zu erwerben. Daher hat man auch in Petersburg den Reim auf sie gemacht:

> „Ein Feldjäger,
> „Ein Geldfeger.‟

Eben so schnell, wie der Feldjäger, müssen auch die Adjutanten und Offiziere sein, die bei den Gouverneuren und Commandeuren der Provinzen angestellt sind. Es ist unglaublich, wie viel blühende Gesundheit auf diese Weise auf den russischen Poststraßen ruinirt wird, deren endlose Länge freilich solche Märtyrer nöthig macht, die oft so erfroren, schlafmüde und gliederlahm auf den Stationen ankommen, daß man sie vom Wagen heben muß. Bei jeder anderen Nation als der russischen würde aber die Zahl der Opfer noch weit größer sein, denn schwerlich würde sich ein deutscher Courier mit einem Glase Schnaps, einer Gurke und einem Stückchen Brod so schnell curiren können, wie unser Feldjäger von Reschitilowka. Wie gesagt, es ist ein Glück, daß die Russen in dieses dicke, breite, massive Ostende Europa's versetzt sind. Nur sie allein konnten auf einem solchen Boden=Terrain einen dauernden, zusammenhaltenden und festen Staat gründen und alle ihm nöthigen Bewegungen, die Truppenmärsche, die Waarentransporte, die Personenbeförderungen, die Couriersendungen mit der nöthigen Raschheit ausführen. Wollte man auf ein Mal jetzt die ganze bequemliche deutsche Nation an die Stelle der russischen setzen, sie würde sich wahrscheinlich allein in Besorgung der blos alltäglichen friedlichen Geschäfte des Staatsorganismus durch Hunger, Durst und Elend aller Art völlig aufreiben und im Kriege dann gar nichts ausrichten.

In Reschitilowka war es eben unglücklicherweise Fasttag, und das Mittagsessen bot daher keinen Ersatz für das Wetter. Ein lauwarmes Wasser mit eingeschnitzten Gurken und Kohl, das sie „Posdnoi Borscht‟ (Fastensuppe) nannten, ein mit Lampenöl begossener Fisch und eine Art von Papiermaché, das sie uns als Desert vorsetzten, das war Alles, was uns der große Marktflecken bot. Als die Wirthin bemerkte, daß wir nicht recht eifrig zulangten, sagte sie: „Vielleicht ist nicht Zucker genug zum Kuchen?‟ und zerbröckelte mit den Fingern ein Stück Zucker darüber. Nun aßen wir gar nichts und tranken ein Glas Schnaps. Denn der Schnaps muß in Rußland allen Aerger verdauen helfen.

Uebrigens ist der Name Reschitilowka seiner feingekräuselten, seidenlockigen, schwarzen Lämmerfelle wegen weit und breit berühmt, und wer in Kleinrußland nur irgend etwas auf seinen Kopf hält, bedeckt ihn gewiß mit keiner anderen cylindrichen Schafpelzmütze als mit einer aus Fellen von Reschiti=

lowka, da nur sie jene Zierlichkeit der Locken, jenen Glanz der Wolle und jene Schwärze der Farbe erreicht, die ein kleinrussischer Stutzer an seiner Mütze liebt. Diese Felle werden von hier in großen Partieen auf die bedeutende Messe von Romni versandt und gehen von da in alle Welt, auch nach Leipzig. Das Merkwürdigste dabei ist, daß jene vorzügliche Gattung von Wolle nur auf einem sehr beschränkten Kreise um den Ort herum hervorgebracht wird, und daß die Kenner sehr genau wissen, ob ein Fell wirklich in Reschitilowka oder einige Meilen davon entfernt zur Welt gekommen ist, eben so wie bei den Weinen, die oft gerade nur an einer Felsenwand in der belobten Güte gedeihen, während sie gleich um die Ecken herum schlechter sind. Doch ist die Erscheinung in diesem ebenen, überall so gleichförmigen Lande weniger erklärlich als bei den Weinhügeln, wo jede Bergseite unter so eigenthümlichen Verhältnissen steht. Es soll übrigens schon seit alten Zeiten jene vorzügliche und alles Benachbarte weit übertreffende Wolle auf diesem Boden von Reschitilowka gewachsen sein. Vielleicht ist es eine eigenthümliche Erziehung und Behandlungsweise, die man hier den Schafen zu Theil werden läßt. Vielleicht ist es eine gewisse Pflanze, die eben gerade nur hier vorkommt und den Schafen so besonders zusagt. Das Räthsel blieb uns unlösbar, wie leider viele solcher kleinen physikalischen und politischen Geheimnisse, die dem Nationalökonomen auf seinen Reisen begegnen.

Der Ort Reschitilowka selbst ist, wie alle diese kleinrussischen „Mestetschko's" (Marktflecken) so groß und weitläufig, wie eine Provinz. Er soll nicht weniger als 11,000 Einwohner haben, unter denen 2000 „panskye ludi" (Leibeigene) und 9000 „Kasakki" (freie Leute), Juden und Edelleute. Die Leibeigenen gehören zur Hälfte einem großen Edelmanne, und zur Hälfte einer Menge kleiner Eigenthümer, die oft nur 10, 5, ja nur 2 Seelen besitzen und unter den Bauern zerstreut mitten im Dorfe wohnen. Bei uns begnügt sich selbst eine Stadt wohl oft nur mit einer Kirche, aber hier sind ihrer 6, nebst einem unglaublich großen Heere von Mühlen, die rund um den Ort herumstehen, wie eine belagernde Armee.

Das von Reschitilowka Gesagte kann man für die Zusammensetzung der Bevölkerung aller kleinrussischen Flecken und Dörfer nehmen. In keinem Gouvernement von Rußland ist die Bevölkerung so dicht, wie in dem von Poltawa (fast 2000 Seelen auf die Quadratmeile), und in keinem ist sie auf so wenigen Punkten so stark angehäuft. Selten findet sich ein Dorf, das weniger als 2000 Einwohner zählte, und sehr viele, die 6000 — 7000 haben. Die Stärke der Bevölkerung erklärt sich aus der Fruchtbarkeit des Landes, ihre Concentrirung auf einzelnen Punkten, wie man behauptet, aus der früheren Geschichte dieser Gegenden, die am meisten den Einfällen der Tataren ausgesetzt waren, und wo sich daher die Leute zu leichterer Vertheidigung immer in großen Haufen beisammen hielten.

Wir bezahlten unserer Wirthin ihr Oel und ihr Papier-mache theuer genug, und „s't bogom" (mit Gott), wie die russischen Postillone, wenn sie sich auf dem Bocke festgesetzt und die Zügel ergriffen haben, ihren Pferden zurufen, ging es weiter. Sturm und Schnee hatten sich etwas beruhigt, und es fing allmählig ein freundlicher Nachmittag an auf die frühlingsgrünen Fluren herabzulächeln. Gewöhnlich denkt man sich bei uns die Ukraine, wenn man die Geschichte der Feldzüge Karl's XII. liest, als ein ödes Steppenland, in dem weder Busch noch Baum wächst. Es ist dies aber eine sehr falsche Vorstellung; denn obgleich man auch in der Ukraine schon den Ausdruck „Step" allgemein für freies Feld im Gebrauch findet, so ist doch die Landschaft noch so häufig mit freundlichen Wäldern untermischt, daß man sie noch nicht für ein ächtes Steppenland ansehen, sondern nur für ein Steppen-Gränzland und eine Uebergangsform gelten lassen kann. Die „nastajasch-tschoi step" (die ächte Steppe) beginnt erst eigentlich jenseits des Dniepr's. Besonders in allen großen und kleinern Flußthälern, die hier durchweg äußerst anmuthig sind, zieht sich eine Menge von hübschen Eichenwäldern, mit Wiesengründen untermischt, herab, und wenn auch das Land in der ersten Anlage ziemlich eben war, so haben doch die zahlreichen Flüsse, welche es durchkreuzen, so weite und tiefe Thäler, die besonders bei dem Zusammentreffen mehre Berge und Hügel bilden, eingeschnitten, daß die Einförmigkeit der Gegend dadurch häufig sehr angenehm unterbrochen wird. Einen eigenthümlichen Reiz hatten noch für uns die wilden Obstbäume, die jetzt eben in Blüthe standen, und die — besonders die Birnbäume — sich hier in weitläufigen Wäldern über ganze große Flächen ausdehnten.

„He he! garkaja!" (du Bittere!); „nu nu! popi!" (nun, ihr kleinen Popen!); „schewelitsa" (schüttelt euch!); „beregitsa" (sieh dich vor!); „nu nu! rasom!" (alle drei auf ein Mal); „po goru! po goru! po gorutschku!" (auf den Berg! auf den Berg! auf den kleinen Berg, frisch hinauf!); „nun, fürchtet euch nicht;" „was stolperst du?" „bist du blind?" „juchti warwari!" (Juchhe, ihr Barbaren!)" — so schwatzte unser Postillon unaufhörlich mit seinen Pferden, und mit Hülfe dieser und anderer Schmeichelreden und Scheltworte brachten sie uns denn endlich gegen Abend in die löbliche Stadt Krementschug am Dniepr. „Ssamowar postawit!" (stellt den Theekessel auf!) — eine Redensart, die auf allen russischen Poststationen von den erfrorenen Passagieren schon herauskommandirt wird, wenn sie noch nicht einmal aus dem Wagen gestiegen sind, — war auch unser erstes Wort an den uns entgegenkommenden jüdischen Wirth.

Krementschug.

Ein Jude war das Erste, was uns in Krementschug entgegentrat, ein Ziegenbock, der auf die Straße sprang, das Zweite. Die Juden sind hier in den Steppen, wie überall in allen Klimaten und Zonen, dieselben. Nicht so die Ziegenböcke. Diese Ziegen der Steppen, obgleich sie an Munterkeit, Schlauheit und keckem Muthe auch hier noch weit über den Schafen stehen, und daher auch allen hiesigen Schafheerden beigemischt werden, um der Dummheit dieser Thiere gleichsam als Salz zu dienen *), haben doch lange nicht die vorwitzige Ausgelassenheit und die regsame Gewandtheit unserer Bergziegen. Vielmehr könnte man sie in Vergleich mit diesen plump und träge schelten. Sie haben ausnehmend kurze Beine, dagegen ein langes Fließ, das ihnen wie den Eisbären vom Rücken hängt. Ueberhaupt könnte man sie bei ihren plumpen Bewegungen und ihrem trägen Wesen eher den Bären als einem so munteren, für die Berge geschaffenen Geschlechte, wie in der Regel die Ziegen sind, angehörig halten. Dabei sind sie dick und lang, und gewöhnlich sieht man sie ruhig am Boden liegen. Kurz sie tragen ganz den Charakter ihres Landes, der Steppen, und eine solche plumpe Steppenziege würde sich in unseren Bergen eben so ungeschickt benehmen, als wenn man einen Mastochsen in die Felsen schicken würde.

Die Stadt Krementschug ist eine neue und fröhlich aufblühende, wie alle die Städte Südrußlands, die fast in demselben Verhältnisse mit Odessa und mit dem Zunehmen des pontischen Handels vorschreiten. Sie hat viele neue und zum Theil recht ansehnliche Gebäude. Doch wird es noch eine Zeit lang dauern, bis sie sich aus dem Schmuze des Bodens hervorgearbeitet hat. Denn die Steinbrüche in ihrer Nähe liefern kein zum Pflastern taugliches Material. Das bei der Stadt zu Tage stehende Granitriff darum anzugehen, würde aber einstweilen noch wohl die Kräfte der Einwohner übersteigen, und Feldsteine giebt es im ganzen Süden Rußlands nicht einen einzigen. Ein Glück für die Landschaft, ein Unglück für den Straßenbau! Krementschug soll so viel bedeuten als „Stadt der Feuersteine." Man findet diese in der Umgegend häufig. Obgleich sie im Lande der Kleinrussen liegt, so sind doch die Haupthandelsleute Juden, Armenier, Griechen und besonders Großrussen. Die Kleinrussen haben wenig von dem Speculationsgeiste, der im großrussischen Blute steckt. Sie liegen fast alle der Viehzucht und dem Ackerbaue ob.

---

*) Die Steppenhirten behaupten, daß keine Schafheerde ohne beigemischte Ziegen in den Steppen gehütet werden könne.

Krementschug ist der Haupthafen für das ganze Gouvernement Poltawa (weit über 1½ Millionen Menschen), das sich von hieraus mit dem aus der Krim und Bessarabien kommenden Salze, mit mehren levantischen Artikeln aus Odessa und mit den den Dniepr herabkommenden Producten der polnischen Wälder (Holz, Harz, Hanf, Thee) versorgt. Die Ausfuhr des so fruchtbaren Gouvernements ist aber sehr gering, fast völlig Null, obgleich der Dniepr an ihm vorbeistreicht. Nur wenn die Getreidepreise in Odessa sehr hoch steigen, führt es auch über Krementschug seinen Weizen aus. Sonst wird fast alles Getreide im Lande verspeist und zu Garelka (Branntwein) verbrannt. Wolle, Honig und Wachs sind die einzigen Ausfuhrartikel. — Die Natur hat leider bei'm sonst so schönen breiten und tiefen Dniepr den einzigen Fehler begangen, ihn in seinem unteren Laufe durch mehre quer durchstreichende Felsenriffe zu verderben und die Schifffahrt zu erschweren. Diese Felsenriffe ließen von jeher die Schifffahrt des Flusses kränkeln und dienten stets nur der Barbarei zu Anhaltepunkten, bis in die neueste Zeit den saporogischen Kosacken („den Kosacken der Wasserfälle"). Wenn diese Wasserfälle nicht gewesen wären, wer weiß, wie fest sich dann hier vielleicht altgriechischer Handel und Cultur am Dniepr begründet hätten, und wie ganz anderer Widerstand der Barbarei der Völkerwanderung dann hätte geleistet werden mögen. Man hat freilich in den letzten 50 Jahren unter verschiedenen Regierungen an der Beseitigung der durch die Wasserfälle veranlaßten Hindernisse gearbeitet, und theils vermöge dieser Arbeiten, theils vermöge des Aufschwungs aller Lebens = und Handelsverhältnisse der umliegenden Länder hat sich die Schifffahrt des Dniepers verdreifacht und vervierfacht. Dennoch ist nur im Frühlinge bei hohem Wasser auch jetzt noch eine ziemlich sichere Schifffahrt möglich.

Wir sahen bei unserem abendlichen Spaziergange durch Krementschug mehre neue Häuser im Bau begriffen. Die Leute verfahren eigenthümlich dabei. Weil das Holz in diesen Gegenden theuer ist, sägt man die Baumstämme in der Mitte durch und baut so mit halben Bäumen, während im Norden die vollen Stämme, so wie man sie aus dem Walde holt, über einander gelegt werden. Dadurch werden aber die Wände zu dünn, und man überzieht sie daher noch mit einer dicken Lehmschicht, die die Leute auf folgende sonderbare Weise an den Wänden befestigen. Sie schlagen eine unzählige Menge von Holzpflöckchen dicht bei einander in die Wand, werfen dann den Lehm dazwischen und drücken nachher noch schließlich kleine eckige Steinchen zwischen Lehm und Pflöcke, worauf dann das Ganze überweißt wird. Dieß Verfahren ist allgemein in der ganzen Ukraine und Kleinrußland. Zuweilen werden auch vor dem Aufwerfen der Lehmschicht die Wände noch mit Woilok (einem dichten Filze aus Kuhhaaren) bedeckt, und dieser mit dünnen,

kreuzweise über einander geschlagenen Latten benagelt. Diese Filz=Lehm=Holz=
wände geben alsdann ein sehr angenehmes, warmes und trockenes Haus. —
Es sollen mehre Kaufleute in Krementschug sein, die Millionen besitzen.

Wir verspürten indeß in unserem Wirthshause noch nichts von dieser
erfreulichen Blüthe und Wohlhabenheit. Denn mit unserem guten Reise=
Appetite waren wir so ziemlich auf unseren Thee und unsere kleinen von
Poltawa mitgenommenen „Pirogen" (Fleischpasteten) reducirt. Wir baten
um Eier. „Sogleich, sogleich!" hieß es. „Aber sie sind nicht ganz frisch
mehr." Das hieß denn, wie wir uns bald überzeugten, die kleinen Küch=
lein saßen schon frisch darin. Wir baten um Milch. „Sogleich, sogleich!" —
„Ihr habt doch welche?" — „Jest, jest." (Es ist da, es ist da!) — Nach=
dem sie in den Topf geguckt hatten, kamen sie mit der kurzen Antwort zu=
rück: „Njet, builo." (Ach nein! Es war welche da, aber) — „Nun
so gebet uns etwas Fleisch, kalten Braten, Carbonade!" — „Ach, Vä=
terchen, gestern sind uns die Carbonaden ausgegangen! Wir hatten so
schöne." —

Die Gastfreundschaft grünt in diesem Lande noch zu sehr, als daß die
Wirthshäuser schon bedeutend blühen könnten. Ich erinnerte mich lebhaft
daran, was mir einst ein russischer Fürst von seiner Aufnahme an eben
diesem Orte bei einem reichen Kaufmanne Krementschug's erzählt hatte, wie
die Leute ihn herrlich mit aller möglichen Aufmerksamkeit tractirt, wie sie sein
Zimmer mit den angenehmsten Comforts versehen, wie sie am anderen Mor=
gen noch auf's Liebreichste für so ehrenvollen Besuch gedankt hätten, und er
sich kaum von ihnen habe losreißen können. Ich erzählte davon meinem
Reisegefährten Kun=laje, und so schliefen wir unter den freundlichsten Bil=
dern auf unseren Bärenpelzen ein und setzten am anderen Morgen früh über
den Dniepr.

Der Fluß ist hier schon sehr groß und mächtig, denn er hat bei Kre=
mentschug bereits alle seine bedeutenden Zuflüsse erhalten. Und was er wei=
ter unten noch empfängt, ist so gut wie nichts, wenn man den Bug nicht
etwa noch als einen Nebenfluß von ihm ansehen will. Die Schiffer taxirten
seine Breite auf 1700 Ellen. Freilich hatte er jetzt gerade sein hohes Wasser.
Doch ist die Differenz zwischen seinem hohen und niederen Stande hier, wo
die hohen Ufer des Flusses sich sehr nahe treten, höchst unbedeutend. Der
Dniepr hat sein großes Wasser sehr spät, Ende April und Anfangs Mai.
Erst den 9. oder 10. Mai alten Stils (den 21. und 22. n. St.), sagten die
Leute, nehme das Wasser merklich ab. Die Richtung seines Laufs von
Norden nach Süden ist die Ursache des späten Anschwellens, indem Eis
und Schnee der nördlichen Zuflüsse erst um diese Zeit aufthauen. Wenn er

unter denselben Breitengraden von Süden nach Norden flösse, so müßte er
das hohe Wasser viel früher haben, weil die südlichen, schon früh, Ende März
und Anfangs April, gelösten und erwärmten Gewässer sich dann auf die Eismassen der nördlichen Mündung stürzen und sie wegschmelzen würden. Es
erklärt sich auf diese Weise, daß die Düna, die ihre Hauptzuflüsse ungefähr aus derselben Gegend empfängt, fast zu derselben Zeit Hochwasser hat,
obgleich ihre Mündung um so vieles nördlicher liegt. Der Zufluß, welcher
dem Dniepr seine Gewässer am allerspätesten zusendet, ist der Prypet. Dieser Fluß, so wie alle seine Nebenflüsse, ist mit den ungeheueren volhynischen
Waldungen umgeben, in denen der Schnee, vor den Sonnenstrahlen geschützt, sehr lange liegen bleibt und erst vor der Sonne des Mai's weicht.
Die Leute sagten, dieß seien die Prypet=Gewässer, von denen wir jetzt
den Fluß so groß sähen. Ebenso war es der Prypet=Handel, der jetzt die
ganze Gegend belebte   Denn mit dem großen Wasser kommen zugleich auch
die Flöße und Barken des Flusses.

Derselbe Umstand, die Richtung von Norden nach Süden, der Ursache des späten Anschwellens ist, führt auch die Wohlthat herbei, daß die
Anschwellung nicht so bedeutend ist, als sie bei einem Laufe von Süden
nach Norden sein würde. Denn da der Frühling nun zuerst an die Mündung pocht und das Eis dort abgehen läßt, öffnet er gleichsam das Thor und
giebt den nachfolgenden Eisschollen freien Weg. Indem er immer weiter
nordwärts hinaufschreitet und die Eisdecke allmählig stückweise löst, geht
Alles der Ordnung gemäß ab, und alles Obereis und Obergewässer, das
sich in Bewegung setzt, findet unten schon freie Bahn und kann sich nirgends
stauen und stocken. Es ist offenbar, daß dieß bei allen anders gerichteten
Flüssen anders sein muß. Wenn ein Fluß von Westen nach Osten oder
von Osten nach Westen fließt, so thaut bei ihm Alles auf ein Mal auf. Das
Hochwasser wird also auf einen kleinen Zeitraum beschränkt, und die Ueberschwemmung muß bedeutend sein. Fließt er gar von Süden nach Norden,
so müssen oft Störungen im Eisgange und gefährliche Stauungen des Wassers eintreten, indem der Eisabgang nicht regelmäßig vor sich gehen kann
und die oberen schon gelösten Eismassen oft vor der nördlichen Mündung
noch einen Eisriegel finden. Dieß Letztere ist mit der Düna der Fall.

Wir waren kaum vom Lande abgestoßen, so sah ich einen Strudel im
Wasser und etwas Schwarzes darunter. Die Schiffer fuhren gerade darauf
los, und ich fragte einen von ihnen: „Was ist das?" Er hatte aber nicht
so viel Zeit, um zu antworten, so saßen wir zu allgemeiner Ueberraschung auf
der Spitze eines schwarzen Granitfelsens fest. Das Boot legte sich auf die
Seite, und im selben Augenblicke gingen, von der Gewalt des Stoßes

becontenancirt, ein paar von unseren Pferden über Bord. Die angebundenen Thiere rissen das Boot so auf die Seite, daß schon kleine Wellen hereinspülten, und hätten wir nicht schnell die Stricke gekappt, so wären wir auf der Stelle gesunken. Mit Kleinrussen sich auf's Wasser zu begeben, ist alle Mal ein großes Risiko. Als Jämschtschiks auf dem Lande passirt ihnen dergleichen nicht so oft. Die Pferde schwammen in's Weite hinaus, erreichten endlich Grund und blieben mitten im Flusse auf einer Sandbank stehen. Der Aufruhr war groß, und die Anstrengungen, welche die Schiffsleute machten, um vom Felsen loszukommen, sehr ungeschickt. Wir glaubten noch alle Augenblicke zu kippen. Am Ufer stand eine Menge von Zuschauern, ohne uns zu Hülfe zu kommen. Ich schrie ihnen, so laut ich konnte, zu: „Daitje loschku!" (Gebt einen Löffel her!) Ich wollte rufen: „lotku" (ein Boot). Dieß erregte nun allgemeine Heiterkeit, daß ich begehrte, die Leute sollten uns mit einem Löffel aus der Suppe retten. — Und obgleich es in der That um's Haar die letzte Belehrung hätte sein können, die ich hienieden über die russische Sprache empfangen, so mußte ich doch herzlich mitlachen. Nachher mußten wir noch einen einstündigen Fischfang nach den entlaufenen Pferden anstellen, und rannten uns dabei auch noch ein paar Mal fest.

Auf der anderen Seite des Flusses sind in der Nähe des Ufers eben solche Granitfelsen und Strudel. Auch zeigen sie sich zu beiden Seiten des Ufers aus der Erde hervorragend und lassen sich eine weite Strecke landeinwärts verfolgen. Es ist ein großes Felsenriff, das der Fluß hier durchbrochen und bis auf die wenigen bei einiger Geschicklichkeit für die Schifffahrt nicht gefährlichen Brocken beseitigt hat. Aehnliche Felsenriffe, die wahrscheinlich weiter nichts als Stufen einer unter dem ganzen Steppenplateau sich hinziehenden Granitschicht sind, bilden unterhalb Jekaterinoslaw jene berühmten Wasserfälle (Porogi).

Auch im Flusse selbst hatten wir noch genug zu thun, denn der Dniepr fließt sehr rasch, wie alle die großen Steppenflüsse, Bug, Dniestr, Pruth, von denen übrigens der Bug schneller ist als der Dniepr, der Dniestr schneller als der Bug, und der Pruth der schnellste von allen. Die große Rapidität dieser Flüsse ist sehr sonderbar, da die Steppen im Ganzen sehr schwach geneigte Plateau's sind, und da noch dazu die Flüsse durchaus nicht besonders geradeaus, sondern in unzähligen vielen kleinen Windungen und Krümmungen fließen, zumal der Dniestr und Pruth. Diese großen Flüsse stehen in dieser Hinsicht in einem merkwürdigen Contraste mit ihren kleinen Nebenflüssen, die sie aus den Steppen zur Seite empfangen und die äußerst langsam fließen, ja den größten Theil des Jahres stagniren.

Wir hätten gern das Vergnügen der Flußfahrt noch etwas in die Länge gezogen. Denn in der That gewährt eine solche dem Geiste eine ganz eigene Freude, die durchaus anderer Art ist als die Freude über das, was die Fahrten auf Binnenseen und Meeren bieten. Dieß beständige Treiben und geschäftige Forteilen der Gewässer, die unaufhaltsam hinter einander herwälzen, alle auf derselben Bahn, als verfolgten sie einen gemeinsamen Zweck — dieser mächtige Strom, eine so große Wirkung so vieler kleiner, zusammentröpfelnder Ursachen — die weiten Wege in das Innere vieler Landschaften, in welchen die Phantasie am Faden des Flusses hinauf- und hinabsteigt, nach oben zu den kleinen Quellen in den Wäldern und Bergen, nach unten zu dem unermeßlichen Ocean — dieß Alles erweckt das Behagen, das der Geist auf großen Flüssen empfindet.

Krementschug gegenüber auf der anderen Seite des Dniepr's liegt ein kleiner Ort, Kriukoff, welcher der Stadt als Ueberfahrts-Hafen und Magazin-Platz dient. Die meisten Boote landen hier, und die Hauptmagazine befinden sich ebenfalls hier. Die Boote des Dniepr's heißen „Baidak" und sind eine höchst sonderbare Art von Schiffen. Besonders fallen sie auf durch ihre riesengroßen Steuerruder. Ich erinnere mich aus meiner Jugend, daß ich damals immer nicht recht begreifen konnte, wie man mit einem so kleinen Steuerruder, wie unsere Schiffer haben, ein so großes Ding, wie ein Schiff ist, lenken könnte, und hielt es für einen bedeutenden Fehler der Schiffsbaukunst, daß sie den Steuerrudern eine so unansehnliche Größe gäbe. Die Bootsleute des Dniepr's schienen wie die Kinder gedacht zu haben. Denn sie haben ein riesenmäßiges Ruder auf ihren Schiffen angebracht, das ungefähr zwei Mal so lang ist als ihr Mastbaum. Vorn ragt es bis in die Mitte des Schiffes, wo auch der Steuermann steht, und hinten reicht es noch fast eine Schiffslänge weit in's Wasser hinaus. Als ich sie fragte, warum das so sei, antworteten sie blos mit der gewöhnlichen Antwort der Kleinrussen, die sich eben so ungern wie die Türken auf Explicationen einlassen: „Tak trebe." (So gehört sich's).

Keine Waare befindet sich in größeren Massen an diesem Dniepr-Punkte aufgestapelt, als das S a l z. Denn es sind hier in Kriukoff die großen Salz-Magazine der Krone, aus denen ein großer Theil der Dniepr-Landschaft versorgt wird. Das Salz kommt theils aus den Seen der krim'schen Steppe, theils aus den Limans (salzigen Hafs) der pontischen Küste. Es wird dort, besonders in den beßarabischen Limans, in ungeheuren Massen herausgeschafft, und theils an Ort und Stelle an Käufer, die aus der Umgegend herbeieilen, verkauft, theils aber in großen Partieen in den Magazinen am Dniepr gesammelt. Man kann die westlichen Steppen Südrußlands und den größten Theil des Dniepr-Gebietes als den Verbreitungskreis dieses krim'schen und beßarabischen Salzes bezeichnen. An der Wolga sind ähn-

liche noch bedeutendere Salz = Stapelplätze, die sich aus den großen Salz=
seen der Kalmückensteppe jenseits der Wolga füllen und die Länder des
Wolga = Gebietes verforgen. Die nördlichen Provinzen der Oftsee, das
Düna = Gebiet u. f. w. bekommen größtentheils norwegisches Salz, das in
den baltischen Häfen landet, und das eigentliche Polen meistens Karpathen=
Salz *). Rußland hat also überall die Quellen, aus denen es sich mit
Salz versieht, an seinen Gränzen. In dem ganzen großen weiten Inneren
findet sich weder Salzberg, noch Salzsee, noch Salzquelle **). Das Gebiet
des krim'schen und ponti'schen Salzes stößt also gegen Osten an das Wolga=
Steppensalz, gegen Norden an das norwegische und gegen Nordwesten und
Westen an das karpathische. Es lagerten jetzt in Kriukoff 400,000 Pud
Salz, und im ganzen Jahre beträgt die Ausfuhr von hier 500,000 bis
600,000 Pud = 20,000,000 — 25,000,000 Pfund.

Merkwürdig sind die weiten Wege, welche in diesem großen, so ungleich=
mäßig verforgten Lande oft sehr unbedeutende Waaren gehen, wie z. B.
das Theer. Dieser Artikel kann im ganzen weiten waldlosen Süden nicht
producirt werden, kommt daher in großen Maffen aus den polnischen Wäl=
dern auf dem Dniepr herunter und vertheilt sich dann, besonders von Kremen=
tschug aus, wo diese Flüssigkeit in großen Quantitäten zusammenläuft, durch
die Ukraine und durch alle südruffischen Steppen bis Odessa hin und wan=
dert so, bald zu Schiffe, bald zu Wagen, mehr als 150 Meilen weit.
Man ist in den Steppen oft um diesen Stoff verlegen. Man führt daher
auch gewöhnlich blos Speck zum Schmieren der Räder bei sich. Oft, wenn
uns der Speck ausging, kauften wir einem Fuhrmann sein Speckfrühstück
ab, das er im Begriff stand, zum Brode zu verzehren, und stopften es in
die Radnaben. Die Hunde, die das wissen, machen sich die Mode zu
Nutze, und man hat ihrer auf allen Stationen immer eine Menge unter
dem Wagen, die an den Achsen lecken.

Die neuruffischen Steppen.

Nach Besichtigung der Salzmagazine warfen wir noch einen Abschieds=
blick auf den schönen Dniepr und kutschten dann in ein neues Land hinein;
denn das andere Ufer eines mächtigen Fluffes ist immer mehr oder weniger
ein solches. Es trat uns gleich in dem Naturleben sowohl, als in dem

---

*) Früher gehörten die großen Karpathen = Salzwerke Wieliczka, Bochnia
u. f. w. dem Königreiche Polen felber, und noch jetzt ist feit der Theilung Polens
Oesterreich verpflichtet, jährlich eine gewiffe Quantität Salz an das ruffische Polen
abzugeben.
**) Die Salzwerke von Staraja Rusa machen die einzige Ausnahme, wenn man
diese Gegend noch mit zum Innern rechnet.

der Menschen eine Menge neuer Dinge entgegen. Die Uebergänge aus der bebuschten und zum Theil noch bewaldeten Steppe sind, wie wir schon oben bemerkten, sehr langsam. Doch ward es uns jenseits des Dniepr's sehr merklich, daß wir wieder eine neue Stufe der Schattirung erreicht hatten. Es wird hier in Neurußland — denn so nennen unsere Karten dieses Land — Alles noch bedeutend einförmiger und öder. Nur hier und da entdeckt man noch am äußersten Horizonte kleine Bäume, zusammenstehend in unbedeutenden Ansammlungen, die man kaum Wälder nennen kann. Dieß dauert noch fort bis ungefähr in die Gegend von Jelisawethgrod, hinter welcher Stadt dann endlich erst die ächte nackte Steppe ganz vollendet vor Augen liegt.

In der Thierwelt fiel uns gleich jenseits des Dniepr's das kleine „Erdhäschen", das die Russen „Ssuslik" nennen, auf. In der Ukraine hatten wir es nirgends gesehen, und hier lief und spielte es überall im Grase, zu unserer größten Unterhaltung. Ich hielt Anfangs diese beweglichen, aus dem Grase auf- und niederduckenden Thierchen für Wachteln.

Bei den Menschen fielen uns die Erdwohnungen auf, die sogenannten „Semlanken", die wir auch jenseits des Dniepr's nirgend gesehen hatten, in denen aber der größte Theil der Bevölkerung Neurußlands wohnt, wie wahrscheinlich auch schon zu Herodot's Zeiten, der auch von „Chamäkoiten" der Steppen spricht.

Der Name Neurußland existirt indeß blos in unseren Geographien, denn in Rußland hört man nie von einem „Novaja Russija" sprechen. Die Regierung und die Großrussen nennen das Land „Chersonski Gubernie" (Cherson'sches Gouvernement). Die Einwohner selbst aber benamen ihr Land gar nicht.

Der nächste Ort, auf den wir in den Steppen trafen, war Alexandria am Ingulez, ein berühmter Name, aber nur ein kleines Städtchen an einem winzigen Flusse. Alles umher kahl, wüste und trostlos. Der Fluß Ingulez, wie alle Steppenflüsse zweiten und dritten Ranges, ist eine völlig nackte, schmucklose Nymphe, die in einem tiefen, alles Laubes entbehrenden Thale spärliche Wellen wälzt. Die Bevölkerung des Ortes ist vollkommen neurussisch, d. h. aus allen möglichen Völkern, Juden, Malo-Rossianen, Großrussen, Deutschen, Moldauern, zusammengestückt. Man hat zur Bevölkerung dieser Landschaften, nachdem sie von den Tataren verlassen und für den Anbau gewonnen waren, eine Menge Nationen zu Hülfe gerufen. Man gestattete den Juden hier den Aufenthalt, der ihnen im eigentlichen Rußland verboten. Man rief deutsche, ungarische und bulgarische Kolonisten herbei, denen man große Ländereien abtrat. Man schenkte Güter an russi-

sche und polnische Edelleute mit der Bedingung, sie in einem gewissen Zeitraume zu cultiviren und zu bevölkern. Man versetzte Juden, Zigeuner und
Tataren, alle dem Ackerbau gleich abgeneigt, mit Gewalt hierher und
gründete mit ihnen ackerbauende Kolonieen. Ja, man errichtete sogar an
einigen Orten Freistätten oder Asyle, wo sich jeder aus Polen oder dem inneren Rußland entlaufene Leibeigene als freier Mann ungehindert ansiedeln
konnte. So ist denn die Bevölkerung Neurußlands ein künstliches Misch-
masch, das seines Gleichen sucht.

Bei dem Allen aber zieht sich doch als Hauptstamm und Grundbevölkerung
die maloroffianische Nation hindurch. Dieser interessante Völkerstamm hat
sich in neuerer Zeit auf eine höchst merkwürdige und, wie mir es scheint,
noch wenig beachtete Weise von seinen alten Ursitzen in die benachbarten
Landschaften ausgedehnt. Jene seine Ursitze sind insbesondere die Gegenden
um den mittleren Dniepr, im Kiew'schen, Poltaw'schen und Tschernigow's-
schen, und von da an bis an die Karpathen, wo eine Abtheilung von ihm,
die „Rusnaken", unter österreichischer Herrschaft steht. In diesen Ländern,
so wie in der Ukraine, macht er die Grundbevölkerung nicht nur des flachen
Landes, sondern auch der Marktflecken und Städte. Von da aus hat er
sich nun aber auf der einen Seite nach Süden bis an's schwarze Meer durch
Neurußland und auf der anderen Seite nach Osten bis an die Wolga im
Saratow'schen ackerbauend ausgebreitet, und macht gegenwärtig im ganzen
Steppensüden Rußlands bis an die Moldau, die Krim und den Kaukasus
die vornehmste ackerbauende Population aus. — Diese merkwürdige fried-
liche Verbreitung und Uebersiedelung ist in gewisser Hinsicht ganz neu zu nennen. Denn wenn auch die ehemaligen Mitglieder der Kosackenstaaten schon
meistens von kleinrussischem Stamme waren, so konnte doch erst nach dem
entschiedenen Siege der russischen Waffen über die Türken und Tataren der
Kleinrusse so voller Erbe des Tataren werden, wie er es jetzt ist.

In Alexandria hält ein Jude ein Kaffeehaus, und seine reizende Tochter servirte uns den Kaffee. Wir machten ihr einige Komplimente über ihre
schönen Augen und Zähne. Doch schien sie sich auf diese natürlichen Edelsteine und Perlen weit weniger einzubilden als auf die künstlich verflochtenen
der prächtigen und glitzenden Perlenhaube, die sie auf dem Kopfe trug. Alle
Jüdinnen in ganz Neu- und Kleinrußland bis nach Galizien hinein tragen
nämlich eine gewisse steife, bauschige und sehr entstellende Haube, die gewöhnlich auf schwarzem Sammtgrunde über und über mit einer Menge kleiner und großer Perlen besetzt ist und die sie „Muschka" nennen. Diese
Haube hat mit sehr unbedeutenden Nuancen fast durchweg ganz dieselbe
Form. Nur sind bei den Reichen die Perlen größer, und hier und da

hängen sie auch noch eine Menge kleiner Perlen und Edelsteine, die wie die Ohrringe unserer Damen gefaßt sind, rund herum. Gewöhnlich tragen sie so ihr halbes Vermögen auf dem Kopfe. Denn meistens kosten diese Hauben 500—1000 Rubel, viele aber auch 5000—6000 und mehr. Sie tragen sie gleichmäßig Sonntag wie Alltag und stolziren in Küche und Keller mit ihrer Muschka herum. Sie setzen ihr Letztes daran, um eine solche Perlen= haube zu erhalten, und wenn sie auch sonst in Lumpen gehüllt sind, so haben sie doch ihren Kopf mit Perlen geschmückt. Um einer so weit und allgemein verbreiteten Mode das nöthige Material zu liefern, ist daher der Perlenhan= del von Odessa, Taganrog und einigen anderen südrussischen Punkten nicht unbedeutend. Es mögen in dem geographischen Verbreitungsbezirke dieser Haube, den wir oben bezeichneten, auf's Mindeste 2,000,000 Juden wohnen. Nehmen wir unter diesen 2 Millionen auch nur 300,000 erwachsene Weiber als Minimum an, und unter diesen als Perlenhauben tragend nur die Hälfte, 150,000 (nur die ganz bettelarmen und die ganz vornehmen tragen keine Muschka), nehmen wir ferner den durchschnittlichen Werth der Perlen einer solchen Haube nur zu 500 Rubel — es sind dieß lauter kleinste Minima, die hinter der Größe der wahren Zahlen weit zurückbleiben, — so giebt dies einen Kapitalwerth von 76,000,000, die als Perlen auf den Köpfen der Jüdinnen dieser Gegenden getragen werden. Natürlich ist der jährliche Ab= gang an diesem Kapital wohl gering, da die Perlen von den Müttern auf die Töchter und Enkelinnen vererben. Allein geben wir ihnen auch die Dauer von einem Jahrhundert, so beträgt doch immer die jährlich nöthige Zubuße fast eine Million. Doch ist es wahrscheinlich, daß der Perlenhandel ein weit größeres Kapital beschäftigt. Die Perlen sind größtentheils orientalische, die theils über die Türkei und Odessa, theils über Armenien und Tiflis kom= men. — Wir fragten unsere schöne Jüdin, ob sie nicht wegen eines so kost= baren Schatzes, wie ihre Perlenhaube sei, in beständiger Sorge schwebe, und wie sie sich denn vor den Dieben wahre. Sie sagte, sie trage ihre Haube den ganzen Tag auf dem Kopfe, und Nachts lege sie sie in eine Kiste, die unter ihrem Kopfkissen stände. Fast jede Nation hat irgend ein Toiletten= stück, auf das sie große Stücke hält. So haben diese Steppen= Jüdinnen ihre Haube, an die sie wachend und träumend denken und um die sich ihr ganzes kurzes Leben dreht, wie die Erde um die Sonne.

Der Abend auf der Steppe zwischen Alexandria und Jelisawethpol war sehr schön, und diese selber nichts weniger als todt und langweilig. Freilich waren ihre schönsten Frühlings= Flitterwochen, die der Mitte April, kurz nach der Schneeschmelze, schon vorüber, und alle die Crocus, Tulpen, Hya= cinthen und andern Blumen, die um jene Zeit ihren Teppich weben, schon

verblüht. Allein ihr Rasen war sehr anmuthig grün und frisch, und beson=
ders auffallend war uns das lebendige Thierleben, das sie uns darbot. Die
kleinen allerliebsten, gefleckten Erdhäschen sprangen überall im Grase umher
und amüsirten im Vorüberfahren durch ihre manchfaltigen Positionen, die sie
uns darstellten. Vögel waren überall. Bald zog eine Partie Trappen niedrig
über die Steppe hin. Bald schwebten Adler und Geier hoch in den Lüf=
ten vorüber. Hier stelzten die Demoiselles de Numidie ihre geselligen Tänze,
— überall girrten Tauben, sowohl die großen wilden Tauben, als die
kleinen Turteltauben, — und eben so zahlreich schweiften die Habichte um=
her, die den Tauben und besonders den Erdhäschen nachstellten. Wer auf
alle diese verschiedenen Gefieder und Flugarten, so wie die verschiedenen Scenen,
die dieß Leben herbeiführte, Acht gab, konnte wahrlich nicht über Langwei=
ligkeit in den Steppen klagen.

Außer mit diesen vielen eleganten Vögeln trafen wir auch noch in der
Militär=Colonie Petrikowa mit einem eleganten Stutzer aus Odessa zu=
sammen, der uns allerlei Stadtneuigkeiten und Anekdoten vom Boulevard
von Odessa, dem Spaziergange der beau monde dieser Stadt, auftischte,
dafür aber auch während des Erzählens den ganzen Rest unserer Poltawer
Fleischpasteten abtischte, mit denen wir bisher immer so sparsam hausge=
halten. — Er aß über ein halb Dutzend auf ein Mal, und Kun=laje und
ich hatten zu jedem Gläschen Wein eine mit einander getheilt. Wahrhaftig
eine Odessaer Klatscherei in Mitten der Steppen klingt nur lächerlich, aber
armen Reisenden in der Steppe 6 Fleischpasteten aufzuessen, ist unbarmher=
ziger, als wenn man ihnen in Odessa 6 Ochsenbraten verzehrte.

Der russische Steppensüden ist das große Magazin für die russische Ka=
valerie. Nicht nur bezieht dieselbe ihre meisten Pferde von hier, sondern
auch die besten Kavaleristen. Die meisten Husaren, Lanciers und Kürassiere
der Garde sind Malo=Rossianen, eben so aus diesen Steppen die Kosacken,
und endlich sind auch hier in den Steppen die großen militärischen Kolonieen
für Reiterei, welche die Russen „posselenije“ (Ansiedelungen) nennen. Eine
Hauptabtheilung dieser Kolonieen liegt in der Ukraine mit dem Hauptorte
Tschugujew, die zweite in Neurußland mit dem Hauptorte Wosnesensk.
Die Anzahl aller hier angesiedelten Kavaleristen beträgt 60,000 Mann. Im
Norden, im Novgorod'schen und Petersburg'schen Gouvernement, liegen die
Infanterie=Kolonieen. Die Dörfer dieser Kolonisten sind alle sehr regelmäßig
nach demselben Plane gebaut und sehr ordentlich unterhalten, die Gassen
überall mit sorgfältig geschützten Bäumen bepflanzt, die Häuser der Solda=
ten wie der Offiziere einfach, das Nothdürftige enthaltend und durchweg
reinlich, die der Generale und Oberoffiziere in ihrer ländlichen äußeren Er=

scheinung zuweilen in komischem Contrast mit den brillanten Titeln und Or=
den ihrer Inwohner.   Doch wissen gebildete Offiziere, die hier zuweilen
eine Zeit lang zu dienen genöthigt sind, viel von den Entbehrungen und
Unbequemlichkeiten zu erzählen, denen sie in diesen Steppen=Kolonieen sich
unterziehen müssen, und die jungen Leute sehen von hier aus alle sehnsüchtig
nach den Tanzsälen Moskau's und Petersburg's, was sich denn leicht begrei=
fen läßt.   Einen eigenen Anblick gewährt es, die Soldaten in voller Mon=
tirung, den Säbel an der Seite, mitten im Steppengrase als Pferdehirten
anzutreffen und sie ebenso hinter dem Pfluge schwitzen zu sehen.   Diese Söhne
des wilden Mars im Dienste der sanften Ceres! —

Der Ort Petrikowa befindet sich unter diesem Namen noch auf unseren
Karten, auch wird er meistens noch von den Leuten so genannt, obgleich er
seit der polnischen Revolution officiell umgetauft wurde und den Namen
„Novaja Praga" (Neu=Praga) bekam, weil das hier angesiedelte Kürassier=
Regiment Prinz Albert sich bei Praga durch besonderen Muth hervorthat.

Wir fanden auf dem Posthofe von Petrikowa eine numidische Jungfrau,
die zwischen den Hühnern des Hofes frei umherstolzirte.   Man findet diesen
eleganten Vogel häufig auf den Hühnerhöfen der Steppen, denn er gewöhnt
sich leicht an die Umgebung der Menschen.   Die Leute sagten uns, der Vo=
gel sei lecker, und sie fütterten ihn immer mit dem feinsten Weizen, ein Zei=
chen der Bildsamkeit und edleren Natur dieses Thieres.   Denn von Thieren
wie von Menschen kann man wohl die Regel allgemein gelten lassen, daß
Feinheit des Geschmacks auf eine gewisse Feinheit des Geistes schließen läßt.
Die Leute erzählten uns auch, daß der Vogel fast immer ziemlich ruhig und
gesetzt wäre, nur nicht, wenn seines Gleichen über das Haus hinzögen.
Diese schreie er alle Mal an, auch antworteten seine Brüder ihm, kämen
zuweilen heruntergeflogen und umflatterten ihn eine Zeit lang, zögen aber
wieder davon, nachdem der Gefangene ihnen erklärt, daß er sich nicht im
Stande befände, mit ihnen zu wandern.

Die Stadt Jelisawethgrod, die wir am Abend erreichten, ist die be=
deutendste in den Steppen weit und breit.   Sie hat über 12,000 Einwohner.
Es ist eigentlich schwer auszumachen, was ihr ein so großes Uebergewicht
über die anderen Orte gegeben hat, denn sie liegt gerade eben so mitten im
flachen Rasen, wie alle die übrigen, und es läßt sich durchaus gar kein
Verhältniß entdecken, welches an diesem Punkte eine Stadtanlage begünsti=
gen konnte.   Weder ein Fels, der als Anhalt hätte dienen können, noch
ein Fluß, noch ein Meer, noch ein Gebirge, noch sonst irgend etwas, das
durch seine Configuration Verkehr und Ansiedelung an diesem Punkte hätte
zusammenführen müssen.   Es scheint die Stadt eine reine Schöpfung des

Zufalls und der Willkür zu sein. Der Ingul, der an ihr vorüberschleicht, ist der traurigste und ödeste Steppenfluß, den man sich denken kann, und es findet auf ihm durchaus keinerlei Art von Verschiffung, nicht einmal Holzflößung statt. Auch ist die Stadt nicht Gouvernements = Stadt. Nur eine Kreisbehörde und eine Distrikts = Obrigkeit der Militär = Kolonieen residiren in ihr, beides keine so erheblichen und nahrhaften Dinge, daß sie eine so große Stadt bedingen sollten. Schon in der Nähe dieser Stadt be= finden sich mehre deutsche Kolonieen. Die neurussischen Schwaben nennen sie schlechtweg „Elisabeth" oder auch „Lisabethl", was denn freilich kein Russe auf „Jelisawethgrob" zu deuten vermag. Die deutschen Kolonieen befinden sich durchweg wohl in der Steppe und begrasen sich hier zusehends. Aus ihnen kommt auch immer eine Menge junger überflüssiger Leute hervor, die als Handwerker, Wirthe u. s. w. in den benachbarten Städten ihr Glück machen. So in Odessa, Nikolajew, Cherson, Kischenew u. s. w. und so auch in Lisabethl, wo wir bei einem „Njemetzkoi Traktir" (deutschen Wirthe), einem gebornen Schwarzwälbler, ein ganz vortreffliches Abendessen, eine deutsche Conversation, eine hübsche blühende schwäbische Tochter und ein gutes Nachtquartier fanden.

Kun=laje erzählte mir viel von Peking, von der Artigkeit und Humani= tät der jungen Mandarinensöhne am Hofe des himmlischen Reichs, von der Gelehrsamkeit der Chinesen und ihren mancherlei Geschicklichkeiten und Ta= lenten, und ich schrieb mir das Alles in's Tagebuch meines Gedächtnisses, um mir gelegentlich die Notizen zu Nutze zu machen.

Den anderen Morgen früh, als nur noch wenige Lichter in den Häusern Jelisawethgrob's flammten, war unser Dreigespann schon wieder auf der Steppe. Hinter Jelisawethgrod erblickten wir zum ersten Male den mürben Kalkstein, der hier überall den oberen Lehm = und Humusschichten der Steppe untergeschichtet ist, der in allen Regenschluchten und Balken (Flußthälern) zu Tage steht und der von Jelisawethgrod an bis an die Gestade des Pontus das hauptsächlichste Baumaterial ausmacht, da das Holz überall bei den Bauten gespart werden muß. Es ist dieser Stein ein sehr loses und lockeres Conglomerat von lauter kleinen Kalkmuscheln, die vermöge eines sehr schwa= chen Cements an einander geklebt sind. Der Stein bricht und bröckelt sehr leicht und wird mit der Säge und dem Beile wie Holz bearbeitet. Man formt ihn in Parallelepipeden von etwa $2\frac{1}{4}$ Fuß Länge und einem Fuß Breite und Höhe, und aus solchen Quadern sind fast durchweg die Städte Odessa, Nikolajew und andere gebaut, so wie auch die Dörfer der deutschen Koloni= sten und aller Derer, die nicht, wie die Kleinrussen, Moldauer und Bulgaren, in Semlanken (Erdhäusern) wohnen wollen. Auch die Zäune und Thorwege

2 *

aller Ansiedelungen in den Steppen, so wie leider auch sogar die Brücken, sind aus diesem Steine gebaut.   In gewisser Hinsicht ist derselbe auch das bequemste Baumaterial der Welt, denn, da er sich gestalten läßt wie trockener Thon, so ist nichts leichter, als ein prachtvolles Haus mit Säulen, Architraven und allen nöthigen Bauverzierungen mittels dieser Quadern emporsteigen zu lassen.   Und in der That sieht ein solches Haus, so lange es noch neu ist, sehr stattlich und magnifik aus.   Leider dauert es nur nicht lange.   Denn bei aller Billigkeit und Bequemlichkeit ist der Stein zugleich das allererbärmlichste und zerstörlichste Baumaterial von der Welt.   Er ist so weich, daß man einen Nägel hineinschlagen, ja mit dem Stocke ein Loch hineinbohren kann, und dabei so porös, daß selbst 3 bis 4 Fuß dicke Wände den Wind durchlassen und die Feuchtigkeit wie ein Schwamm einsaugen.   Die Reichen in Odessa, die nicht aus Ziegelsteinen, welche kostbarer sind, sondern aus diesem Kalksteine ihr Haus bauten, sehen sich daher genöthigt, um vor Kälte und Feuchtigkeit geschützt zu sein, die inneren Wände ihrer Stuben noch mit Gyps überziehen zu lassen.   Bei der so schnellen Verwitterung, die den Steinen eigen ist, fällt daher auch alles mit ihnen Aufgeführte gar schnell wieder über den Haufen.   Daher sieht man denn auch alle Dörfer und Städte der Steppen mit neuen Ruinen erfüllt.   Die meisten Häuser sind halb verfallen, die Zäune poltern übereinander, und alle Brücken befinden sich in einem solchen Zustande, daß man lieber neben ihnen her durch's Wasser fährt, als über sie hin.   An manchen Orten sieht man drei solcher Brückenruinen neben einander liegen.   Die Städte Nikolajew, Sewastopol und eben so die Vorstädte von Odessa sind mit eben solchen widerlichen neuen Ruinen angefüllt, und auf den Kirchhöfen haben schon jetzt die Monumente, die man vor 10 Jahren zum ewigen Andenken errichtete, ein Ansehen, als wenn Jahrhunderte über sie weggestürmt wären.   Wenn die alten Griechen, wie es wahrscheinlich ist, aus diesem abscheulichen Steine ihre pontischen Steppenstädte Odessus, Olbia, Cherson u. s. w. gebaut haben, so läßt es sich daraus leicht erklären, daß einige dieser Städte so nichtssagende und unbedeutende Trümmer hinterlassen haben, und andere von ihnen so spurlos verschwunden sind, daß man nicht einmal ihren Bauplatz mehr angeben kann.   Für die Russen ist dieser Stein aber natürlich ein recht gefundener Schatz, da sie so gern schnell etwas fertig sehen und sich nicht darum kümmern, was nachher daraus wird.

Von Jelisawethgrod bis Nikolajew giebt es nun keine Stadt mehr und auch sonst keine Ansiedelung, die einem Städtchen oder Marktflecken gliche, nur einsame Poststationen und einzelne Dörfer.   Auch die Fruchtbarkeit des Landes und der Ackerbau nehmen mehr und mehr ab, je mehr man von den fruchtbaren kiew'schen, podolischen und ukrainischen Gegenden zum schwarzen Meere hinabsteigt. Der schwarze, ein bis zwei Ellen tiefe Humus ist freilich hier noch, wie dort, überall derselbe. Aber die so ungünstige Waldlosigkeit bringt Garten = und Ackerbau in immer ungünstigere Verhältnisse, und es wird Alles mehr und mehr ein bloßes Hirtenland. Freilich wirken vom Meere her dieser aus dem Innern zunehmenden Kulturlosigkeit die Städte Odessa, Nikolajew u. s. w. entgegen und suchen eine Bevölkerungsabnahme in umgekehrter Richtung zu begründen, indem sie natürlich allen ackerbauenden Ansiedlungen um so mehr Vortheil versprechen, je mehr sie sich zu ihnen heranlegen. Doch macht sich einstweilen noch dieses Streben nur ganz unmittelbar in der Nähe dieser Städte geltend, wo die Bevölkerung wieder etwas dichter liegt. Und im Ganzen und Großen genommen, ist es noch jetzt wahr, daß in diesen südlichen Theilen der Steppe die Viehwirthschaft das Hauptgewerbe ist, darnach freilich der Ackerbau, und dann erst die an tausend Fehlern leidende und kränkelnde Baum = und Gartenkultur. Das nördliche Beßarabien, Podolien und das südliche Kleinrußland sind die hauptsächlichsten Kornkammern für Odessa.

Das Land ist so einförmig, daß man allerdings hier ein Recht haben könnte, sich zu langweilen, besonders ein Wanderer, wie mein Reisegefährte Kun = laje, der schon bis zum Ueberdruß alle Steppen Asiens und Europa's durchfahren war. Was aber mich betrifft, so langweilte ich mich nicht einen Augenblick. Die bloße Gewißheit, mich in der ächten Steppe, diesem so merkwürdigen Schauplatze so vieler noch unerforschter Völkerbewegungen, zu befinden, reichte hin, mich immer in einer angenehmen Stimmung zu erhalten. Diese weiten unermeßlichen Grasfelder, wo auf vielen hundert Meilen ununterbrochen Halm an Halm steht, und wo ein Wiederkäuer, wenn er als Kalb bei den Karpathen zu weiden anfinge, auf dem andern Ende der Weide, an dem Fuße der hohen chinesischen Mauern, erst als ausgewachsener Ochse ankommen würde, beschäftigten meine Phantasie; nicht weniger das Leben der großen Heerden, der Rinder, der wilden Pferde, der fettschwänzigen Schafe, die auf allen Grasrücken klebten. Und nahm man nun gar noch die Vergangenheit zu Hülfe, die Hunnen, die Kumanen, die Uzen, Chazaren und Petschenegen, den flüchtigen Perserkönig Darius, den geistreichen Attila, den wilden Batu = Chan, den melancholischen Krim = Gerei und alle die unzähligen Steppengeister, die hier einst ihr Wesen trieben, so hatte der Geist Unterhaltung die Fülle. Selbst die Idee der Größe und scheinbaren Endlosigkeit der Steppen gewährte uns mehr Vergnügen, als daß wir, wie Andere, daran Anstoß genommen hätten. Man rollt und rollt mit flüchtigen Pferden immer flink vorwärts und glaubt doch nicht von der Stelle zu kommen. Man ist wie verzaubert. Immer vor und weiter, und doch bleibt rund umher Alles dasselbe und immer dasselbe. Es ist wie in dem Rade einer Tretmühle. Höchst amusant!

Auch die Luftspiegelungen und mancherlei optische Täuschungen tragen nicht wenig zum Amusement des Reisenden bei. Zuweilen sieht man einen Wanderer oder einen Ochsen in weiter Entfernung am Horizonte, wie eine große gespenstische Figur auf Stelzen oder in der Luft schwebend gehen. Sonderbar ist es, daß hier einzelne Gegenstände oft so groß erscheinen, da doch sonst in großen Ebenen große Gegenstände gewöhnlich zusammenschwinden, so z. B. der Löwe auf dem Schlachtfelde von Waterloo. Sehr häufig bemerkten wir einen großen dunkeln Gegenstand, wie ein Fuder Heu, am Horizonte, der seine Stellung wechselte, sich vergrößerte und verkleinerte, und von dem wir nie recht ausmachen konnten, was es eigentlich war. Die Darstellungen von Seen und großen Wassern durch die Luftspiegelung waren mitunter so täuschend, daß wir uns kaum überreden konnten, nicht eine Ueberschwemmung vor uns zu haben, besonders wenn Viehheerden in der Nähe waren. Denn die Beine der Kühe verschwanden ebenfalls, als wenn sie im Wasser wadeten. „Ettot tolko ot ssonze tak pokasiwajet" („Das „zeigt sich von der Sonne nur so. Es ist kein wirkliches Wasser"), sagte unser Jämschtschik. Das Vieh, versicherte er, ließe sich nicht durch dieses Luftspiel täuschen und könne wirkliches Wasser von falschem unterscheiden, weil es jenes rieche. —

Auf allen Stationen, wo die Dörfer „panski" waren, d. h. einem Herrn gehörige, sahen wir immer eine Menge von sehr großen, langen und schönen Windhunden (levriers), welche man hier zu Lande „Barsi" nennt. Diese Barsi sind hier fast die einzigen zur Jagd benutzten Hunde. Doch ist das Jagen mit ihnen ein eigenthümlich wildes, da sie das Wild nicht aufzuspüren vermögen, entweder weil ihr Geruch von Natur nicht fein genug dazu ist, oder weil die Menschen ihn nicht ausgebildet haben. Sie können daher nur das Wild jagen, das sich ihren Blicken präsentirt. Ihre Augen sind aber auch besto schärfer und ihre Schnelligkeit besto größer, zu deren Entwickelung ihnen die Steppe Gelegenheit genug bietet. Sie sind also als eine der Natur des Landes höchst anpassende Art von Jagdhunden zu betrachten, während in unseren Wald- und Buschgegenden die Jagd mit ihnen völlig unmöglich wäre, wo man sich nicht so weit umschauen kann wie hier auf den Steppen, und auch das verfolgte Wild sich den Blicken leichter entzieht. Wenn diese Barsi das Wild erreicht haben, so beißen sie es todt und halten dabei Wache. Die Jäger sind dabei zu Pferde und folgen den Hunden. Denn diese wissen auch nur dann den Weg zu ihren Herren zurückzufinden, wenn sie sie sehen. Sie verirren sich daher oft, und es muß die Jagd mit ihnen etwas langweilig sein. Uebrigens sind es fast durchweg wunderschöne Thiere, und sie laufen wie die Kinder des Aeolus. —

Natürlich haben aber die großen reichen Steppenherren auch noch viele anderer Jagdhunde, die sie aus anderen Ländern verschreiben. Die großartigsten Jagden auf Wölfe, Hasen, Füchse, Trappen, und was es noch sonst Jagdbares in der Steppe geben mag, stellt ein reicher Gutsbesitzer Skarzinsky an, dessen Name zwischen Krementschug und Odessa uns überall genannt wurde, und der zwischen Dniestr und Dniepr dieser Zeit der größte Steppenherr ist. Er wohnt in der Nähe von Woßnesensk auf einem Schlosse Trikrati. Von hier zieht er alle Jahre im October mit 20 bis 30 seiner eingeladenen Nachbarn und deren Jägergefolge zu einem großen Jagdzuge durch die Steppen aus. 25 Kameele — diese Thiere kommen schon hier und da in den südlichen Steppen auf einigen Gütern vor — werden mit Zelten, Küchengeräthschaften, Weintonnen, Victualien u. s. w. beladen; 200 bis 300 Bauern und Jäger, so wie eine angemessene Anzahl von Hunden für die verschiedenen Jagdgegenstände folgen nach, und eine Kapelle, aus 30 eigenen Leuten unter der Direction von ein paar Petersburger Musikern begleiten den Zug. Die Küche und Dienerschaft geht voraus und schlägt an einem zum Nachtlager bezeichneten Platze ein bequemes Zeltlager auf. Die Herren jagen den Tag über, und am Abend banquettiren sie, spielen Karten und trinken Champagner unter Musik und Gesang mitten in der Steppe trotz Attila und Batu-Chan. Auf diese Weise jagen, musiciren und nomadisiren sie so von Lager zu Lager durch die Steppe fort, bis in die Gegend von Jelisawethgrod zu einem Orte, der Weisbeirak heißt. Bei diesem Orte befindet sich eine große buschige, weder durch einen Fluß, noch durch eine Regenschlucht, noch durch sonst irgend etwas unterbrochene Fläche, auf welcher sich sehr viel Wild aufhält. Nach diesem Weisbeirak hin bewegen sich mehre solcher, wenn auch nicht gleich großer Jagdzüge aus verschiedenen Gegenden, die ihre Lager, Banquette, Musikbanden und Hunde mit der vorigen vereinen. Hier wird dann eine Woche lang fröhlich gelebt und gejagt, und das Ganze schließt sich mit einem allgemeinen großen Jägerfeste.

Manches Eigenthümliche haben die Wolfsjagden dieser Steppenländer. Es wird dazu ein Gebüsch, in dem man Wölfe vermuthet, mit Netzen umstellt. Vor diesen Netzen stellen sich die mit Flinten versehenen Jäger auf und hinter ihnen Bauern mit Spießen und hölzernen Gabeln, die unseren Heugabeln ähnlich sind. Die Treiber jagen nun die Wölfe dem Netze zu mit einem höchst eigenthümlichen Geschrei, das ich wohl nachmachen —

denn es vergißt sich dergleichen so leicht nicht — aber nicht nachschreiben könnte. Was von Wölfen die Jäger vorüberlaffen, fängt sich in den Netzen, wo die Bauern ihnen Heugabeln über den Nacken werfen, sie damit an den Boden heften, und ihnen mit ihren Spießen das Garaus machen. Sie sollen zuweilen auch ohne Netz die Wölfe mit diesen Gabeln lebendig zu fangen verstehen. Was aber ein ächter Steppen=Kosak ist, der braucht weder Flinte, noch Gabel, sondern blos seine gut geflochtene Nagaika (Kant= schu). Mit ihr verfolgt er den Wolf, und indem er ihm eine Zeit lang zur Seite reitet, fäbelt er ihn mit dieser seiner Wunderwaffe nieder. —

Da wir auf allen Stationen so viel zu erfragen fanden, uns auch nicht sehr beeilten, so rückten wir auch nur langsam vor, obgleich die Wege vor= trefflich waren, und kamen erst gegen Abend in dem Dörfchen Gromokle= janka an. Diese Steppenwege haben im April und Mai ihre schönste Periode, da dann der Boden fest und eben ist, und auch zuweilen noch der im Juni und Juli überall aufsteigende feine Staub durch einen kleinen Regen niedergeschlagen wird. Dieser Sommerstaub der Steppen ist so duftig und leicht, daß er sich selbst ohne alle Bewegung der Luft einige Zeit wie schwim= mend auf ihr erhält, und man sieht alsdann auf allen Straßen bei wind= stillem Wetter beständig eine unwandelbare Staubwand stehen. Da er so fein ist, überall eindringt und dabei so schwarz wie Torf aussieht, so verwandelt er die Menschen in Mohren und macht das Reisen äußerst beschwerlich. Im Beginn des Frühlings bei der Schneeschmelze ist aber die Steppe fast völlig bahn= und wegelos. Denn da verwandelt sich die ganze fette Erde der Oberfläche in einen zähen, schlammigen Brei, durch den sich indeß die Ochsen noch leichter hindurch arbeiten als die Pferde.

Was die Kunst für die Wege gethan, ist sehr unbedeutend und be= schränkt sich fast einzig und allein darauf, daß man ihnen gewisse Gränzen steckte, indem man für ihre Breite 36 Klaftern bestimmte und in dieser Ent= fernung kleine Gräben zog, die aber durchaus nur als Gränz=, nicht als Abzugsgräben betrachtet werden können. Außerdem hat man noch auf eini= gen großen Poststraßen, jedoch nicht durchweg, in gewissen Entfernungen kleine steinerne Pyramiden errichtet, um den Weg für den Winter, wo er bei dann so völlig verwischter Physiognomie der Steppe sonst gar nicht zu finden wäre, zu bezeichnen. Uebrigens waren die Wege hier seit den Zeiten des unglücklichen Feldzugs des Darius so, und werden auch wohl noch lange Zeit in diesem Zustande bleiben, da die Natur hier dem Menschen so durch ganz und gar nichts zur Hand geht. Denn es findet sich weit und breit kein brauchbares Material irgend einer Art, das zur Verbesserung der Wege angewandt werden könnte. Die Steine zum Straßenpflaster in Odessa ließ man aus Malta und Italien kommen. Vielleicht wären Eisenbahnen die Bahnen, die sich dermaleinst hier noch am leichtesten herstellen ließen. — In den kleineren Städten dieser Länder ist das beliebteste und allgemein ge= bräuchliche Straßen=Verbesserungs=Material — der Mist, mit dem man alle Löcher und Unebenheiten ausfüllt. Und in der That ist auch die Boden= losigkeit der Humussuppe mitunter so arg, daß ein Fußgänger sich immer freut, einen Misthaufen zu erreichen, auf dem doch wenigstens sein Leben gesichert ist. —

Die großen Heerstraßen der Steppe haben diese imposante Breite von 36 Klaftern hauptsächlich des vielen auf ihnen verkehrenden Viehs wegen, das theils nach dem Süden in die S f a l g a n s (Talgsiedereien) von Odessa, Cherson und Taganrog wandert, theils dem Norden zugetrieben wird, zu den Schlachtbänken von Moskau, Petersburg u. s. w. Dieß Vieh benutzt einen Theil der Wege zugleich als Weide. Außerdem kampirt auch noch sonst Mancherlei auf diesen Wegen selbst, so namentlich z. B. alle die Handels=Karawanen, die vom schwarzen Meere landeinwärts und zu seinen Häfen hinziehen und die kein anderes Obdach in der Steppe finden als das, welches der gütige Himmel über ihnen ausgespannt. —

Gegen Abend sahen wir an verschiedenen Punkten des Weges die Feuer der nach Odessa reisenden Wagen=Karawanen aufleuchten. Diese Züge heißen hier „Walki", wie in Großrußland „Obosi". Sie bestehen gewöhnlich aus 30 bis 40 mit Ochsen bespannten Wagen. Denn der Ochse ist im ganzen malo = rossianischen Süden das hauptsächliche, ja ausschließliche Zugthier, so wie in Großrußland das Pferd. Und alle Zufuhren nach den pontischen Handelsstädten werden mit Ochsen bewerkstelligt. Nur im Winter, wo auf dem Schnee der Ochse zum Transport weniger tüchtig ist, geschehen auch einige Versendungen von Odessa aus in's Innere — namentlich griechischer Weine, kleinasiatischer und krim'scher Früchte und einiger anderer levantischer Waaren — mit Pferden. Doch sind es dann meistens Großrussen, welche diese Transporte mit ihren „Obosen" bewerkstelligen, und nicht kleinrussische Tschumaks (Fuhrleute) mit ihren „Walken."

Diese Walken bestehen, wie gesagt, gewöhnlich nur aus 30 bis 40 Wagen, die unter der Leitung eines Oberschumaks mit seinen Knechten geführt werden. Zuweilen finden sich aber mehre solcher Walken unterwegs zu= sammen, und man sieht dann nicht selten eine eine Werst lange Reihe von 300 bis 400 Wagen. Wir bemühten uns, das Leben und Bewegen dieser Leute und ihrer Karawanen näher kennen zu lernen, die zwischen dem Dniestr und der Wolga und von Kiew bis zum Pontus die Hauptelemente des Le= bens auf den Steppenstraßen bilden. Wir hielten überall, wo wir ein Feuer der Tschumaks erblickten, oder wo wir sie ihren Borscht (National=Suppe) verzehren sahen, an und ließen uns mit ihnen in Gespräche ein. —

Im Sommer und bei guten Wegen ist die Bewegung einer solchen Walke folgende: Um 2 oder 3 Uhr Morgens, wenn der Hahn kräht, rüsten die Tschumaks zur Abreise, fangen die Ochsen von der Nachtweide ein, spannen sie in's Joch und schlendern und schleifen mit „Zobbe!" und „Zebä!" ihres Weges. „Zobbe!" heißt: „rechts" und „Zebä!" „links", und fügt man noch „Hei!" hinzu, welches „vorwärts" bedeutet, so hat man das ganze Vocabularium der Worte vollständig, die ein Tschumak mit seinen Ochsen spricht. Sie fahren so, ohne in Schweiß zu gerathen, bis 8 oder 9 Uhr fort und halten dann auf einer Stelle an, wo sie Weide und Wasser finden, tränken ihr Vieh und lassen es in der Steppe am Wege laufen. Während Einige hiemit beschäftigt sind, machen die Anderen ein Feuer an. Sie sammeln dazu, wie die Karawanenführer in Afrika, etwas an der Sonne getrockneten Mist vom Wege, Heu und Stroh, oder zerhauen auch unter= wegs zerbrochene Räder oder was sonst am Wagen brach und sorgsam für diesen Zweck mitgeführt wird. Das Feuer knistert bald so lustig unter dem Kessel, wie in den holzreichen Gegenden Polens, und der Hirsebrei oder Borscht, die beiden einzigen Gerichte, die ihr Morgen=, Mittag= und Abendbrod ausmachen, ist flink gewärmt. Dazu beißen ihre unverdorbenen Zähne die harten „Suchari", die sie von Hause mit auf die Steppe nahmen Diese Suchari sind zerbröckeltes und dann noch ein Mal wieder gebackenes oder auch blos in der Sonne getrocknetes Grobbrod. Um 10 oder 11 Uhr geht es wieder „Hei!" und „Zebä!" bis Nachmittag, wo sie ihren Ochsen eine abermalige Rast gestatten. Der dritte und letzte Halt wird dann gegen Sonnenuntergang gemacht. Dann fahren sie ihre Wagen auf der breiten Straße in regelmäßige Quarrés auf, zu 8 bis 10 in der Länge und 5 bis 6 in der Breite. Sie stehen so weit auseinander, daß man bequem zwischen ihnen herumgehen und Alles an der Ladung oder dem Wagen bessern kann, was nöthig ist, und man sieht die Tschumaks dann beständig dazwischen umherwandeln, überall pickernd, hämmernd und flickend. Das gesellige Feuer lodert wieder wie am Morgen unter Hirse oder Borscht, und dazu krachen die trockenen Suchari. Darnach wird dann noch wohl ein melan= cholischer Nachtgesang angestimmt aus bb Moll, der dann endlich auch mit den Tschumaks auf dem Grase einschlummert, indem in der echolosen Steppe nur das unaufhörliche Unkengeschrei seinen nie schlummernden Nachhall bil= det — bis dann endlich gegen Sonnenaufgang der frühe Hahn Alles wieder in Bewegung setzt, um das stets sich auf dieselbe Weise wiederholende Tage= werk von Neuem abzuleiern. —

Ich sage: der Hahn, und meine den Hahn der Walke. Denn keine klein=
russische Karawane ist ohne diese treffliche und pünktliche Weckuhr, diesen
untrüglichen Wetterpropheten. Alle Mal auf dem vordersten Wagen, dem
des Ober=Tschumaks, sitzt ein stattlicher schöner Hahn, der in gewisser Hin=
sicht der eigentliche Anführer und Lenker des Ganzen ist. Er schläft des
Nachts bis 2 Uhr, auf seinem Wagen sitzend. Dann kräht er pünktlich 2
oder 3 Mal hintereinander, und der Oberschumak gähnt und ruft den Ueb=
rigen sein „Wstanitje“ (Steht auf!) zu. Um 3 Uhr kräht er zum zweiten
Male, und dann knarren schon alle 240 Räder der Walke, und am ganzen
Tage begleitet er dann den Zug fortwährend lustig mit seiner Trompeten=
Musik. Er ist der Liebling von allen Fuhrleuten der Walke, und jeder strei=
chelt und füttert ihn. Die Tschumaks wissen aus der Art seines Krähens
Allerlei in Bezug auf das Wetter zu prophezeien und nehmen darnach ihre
Maßregeln. Er ist so an seine Walke und seinen Platz auf dem vordersten
Wagen gewöhnt, daß er ihn nicht leicht verläßt. Nur zuweilen haben sie
ihre Noth mit ihm, wenn er auf dieser oder jener Station hübsche Hühner
entdeckt. Dann kann er es nicht lassen, im Vorüberfahren dem artigen
Damenvolke sein Compliment zu machen, und bekommt auch wohl Streit
mit den Herren ihres Harems. Bei schlechtem Wetter und Regen, den er
nicht leiden kann, weil er seine hübsche Toilette verdirbt, kriecht er alle Mal
unter das Wagendach des Tschumaks, wo er so geschützt ist wie sein Herr
selbst. —

Auf die besagte Weise vollenden nun die Walken unter Leitung eines
Hahns und eines Tschumaks, mit ihren 40 Wagen, und mit 1001 Zobbes
und Zebás, indem jedesmal bei 3 oder 4 Wagen ein Mann angestellt ist, in=
dem auf je 3 Männer ein kleines glattes, bei allen Brunnen wieder gefülltes
Wasserfaß gerechnet wird, und indem die armen Kerle auf der ganzen Tour
von Podolien oder Kiew bis Odessa, alle 15 zusammen genommen, oft kaum
ein Quart Branntwein trinken, — eine in ihrem harten Lande doch oft so
nöthige und heilsame Erquickung, — indem endlich jeder Wagen 5 bis
6 Tschetwert Getreide geladen hat, in Säcken zu 5 bis 6 Pud, — ich sage,
so fahren sie täglich ihre 30 bis 35 Werst weit. Und auf diese Weise geht
es dann 6 bis 9 Monate hindurch von Podolien nach Odessa, von Odessa
nach Kiew, von Kiew nach Charkoff, von Charkoff nach Krementschug, und
so im ganzen russischen Süden herum 5000 bis 7000 Werst hin und her,
wohin sie nur immer Ladung bekommen können.

Eigenthümlich ist es, daß sie bei Regenwetter nicht weiter zu fahren
wagen dürfen, weil dann bei'm Ziehen die Haut der Ochsen wund wird.
Sie müssen den Regen ruhig abwarten, und es kann sich daher ereignen,

daß dadurch der ganze Verkehr mehre Tage unterbrochen wird. Die wohl=
habenden und ordentlichen Tschumaks fahren blos von Ostern bis „Pakrowe"
(ein Fest zu Anfang Octobers). Später machen die oft im October schon
heftig einfallenden „Wjugas" (Schneestürme) lange Transporte riskant. Es
ist daher im ganzen Süden Rußlands der Sommer die eigentliche Zeit der
großen Zufuhren zu den Handelsstädten und die Periode des Hauptverkehrs
in den Steppen, während im Norden des Reichs gerade das Umgekehrte
stattfindet. Denn zu allen baltischen Häfen findet die bedeutendste Zufuhr
im Winter auf der schönen Schlittenbahn statt, und der Sommer ist ver=
kehrstodt.

„Wie gefällt Euch denn Euer Leben?" fragte ich einen der Tschumaks
in Gromoklejewka, unserer Abendthee=Station. „Ach es ist hart, hart!
„Herr! So viele Jahre ich auch schon tschumakirt habe, ich werde es
„nicht gewohnt. Gebe Gott mir nicht mehr." — Die, welche nur im
Sommer fahren, kommen noch mit etwas Durst, Hitze, magerer Kost und
damit weg, daß sie in dem schwarzen Steppenstaube das Aeußere von Negern
gewinnen. Aber die ärmeren Tschumaks, welche auch die Winterzufällig=
keiten riskiren müssen, haben ein noch bittereres Leben und Sterben, wovon
ich mich schon vor meiner Reise in den Steppen einmal selbst überzeugte,
als man aus einer Regenschlucht in der Ukraine bei der Schneeschmelze im
Frühling eine ziemliche Portion zerbrochener Schlitten, längst verdorbener
Ochsen und schon seit 5 Monaten verschollener Tschumaks ausgrub. Diese
armen Leute müssen dann im Winter, obgleich am schwarzen Meere, auf der
schutzlosen Steppe fast eben so Schlimmes leiden, wie Capitän Roß am
Nordpole. Oft können sie Wochen lang nicht von der Stelle, wenn die
Natur draußen in Aufruhr ist. Futtermangel ist überall, und sämmtliche
Wiesen der Steppe verkommen im Schnee. Wenn im Sommer nur wenige
Wasserbassins sind, die Wasser genug haben, so sind im Winter nur wenige,
die es flüssig haben. Dabei giebt es im Winter viele Sorgen für die Gesund=
heit der Ochsen, für die der Tschumak selbst den Arzt machen muß. Den=
noch aber sind sie dabei alle wie Horaz's Schiffer. So lange sie im Win=
ter mit Eis und Sturm kämpfen, oder im Sommer mit Durst und Staub
ringen, verwünschen sie ihr Handwerk und versprechen es abzuthun. Im
Frühling aber spannen sie doch ihre Ochsen wieder an, und sie schleppen sich
Jahr aus, Jahr ein mit ihren langhörnigen Fußschleifern herum. „So ist
„es", sagte mein Tschumak, „bis es denn endlich einmal in Krementschug
„heißt: Wo ist denn der Tschumak Pawel Gawritschenko? Er ist ja schon
„seit 2 Jahren nicht nach Hause gekommen? — wo denn ein Anderer ant=
„wortet: Ja, sie sagten mir in Odessa, er sei bei einer Wjuga auf der

"langen Steppe in eine Balke *) gestürzt, und sie hätten ihn im Frühlinge "in Sewerinowka **) begraben." —

Bei unserem Thee in Gromoklejewka gesellte sich als Gesprächs=Genoß ein jüdischer Schulmeister zu uns, der nach Jelisawethpol reisen wollte, und von da weiter nach Lithauen, welches sein Geburtsland ist. Er sagte, er käme von Jerusalem, woher er heilige Erde aus dem gelobten Lande mit=brächte, die er in Lithauen zu verkaufen gedächte. Er zeigte uns einige kleine versiegelte Säcke und sagte, er habe auch Zeugnisse von Jerusalem über die Aechtheit der Erde. Die Verbindung, in der die polnischen Juden mit Jerusalem stehen, ist durchaus nicht so schwach, wie man denken sollte, und es ist nichts Seltenes, daß Bettler von dort nach Polen kommen, um das Mitleiden ihrer Brüder in diesem zweiten gelobten Lande der Juden, wo sie jetzt gemächlicher leben als in jenem alten, auf allerlei Weise in An= spruch zu nehmen. Umgekehrt gehen sehr häufig Israeliten, besonders Alte, die den Tod nahe fühlen, über Odessa und Konstantinopel nach Palästina, um hier zu sterben. Die Zahl der jährlich Auswandernden beträgt über 100. Sie haben nämlich den Glauben, daß sie am jüngsten Tage nur aus dem Boden von Palästina unmittelbar auferstehen können, und daß Die, welche nun das Unglück haben, in einem entfernten Lande zu sterben, sich wie die Maulwürfe durch die ganze Erde hindurch arbeiten müssen bis zum ge= lobten Lande, wo sie dann erst an's Tageslicht hervortauchen können. Wir fragten den Juden, wozu denn seine Erde gut sei. Er antwortete: "Für "die Werme." — Er wollte sagen: "für die Würmer." Wenn man dem Todten nämlich ein wenig von dieser Erde unter den Kopf legt, so verwes't er nicht und wird keine Speise der Würmer. Die polnischen Juden sind noch ein wenig stark altgläubig. Sie selber rühmen sich, rechtgläubig zu sein, und wollen daher auch unsere deutschen Juden gar nicht so recht für voll gelten lassen.

Da die Nacht schön, ruhig und heiter war, so zogen wir es vor, in un= serer kleinen flinken Britschke weiter zu rollen, die aber mehr einer Stalaktiten= höhle als einem Wagen gleich sah. Denn der zähe Schmuz aus dem Pol= taw'schen hatte sie ganz über und über inkrustirt und hing in allerlei kleinen Zapfen, die jetzt getrocknet waren, an ihr herum. Wir schliefen ganz angenehm in unserer Höhle und kamen dabei ein gut Stück weiter. Als ich gegen Morgen einmal aufwachte, fand ich Kunlaje vorgebeugt im Wagen sitzend, die Pistole mit gespanntem Hahne in der Hand. Als

---

*) Die tief eingeschnittenen Flußthäler der Steppe.
**) Ein großer Flecken im Thale des kleinen Kujalnik.

ich ihn fragte, warum er die Waffe zur Hand genommen, sagte er, die Jämschtschiks um Nikolajew herum wären alle als Schelme bekannt, und er traue unserem jetzigen nicht. „Der Kerl hält alle Augenblicke an, „macht sich bei den Pferden etwas zu thun und blickt dabei immer sehr „verdächtig in die Steppe hinaus, als erwarte er von dorther etwas. Auch „habe ich ihm schon ein paar Mal zurufen müssen, nicht zu nahe an „den Graben zu fahren. Es ist ein sehr gewöhnliches Experiment dieser „Leute, wenn sie etwas im Sinne haben, die Reisenden umzuwerfen, um „ihren Helfershelfern Zeit zum Herbeikommen zu lassen.“ — Kunlaje war ganz in Zorn und paßte dem Postillon nun scharf auf, seine Pistole in der Hand. Auch ich nahm die meinige hervor. „Smotri gebitfoimatj!“ Paß auf! Potz Blitz! „Ssukinsin beregissa.“ Du Hundesohn, nimm Dich in Acht. „Skoräje!“ Rascher! „Shiwäje!“ Lebendiger! — So commandirte er ihm beständig zu und wußte dann und wann sehr passend seinem Commando noch mit einigen kräftigen Püffen mehr Nachdruck zu geben. Wenn man den Russen stramm hält und ihn streng beaufsichtigt, so hält man ihn am Beßten in den gehörigen Gränzen. Wenn man aber hinter seinem Rücken schläft, so kommt er auf allerlei böse Gedanken, und nirgend macht die Gelegenheit mehr Diebe, Räuber und Mörder als in Rußland. Der Kerl ertrug alle Schläge so, als hätte er sie verdient, fuhr nun den Rest der Station ganz rasch zu Ende und wurde zuletzt noch ganz lustig und vergnügt und ermunterte seine Pferde auf die gewöhnliche beredte Weise, da er vorher ganz stumm gewesen war. —

Auf der nächsten Station — wir hatten von da noch eine bis Nikolajew — fanden wir keine Pferde zu Hause, und wir mußten ziemlich lange warten, bis die darnach ausgesandten Leute mit einem wilden Trupp aus der Steppe heransprengten. Wir benutzten die Zwischenzeit zur Besichtigung der Ulanen-Kolonie „Adjamka“, die in der Nähe lag. Die Ulanen selber wohnten wie Troglodyten in niedrigen, in den Boden eingegrabenen Erdhütten. Für ihre Pferde waren aber große, schöne Stallungen errichtet. Es war zu gleicher Zeit ein kaiserliches Gestüt damit verbunden, und man versicherte uns, es ständen dort englische Vollblut-Hengste, die hier am Platze 20,000 Rubel gekostet hätten. Es seien 16 Hengste verschiedener Racen vorhanden. Sie werden nicht, wie die anderen Pferde, in die Steppe hinausgelassen, und wir wurden nicht in das Gestüt eingelassen. Warum, erfuhren wir nicht. Ein Ochse kostet hier 100, 150—250 Rubel (ungefähr halb so viel als bei uns). Das Holz kostet die Cubik-Saßhen 50—60 Rubel. Weiter oben in der Steppe wurden uns die Preise des Holzes zu 30 Rubel angegeben, und in Polen kauft man es zu 10—20 Rubel, wogegen man in Odessa 70—80 und oft noch mehr dafür bezahlt. In diesem Verhältniß ungefähr steigern sich die Holzpreise von Norden nach Süden. Nach Odessa kommt Brennholz noch aus einer Entfernung von 30 Meilen und zwar zu Wagen. Die Ulanen hatten in ihrem Thale eine schöne frische Quelle sorgfältig mit Pappeln und andern Bäumen umpflanzt und mit einem steinernen Gehege umgeben. Auch hatten sie in einer steinernen Rinne mit verschiedenen Absätzen die Quelle allerlei kleine Sprünge gleich einer Cascade machen lassen, und zu den Seiten der Rinne hatten sie mehre aus den oben schon erwähnten Kalksteinen nach ihrer eigenen Phantasie gemeißelte Figuren aufgestellt, von denen man aber nicht deutlich erkennen konnte, ob es Najaden oder Löwen, oder blos Urnen mit angebrachten Gesichtern sein sollten. Das Wasser ist hier eine Rarität und verdient eine solche rare Einfassung. Uebrigens entspringen hier natürlich alle Quellen unten in den tiefen Thälern, und alle Höhen und Rücken der Plateau's sind trocken. Das atmosphärische Wasser sickert durch alle die oberen Schichten der durch Thäler zerschnittenen Steppe hindurch, bis es auf eine Schicht — gewöhnlich blauen Ton — kommt, die es nicht durchdringen kann, und auf der es dann zur Seite in die Thäler abläuft.

Im Stall wurden eben die Kühe gemolken. Auch diese Milchquellen fließen in der Steppe sehr spärlich. Eine Steppenkuh giebt nicht mehr als 1 — 2 Quart auf ein Mal und wird am Tage nur zwei Mal gemolken. Auch giebt sie einen bedeutenden Theil des Jahres hindurch gar keine Milch. Während die deutschen Kühe nur 14 Tage bis 4 Wochen aussetzen, setzt eine Steppenkuh 3 bis 4 Monate aus. Endlich hat sie auch noch die Unannehmlichkeit, daß sie dem Menschen nicht anders Milch giebt, als wenn ihr Kälbchen zuvor angesetzt und etwas gesogen hat. Auch muß das Kalb während der ganzen Operation des Milchens dabei sein. Dieß Geschäft ist daher sehr schwierig. Denn das gierige Kalb kommt oft blökend nahe heran, und die Melker haben viel zu thun, es sich mit einem Stocke, den sie zu diesem Zwecke immer zur Hand haben, vom Leibe zu halten, damit es sie nicht einmal in einem Anfalle von übergroßem Appetit mit sammt dem Milchtopf umstürzt. Wenn sie das Vieh auf die Steppe hinauslassen, so binden sie den Kälbern das Fell eines Schweinigels über die Schnauze, was gar sonderbar aussieht. Die Kühe lassen sie dann natürlich nicht zum Saugen zu. Es gilt dieß Alles auch für die Viehwirthschaft der Ukraine und Kleinrußlands und überhaupt für alle die Gegenden, in denen sich dieß hochbeinige, silbergraue Steppen-Rindergeschlecht verbreitet hat. Also selbst auch in diesen kleinen und unbedeutenden Geschäften kann man noch eine große Rohheit des Landes verspüren.

Nikolajew.

Zum Frühstück erreichten wir endlich den Bug und Nikolajew. Den Bug, der hier sehr mächtig und breit ist, hatten wir schon vor der Stadt eine Zeit lang zur rechten Seite und ergötzten unsere mit Grasgrün jetzt so sehr übersättigten Augen an dem schönen Blinken seines hier so breiten und mächtigen Spiegels. Die Ufer des Flusses sind rund umher auf beiden Seiten sehr hoch, und die verschiedenen Thon = und Kalksteinschichten der Steppe stehen am Ufer entblößt zu Tage. Ich denke mir, die norwegischen Schären zwischen ihren Felsen müssen ungefähr einen solchen Anblick gewähren, nur daß bei ihnen die Ufer natürlich höher sind. In der Nähe von Nikolajew fanden wir den ersten Weinbau in einem Dorfe Bulgarki, das uns zur Seite blieb; freilich giebt es schon bei Poltawa einige Weingärten, doch wird dort noch kein Wein gekeltert. Auf der eigentlichen hohen Steppe trafen wir sonst nirgends Wein. Aber in den tiefen Thälern geht er bis gegen Podolien und in Beßarabien bis über Kischenew hinaus. Dicht vor Nikolajew kamen wir an einem Kabak (Branntweinschenke) vorbei, der früher eine Moschee gewesen sein soll, oder, wie die hiesigen Schwaben zu sagen pflegen, „ein Muschó," indem sie wahrscheinlich dabei an das aus Frankreich zu ihnen herübergekommene Monsieur denken. Die Tataren selbst aber sagen weder das Eine noch das Andere, sondern nennen es „Metsched." Die Bauart verrieth noch deutlich seine frühere heilige Bestimmung, die jetzt in eine so kraßweltliche umgewandelt war, daß da, wo früher die frommen Mohammedaner nur ohne Pantoffeln einzutreten wagten, sich jetzt betrunkene Russen zankten.

Nikolajew besteht erst seit 50 Jahren (es wurde 1789 gegründet). Es ist der Sitz der Admiralität des schwarzen Meeres. Ich begreife durchaus nicht, warum man diese Stadt dazu gewählt hat, da sie im Innern des Landes an einem tief sich zurückziehenden Flusse liegt, und da, wenn auch der Liman des Bug und des Dnieprs sehr schönes, tiefes Wasser hat, doch immer noch die unbequeme Einfahrt in die Mündung des letzteren zu überwinden bleibt. Es ist offenbar Sewastopol der eigentliche herrschende Punkt des schwarzen Meeres, der in der Mitte von allen den Gegenden liegt, wohin Marinebefehle zu senden nöthig sein könnte. Auch ist Sewastopol in der That schon entschieden der größte Waffenplatz der russischen Marine. Und warum trennt man denn nun die obere Behörde so weit von dem Orte, wo sich die meisten Untergebenen befinden? Die Stadt hat jetzt nahe an 15,000 Einwohner, ist voll ansehnlicher Gebäude und liegt, wie alle russischen Städte sehr regelmäßig und weitläufig gebaut, größtentheils auf dem flachen Plateau der hohen Steppe. Nur wenige Häuser ziehen sich an dem steilen

Ufer der Steppe zu den Ufern des Bug und Ingul hinab, die sich hier mit einander verbinden. Von der Flußseite her präsentirt sich der Ort sehr prächtig gerade mit seinen vorzüglichsten Gebäuden, mit der Admiralität, den Schiffswerften, den großen schwimmenden Bauten der Kriegsschiffe, dem Palais des Generalgouverneurs und Oberadmirals der ganzen „Tschornoje-Morskoi-Flot" (der pontischen Flotte), jetzt Lasareff, den Seecadetten = Chorps u. s. w., und wenn man von der einförmigen Steppe kommt, so ist nichts überraschender als dieser Anblick. Doch muß man die Blicke nur auf D a s heften, was unmittelbar die Ufer des Bug umkränzt, denn läßt man sie weiter schweifen, so hat man wiederum durchaus nichts als flache Steppen.

Das schöne bequeme deutsche Wirthshaus, welches wir hier fanden, und in dem sich mein lieber Kun = laje recht wohl fühlte, reizte mich indeß nicht lange. Ich pfiff alsbald einem Iswoschtschik (Fiaker) und warf mich in eine Droschke, um die Merkwürdigkeiten der Stadt zu besehen und dann meinem Reisegefährten auf der Fähre über den Bug nachzukommen. Allein ich war sehr unglücklich; denn es war leider gerade Sonntag, und alle Leute in einem sehr freudigen Festtagstaumel begriffen. Daher verwies mich der Commandeur der Admiralität und Schiffswerfte, der große Gesellschaft bei sich hatte, auf den morgenden Tag. Daher war der Schlüssel zum Saale der olbiopolitanischen Antiquitäten nirgends zu finden. Daher fand ich den Astronomen der Sternwarte, Herrn Professor Knorr, nicht zu Hause, und pochte so bei diesen drei Hauptmerkwürdigkeiten der Stadt überall vergebens an, jagte dann noch einige Mal Straß' auf, Straß' ab, um mir die Bauart näher anzusehen, und kam noch früh genug bei der Fähre an, um vor der Abfahrt mit Kun=laje noch einen Spaziergang in den öffentlichen Garten der Stadt zu machen, der sich an dem steilen Ufer des Bug zum Wasser hinabzieht. Wir fanden den Garten reizend, eine heitere Musik ertönte aus einem Kaffeehause in der Mitte der Anlagen, und die halbe gentile Bevölkerung Nikolajew's erlustirte sich hier im Freien. Es waren Juden, Griechen, Armenier, Russen und Deutsche. Ich dachte an das nur zwei Meilen entfernte Olbia, als dessen Nachfolgerin Nikolajew gelten kann. Die Bevölkerung mag dort vor 2000 Jahren (Olbia wurde 655 v. Chr. Geb. von Milesiern gegründet) ungefähr dieselbe gewesen sein, und auf ähnliche Weise ihre Sonntage genossen haben. Nur Deutsche muß man ausnehmen. Juden und Armenier mögen sich nach Christi Geburt dort auch schon eingefunden haben, und die Russen sind die Skythen.

Der Platz, auf dem Olbia, die größte griechische Handelsstadt in diesen Gegenden des Pontus, die ungefähr denselben Handel hatte, den jetzt Odessa

3

betreibt, stand, heißt jetzt „Stomogil" *), liegt zwei Meilen unterhalb Ni=
kolajew am Bug und ist im Besitz eines russischen Edelmannes, des Grafen
Kuscheleff = Besborodko. Die Ruinen sind unbedeutend, und das Wenige,
was sich an Antiquitäten, Inschriften, Münzen u. s. w. dort vorgefunden
hat, befindet sich theils in dem Besitze der Besborodko's, theils in Nikolajew,
theils auf der Stadtbibliothek von Odessa gesammelt. Jedoch befindet sich
eine sehr interessante Inschrift darunter, — überhaupt eine der interessante=
sten Inschriften, die ich je gelesen, — die tiefe Blicke in das Leben und
den Zustand der Stadt thun läßt. Es ist ein Psephisma des Raths und der
Bürger von Olbia, das sie zu Ehren eines ihres Mitbürger, Namens Pro=
togenos, in Marmor graben ließen. Dieser Mann war sehr reich und ange=
sehen und alle seine Wohlthaten, die er der Stadt und der Gemeinde
zukommen ließ, werden aufgezählt, wie er bei'm Hafenbau half, wie er bei
einer Hungersnoth Geld vorstreckte, um Korn zu kaufen, wie er den Fisch=
markt ausbauen ließ, wie er bei dem Bau eines Thores einen Theil auf sich
nahm, wie er große Schiffsbauwerkstätten errichtete, wie er die öffentlichen
Gebäude der Waarenschau im Hafen ausbesserte u. s. w. Für dieses Alles wird
ihm umständlich gedankt. Odessa und Nikolajew haben auch noch jetzt alle
diese Dinge, auch Hungersnoth. Ob aber einen solchen Bürger Protogenos?
— Wohl schwerlich, denn solche Leute sind nur Erzeugnisse einer freien, un=
abhängigen und patriotischen Commune.

Nikolajew gegenüber auf der andern Seite des Bug liegt der kleine Ort
Kobnewka. Obgleich der Bug hier sehr breit ist — eine Werst und 60 Sa=
schen, zusammen ungefähr 1800 Ellen — so wird doch die Fähre an einem
langen, dicken Stricke herübergelootst. Bei dieser bedeutenden Länge passirt
es natürlich oft, daß der Strick reißt, besonders wenn ein Sturm vom
Meere herweht. Doch, sagten die Schiffer, sie bekämen immer noch ein
Ende wieder fest und kämen so stets glücklich auf die eine oder andere Seite
hinüber. Der Bug ist 12 bis 15 Saschen (zu 7½ Fuß) tief und hat ein
dunkles trübes Wasser, wie alle die Steppenflüsse, die von dem abgespülten
schwarzen Humus der Steppe so gefärbt werden.

Wir hatten einen Juden im Schiffe, der uns von Weitem die Gegend
zeigte, wo die alte berühmte Stadt „Olga" — mit diesem russischen Frauen=
namen betitelte er Olbia — gelegen. Der Mann hatte überhaupt seine ganz
eigene Geographie. So sprach er auch von der Krim, deren beide Hauptstädte
Simpheropol und Sewastopol er für eine und dieselbe hielt, so daß er demgemäß
auch ihre Namen in Eins verschmolz. Er nannte diese beiden Städte zusam=
mengenommen „Symphastopol."

---

*) Das Wort bedeutet so viel als „Hunderthügel."

Wir fanden jenseits des Bug an unserer Britschke etwas auszubessern, und damit und mit manchen anderen kleinen Aergerlichkeiten beschlich uns der Abend, und wir kamen erst in der Nacht in die Steppe hinaus. Doch verloren wir dabei wenig, denn diese Gegend gehört zu den ödesten der ganzen Steppe. Es findet sich hier durchaus keine Spur von Ansiedelung, und auf der Straße findet man auch nichts als ein paar erbärmliche, von Juden gehaltene Poststationen. Die Stadt Otschakoff blieb uns zur Linken, doch ziemlich nahe, so daß man den Kanonendonner damals hier hören mußte, als die Türken sie an die Russen verloren. Ich mußte an meine Kindheit zurückdenken, wo jenes Spektakelstück: „der Brand von Otschakoff" zu meinen Lieblingsschauspielen gehörte, und wo ich mir es nicht träumen ließ, daß ich noch einmal so nahe an diesem berühmten Orte im Bereiche seines Kanonendonners vorbeistreifen sollte. Wir sprechen immer Otschakoff, die Russen aber Otschákoff. Uebrigens ist seine Festung, seine Einnahme, seine Wichtigkeit, und überhaupt der ganze Ort eine wahre Lapalie, und war durchaus nicht werth, daß so viel Aufhebens von ihm gemacht wurde.

Gegen Morgen blies uns ein kühler Wind von Süden entgegen, und Kun=laje weckte und elektrisirte mich mit den Worten: „Voilà la brise de la mer noire." Die Ankunft an den Küsten eines neuen Meeres ist für den Reisenden immer ein interessanter Augenblick, und ich erwartete mit Spannung, den Windsender selbst erscheinen zu sehen. Es dauerte auch nicht lange, so erblickten wir seine weite Fläche in dem ersten Schimmer der frühen Morgenröthe vor uns, und bald darauf sahen wir den langen weißen Saum seiner Brandung und hörten deren rauschendes Getöse. Ich hatte lange das Meer nicht gesehen, denn ich hatte ziemlich viel Zeit verbraucht, um mich von der Ostsee bis zum Pontus durch dieses dicke Ostende Europa's durchzuschlagen, und ließ daher mit Entzücken meine Blicke über das Meer hinschweifen. Alles Neue, was uns vorkommt, ist immer mehr oder weniger so gut als eine Entdeckung für uns, und ein neues Meer erregt immer lebhaft dieselben Gefühle, welche die Begleiter jenes spanischen Anführers rührte, als sie zum ersten Male die Südsee erblickten, oder auch die der 10,000 Hellenen, als sie nach ihrem mühseligen Feldzuge das Meer erreichten. — Wir fuhren am hohen schroffen Ufer des Steppen=Plateau's hin, grüßten die Zehntausend und die stürmischen Wege der Argonauten von fern, und gedachten so vieler anderer lieben Jugend= Erinnerungen aus der Schulzeit.

Die erste Station am Meere war „Troitzkoje" an der Mündung des „teligul'schen Limans." Mit diesem Liman lernte ich eine mir bisher ganz neue Terrain=Formation kennen, und da wir nun bis Odessa noch vier Limans passirten, den kleinen und großen „Bujulik" und den kleinen und großen

„Kujalnik," so hatten wir Gelegenheit, diese den Steppen und der Nordwest=
küste des schwarzen Meeres eigenthümliche Form zu studiren. Meinen kleinen
Bemerkungen, die ich hier machte, füge ich gleich bei, was ich noch später von
dem Wesen, der Wirksamkeit, dem Nutzen und der Entstehungsweise dieser
so äußerst interessanten und in den bisherigen Reisebeschreibungen so wenig
beachteten Limans erfuhr.

Man übersetzt das Wort „Liman" gewöhnlich mit „Meerbusen," „Haff,"
oder „Lagune." Doch ist es besser, den Ausdruck „Liman" beizubehalten,
weil sie ein ganz eigenthümliches Mittelding zwischen Meerbusen und erwei=
terter Flußmündung sind, und sich sowohl von den „Lagunen" des adriati=
schen Meeres, als von den „Haffs" der Ostsee und anderer Gegenden charakte=
ristisch unterscheiden.

Diese Limans, die sich zwischen der Mündung des Dniepr und der Do=
nau, oder, besser gesagt, des Pruth bei der Mündung des kleinsten sowohl als
des größten Flusses zeigen, in einem weiten und sehr langen, mehr oder weniger
tiefen Ausriß der oberen Steppenschichten bestehen und ein mit Wasser ge=
fülltes Becken darstellen, verdanken wohl ohne Zweifel ihre Entstehung der
gedoppelten Wirksamkeit des Meeres und der Flüsse. Die Steppe bildete zu
Anfang ein zusammenhängendes unzerrissenes Plateau, in dem nun aber die
Flüsse mit der Zeit tiefe Furchen ausgruben. Anfangs mochten sie sich als
Wasserfälle von dem hohen Steppenrande in's Meer hinabstürzen, bis ihre
Thäler immer tiefer wurden, und endlich die Sohle derselben bei der Mün=
dung mit der Oberfläche des Meeres in gleiches Niveau kam. Auf diese Weise
wurde es dem Meere möglich, wenn es bei Süd= und Südwestwinden gegen
die Küste anschwoll, in die offenen Mündungen der Flüsse einzudringen.
Die von oben nachrollenden Flußgewässer und die von unten hinaufdringenden
Meereswellen mußten natürlich ein Anschwellen und einen Kampf veranlas=
sen. Bei diesem Kampfe griffen die Wasser zu beiden Seiten und landein=
wärts um sich, rissen Theile der Steppen herab und erweiterten die Mün=
dung des Flusses, der dann wieder seinerseits, wenn das Meer bei entgegen=
gesetzten Winden zurücktrat, das abgerissene Material hinausschwemmte.
Auf diese Weise entstanden in der Richtung des Flußthals lange schmale, je=
doch nach der Seite des Meeres hin gewöhnlich etwas breitere Becken, welche
die Russen „Limans" nennen. Natürlich wurden diese Becken jedoch nie so
tief ausgerissen, wie der Meeresboden selber, da das in ihnen zusammenge=
führte Material nie völlig vom Flusse weggeführt wurde. Bei gewöhnlichem
Stande des Meeres und seiner regelmäßigen Brandung wurden daher von
dieser niedrige Sandbünen aufgeworfen, wie sie das Meer vor allen See=,
Haff= und Flußmündungen aufwirft. Ihrerseits setzten die Ueberschwemm=

ungen der Flüsse hinter diesen niedrigen Dünen ebenfalls ihren Schlamm ab, und so bildete sich denn vor jedem Liman ein schmaler langer Damm, der sich ihm wie ein Riegel vorlegte. Die Russen nennen diese Dämme der Limans „Pereßip" von dem Worte „ssipatj" (schreiten); Pereßip ist also ein Damm, über den man hinüberlaufen kann, „ein Uebergang," „eine Fuhrt." In den baltischen Ländern nennt man es eine „Nehrung." Die Schwaben der Umgegend machen aus „Pereßip" fast ein „Bärensieb." — Diese Pereßips sind gewöhnlich ganz schmale, 50 bis 100 Ellen breite, sehr niedrige, sandige und zum Theil mit Gras bewachsene Landstreifen. Bei den großen Flüssen sind sie natürlich breiter. So ist der, welcher den Liman des Dniestr schließt, eine halbe bis zu einer ganzen Werst breit. Sehr sonderbar nehmen sich diese grünen sandigen Pereßips aus, wenn man aus dem Innern des Landes über die Limans hinweg in's Meer hinaussieht. Sie erscheinen dann als schmale grasige Bänke mitten im Wasser.

Daß es sich mit der Entstehung aller dieser Dinge so verhalte, wie wir es zu erklären versucht, lehrt theils der Anblick der Limans und ihrer Ufer, theils Das, was hier noch täglich vorgeht. Alle jene Operationen, das Eindringen des Meeres, der Kampf der süßen und salzigen Wasser, das Einstürzen der Ufer, das Aufwerfen von Sand an die Pereßips, wiederholen sich bei mehren Limans täglich. Bei einigen freilich ist der den Liman schließende Damm so hoch und fest geworden, daß er fast gar nicht mehr, oder doch nur höchst selten — in verschiedenen Perioden von 10, 20 Jahren u. s. w. — vom Meere durchbrochen wird. Doch setzt dieß dann zugleich voraus, daß die von oben in den Liman fallende Masse süßen Wassers äußerst gering sei, und ihr Zuschuß durch bloße Verdunstung wieder verloren gehe. Andere Limans dagegen — und zwar bei Weitem die meisten — haben eine beständige Oeffnung im Pereßip, aus welcher bald die süßen Wasser hinaus, bald die salzigen einfließen. Die Leute des Landes nennen eine solche Oeffnung im Pereßip „Girl," und auch diesen Ausdruck wollen wir der Eigenthümlichkeit der Sache wegen beibehalten. Bei den großen Flüssen sind diese Girls natürlich innen offen und mit Wasser versehen. Bei den kleineren, die im Sommer austrocknen, verstopfen sie sich oft, und verändern dann auch häufig ihre Lage, indem der Liman bald hier, bald dort ausbricht; oder das Meer bald hier, bald dort einströmt. Bei einigen dieser Girls befinden sich Brücken, bei anderen Fähren.

Es üben diese tiefen Thäler der Limans einen nicht ganz unbedeutenden Einfluß auf das Klima der Umgegend, theils einen vortheilhaften, indem im Sommer die kühlende und feuchte Seeluft in diese Furchen einströmt und sich weit aufwärts in's Land verbreitet, theils einen nachtheiligen, indem im

heißen Sommer zuweilen das dann ganz abgeschlossene und an der Be=
wegung des Meeres nicht Theil nehmende Wasser zu faulen anfängt und
schädliche Dünste weit in der Umgegend umher verbreitet. Es hat sich
ereignet, daß plötzlich ganze Dorfschaften, auf welche in der Nacht ein von
einem solchen Liman herwehender, mit stinkenden Miasmen geschwängerter
Wind traf, erkrankten.

Sehr viel interessanter aber noch werden diese Limans dem Menschen
durch eins der nothwendigsten Lebensbedürfnisse, das einige von ihnen dem
russischen Süden in Fülle liefern, nämlich das Salz. Da die Gewinnung
des Salzes hier ganz anders vor sich geht als in dem berühmten Salzsee der
Kalmückensteppe, dem Elton, und auch anders als an der norwegischen
und portugiesischen Küste, so verdient sie vielleicht einige Bemerkungen.

Keineswegs liefern alle diese Limans an der Nordwestküste des schwarzen
Meeres Salz, einige nie, andree nur in sehr heißen Sommern, noch andere
aber immer. — Die großen Limans der großen Flüsse, des Dniepr, des Dniestr
u. s. w., in welche so bedeutende Süßwassermassen einströmen, sind so
schwach gesalzen, daß sich dem Geschmacke ein Dasein von Salz durchaus
nicht kund thut. In die Girls des Dniestr=Limans, der nach Südosten
gerichtet ist, bringt nur bei lange anhaltenden und heftigen Süd= und Süd=
ostwinden, so viel Salzwasser ein, daß man eine Veränderung mit dem Ge=
schmacke wahrnehmen kann, doch auch nur wenige Werst landeinwärts. Der
Dniepr=Liman, der nach Westen gerichtet ist, empfängt selbst durch die West=
winde kaum etwas Salz, weil ihm in dieser Richtung nur eine geringe Masse
des Meeres entgegen liegt, und dessen Gewässer sich daher ihm nur schwach
entgegenhäufen. Eben so giebt es eine Menge ganz kleiner Limans, die gar
nicht einmal auf unseren Charten verzeichnet sind, und welche ihr Bette schon
so sehr wieder mit Schlamm und Flußmaterial ausgefüllt haben, daß das
Meer nicht mehr so hoch kommt, um einzudringen, und sie daher immer ein
schmuziges süßes Wasser haben. — Auch die übrigen Limans haben je nach
der Jahreszeit und je nach ihren verschiedenen Verhältnissen einen sehr ver=
schiedenen Salzgehalt. Sie sind im Frühlinge bei der Schneeschmelze sehr
wenig salzig, im Sommer dagegen, wo die süßen Zuflüsse versiegen und das
Wasser verdampft, weit stärker gesalzen. Einige haben starke Zuflüsse von
süßem Wasser, während sie selber klein sind, andere sind groß und haben
nur kleine Zuflüsse. Wiederum sind einige sehr tief, und es gehört daher
viel Wärme dazu, um sie ganz oder theilweise auszutrocknen, andere sind
aber flach und trocknen alle Sommer theilweise aus, indem sie das Salz fal=
len lassen. Nach allen diesen Verhältnissen bestimmt sich ihre Tauglichkeit
für die Salzgewinnung. Die von Odessa aus nach Osten liegenden Limans

können in der Regel nicht zur Salzgewinnung benutzt werden. Dagegen sind dazu am vortrefflichsten die drei beßarabischen Limans, die von Odessa nach Südwesten liegen, und zwar am allerbeßten und alle Sommer der sogenannte „Dusle-Liman."

Dieser Liman fängt schon im Juni an, sich von seinen Ufern zurückzuziehen und das Salz in kleinen Krystallen auf den Boden niederzuschlagen. Im Juli verstärkt sich dieser Niederschlag und wird gewöhnlich gegen Ende Juli so bedeutend, daß es sich der Mühe lohnt, alsdann die Arbeiten des Herausschaffens zu beginnen. Es befinden sich an diesem Liman mehre Krongebäude als Wohnung der Beamten zur Beaufsichtigung der Arbeit. Denn die Krone, als Inhaberin des Salzmonopols, sieht sich als die einzige Eigenthümerin des niederschlagenden Salzes an. Theils nimmt sie eine Menge von Arbeitern in Sold, um für ihre Magazine das Salz herausschaffen zu laffen, theils läßt sie den Privaten, die gegen Bezahlung die Herausschaffung auf eigene Kosten übernehmen wollen, gewisse Plätze am Liman anweisen, wo ihnen dieß gestattet wird. Gegen Ende Juli beleben sich nun die sonst öden Ufer des Sees zum Behuf der Salzernte. Die Kronbeamten stellen sich ein und beziehen ihre Wohnungen, podolische, beßarabische und neurussische Edelleute schicken ihre Leute mit unzähligen Wagen, um den Bedarf ihrer Güter aus dem See holen zu lassen. Auch großrussische Speculanten und deutsche Kolonisten kommen, die sich das Salz in größeren Quantitäten herausschaffen, als sie selbst verbrauchen, um damit eine kleine Speculation zu machen. Ueber die ganze Arbeit steht als Leiter ein Ober-Polizeimeister des Limans. Bei diesem Polizeimeister nun melden sich die Liebhaber, zahlen ihre Abgaben, lösen ihre Erlaubnißscheine und erhalten ihre Stellen angewiesen. Auch bestimmt er die Zeit, wo das Salz, wie sie sich ausdrücken, reif ist, und die Arbeiten beginnen können. Sie zu früh zu beginnen, wäre Schade, weil dadurch viele noch zu hoffende Niederschläge verloren gingen; zu spät anzufangen, wäre eben so unklug, weil dann die bald nachher folgenden Herbstregen die ganze Ernte wieder verderben könnten.

Der ganze Liman wird in eine Menge von Abschnitten eingetheilt, die mit Stangen bezeichnet werden. Diese Abschnitte gehen von beiden Ufern aus bis in die Mitte des Sees, so weit man kommen kann. Da nimmt sich nun der Eine ein Stück von 10 Saschen (Klafter) Breite, der Andere von 20 u. s. w., je nach seinem Bedürfniß, und je nach Dem, was er bezahlt hat.

Das Salz liegt nahe am Ufer nur in sehr feinen Krystallen $\frac{1}{4}$ bis 1 Zoll hoch, weiter hin 3 bis 4 Zoll, und noch weiter hin ist die Schicht oft einen Fuß dick. Auch sind hier in der Mitte die Krystalle größer. Jedoch variirt natürlich die Dicke der Schicht sehr nach der Güte der Jahre. In trockenen

Jahren ist sie dicker, in nassen dünner *). Eben so ist auch die Salzschicht an der flachen Spitze des Sees dünner, dagegen nach dem Meere zu abwärts, wo das Wasser tiefer stand, mächtiger. Der Streit, die Bitten, die an= gewandten Bestechungen, um gute und ergiebige Plätze zu erhalten, sind daher natürlich ohne Ende. Die besseren unteren Stellen reservirt sich die Krone.

Die Salzkrystalle werden mit Schaufeln vom sumpfigen Boden des Li= mans abgehoben und in hölzernen Mulden an's Ufer hinausgetragen. So einfach und leicht diese Arbeit zu sein scheint, so schwierig, anstrengend und gefährlich ist sie doch in der That. Da, wo der Boden der Limans von der Sonne völlig abgetrocknet ist, macht sich die Sache freilich sehr leicht, al= lein weiterhin ist das Salz feucht und der Boden sumpfig. Zuweilen steht selbst noch 1 bis 2 Schuh hoch Wasser darüber. Die Schwierigkeiten be= stehen nun darin, theils das Einsinken im fetten schlammigen Sumpfe zu vermeiden, theils den schlimmen Folgen der scharfen Salzsohle zu begegnen. Wegen des Sumpfes müssen die Leute kleine Breter unter die Füße binden, mit denen sie nun fest, aber allerdings nur sehr unbehülflich auftreten können. Diese Breter sind natürlich nur kaum so groß, daß sie den Menschen eben tragen können; denn wären sie größer, so würde man mit ihnen nicht von der Stelle kommen können. Freilich hilft auch die Salzschicht mittragen. Bricht diese einmal und fangen die Leute erst an mit dem einen Fuße unter den Sumpf zu gerathen, so ist auch das Herauskommen um so schwieriger, und da an Rettung mit Booten nicht zu denken ist, so kommen viele Leute auf diese Weise elend um's Leben.

Die scharfe Salzsohle, in der die Leute beständig arbeiten, überzieht ihre Kleider und Geräthschaften bald mit einer so dicken Kruste, daß es sehr unbequem wird, darin zu arbeiten. Außerdem aber springt überall die Haut auf, wo sie dieselbe häufig berührt, und durch diese Wunden werden die Leute zur Arbeit untüchtig. — Sie sollen sich daher alle Tage fleißig im süßen Wasser baden, was aber nicht überall zu haben ist, und können nicht anders als mit Handschuhen arbeiten. Allein es ist schwer, die rechten zu wählen. Denn wollene Handschuhe lassen die Lauge durch, und lederne werden gleich steif. — Am schwierigsten ist es, die Pferde, die oft eine Strecke in's Wasser oder doch in's feuchte Salz hineinfahren müssen, vor den schlim= men Einflüssen desselben zu hüten. Man umwindet ihnen zwar die Hufen und Füße mit Lumpen, doch hilft es nicht immer, und viele Pferde werden bald unbrauchbar und holen sich für ihre Lebenszeit Krankheiten aus dem

---

*) Es ist dieß Alles ganz anders als bei'm großen Salzsee Elton in der Wolga=Steppe. In ihm liegen ungeheuere Salzschichten seit uralten Zeiten zu ungeheueren festen Massen geballt übereinander.

Salzsee. Die Arbeit muß dieser Umstände wegen auch hoch bezahlt werden, und es bekommt monatlich der Mann 50 bis 60 Rubel. Sie dauert auf diese Weise den ganzen August und September hindurch fort, bis zum October, etwas später oder früher, je nachdem die Herbstregen später oder früher eintreten.

Die Privatleute schaffen ihre Vorräthe, die sie am Ufer bei ihren für diese Zeit rund herum am See erbauten Hütten aufhäuften, sogleich auf den mitgebrachten Wagen nach Hause. Die Krone läßt nur so viel fort= schaffen, als nöthig ist, um die während des Jahreslaufes in ihren Maga= zinen am Dniepr entstandenen Lücken auszufüllen. Das Uebrige wird am Ufer des Limans selbst in großen S k i r t e n [Haufen *)] aufgehäuft und über= wintert daselbst. Diese S a l z s k i r t e n enthalten gewöhnlich jede 8,000 bis 10,000 Pud Salz (400,000 Pfund). Um sie vor Regen, Wind u. s. w. zu schützen, brennt man einige Mal große Stroh = und Reiserhaufen über ihnen ab, deren Hitze das Salz schmilzt und es mit einer räucherigen und festen Kruste bedeckt. Das Salz setzt sich mit der Zeit in diesen Haufen so fest, daß man es später nur mit Mühe mittels Brecheisen losbringt. Im Jahre 1826, welches ein sehr ergiebiges war, soll man statistischen Angaben zu= folge über 6,000,000 Pud aus den drei bessarabischen Limans geschafft haben. Gewöhnlich bleibt es indeß bei einigen Millionen. Wir sahen schon oben, für welche Gegenden dieses Salz vorzugsweise bestimmt ist.

Der erste Liman, auf den wir trafen, war der t e l i g u l' s c h e. Er ist über 10 Meilen lang und 2 bis 3 Werste breit. Von da an geht der Weg beständig hart am Ufer des schwarzen Meeres hin, auf das wir die Aussicht be= hielten. Hier und da standen die Schilfhütten der K o s a c k e n p o s t e n, welche die Küsten hier der Pest und Schmuggler wegen bewachen. Es darf an diesen Küsten kein Boot landen ohne einen Erlaubnißschein der Odessaer Quarantäne. Es darf überhaupt nichts aus dem Meere gezogen werden, nicht einmal angeschwemmtes Holz, und die Schiffer dürfen nach der Strenge des Gesetzes nur eine Werst weit in's Meer hinausfahren. Auf der folgenden Station besuchte ich einen dieser Kosackenposten. Es waren „Sadunaiski" (Kosacken von jenseits der Donau). Ihre Piken standen an einem Gestell dicht an der Brandung. In ihren Semlanken (Erdhütten) hatten sie ihre Säbel aufgehängt, und Alles fand sich recht ordentlich und reinlich bei ihnen. Wie für sich selbst eine große, hatten sie für ihre Schweine eine kleine Höhle in die Erde gemacht, und für ihre Hühner eine noch kleinere. Für Erdhöhlen waren alle diese Wohnungen recht nett und hübsch.

---

*) Eigentlich heißt Skirt ein parallelepipedischer Heuhaufen von einer gewis= sen Größe. Allein man braucht das Wort eben so von den großen Salzhaufen.

Die Station lag oben auf der Steppe in der Nähe des kleinen Bujulik-Liman. Ich ging zum Peressip des Limans hinab, um die ganze Formation noch ein Mal anzusehen. Das Meer strömte in einem wilden Strome durch den Girl herein. Zwei steinerne Brücken lagen in Trümmern neben dem Strome, und eine dritte hölzerne war im Bau begriffen. Bei der Fähre waren viele Wagen, Menschen und Viehheerden versammelt. Natürlich ist das Leben und die Passage auf den Peressips immer groß, da von allen Seiten her Umwege gemacht werden, um die Limans zu umgehen. Vor der Oeffnung des Girls, bei'm Beginn des Seewasserstroms, hatte sich eine Sandbank angelegt, wo das Wasser nicht sehr tief war, und viele Wagen riskirten es, auf dieser in's Meer hinaus und so auf die andere Seite des Limans zu fahren. Groß war meine Ueberraschung, mitten aus all diesem Getümmel und dem Rauschen der Brandung Stimmen zu vernehmen, die ich sonst wohl nur am Ufer des Neckars oder des Lechs gehört hatte. „Seid g'schäut!" rief ein Bauer den übrigen zu. „Hier am Liman können wir die Pferde nit tränke. Wir hätten's obe am Brünneli thun solle." Es waren schwäbische Kolonisten, die aus München, Worms, Rohrbach und Stuttgart kamen, um Getreide nach Odessa zu führen. Jene Orte sind nämlich die Namen ihrer Kolonieen, die sie im Norden des teligul'schen Limans gegründet haben. Sie hatten alle große vierspännige Ackerwagen, lobten ihr Leben in den Steppen und waren mit ihrem Auskommen und ihren russischen Nachbarn sehr zufrieden. Einer sagte: „O mit den Russen kommen wir gut aus. Wir haben weniger Processe mit ihnen als mit unseren deutschen Nachbarn." Sie machten eben so große Augen, als sie mich aus meinem Bärenpelze so gut deutsch herausreden hörten, wie ich sie gemacht hatte, als ich ihren schwäbischen Dialekt aus ihren Schafpelzen und unter ihren krim'-schen Mützen hervor vernahm. Wir sahen äußerlich alle wie Russen aus, da wir doch innerlich sehr gute Deutsche waren, — wenigstens so viel mein Inneres anbelangt. Ich ließ mich mit ihnen übersetzen und blieb bei ihnen, bis Kun-laje und unsere Britschke mich einholten. Wir sprachen von den Limans, und sie erzählten mir Vieles von der schönen Salzernte, die sie, so wie die ganze Umgegend, einmal am großen Kujalnik-Liman gemacht hätten. Dieser Liman liegt mit seiner Mündung ganz nahe bei Odessa. Sein äußerstes Ende liegt aber 50 Werst von Odessa entfernt im Innern des Landes. Er ist freilich salzig, giebt aber in der Regel kein Salz, weil er sich im Sommer nur wenig von seinen Ufern zurückzieht. (Vielleicht ist er sehr tief). Das Jahr 1824 aber war außerordentlich heiß und trocken, und die Verdunstung des Wassers daher so stark, daß nun auch dieser Liman bedeutend zusammenschmolz und seine innere Landspitze auf 4 Werst Länge und

3 Werst Breite völlig vertrocknete und dabei die schönste und reichste Salz=
ernte zurückließ. Da dieß früher noch nie geschehen war, der Liman daher
von der Regierung nicht als ein Salzliman betrachtet wurde, und sich auch
keine Kronanstalten und keine Aufsicht an ihm befanden, so wie auch keine
speciellen Verbote in Bezug auf das Salzschaufeln an ihm bestanden, so glaubte
Jedermann, das von Gott geschenkte Salz als eine vortreffliche Beute in
Besitz nehmen zu können. Auf die verbreitete Kunde von dem Wunder
strömten denn auch aus allen Gegenden der Steppe und aus Odessa Leute
mit Schaufeln, Mulden und Wagen herbei und fingen die lustigste Salz=
ernte an. Insbesondere hoffte der spanische Consul in Odessa großen Vor=
theil aus diesem Ereigniß zu ziehen, da er ein Landgut am Liman besaß, das
sich über eine Werst am Ufer hin erstreckte. Er erklärte alles auf dieser Strecke
deponirte Salz für das seinige, nahm eine Menge von Arbeitern in Lohn,
schaffte eine ungeheure Quantität Salz auf's Trockene und verkaufte es für
circa 300,000 Rubel. Andere Leute steckten sich nach Willkür, so viel sie
ungefähr nöthig zu haben glaubten, einen Bezirk am Liman ab, in dem sie
Niemanden zuließen, nach dem Grundsatze: Der erste Besitzergreifer einer
herrnlosen Sache ist ihr Eigenthümer. Das Zuströmen von speculirenden
Menschen wurde immer größer, und es bildete sich eine förmliche, nicht unbe=
deutende Kolonie am Liman. Da für nichts bei dieser Kolonie gesorgt war,
und die Habgier die Menschen verleitete, länger zu bleiben, als ihr Proviant
reichte, so entstand bald eine Theuerung unter diesen vielen Tausenden. Das
Brod wurde zum Fünffachen seines gewöhnlichen Werthes bezahlt, und ein
Glas Wasser kaufte man zu einem halben Rubel. Die Leute hatten ihre Knechte,
Kinder und Weiber mitgebracht. Alles mußte an die Arbeit. Der Arbeits=
lohn stieg ungemein hoch, und ein tüchtiger Arbeiter verdiente täglich seine
12 bis 15, ja 20 Rubel. Man kaufte ein Fuder Salz (30 Pud) zu 7, 6, ja
5 Rubel, d. h. das Pfund zu einem halben Kopeken (noch nicht einmal einem
halben Pfennig). — Viele Menschen kamen dabei im Sumpfe des Limans
um's Leben, da die Ernte nicht mit gehöriger Vorsicht und Ordnung vor=
genommen wurde und Alles nur mit Hast verfuhr. Aber das Hauptunglück
kam noch nach. Die nächsten Salzbehörden wußten Anfangs nicht recht,
wie sie sich bei der ungewöhnlichen Sache benehmen sollten. Es hieß Anfangs
nur, ein Zehntheil des Salzes müßte an die Krone abgegeben werden, dann ein
Fünftel. Endlich aber kam ein höherer Befehl, der erklärte, daß dem Monopole
gemäß alles Salz der Krone gehörte, und die Leute, die Salz genommen hätten,
dasselbe nicht nur ersetzen, sondern auch noch Strafe erlegen müßten. Diese,
die glaubten, sich ein ganz unschuldiges Profitchen erlaubt zu haben, wurden
nun auf ein Mal als Diebe und Monopolsverletzer angesehen. Viele kamen

in großes Unglück. Manche wurden arretirt und in's Gefängniß gesteckt, An=
deren ihr Vermögen mit Beschlag belegt. Am schlimmsten kam der Consul
dabei weg, der am besten speculirt zu haben glaubte. Die Sache kam ihm
so hoch zu stehen, daß er sich glücklich schätzen mußte, eine russische Fürstin
zu finden, die ihm sein Gut für einen Preis abkaufte, mit dem er der Krone
gerecht werden konnte. Er war aber durch dieses fatale trockene Jahr für im=
mer auf's Trockene gesetzt, so wie vielen Anderen noch der ganze Spaß bedeu=
tend versalzen wurde.

Der Morgen war herrlich, die Wege vortrefflich, und wir liefen daher
rasch, die zwölf Hufe unserer Troika (Dreigespann) immer in der Luft,
unserem Hafen Odessa zu. Schon von Weitem sahen wir die Wimpel der
Schiffe winken, und die eleganten Häuser des Odessa'schen Boulevards, der
unmittelbar am Meeresrande der hohen Steppe liegt. Man findet in ver=
schiedenen Reisebeschreibungen zuweilen bemerkt, daß große Städte sich mit=
unter durch nichts Besonderes in ihrer Nähe ankündigen. So sans façon und
ohne alle Vorrede aber, wie sich Odessa, eine Stadt von 50,000 bis 60,000
Einwohnern, mitten in die Steppen gelegt hat, wird man wohl schwerlich
eine finden. Keine wohlhabenden Dörfer rund umher, keine Fabriken oder
sonstige Anstalten außerhalb der Stadt, kurz keine Vorläufer irgend einer Art.
Hier die Steppe, und einen Schritt weiter die Stadt. Man sollte fast glau=
ben, die Stadt liege ganz herausgesondert aus ihrer Umgebung und habe
durchaus keinerlei Einfluß auf dieselbe. Natürlich übt sie aber doch einen
solchen, nur einen weniger sichtbaren. Später davon.

Kurz vor Odessa mündet sich der Liman des kleinen Kujalnik. Sein
Pereßßip ist sehr flach und dabei sehr breit. Der eine Theil dieses Pereßßips,
nach dem Liman zu, ist eine Wüste, die jetzt mit großen Feldern rother
Salzkräuter (Salsola cali, Salsola prostrata) bedeckt war. Die andere
Seite nach dem Meere zu wird von einer Vorstadt Odessa's eingenommen,
die selber auch Pereßßip heißt. Diese Vorstadt allein ist 2 Werst lang und
beständig voll Leben, da sich auf dem Pereßßip die beiden hauptsächlichsten Ver=
fuhrsstraßen, die zu der Stadt hinführen, vereinen, die balta'sche Straße
aus Podolien und Polen, und die nikolajew'sche Straße aus der Krim
und dem innersten Herzen Rußlands. Die letztere Straße ist die wichtigste für
die Ausfuhr von Odessa, denn auf ihr gehen die Weine, Früchte und levanti=
schen Waaren, welche Odessa nach Moskau u. s. w. sendet, die balta'sche
Straße aber für die Einfuhr zur Stadt, denn auf ihr kommt aller podolischer
Weizen herab, der den Hauptstamm des nicht eben vielfach verzweigten Han=
dels von Odessa bildet. Außer diesen beiden Straßen kommt noch die ovi=
biopol'sche von den Donaumündungen zur Stadt heran, welche aber die am

wenigsten belebte ist, denn sowohl mit den Städten Ismaïl, Kilia, Brailow u. f. w., als mit der Türkei steht Odessa natürlich mehr auf dem Seewege in Verbindung, — und endlich die tiraspol'sche Straße aus Beßarabien, die beßarabisches Getreide, moldauische Weine, Kohlen, Holz und viele andere Bedürfnisse der Stadt heranführt.

Jene beiden zuerst genannten Straßen schütten nun all ihr Leben auf dem Peressip zusammen, auf dem daher zwei fast ununterbrochene Wagen= reihen beständig aus= und einziehen, die langen, langsamen, mit Ochsen be= spannten Walken, die wir oben beschrieben, die rascheren Obosen der Groß= russen, im Herbste die mit Früchten, Tabak und anderen krim'schen Waaren beladenen Kameele der Tataren, die Reisewagen der viel in Odessa verkeh= renden polnischen Herren und der Passagiere, die nach Moskau, Petersburg oder in's Ausland reisen.

Odessa ist bekanntlich ein Freihafen, und daher die Stadt rund umher mit einer Mauthlinie umgeben. Zum Auslassen dienen nur zwei Thore, eins auf dem Peressip und eins auf dem beßarabischen Wege. Um diese Thore herum ist immer das dichteste Gedränge von Wagen, Vieh und Leuten, die von den zahlreichen Mauthbeamten visitirt werden. Hinein kommt man na= türlich leicht und gut. So auch wir. Allein man muß sich in Acht nehmen; es ist wie eine Mäusefalle. Man kann oft nicht so leicht wieder heraus. So ging es mir, dem man später mehre Sachen nicht wieder auszuführen gestat= tete, weil man sie nicht als russische Waare anerkennen wollte. Alles, was man Ausländisches wieder ausführen will, muß man bei'm Einfahren ange= ben und sich darüber einen Schein ausstellen lassen.

Die Häuser der Vorstadt Peressip sind, wie die aller weitläufigen Vor= städte Odessa's, aus jenen oben erwähnten Kalkquadern gebaut. Die Steine sind gewöhnlich nur regelmäßig aufeinander gelegt, ohne Kalk,

„ohne anfugenden Kitt"

„Massen auf Massen gehäuft,"

oder, besser zu sprechen, ohne Kitt und Schick, Haufen über Haufen polternd. Es ist unglaublich, was die aus diesem lockeren Steine aufgeführten Gebäude gleich für ein ruinirtes Aeußere gewinnen, wenn sie auch nur kurze Zeit erst standen. Vom niedrigen Peressip aus führen zwei oder drei „Spusski" (Auf= fahrten) zur hohen Stadt hinauf. Wir fuhren den hauptsächlichsten, den „Narischkina Spussk" (die Narischkin'sche Auffahrt) hinauf und durch lange staubige Straßen zum Hôtel de Petersbourg am Boulevard, wo wir denn Zeit und Gelegenheit fanden, uns von allen etwaigen Steppenstrapazen zu erholen und den Leib, mitunter auch den Geist, mit allerlei civilisirten Ge= nüssen zu erfreuen.

O d e s s a.

„Greift nur hinein in's volle Menschenleben.
„Ein Jeder lebt's, nicht Bielen ist's bekannt.
„Doch wo ihr's packt, da ist es int'ressant."

Handel.

Die Lage von Odessa ist häufig kritisirt und getadelt worden, allein, wie mir es scheint, mit Unrecht. Denn obgleich sie mehre Fehler und Unbequemlichkeiten (Mangel eines guten natürlichen Hafens, Mangel an Trinkwasser u. s. w.) hat, so waren doch diese Uebelstände wohl kaum zu vermeiden. Das Haupterforderniß der guten Lage einer Seehandelsstadt ist dieß, daß man zu ihr von allen Seiten her zu Lande möglichst bequem und aus möglichst großer Entfernung heranfahren könne, und daß eben so von der Seeseite her der Punct auf die am wenigsten umständliche Weise erreicht werden möge. Bei einem Meerbusen — und von einem solchen war hier ja die Rede, denn der nordwestliche Theil des schwarzen Meeres ist als ein Meerbusen zwischen der Krim, der Steppenküste und Bulgarien zu betrachten — bei einem Meerbusen, der durchweg tief und fahrbar, ist alle Mal der innerste, am meisten in's Land vordringende Winkelpunct der günstigste für die Anlage der Haupthandelsstadt der umliegenden Küstenländer, weil die Landfrachten zu ihm von allen Seiten her gleich weit haben, und die wohlfeileren, für das Innere bestimmten Seefrachten, die man natürlich immer gern so spät als möglich mit dem Landtransport vertauscht, am weitesten in's Land vordringen können. Darnach ist es bei einem Blick auf die Karte klar, daß der Brennpunct des Handels des südwestlichen Rußlands in die Gegend zwischen Dniepr- und Dniestr-Mündung fallen mußte; an welcher Stelle nun gerade in dieser Gegend, das mußte Ortsgelegenheit entscheiden, ein bequemer Hafen, eine Flußmündung u. s. w. Als Flußmündungen boten sich die des Dniestr und des Dniepr, und es ließ sich erwarten, daß an einer derselben der große

Verkehrsplatz erscheinen würde. Man erwartete dieß allerdings auch und wollte auf der einen Seite Cherson zu Dem erheben, was jetzt Odessa ist, und auf der anderen Seite sollte Odessa selbst blos als Mündungs= und Ausfuhrplatz des Dniestrthales an den Liman dieses Flusses zu liegen kommen. Allein die Unbequemlichkeit der Einfahrt in den Dniestr, wo nur zwei wenig tief ausgerissene Oeffnungen in dem Peressip des Limans sich befinden, und die eben so große des Eingangs in den Dniepr, dessen Mündung auch durch Sandbänke verdorben wird und der seiner von Osten nach Westen gehenden Richtung wegen noch dazu wieder nur mit ganz anderen Winden erreicht werden kann als der innerste Winkel des odessaischen Meerbusens, verhinderten dieß. Es blieb daher nur eine Wahl unter den verschiedenen Puncten der Küste zwischen jenen beiden Flußmündungen. Und hier war denn die Rhede von Odessa der geeignetste Punct, weil hier doch wenigstens eine Art von Bai den Schiffen einigen Schutz bot, während die ganze übrige völlig hafen=, bai= und rhedelose Küste auch nicht einmal Das hatte. Die Schiffer und Handelsleute fühlten dieß Alles mit ihrer sich nie irrenden Praxis richtiger heraus, als die Gelehrten es berechneten, und Odessa stieg trotz aller ihm Anfangs in den Weg gelegten Hindernisse siegreich empor. Der Plan eines Dniestr=Odessa wurde aufgegeben, und das Dniepr=Cherson sank zu Dem herab, was es jetzt ist, zu einem Hülfs= und Nebenorte Odessa's, welcher denjenigen Zweig des Handels dieser Stadt vermittelt, der auf das Thal des Dniepr Bezug hat *).

Daß indeß natürlich die Mündungen der Flüsse Dniestr und Dniepr, ja auch die der Donau nicht ohne Einfluß bleiben auf den Handel von Odessa, versteht sich wohl von selbst, da ja alle diese Flüsse in der Nähe der Stadt in den Odessa'schen Meerbusen ausmünden. Odessa setzt sich mit ihnen durch die Cabotage mittels kleiner Fahrzeuge in Verbindung. Die Mündung des Dniepr ist entschieden die bedeutendste. Von den 500 Küstenfahrten, die dem Journal d'Odessa zufolge jährlich von verschiedenen Puncten der russischen Küste nach Odessa hin statthaben, kommen allein 350 bis 400 von der Dnieprmündung, mit den Producten der Ufer dieses Flusses beladen. Die Verbindung mit dem Dniestr wird durch ungefähr 10 bis 15 Fahrten unterhalten, und die mit der Donau durch 8 bis 12.

Im Jahre 1837 stellte sich die ganze Cabotage Odessa's dem besagten Journale zufolge so:

*) Die Situation von Odessa noch näher zu beleuchten, wäre hier wohl nicht der Ort, und überhaupt auch noch nicht die Zeit. Denn wo sind bisher von den Geographen allgemeine Principien aufgestellt worden, nach denen man die geographische Lage eines Ortes in Bezug auf Verkehr beurtheilen könnte?

		Fahrten.	
Mit dem Dniepr	{ Nikolajew 39		382
	{ Cherson 343		
Mit dem Dniestr	Akkerman 6	6	
Mit der Donau	{ Kerri 3		
	{ Ismael 1		6
	{ Sulina 2		
Mit der Krim	{ Eupatoria 21		
	{ Sewastopol 8		
	{ Balaklawa 1		66
	{ Jalta 23		
	{ Verschiedene Puncte d. krim'schen Südküste 13		
Mit dem Don und Asow'schen Meere	{ Kertsch 3		
	{ Taganrog 5		23
	{ Rostow 15		
Mit dem Kaukasus	{ Poti 1		4
	{ Redut kale 3		

Total 487.

Die meisten aller von Odessa auszuführenden Waaren kommen indeß nicht auf den noch sehr wenig benutzten und unbequemen Flüssen, sondern zu Lande per Achse an. In demselben Jahre 1837 betrug die Anzahl der großen Schiffe, welche von Odessa befrachtet wurden, 797, deren jedes durchschnittlich ungefähr 8 bis 10 Mal so viel Tonnengehalt hatte, als jedes jener 468 Fluß= und Küstenfahrer. Da alle die Waaren, welche jene 797 See= schiffe fortführten, entweder zu Lande mit Wagen oder mit Flußschiffen ange= kommen sein mußten, so läßt sich darnach berechnen, daß leicht 12 bis 15 Mal mehr Waaren per Achse ankommen als auf den Flüssen und durch die Cabotage. Was von Odessa in's Innere des Landes ausgeführt wird, geht aber Alles per Achse, denn stromaufwärts werden jene Flüsse so gut wie gar nicht benutzt.

In Bezug auf auswärtigen Handel nimmt Odessa jetzt den dritten Platz unter den russischen Seestädten ein und kommt der zweiten, nämlich Riga, fast gleich. Die 5 Hauptseehandelsplätze Rußlands sind nämlich die Mündung der Dwina (Archangel), der Newa (Petersburg), der Düna (Riga), des Don (Taganrog) und des Dniepr (Odessa). — Petersburg behauptet den ersten Rang, Riga den zweiten, Odessa den dritten, Ta= ganrog den vierten, Archangel den fünften. Man kann aber auch Odessa und Riga, so wie Archangel und Taganrog fast gleich annehmen, wie dieß aus folgender vergleichenden Uebersicht der an diesen Orten durchschnittlich im Jahre beschäftigten Schiffe und Capitalien hervorgeht *).

---

*) Es sind nur runde Durchschnittszahlen, die hier hinreichten, aus den Ta= bellen der letzten 10 Jahre.

	Petersburg.	Riga.	Odessa.	Taganrog.	Archangel.
Beschäftigte Schiffe.	1500—2000	1000—1500	600—800	300—400	350—500
Ausfuhr.	100—120 Mill.	35—50 M.	25—30 M.	10 M.	10 M.
Einfuhr.	140—160 Mill.	15—20 M.	20—25 M.	5 M.	1 M.
Totalsumme der Aus- und Einfuhr.	240—280 Mill.	50—70 M.	45—55 M.	15 M.	11 M.
Ungefähre Stellung dieser Plätze zu einander in Zahlen nach der Größe des von ihrem Handel beschäftigten Capitals.	25	6	5	1½	1

Petersburg hat also ungefähr einen doppelt so großen Handel als alle übrigen russischen Häfen zusammengenommen, Odessa und Riga jedes einen 4 bis 5 Mal größeren als die beiden kleinsten (Archangel und Taganrog), und einen 5 Mal kleineren als der größte (Petersburg).

Mit keiner Nation steht Odessa in lebhafterem Verkehre als mit den Italienern. Die meisten italienischen Schiffe fahren unter österreichischer und sardinischer Flagge. Nach den Italienern kommen die Engländer, darnach die Griechen. Der Verkehr mit den Franzosen, Türken und allen übrigen Nationen ist unbedeutend. Im Jahre 1837 waren dem Journal d'Odessa zufolge die verschiedenen Flaggen nach der Zahl der Schiffe in folgendem Verhältnisse:

Oesterreicher	243 Schiffe
Sardinier	161 =
Engländer	121 =
Griechen	89 =
Türken	8 =
Franzosen	8 =

Das größte Schiff, das ankam, hatte in diesem Jahre 700 Tonnen Gehalt, das kleinste, der Chrysostomos (Goldmund) des griechischen Capitäns Diamandi Emanuili 24 Tonnen. Das erste Schiff, das ankam, war ein Grieche, das letzt angekommene (den 19. Dec.) ein Engländer, und das zuletzt abgesegelte (den 15. Dec.) ebenfalls ein Engländer. Die Griechen und Engländer sind wohl auf diesen Meeren, wie auch anderswo, die kühnsten Schiffer.

Die große Kaufmannschaft von Odessa besteht hauptsächlich aus Griechen, Italienern und Deutschen. Englische Häuser, wie in Riga und Petersburg, giebt es sonderbarer Weise gar nicht, wohl aber einige französische, namentlich Weinhändler. Russische Kaufleute, die mit dem Auslande handelten, sind hier eben so wenig vorhanden, wie an den anderen russischen Seeplätzen. Es giebt im Ganzen in Odessa ungefähr 40 bis 50 große Handelshäuser. Die größten davon sind Griechen, dann kommen die Italiener, dann einige Deutsche. Dieselben Verhältnisse finden ungefähr in Taganrog statt. Zu den Häusern ersten Ranges gehören die Cortazzi, Rodokanaki, Stieglitz, Ralli. Sie machen jedes jährlich circa für 4 Millionen Rubel Geschäfte. (In Petersburg machen die ersten Häuser für circa 20 Millionen Geschäfte, und in Riga giebt es ein paar Häuser, die gegen 10 Millionen in Umschwung setzen.) Die Häuser zweiten Ranges in Odessa sind Walther, Porro, Popudow u. s. w. zu ungefähr 2 Millionen jährlichen Umsatzes. Von den Lebenswegen und Schicksalen mehrer hier emporge-

kommener Griechen und Italiener erzählt man sich wunderliche Geschichten.
Alle Mäkler-, Commissionär-, Zwischenhändler- und Banquier-Geschäfte
werden von Juden besorgt, deren sich hier, Kinder und Weiber eingerechnet,
über 12,000 befinden. Reiche russische Handelsleute, wie in Riga und
Petersburg, welche die seewärts handelnden Häuser mit dem Innern in Verbindung setzten, giebt es hier noch fast gar nicht. Natürlich ist das ganze
Getriebe der so neuen Handelsmaschine von Odessa noch sehr roh und wenig
entwickelt, und namentlich unterliegt die Verbindung mit dem Innern sehr
vielen Umständlichkeiten und Schwierigkeiten. Es fehlt den großen Handels-
häusern insbesondere noch an solchen vermittelnden Zwischenhändlern, die
das Geschäft des Aufkaufens übernehmen und das Mittelglied zwischen dem
Producenten und dem großen Kaufmanne bilden, und was an solchen Mit-
telgliedern da ist, besteht aus lauter Juden, die denn eben nicht die angenehmsten Vermittler sind. Die großen Handelsleute sehen sich daher oft
genöthigt, ihre eigenen Committenten in's Innere zu schicken, um den Auf-
kauf aus den Händen des Producenten zu bewerkstelligen.

Die Waare, um welche sich der ganze Verkehr von Odessa dreht und
von deren Verschleiße das Wohl und Wehe der Stadt hauptsächlich ab-
hängt, ist der Weizen Podoliens, Beßarabiens und Neu-Ruß-
lands, und auf alle andere Waaren, allenfalls mit Ausnahme des Talgs
und der Wolle, sehen die großen Handelsherren mit Verachtung herab.
Dieser Weizen geht fast ausschließlich nach England und Italien.

Der zweite Artikel ist wohl Talg, das in den großen Ssalganen
(Talgsiedereien) der Steppe gewonnen wird. Es geht größtentheils nach
England, kleinerentheils nach der Türkei, wo man es speist. Gegen
diese beiden Artikel und die Wolle erscheint alles Andere unbedeutend. Doch
werden allerdings auch einige russische Fabrikproducte, z. B. Tücher, Manufacturwaaren aus dem Innern, Seilerarbeiten aus Odessa, und noch
sonst einige Kleinigkeiten für die Türkei verschifft.

Die Haupteinfuhr besteht in ausländischen Manufacturwaaren. Den
officiellen Angaben zufolge dienen sie meistens nur für den Verbrauch der
Stadt, der ein Freihafen ist. Von 25 Millionen Rubel für eingeführte
Waaren waren 17 Millionen für die Stadt und nur 9 Millionen für die
Versendung in's Innere bestimmt. Allein natürlich wird von den für die
Stadt angeschriebenen 17 Millionen noch Vieles auf anderen Wegen in's
Innere befördert, Einiges geschmuggelt, Einiges von Reisenden mit hin-
ausgenommen, die aus Podolien u. s. w. nach Odessa kommen, um sich
mit Kleidern und anderen Luxusartikeln zu versehen. Jedoch liegt Odessa
von allen Mittelpuncten der europäischen Fabrikindustrie so entfernt, daß alle

Luxusartikel hier trotz des Freihafens in der Regel theurer und entschieden schlechter sind als in Petersburg. Welche Wege hat man nicht von hier bis zur Themse und zu den Rheinmündungen zu machen! — Man versorgt sich daher bis tief in den Süden von Rußland herab, bis Kiew und bis in die Ukraine mit solchen immer noch leichter von Petersburg als von Odessa aus.

Am weitesten verschickt Odessa die aus der Levante und der Krim empfangenen Waaren, Farbestoffe, Rosinen, Früchte, Weine, besonders Baumwolle. Diese gehen bis Moskau und die krim'schen selbst bis Petersburg. Allein die Vortheile, von dem schon seit längerer Zeit handelnden, großen Markte Petersburg zu beziehen, sind so groß, daß eine nicht geringe Menge mittelmeerischer Waaren bis in's Innere von Rußland häufiger von Petersburg als von Odessa aus verschrieben werden. So ißt man in Moskau keine andere Apfelsinen als über Petersburg gekommene, und auf der großen ukrainischen Wintermesse in Charkoff fand ich fast eben so viele „Bakalenije Towari" (so nennen die Russen ungefähr Dasselbe, was wir unter levantischen Waaren begreifen), die von Petersburg bezogen waren, als solche, die von Odessa kamen.

Es läßt dieß natürlich darauf schließen, daß das neue Odessa sich mit Riga und Petersburg noch nicht in das gehörige Gleichgewicht gesetzt hat und noch nicht in dem ganzen Handelsgebiete durchgedrungen ist, welches die geographische Lage dieser Stadt anzuweisen scheint. Dieß ist in einem so auffallenden Grade wahr, daß das mächtige Petersburg sogar noch mitten aus den Steppen, ja sogar aus den Umgegenden des asow'schen Meeres Talg bezieht, um es über die Ostsee nach England zu schaffen, und daß Riga sogar einen noch roheren Artikel, Masten und anderes Holz, aus sehr tief am Dniepr herabliegenden Gegenden mit vielen Kosten über Land in die Düna schaffen läßt, um es dann auf Seewegen weiter zu versenden.

Es ist schwer, das Handelsgebiet einer Stadt anzugeben, da jede Waare je nach ihrer Begehrtheit in benachbarten Ländern und je nach ihrer Transportabilität und nach anderen Umständen so verschiedene Kreise hat. Doch läßt sich im Ganzen sagen, daß Odessa mit seinen Handelsverbindungen noch sehr wenig über das südliche Steppenplateau hinausgekommen ist, und schon in der Ukraine und den mittleren Dnieprgegenden mit den mächtigen Einflüssen der Handelsgebiete von Riga und Petersburg ringt.

In wie einfachem und wenig ausgebildeten, ja rohem Zustande sich der Handel von Odessa noch befinden müsse, scheint mir schon aus dem Umstande hervorzugehen, daß sich mehre reiche Gutsbesitzer, namentlich polnische, selbst mit der Versendung ihres Getreides befassen. Es befinden sich Niederlassungen, Comptoirs und bedeutende Magazine polnischer Edelleute in Odessa, aus denen ohne Vermittelung des Kaufmanns die Waare sogleich aus den Händen des Producenten in die des Schiffscapitäns übergeht. Es findet dieß in Petersburg nicht statt und kann, wie es scheint, in keiner Handelsstadt stattfinden, wo ein gebildeter, raffinirter und eingeübter Kaufmannsstand existirt, gegen dessen Speculationen und Combinationen der unbeholfene Ackerbauer, der nothwendig nie in so inniger Verbindung mit der übrigen Handelswelt stehen kann, nicht aufkommen darf.

Die Schnelligkeit der Correspondenzverbindungen, in denen Odessa mit einigen anderen Haupthandelsplätzen steht, wurde mir von einem dortigen angesehenen Kaufmanne so angegeben. Nach Konstantinopel geht ein Brief in 2 bis 3 Tagen, nach Petersburg in 8 bis 9, nach Wien in 10, nach Hamburg in 11 bis 12 Tagen. Von London kann man über Warschau und Hamburg in 25 bis 27 Tagen Antwort haben.

Das Hôtel de Petersbourg, in dem wir abgestiegen waren, ist ein großes Gebäude, unmittelbar am schönen Boulevard der Stadt mit einer weiten Aussicht auf die Häfen, auf das Meer und die gegenüber liegende Küste der Otschakower Steppen. Das Haus liegt gerade auf der Stelle, wo früher der kleine türkische Ort Hadji-Bei und in alten Zeiten in den Desertis Getarum der römische Portus Istriorum lag, welche beide kleine Orte es sich wohl nie einfallen ließen, daß sie die Vorläufer einer solchen Stadt sein sollten. In der That, welcher Prophet ahnte nur noch vor 60 Jahren, daß man schon 1838 an dieser Stelle etwas der Art wie Odessa erblicken könnte? Man muß wirklich gestehen, daß die Entwickelung und der Aufschwung des russischen Reichs alle Prophezeiungen übertrifft, die selbst der kühnste Sehergeist diesem Reiche vor einem Jahrhunderte hätte machen können. Dieß rasche Emporkommen von Städten und Bevölkerungen findet fast nirgends seines Gleichen, wenn wir Amerika und das englische Ostindien ausnehmen. Noch im Anfange dieses Jahrhunderts hatte Odessa kaum 8000 Einwohner und einen unbekannten Namen. Jetzt hat es 10 Mal so viele Einwohner und einen über die Welt verbreiteten Ruf.

Die Stadt ist, wie alle neueren russischen Städte, nach einem sehr regelmäßigen Plane erbaut. Das Terrain, das sie bedeckt, ist ungemein groß, und in mehren Richtungen, wenn man die Vorstädte mitrechnet, kann man innerhalb der Stadt 4 bis 5 Werst weit geradeaus fahren. Doch hält sich ihr Kern in einem Halbkreise zusammen, den man vom Boulevard aus mit einem Radius von 2 Werst Länge beschreiben kann. Das Terrain ist überall gleichmäßig flach wie die Steppe, und der Plan weder von einem Fluß durchschnitten, noch von einer Bodenerhebung in seiner Entwickelung gehemmt. Nur ein paar tiefe Regenschluchten durchfurchen ihn, über welche

einige Brücken geführt werden mußten.   Die Straßen sind breit und
die freien Plätze groß. Rund um die Stadt herum ist Alles frei, so daß man
bei mehren quer durchsetzenden Straßen auf der einen Seite unmittelbar auf's
Meer, auf dem anderen Ende auf die Steppe die Aussicht frei behält und
also diese beiden Wüsten immer unmittelbar in die Stadt hineinblicken.   Die
große Breite der Straßen und die Weitläufigkeit der Bauart, die unter an=
deren Umständen eine Wohlthat sein würden, sind es für Odessa ohne Zwei=
fel nicht.   Denn theils erschweren sie die ungemein schwierige Bepflasterung
der Straßen, theils geben sie so alles in ihnen Wandelnde im Sommer den
unbarmherzigsten Sonnenstrahlen preis, theils lassen sie den Winden und
dem Staube, den diese beständig von der Steppe hereinführen und von den
Straßen aufheben, den freiesten Spielraum.   Odessa liegt ungefähr mit
Genua unter gleichem Breitengrade, und man hätte bei seiner Anlage die
Bauart dieser Stadt etwas mehr nachahmen sollen, um die Steppenstürme
zu brechen, den Staub zu mindern, Schatten zu schaffen und die Bepfla=
sterung zu erleichtern.   Der Staub in Odessa ist Sommers so ärgerlicher
Art, wie ich ihn noch in keiner Stadt traf, und er ist in der That geeignet,
Einem die ganze Existenz in ihr nicht weniger zu verleiden, als Humboldt's
Mosquito=Schwärme den Aufenthalt am Orinoko.   Er ist äußerst fein,
schwarz und eindringlich, erhebt sich bei Wind in großen Wolken, die man
aus allen Straßenöffnungen in's Meer hinausstürmen sieht, schwebt, wenn
er bei Windstille von den Wagen und Pferden aufgeregt wird, wie Rauch in
der Luft und verleidet nicht nur den Gebrauch der Straßen, sondern verfolgt
auch noch die Einwohner in den Häusern, indem er durch alle Thüren und
Fensterfugen eindringt. — Da von der Steppe immer neuer Schmuz ein=
geschleppt wird, so wird man selbst auf den gepflasterten Straßen des Staubes
nicht Herr.

Das Pflaster von Odessa ist wohl eines der kostspieligsten, die es giebt.
Da die Steppe und überhaupt alle umliegenden Landschaften durchaus kein
brauchbares Material liefern, so pflastert man mit Steinen aus Italien und
besonders aus Malta.   Theils bringen die Schiffer sie als Ballast mit, theils
bestellt man sie dort expreß und läßt sie als Waare herführen.   Einige Straßen
sind mit großen harten maltesischen Quadersteinen gepflastert, die eine wahre
Felsenfläche bilden.   Auf ihnen zu fahren ist ein Ruin für Pferde und Wa=
gen.   Doch ehe diese ihre Räder darauf brechen, sind es zuerst immer ein
paar „Podrädschiks" *), die an solchem neuen Pflaster schon scheitern, ehe

---

*) Bauunternehmer, Lieferanten u. s. w., die mit der Krone einen Podräd
(Contract) schließen, irgend einen Bau in einer festgesetzten Zeit für eine gewisse
Summe herzustellen, oder eine Lieferung zu machen.

es noch fertig ist. Man erzählte fast von jeder Straße ein paar Ge=
schichten von solchen bei ihrer Pflasterung verunglückten Unternehmern.
Manche freilich, die es verstehen, werden auch reich dabei. Indeß sind na=
türlich nur erst die Hauptstraßen von Odessa gepflastert, und die meisten
übrigen zeigen bei Regenwetter, in welchem Elende und Schmuz die
Stadt noch vor 20 Jahren begraben war. Aus jener guten alten Zeit, wie
sich die Odessaer ausdrücken, curfiren noch allerlei kleine Geschichten und bild=
liche Carrikaturen, den Berliner Witzen ähnlich, unter den Leuten herum,
die sich auf jenen Zustand beziehen. So sah ich ein Bildchen mit der Ueber=
schrift: „Wie man sich in Odessa etablirt.“ Ein aus Marseille angekom=
mener Franzose steht auf einer Straße bis an die Kniee im Schmuz und
ruft aus: „Je me fixe ici!“ Ein anderes Bild trug die Ueberschrift: „Wozu
die Odessaer Straßenpolizei gut ist.“ Eine Frau steht auf dem Bilde, die
trotz aller Bemühungen immer tiefer und tiefer in der grundlosen Kothsuppe
versinkt. Endlich kommt sie auf etwas Hartes, faßt Grund und dankt Gott
für ihre Rettung. Das Harte entdeckt sich als der Kopf eines mit sammt
seinem Pferde bereits früher versunkenen Polizeidieners. Dank sei es den
thätigen Generalgouverneuren, die Odessa gehabt hat (Richelieu, Lan=
geron, Woronzow), daß dieser barbarische Straßenzustand jetzt ver=
schwunden ist.

Die Namen der Straßen Odessa's sind alle zugleich in russischer und
italienischer Sprache an den Ecken angeschlagen, z. B. „Alexandrinowskaja
Ploschtschad“ und darunter „Piazza Alessandra“. Diese beiden Sprachen
sind die am meisten in Odessa verstandenen. Denn so viele Sprachen auch
hier in den Häusern und Privatcirkeln geredet werden, so kann man doch an=
nehmen, daß Russisch die Sprache des gemeinen Mannes ist, gleichsam die
Straßensprache, die Jeder der Fuhrleute, der Knechte und Diener wegen
verstehen muß, und in der sich die Italiener mit den Juden, die Ka=
raiten *) mit den Griechen, die Deutschen mit den Bulgaren, wie mit den
Russen verständigen, wenn sie in dem Idiom des Fremden nicht fortkönnen.
Es ist die Sprache des Marktes, des Hafens und dabei natürlich auch die
officielle Sprache der Behörden. Italienisch dagegen wird erstlich von den
zahlreichen Italienern selbst und dann von den Griechen geredet, und da diese
die Hauptkaufmannschaft ausmachen, so ist es die Sprache des Handels und
der Börse, auf welcher daher auch die täglichen Preis=Courante, so wie alle
Bekanntmachungen in italienischer Sprache gedruckt werden. Auch das „Ca=
sino del Commerce“ kann dieß lehren, das eine italienische Einrichtung und

*) Tatarische Juden.

Benennung hat. Daß dabei Französisch die Sprache der Conversation der höheren Welt bleibt, versteht sich von selbst. Auch erscheint das Journal d'Odessa in französischer Sprache. Die sämmtliche Judenschaft redet ein verdorbenes Deutsch. Englisch kommt nicht in Betracht. Wie groß hier die Sprachverwirrung ist, läßt sich schon daraus abnehmen, daß einmal in einem Winter in einem und demselben Locale von Liebhabern Theater=Vorstellungen in 5 verschiedenen Sprachen gegeben wurden. Auf den Straßen hört man überall Russisch, Englisch, Italienisch, Deutsch, Jüdisch, Tatarisch, Polnisch, Türkisch, Griechisch, Bulgarisch, Armenisch, Moldauisch, Ungarisch, Dalmatisch, Französisch, Schwedisch, Spanisch und noch mehre andere Sprachen, und zwar nicht etwa nur von einzeln vorübergehenden Fremden, sondern von einer Menge hier einheimischer und angesiedelter Leute. Daß aber außer dem Russischen das Italienische überwiegt, zeigt sich auch darin, daß die hiesigen gemeinen Russen ihre Landessprache mit mehren italienischen Worten mischen. So reden die Odessa'schen Fuhrleute gewöhnlich jeden Herrn „Signor" an und das Wort „Ecco" ist hier fast ganz in's Russische übergegangen. Doch fließt zuweilen auch ein Wort aus einer anderen Sprache ein. So ist eine ganz gewöhnliche Redensart, wenn sie sich schimpfen: „Ecco! Schelm! Canaille!" italienisch, deutsch und französisch. Die Sprachenverwirrung in ganz Rußland ist groß, aber in Odessa, zu dessen Bevölkerung man Europa und Asien zu Hülfe rief, hat sie einen so hohen Gipfel erreicht, wie in Babylon.

Die Gebäude der eigentlichen Stadt sind alle in einem mehr oder weniger italienischen Style gebaut, d. h. zweistöckig, mit flachen Eisendächern, mit vielen Säulen und Balkons, und obgleich man dabei nicht an so solide Gebäude denken darf, wie die Villa's sind, welche auch wohl in Deutschland und England reiche Leute sich zuweilen in italienischem Geschmack aufführen, so machen doch die meisten einen recht guten Effect, und besonders angenehm ist es, daß alle sich so bequem und vollständig entwickeln können. Nirgends ist der Raum beschränkt, und nirgends erscheinen daher diese difformen, gequetschten, geschrobenen und verdrehten Häusergewächse, wie man sie wohl in engen deutschen Städten sieht.

Besonders angenehm fallen die schönen überall, in den Straßen vertheilten Kornmagazine auf, durch deren luftige Fenster man den schönen goldenen Segen der Felder in reichlichen Massen aufgespeichert liegen sieht. Diese Magazine, an denen Odessa überaus reich ist, — die Stadt kann jetzt 70,000 bis 80,000 Last Weizen lagern — werden ganz mit derselben Eleganz, wie die Wohnhäuser gebaut, und zwar aus Speculation. Denn in der That werden sie auch mit der Zeit in Wohnhäuser verwandelt. Da

nämlich die Stadt jetzt ihre bestimmten Gränzen erreicht hat und sich nicht
mehr in die Steppe hinaus erweitert, sondern in ihrem Innern sich auszu=
bauen anfängt, so werden nun allmählig die Magazine, die bisher noch über=
all in den belebtesten Straßen lagen, zu Wohnhäusern verlangt und daher
nach und nach mehr in die Hinterhäuser und in die äußeren Kreise der Stadt
hinausgedrängt. Einige von diesen Magazinen sind wahre Prachtgebäude,
so z. B. das des Grafen Potocki, die des polnischen Edelmanns Sa=
banski. Das letztere ist in einem sehr edlen Geschmack gebaut und sieht in
der Ferne wie ein großer Palast aus. Dem Sabanski gehört es jetzt
nicht mehr. Denn seit der polnischen Revolution ist es Eigenthum der Krone
geworden. Odessa war damals die Residenz vieler polnischen Großen, die
hier ihre Klubbs und Conventikeln hatten, um insgeheim auch von hier aus
die Revolution zu unterstützen. Sabanski war einer der Hauptanführer und
wurde später landesflüchtig. Seitdem hat das große polnische Leben in Odessa
etwas aufgehört, und kurz nach Beendigung des Kriegs litt der Handel der
Stadt sogar etwas.

Was die Privathäuser anbetrifft, so sind die am meisten ausgezeichneten
das des Grafen Woronzow und das der Narischkin's, in deren Innerem
man nichts vermißt, was unser Globus an Pracht und Luxus gewähren kann.
Doch muß man am Aeußern des Narischkin'schen Palais die viele „Stukka=
turni robota" (Stukkatur=Arbeit) tadeln, von der die Russen große Lieb=
haber sind. Die Mauern des Hauses sind mit einer Menge von Kränzen,
Engeln und Schnörkeleien aus Gyps überladen, die sich sehr bunt und ge=
schmacklos ausnehmen.

Das erste Geschöpf, dem wir bei unserer Ankunft in Odessa in die
Hände fielen, war ein Jude und das zweite ein Grusinier.

Der Jude kündigte sich als den „Factor" des Wirthshauses an und
machte uns mit dieser mir neuen Würde bekannt. Der „Factor" ist der Rem=
plaçant des Wirths, der den Fremden die Logis anweist, mit ihnen die Con=
tracte darüber abschließt, ihnen Bedienung verschafft und an den sie sich auch
sonst bei allen etwaigen Wünschen richten. Der Wirth selbst oder, wie er
sich nennt, der Eigenthümer des Hotels zeigt sich gar nicht und lebt, unbe=
kümmert um seine Gäste, in vornehmer Zurückgezogenheit, in welcher er sich
nur alle Abende von seinem Factor über den verflossenen Tag Rechenschaft ab=
legen läßt. Er ist gewöhnlich ein Mann, der nichts von der Wirthschaft ver=
steht, ein ehemaliger Kaufmann, oder ein verabschiedeter Major, und nie,
wie bei uns gewöhnlich, ein von unten herauf gedienter Kellner, der nun
der ganzen Wirthschaft mit seinem Geiste und seiner Thätigkeit Seele
giebt. Auch befaßt er sich durchaus nicht mit der Küche. Denn diese hat er

wieder an einen fogenannten „Traiteur" verpachtet, der das Wirthshaus mit seinem von ihm dependirenden Perfonal bezieht und auf Verlangen mit Speife und Trank verforgt. Man kann sich daher denken, daß, so groß diese Odessa'- schen Hotels auch sind, man doch sehr schlecht in ihnen aufgehoben ist. Dazu kommt nun aber noch, daß es auch keine Klingeln für Kellner und Marqueurs giebt, weil diese letzteren nämlich felber nicht vorhanden sind. Man muß entweder seinen Diener schon mitbringen, oder sich für die Zeit feines Auf- enthalts durch die Vermittelung des Factors einen miethen. Ja man rechnet fogar darauf, daß man fein eigenes Bettzeug mit sich führe, und giebt daher blos das Bettgestell und allenfalls die Matratzen. Wer keine Betten bei sich hat, muß dann von Neuem über diesen Gegenstand mit dem Factor unter- handeln. Nach diesem äußerst unbequemen Zuschnitte sind alle großen Odessa'- schen Gasthäuser eingerichtet. Ja es ist überhaupt, wie ich nachher zu er- fahren Gelegenheit hatte, in der Krim, in Beßarabien und Galizien die all- gemeine Form. Wahrscheinlich kommt sie aus Polen, deffen Sitten über- haupt von bedeutendem Einfluffe auf Odessa waren.

Der Grufinier war ein Barbier; denn unser Bart war in der Steppe wie Gras gewachsen. Es war ein wahrer Genuß, sich von diesem Orientalen den Bart abnehmen zu laffen. Ein junger, hübscher, gewandter, sehr elegant, halb europäisch, halb afiatisch gekleideter, mit Silber verbrämter Bursche, der so vielerlei angenehme und gefällige Manieren bei feinem Geschäfte ent- wickelte, daß ich, an die deutschen unbehülflichen Barbiere zurückdenkend, welche diese Sache so philosophisch gründlich und unbeholfen betreiben, bald inne ward, daß diese Kunst eine ächt orientalische sei. Auch erzählte er mir, daß feine Landsleute, die Grufinier, in Odessa ausschließlich im Besitze dieses Gewerbes seien. Sie haben hier nahe an 100 Rafirstuben, die ich nachher ihrer Nettigkeit und Reinlichkeit wegen häufig und gern besuchte. Diese Ra- firstuben spielen bekanntlich eine bedeutende Rolle im Leben der Orientalen, die ein gut Stück des Tages darin versitzen und verplaudern, wie in den Kaffee- häusern und Badezimmern. Sie sind in Odessa ganz auf orientalischem Fuße eingerichtete, geräumige, hübsche Gemächer, mit einem langen Divan rundumher, mit Tapeten und Bildern verziert, fogar mit Blumen geschmückt. Der ganze weitläufige Apparat zum Rafiren, die großen Rafirbecken und andere Dinge stehen immer darin in Pomp und Ordnung aufgestellt, und man wird à mer- veille bedient. In Deutschland kann man dergleichen Orte nicht ohne Wi- derwillen besuchen. Hier lud Alles ein, zu verweilen und die Neuigkeiten an- zuhören, welche sich die Ein- und Auslaufenden erzählen.

Gut rafirt also und schlecht quartirt, machte ich meinen ersten Spazier- gang in Odessa, und zwar natürlich, wohin es mich vor allen Dingen zog, zunächst in diejenigen Gegenden der Stadt, in denen sich das Theater ihrer Hauptlebensverrichtungen findet, ich meine, zu den Orten des Handelslebens, zu den Häfen= und Waaren=Quais. Mein werther chinesischer Reisegefährte Kun=laje war auch hier mein gütiger Begleiter.

Odessa hat die Eigenthümlichkeit, daß man in der Stadt selbst von ihrem großen Handel wenig gewahr wird, und daß man sie, durch ihre Straßen wandelnd, eher für eine inländische Fürsten=Residenz als für eine Seehandelsstadt halten könnte. Nur bei den großen eleganten Kornmagazinen mußte man hier und da ein Auge zudrücken. Die trotzigen Söhne Neptun's, die Matrosen und Schiffskapitäne, kommen in der Stadt selbst gar nicht zum Vorschein. Von Waarenschiffen befahrene Kanäle, wie in Hamburg und Venedig, durchkreuzen die Straßen nicht, und da die Waaren= magazine ebenfalls wie Wohnpaläste aussehen und die Häfen unten am Meere etwas zur Seite liegen, so hat die Stadt auf der hohen Steppe ganz das Ansehen, als ginge sie das Getreibe dort unten gar nichts an.

Man hat bei Odessa zwei Molo's in die See hinausgebaut und dadurch zwei Häfen gebildet. Der eine heißt der Quarantäne=Hafen, der für die aus Pestgegenden kommenden Schiffe bestimmt ist, d. h. also für sämmtliche ausländischen Schiffe, denn es giebt keine ausländische Nation, welche, nach Odessa fahrend, den Durchgang durch den von den Türken verpesteten Bosphorus vermeiden könnte. Der andere heißt der Kriegshafen („Wojennoi Gawen"), weil er zunächst für die russischen Kriegsschiffe, dann aber auch für alle nicht verdächtigen Schiffe bestimmt ist, d. h. also blos für die russi= schen Küstenfahrer.

Zu jedem dieser beiden Häfen führt von dem hohen Steppenplateau, auf dem die Stadt liegt, ein tiefer Thaleinschnitt oder eine breite Schlucht herab, in der früher nur Regenwasser tröpfeln mochte, in die aber jetzt be= ständig das regste Handelsleben strömt, und wo die Zufuhr zu den Häfen hinab und die Einfuhr von ihnen herauf immer auf= und niederpulsirt. — Da es keine anderen Abfahrten zum Meeresufer giebt — nur mehre kleine unbe= queme Steige für Fußgänger, — so hört auf der Straße in diesen Schluch= ten während lebhafter Verladungszeit der Faden leerer und voller Fracht= wagen nie auf, sich fort und fort zu spinnen, besonders da es mit dem auch bei diesem Geschäfte häufig angewandten Ochsengespanne nicht allzurasch von Statten geht. Dazu das ununterbrochene Auf= und Abkutschiren der Kauf= leute und Handelscommis in fliegenden Droschken, das sich eben so häufig wiederholt, weil jedes Wort, das man mit dem in der Quarantäne stecken= den Kapitän zu sprechen hat, allemal eine eigene Fahrt erfordert.

Der Quarantäne=Hafen ist natürlich der größere und wichtigere. Er

selbst, sein Molo und ein großes Stück des Ufers bis auf die hohe Steppe
hinauf, wo eine Citadelle liegt, dieß Alles und darin die Quarantäne=
Gebäude, d. h. Waarenspeicher für verdächtige Waaren, Hospitäler für die
Kranken, Wohnhäuser für die Aerzte und anderen Beamten, so wie für die
Passagiere, welche sich der Quarantäne unterziehen, Kaffeehäuser, große
Plätze zum Spazierengehen und zum Ausladen der Waaren, diese sämmt=
lichen Dinge umfaßt die Quarantäne, und sie sind von Mauern, Befestig=
ungen und Gittern umgeben, völlig aus dem Zusammenhange der Um=
gegend herausgeschält und von einer Kette mit scharf geladenen Flinten und
Pistolen bewaffneter Soldaten umgeben, die keinen Unbefugten lebendig hin=
ein, besonders aber keinen herauslassen. Auf dem Meere wird diese Kette durch
eine Reihe von armirten kleinen Schiffen geschlossen, auf deren jedem sich
40 Mann Soldaten und ein paar Kanonen befinden. Die Russen nennen
diese Schiffe mit einem deutschen Worte „Brandwacht," und dieser Name
ist auch allgemein bei allen Nationen Odessa's dafür adoptirt. Eine dieser
Brandwachten liegt ziemlich weit in's Meer hinaus, hält jedes ankommende
Schiff in respectvoller Entfernung und nöthigt es, vorläufig zum Ankern auf
der Rhede.

Da die Quarantäne=Anstalten von Odessa ihrer Anlage nach zu
den großartigsten und vortrefflichsten gehören, die man hat, und da sie jedenfalls
manche eigenthümliche Einrichtung und Erscheinung zeigen, deren Vergleich=
ung mit anderen Anstalten interessant sein könnte, so ist es vielleicht nicht
unpassend, wenn wir hier mittheilen, was wir davon sahen und erfuhren.
Wir beginnen mit dem Erscheinen eines Schiffes. Jedes Schiff, es mag
kommen, woher es will, ist gehalten, zuvörderst auf der offenen Rhede vor
der Kette der Brandwachten vor Anker zu gehen. Eine Brandwacht setzt
ein Boot mit einem Quarantäne=Offizier aus, der das ankommende Schiff
untersucht. Findet es sich, daß dasselbe direct aus einem unverdächtigen
russischen Platze kommt, so kann es unverzüglich in den Hafen für die Bin=
nenschifffahrt einlaufen. Kommt es dagegen aus dem Bosphorus, so bleibt
es vorläufig 14 Tage lang, von dem Augenblicke an gerechnet, wo es den
Bosphorus verließ, auf der Rhede vor Anker liegen, ohne in den Quaran=
täne=Hafen einlaufen und an Lichtung oder Ladung denken zu dürfen. Da
die Rhede Odessa's sehr unsicher ist, und besonders bei Ost= und Südost=
Winden Unglück droht, so wird dem Schiffer im Herbste auch wohl ein Theil
des Hafens selber zur Abhaltung dieser 14 Tage angewiesen. Um nun jenen
Zeitpunct des Ausgangs aus dem Bosphorus und des Eintritts in's schwarze
Meer gehörig zu bestimmen, wird dem Schiffskapitän und der Mannschaft
zuvörderst ein Eid abgenommen, in dem sie beschwören, daß der angegebene

Tag der wahre sei, und daß seitdem das Schiff auch weiter keinen kleinasia=
tischen oder sonstigen türkischen Hafen berührt habe. Es wird ihnen eine
Wache an Bord gegeben, und das Schiff legt sich in „Observanz," wie man
sich ausdrückt, um seine 14 Observanztage geduldig abzuhalten. Nach dieser
Zeit, die dazu dient, um zu sehen, ob das Schiff nicht ganz offenbare
und gleich erscheinende Krankheitsstoffe berge, wird demselben, wenn nichts
Besonderes vorfällt und sich keine Krankheit äußert, die Erlaubniß, in den
Quarantäne=Hafen einzulaufen, ertheilt, und es kommt, wie der Kunst=
ausdruck lautet, „en pratique," d. h. es kann nun Waaren einnehmen und
ausladen und mit dem Ufer unter den vorgeschriebenen Vorsichtsmaßregeln
verkehren. Auch können nun die Passagiere in die Quarantäne=Anstalt kom=
men und da den Rest ihrer 40 Tage auf eine etwas gemächlichere Weise
als am Bord des Schiffes abhalten. — Jedoch konnten auch sie schon zuvor,
so wie der Kapitän des Schiffs, bei einem gewissen Gitter am Ufer landen
und mit ihren Freunden durch dasselbe sprechen, wovon gleich ein Mehres.

Der Verkehr eines Schiffes, das „en pratique" ist, bezieht sich nun
theils auf das Ausladen seiner Waaren, theils auf das Einnehmen anderer
Waaren, theils auf die Gespräche mit den Kaufleuten und Geschäftsführern.

In Bezug auf das Empfangen der angebrachten Waaren hat man die=
selben in zwei Classen getheilt, in verdächtige und unverdächtige.
Zu den unverdächtigen gehören Zucker, Kaffee, Korn, Früchte, Holz, Flüs=
sigkeiten u. s. w., insofern die Hülle, in welche sie eingepackt wurden, nicht
wiederum verdächtig ist. Für diese Waaren bestehen am Quai der Quarantäne
eigene Magazine, die eine Thür nach dem Hafen zu und eine nach dem Lande
haben. Sie werden hier ausgeladen und können dann, wenn der Raum
nach dem Fortgange der verdächtigen Auslader wieder gereinigt und jedes
Schnitzelchen, das sie hinterließen, ausgefegt und verbrannt und die Thür
nach dem Meere verschlossen wurde, von den Kaufleuten ohne Weiteres in
Empfang genommen werden.

Zu den verdächtigen Waaren dagegen gehören Leder, alle Zeuge und
insbesondere Baumwolle. Für sie bestehen wiederum gesonderte Gehöfte und
Magazine, in denen sie ausgeladen und aus denen sie erst nach vorgängiger
Reinigung in Empfang genommen werden können. Diese Reinigung ist je
nach der Art der Waare sehr verschieden, für die Baumwolle jedoch am um=
ständlichsten. Die dicken Baumwollen=Ballen müssen ganz ausgepackt und
alle Flocken auseinander gezupft werden. Auf horizontalen hölzernen Gittern
breitet man alsdann die Flocken in dünne Schichten aus, räuchert sie mit
Chlor 12 Stunden lang und setzt sie dann eben so 12 Stunden lang der
frischen Luft aus. Dann werden sie wieder eingepackt, in von beiden Seiten

mit Thüren versehenen und doppelt bewachten Magazinen niedergelegt und, nachdem die innere Thür geschlossen und die äußere geöffnet, in Empfang genommen. Wenn man diesen verschiedenen Operationen zusieht, so denkt man unwillkürlich an die doppelten Thüren der Wärter in den Menagerieen, wenn sie zu den wilden Thieren gehen, und bildet sich ein, da drinnen stecke Alles voll Ungeheuer. — So weitläufig dieses Experiment mit der Baumwolle zu sein scheint, so soll es doch im Ganzen ziemlich schnell gehen, und in drei Tagen kann man schon eine kleine Schiffsladung voll Baumwolle aus dem Hafen in's Packhaus beziehen.

Jene Auspackung und Purification der Baumwolle ist das schlimmste und gefährlichste Geschäft, und es werden daher zu demselben nur Leute gebraucht, die ohnedieß schon so gut wie für die Gesellschaft verloren und aufgegeben sind, zur Transportation nach Sibirien Verurtheilte nämlich, denen, wenn sie sich freiwillig zur Baumwollen-Purification entschließen, die Begnadigung nach einer gewissen Reihe von Jahren versprochen wird. Diese Leute werden in Odessa „Mortus" (plur.: „Mortusse"), vom Lateinischen „mortuus" *), genannt, weil sie schon für eine Beute der Pest, die sie aber doch gewöhnlich verschont, angesehen werden. Es ist ein betrübter Anblick, diesen armen Mortussen, die von oben bis unten in schwarzes Leder gekleidet sind, von schweren Ketten klirren und noch dazu einen so schrecklichen Namen haben, bei ihren Arbeiten in den baumwollenen Giftballen zuzusehen. Halbdurchsichtige Gitter erlauben dieß hier und da.

Das Einnehmen der Waaren vom Lande ist ebenfalls ziemlich umständlich. In der Nähe des Quarantäne-Hafens ist vom Bai aus — d. h. von dem nicht in die Quarantäne eingeschlossenen Platze — eine auf Pfählen stehende Anfuhrt in Hufeisenform in's Meer hinausgebaut. Der Zug der mit Weizen, Wolle oder Talg beladenen Wagen geht nun auf den einen Arm dieses Dammes hinauf und, nachdem die Entladung geschehen, auf dem anderen wieder hinab. Die Seeschiffe selbst dürfen sich zum Empfange der Ladung nicht unmittelbar an diese Anfuhrt heranlegen, man würde sonst schwerlich die gefürchteten Berührungen vermeiden können. Sie bleiben vielmehr alle ruhig im Hafen liegen, und eine Reihe großer, flacher und numerirter Boote bewerkstelligt die Vermittelung. Diese Boote werden an der Anfuhrt voll geladen und alsdann bis in die Mitte zwischen dem Schiffe, das sie empfangen soll, und der Anfuhrt hinausgebracht, dort befestigt und von den Leuten verlassen. So wie diese zurückgefahren, kommen die Pestsoldaten an Bord des Boots und stecken die gelbe Pestflagge auf demselben auf, die den Schiffern

—————————
*) Vielleicht auch vom Italienischen „morto."

das Zeichen giebt, daß sie das Boot holen können, und zugleich alle Uebrigen warnt, daß sie sich, sofern ihnen ihr Leben lieb, davon fern halten. Die Schiffer füllen nun die Ladung des Bootes in ihr Schiff um und bringen es an die Stelle, wo sie es abholten, zurück. Nachdem sie es verlassen, untersuchen es die Pestsoldaten, um zu sehen, ob nicht ein verdächtiges Kleidungsstück oder sonst Etwas zurückgeblieben ist, das den Flammen überliefert werden müßte, fegen das Boot aus und reinigen es durch ein Schwefelfeuer, das sie im Raume anzünden, ziehen sich zurück, nehmen die gelbe Pestflagge ab und geben damit den Leuten am Lande das Zeichen, daß das Boot wieder zu ihrer Disposition stehe. — Das sind Weitläufigkeiten! Welche Wohlthat für die Menschheit wäre es doch, wenn die Engländer beweisen könnten, daß die Pest eigentlich gar nicht ansteckend wäre! Es ist zu bewundern, daß alle diese Umständlichkeiten den Handel von Odessa nicht völlig um's Leben bringen.

So also verhält es sich mit dem Aus- und Einnehmen der Waaren. Was den Verkehr der verpesteten Personen mit den unverdächtigen betrifft, so geschieht dieser in einem eigenen kleinen freundlichen Vorhofe oder Garten der Quarantäne, der mit Akazienbäumen bepflanzt ist. Zwei Seiten dieses Platzes sind frei und offen nach der Stadt zu, und hier strömen nun die Leute aus und ein, welche mit den Kapitäns oder ihren Freunden in der Quarantäne sprechen wollen. Die dritte Seite geht nach dem Quarantäne-Hafen zu und die vierte nach einem großen inneren Hofe der Quarantäne. An diesen beiden Seiten befinden sich fortlaufende Arkaden, die in der Mitte ein Gitter haben, welches den Garten vom Hafen und der Quarantäne scheidet. Die Gitter sind dreifach, nach der äußeren und inneren Seite von hölzernen Stäben in einer Distance von 3 bis 4 Ellen, und das Gitter in der Mitte zwischen diesen beiden von Eisendraht, damit nicht etwa ein Brief oder sonst Etwas durchgeworfen werden könne. Auch sind die Gitter durch die Arkaden in viele kleine Abtheilungen gebracht, die mit Thüren versehen sind, so daß man sich allenfalls darin abschließen kann, wenn man etwas Geheimes zu besprechen hat. Diese ganze Vorrichtung, der Garten mit den Gittern, hat wieder, wie die Straßen Odessa's, zwei Namen, einen italienischen und einen russischen, die beide gleich gäng und gebe sind. Sie heißen „il parlatorio" oder „rasgoworni." Das letzte russische Wort bedeutet ungefähr: „die Zwiegespräche."

Die eine Seite des Parlatorio's, die nach dem Quarantäne-Hofe hingeht, ist für die Unterredung mit den Personen bestimmt, welche bereits en pratique sind. Die Conversirenden treten hier von ihren respectiven Höfen heran und sprechen mit einander. Umständlicher geht es auf der anderen Seite her, wo die Gitter unmittelbar schroff über dem Hafen hängen. Diese Seite

ist für die Unterredung mit den Personen bestimmt, welche so eben erst mit
frischem Pestwinde ankamen und sich in ihrer vierzehntägigen Observanz
noch nicht ausgelüftet haben.   Sie dürfen nicht einen Fuß an's Land setzen,
fahren mit ihren Booten, auf deren vorderem Ende immer ein Pestsoldat die
gelbe Pestflagge hoch empor hält, zum Parlatorio heran und steigen auf
hölzernen Treppen zum Gitter desselben hinauf, wo für ihre Bequemlichkeit
kleine, über dem Wasser schwebende Bänke oder Balkons gebaut sind. — Für
Briefschaften und Papiere, die man von der gesunden Seite auf die Pestseite
überreichen will, sind abwärts geneigte Briefladen angebracht, die man von
einem Beamten des Parlatorio aufschließen lassen kann, um sie darin hinüber
zu spediren.   Für die Briefe aber, die man von der Pestseite auf die gesunde
schaffen will, ist eine eigene Briefräucherungsanstalt vorhanden, welche sie
zuvor passiren müssen.   Es erscheint hier jede Thür, jede Oeffnung, jedes
Loch in einem interessanten Lichte, weil sich die Idee damit verbindet, daß
dahinter das fürchterliche und gefürchtete Ungethüm der Pestilenz hause,
welches so eigenthümlicher Art ist, daß es wohl selbst durch ein Schlüsselloch
schlüpfen könnte, um dann wie ein glimmendes Fünkchen auf ein Mal eine
ganze Stadt, ja ein ganzes Reich zu entzünden.

Nichts ist unterhaltender als ein Spaziergang im Parlatorio am Vor=
mittage, wo hier gewöhnlich kurz vor der Börse die meisten Geschäfte abge=
macht werden.   Unter den Akazien und Arkaden spazieren die Reinen, sich
ihrer Unschuld freuend, auf und ab, um einen zum Gespräche bestellten Freund
zu erwarten.   Durch das Gitter hindurch sieht man im Quarantäne=Hofe die
armen Verdächtigen auf= und abwandeln, um sich mit Gesprächen und in
der Restauration die Langeweile ihrer Gefangenschaft zu verkürzen.   Man
blickt durch die Gitter hinein, wie in eine andere Welt, die durch den darauf
gelegten Bann wie verzaubert erscheint.   Jedes Gitterkämmerchen ist mit
Unterredenden besetzt, die so nahe als möglich sich mit dem Gesichte an die
hölzernen Stäbe drücken und flüsternd durch die drei Ellen Distanz sich gegen=
seitig ihr Herz ergießen.   Einige sprechen laut und schelten mit einander,
agiren lebhaft vor den Gittern hin und her, hinter denen sich Der, welchen
die Vorwürfe treffen, recht behaglich und sicher fühlt.   Alle Gefühle können
sich hier nur per distance äußern, und wenn ein junges hübsches Mädchen
in der Quarantäne sitzt, und ihr Bräutigam zu den Gesunden gehört, so
mag diese Quarantänezeit als ein wahrer Tantalusqualmonat kurz vor den
Flitterwochen vorhergehen.

Besonders unterhaltend ist das Hafengitter, wo die eben frisch aus der
Levante Angelangten auf ihren schwebenden Balkons erscheinen und von
ihren Freunden begrüßt werden.   Es kommt ein englischer Kapitän, der eben

seinen Reinigungseid geleistet hat, von seinen Matrosen gerudert, heran, ersteigt die Treppe und erblickt durch's Gitter seinen Freund, der, schon von seiner Ankunft avertirt, ihn lange erwartete. „Ah! How do you do, Sir?" Unwillkürlich fahren ihre Hände an's Gitter, das aber das „shake hands" nicht gestattet, und die Hände müssen zurückkehren, sich in der Hosentasche gefangen nehmen zu lassen. Auf dem anderen Balkon erscheint ein Russe, und sein Freund in vier Ellen Entfernung ihm gegenüber ruft: „Sdrastwitje, Jwan Jwanowitsch, kak wui poshiwaitje! Sdrastwitje!" Dabei fangen sie nun, voll Complimente, wie sie immer sind, ein Dienern, Nicken und Verbeugen an, das kein Ende nimmt, bis ihre Stirn ein paar Mal mit den Gittern in unsanfte Berührung kam und sie daran erinnert werden, daß die Complimente hier nicht am Platze sind. Ist es ein Vater, so hebt die Mutter ihre kleinen Kinder auf, die ihre Arme vergeblich nach der bösen Pestseite ausstrecken; ist es der geliebte junge Ehemann, so muß er seine Lippen und seine Liebe noch zuvor einer vierwöchentlichen Räucherung und Läuterung unterziehen, bevor die ersehnten Küsse gewechselt werden können. Die griechischen Kapitäns in ihrem bunten Nationalcostüme, diese kühnen Ulysse, erregen nicht weniger Interesse. Mancher dieser unruhigen Köpfe wird auf seinem Balkon einer harten Geduldsprobe unterworfen. Stunden lang sitzt er da, in der Sonne bratend, seine ausdrucksvolle Physiognomie an das Gitter gelehnt, als sollte man ihn abmalen. Vergebens erwartet er seinen lange zaudernden Handelsfreund. In jedem Gitterkämmerchen sieht man etwas Anderes und hört in jedem andere Neuigkeiten, von allen Winkeln des „weißen Meeres" — so wird hier das ägäische und dann auch wohl das ganze mittelländische Meer genannt — und von allen Ostküsten des atlantischen Oceans.

Der Weg, welcher von der Stadt zu den Quarantäne-Anstalten hinführt, geht nahe am Ufer des Meeres hin, das hier mit einer Reihe von Waarenmagazinen besetzt ist. Auf der anderen Seite steigt das schroffe Ufer der Steppe hoch hinauf. Diese Waarenmagazine oder „Ambarren" dienen zum vorläufigen Deponiren der aus der Quarantäne bezogenen Waaren. Hier sieht man englische Steinkohlen, levantische Früchte, griechische Weine, italienische Steine, ägyptische Baumwolle u. s. w. in ungeheueren Quantitäten aufgestapelt. Manche kleine unbedeutende Artikel erscheinen hier in großen Massen, weil es gilt, ein ganzes großes Reich damit zu versorgen. So z. B. vom Johannisbrod, das die Russen „Raschki", die Griechen „Charup", die Italiener „Carumbo" nennen, sind ganze große Hallen bis an die Widerlage des Bodens voll. Die Russen, die gern immer Etwas zwischen den Zähnen haben, kauen es bis nach Moskau und Petersburg hin.

Alle Arbeiter, die dabei beschäftigt sind, beißen beständig an diesen süßen Schoten und stecken sich die Taschen davon voll. Ein Magazinaufseher sagte mir, er verliere täglich auf diese Weise 1 bis 2 Pud, aber er bekäme die Leute darum etwas billiger, denn sie griffen gern zu dieser Arbeit. Die Russen sind wahre Kinder. Ueberhaupt würde der Gaumen und die Phantasie unserer Kinder in diesen Odessa'schen Ambarren (Magazinen) viel Nahrung finden. Man sieht ganze Packhäuser voll byzantinischen Naschwerks. Große Reihen zu 40 bis 50 Wagen fahren mit schönen wäl'schen Nüssen beladen davon. Auffallend war mir der geringe Preis der englischen Steinkohlen. Sie kosten in diesen Magazinen nicht mehr als 80 Kopeken oder höchstens 1 Rubel (8 bis 10 Silbergroschen) das Pud, obgleich sie einen Weg sonder Gleichen zu machen haben, aus den Minen von New-Castle zu den englischen Schiffen, die sie mitnehmen, mit diesen Schiffen durch's atlantische, mittelländische, schwarze und weiße Meer, aus den Schiffen in die Boote, aus den Booten in die Magazine, aus den Magazinen endlich mittels Odessa'scher Wagen zu den Fabriken, Schmieden und Dampfschiffen, die ihrer bedürfen.

Die genannten Magazine der Quarantäne sind nun noch wiederum von dem Zusammenhange mit der eigentlichen Stadt durch Thore und Barrieren abgeschlossen, freilich nicht der Pest, sondern des zu entrichtenden Zolles wegen. Odessa ist nämlich allerdings ein Freihafen, doch nicht so, daß gar nichts für die eingebrachten Waaren bezahlt werden müßte. Das für sie zu Entrichtende beträgt aber nur ein Fünftel des gewöhnlichen Zolles, und dazu hat man noch die Einkünfte dieses Fünftels der Stadt geschenkt, der dadurch ein jährliches Einkommen von 3 bis 4 Millionen ziemlich gesichert ist. Die Hafenmauth steht daher auch unter der Verwaltung und Aufsicht der „Duma" (des Stadt-Magistrat's). Bis die Waaren aus jenen Magazinen in die Stadt bezogen werden können, haben sie daher noch zuvor jene Hafenmauth-Barrieren zu passiren.

Eine eben solche Barriere befindet sich am Eingange zum Molo des Hafens für den Binnenhandel, doch nicht sowohl wegen der in die Stadt eingehenden Waaren, die ja hier alle russische sind, als wegen der aus der Stadt herausgehenden. Denn natürlich ist der Hafen des Binnenhandels nicht mit in den Portofranco eingeschlossen, da sonst ja alle billigen ausländischen Waaren Odessa's zur See ohne Zoll leicht in's Reich eingeschmuggelt werden könnten.

Uebrigens, mit Ausnahme dieses Hafens, sind die ganze Stadt und die Vorstädte nebst mehren Gebäuden, Garten- und Landhäusern vor der Stadt in den Portofranco eingeschlossen. In den ersten Zeiten war auch noch ein

großer Theil der ganzen Umgegend mit darin begriffen und die Mauthlinie
weit in's Land hinausgerückt, dabei wurde sie aber so groß, daß sie schwer
zu bewachen war und ungemein viel hinausgeschmuggelt wurde. Man zog sie
daher zurück und umgab blos die eigentliche Stadt mit dem Zollcordon. Nun
aber wurden die Klagen der Müller, der Vorstadtgärtner u. s. w., die sich
in ihrem Verkehre mit der Stadt sehr behindert sahen, eben so groß, als
vorher die der Mauthbeamten. Man mußte den Cordon noch einmal
verlegen und traf nun erst zum dritten Male die rechte Mittelstraße. Die
Stadt in den oben bezeichneten Gränzen ist mit einem Walle und Graben
umzingelt und mit einer Kette von Zollbeamten umzogen. Zum Einlaß dienen
verschiedene Barrieren, zum Auslaß aber nur zwei, die Tiraspol'sche nach
Beßarabien zu und die des Peressips, durch welche wir gekommen waren,
nach Podolien und dem Innern des Reiches hin. — Das Glück, ein Porto=
franco zu sein, verdankt Odessa theils seinen für das Wohl der Stadt im=
mer sehr thätigen General = Gouverneuren, theils der noch kräftiger für sie
sprechenden Pest. Denn da trotz der Quarantäne = Anstalten die Stadt doch
immer in sehr naher und bedeutender Gefahr der Ansteckung schwebt, so hat
man aus Furcht vor Pestiferirung des ganzen Reiches ihr gern zugestanden,
sich ganz aus dem Verbande mit demselben herauszulösen, indem nun durch
die Mauthcordons theils die Beaufsichtigung und Einschließung der Stadt,
wenn Krankheit ausbrechen sollte, leichter wird, theils aber auch — und das
ist die Hauptsache — bei dem so geringen Zoll das Einschmuggeln ungeläu=
terter Waaren von den Pestschiffen weniger gewinnvoll und daher weniger zu
fürchten ist.

Allem Vorhergehenden zufolge zerfällt nun das ganze Terrain in und
um Odessa durch die wegen des Zolles und wegen der Pest nöthig gemachte
Aufsicht in eine äußerst bunte Menge von einander geschiedener und mit
Barrieren und Wächtern umgebener Räume. Es sind folgende:

1) Der Portofranco, die ganze Stadt mit ihren Häfen und Vor=
städten, die sich vom ganzen Reiche trennt und aus der des Zolles wegen
Niemand unvisitirt herausgeht.

2) Der Hafen des Binnenhandels, der sich von der Stadt trennt, aus
dem Alles ohne Untersuchung heraus=, in den aber nichts ohne Untersuchung
hineingeschafft werden kann.

3) Die Vorhöfe und Magazine zwischen der Stadt und Quarantäne,
die des von der Stadt einzunehmenden Zollfünftels wegen abgeschlossen und
beaufsichtigt sind.

4) Die Quarantäne mit dem Quarantäne=Hafen und der Rhede, die
von Festungen, Mauern und Kanonenschiffen umschanzt ist, um das Un=

gethüm der Pest in Ketten zu legen, und aus der weder Waaren, noch Per=
sonen ungeräuchert und ungeläutert entlassen werden. Und als Unterab=
theilungen dieser Quarantäne:

5) Die Rhede, auf welcher die frisch angekommenen Schiffe in Obser=
vanz liegen, die nicht einmal mit denen sich en pratique befindenden im
Hafen verkehren dürfen.

6) Die Höfe und Gebäude der Personen=Quarantäne, in welchen die
Passagiere ihre Zeit abwarten, welche in die Stadt zu kommen wünschen
und die wieder nicht mit denen im Hafen en pratique befindlichen umgehen
dürfen, welche sich gar keiner Räucherung unterziehen wollen und so, wie sie
in den Hafen eingelaufen sind, aus demselben nach eingenommener Ladung
auch wieder abreisen, ohne einen Fuß in die Stadt gesetzt zu haben.

7) Die Hospitäler endlich, in welche die wirklich Pestkranken geschafft
werden, die natürlich wieder in gar keiner Verbindung mit allem dem Vorigen
stehen dürfen.

Das ist bunt, und so mag denn eine strenge Verwaltung und Aufsicht
schwer genug sein. — Ueberhaupt ist Vieles bunt in Odessa, so die Zusam=
mensetzung der Hafenarbeiter, unter denen man Leute aus allen Fischer=
und Schiffernationen des Mittelmeeres findet, Griechen von jeder der hun=
dert Inseln des Archipelagus, Italiener aus jedem Hafen, und insbe=
sondere viele Dalmatier aus der Bocca di Cattaro. Man hat hier Gelegen=
heit genug, Nationalitäten und Physiognomieen zu studiren. Man hört
die Leute in den verschiedensten Idiomen reden, schreien und fluchen und
dabei immer ein paar Brocken Russisch einmischen: „God dam! dershitje!"
(God dam! haltet fest!) schreit ein Engländer. „Daitje quaranti kopek!"
(Gebt mir meine quaranti Kopeken!) spricht Einer von der „Bocca" (so wird
Cattaro hier gewöhnlich genannt, als wüßte man schon, welche Bocca gemeint
sei). „Guardi sotto! Gebit foimatj!" (Guardi sotto! Potz Henker!) —
„Wo seid Ihr denn her?" fragte ich auf Russisch einen Schmied, der an
einem der Schiffe mit Ausbessern beschäftigt war. „Ek bin een Hamborger!"
antwortete er mir auf Plattdeutsch, indem er mich sogleich, ich weiß nicht
wie, für einen Landsmann erkannte. Die meisten dieser Hafenarbeiter sind
indeß Dalmatier, Slavonier und von der Bocca. Wahrscheinlich verschlep=
pen sie sich von den vielen österreichischen Schiffen hierher.

In dem Kriegshafen für die Cabotage ist wenig Interessantes zu
sehen. Ein paar mißglückte Dampfschiffe, aus denen man nun, um sie doch
zu etwas zu benutzen, Schmiedewerkstätten gemacht hat, zuweilen, jedoch
nur selten, einige Kriegsschiffe, ein paar unbrauchbare Dampfschiffe, welche

die Verbindung mit der Krim und dem taurischen Bosphorus unterhalten, und einige kleine russische Küstenfahrer, die aus Cherson, Eupatoria oder Kertsch Waaren bringen. — Diese cherson'schen und krim'schen Schiffer sollen nach dem Urtheil der Odessa'schen Kaufleute zu den ungeschicktesten der Welt gehören, und obgleich sie nur ganz kurze und kleine Küstenfahrten machen, so sollen doch auf diesen ganz unerhörte Dinge passiren. So wurde mir, wahrscheinlich doch wohl mit etwas passender Uebertreibung, erzählt, daß einmal ein Engländer in einem bösen Wetter ein cherson'sches Schiff am Eingange der Dardanellen an der Küste von Troja gefunden habe, dessen Mannschaft ihn fragte, was das für ein Ufer wäre. Als der Engländer ihnen geantwortet, es sei das von Anatolien, hätten sie gefragt, wo denn die Krim und Koslow läge, und so habe sich denn gefunden, daß die armen Schelme in einem bösen Unwetter Masten, Segel, Kopf und Muth verloren hätten und vom Sturme durch das schwarze Meer, den Bosphorus, die Propontis und Dardanellen in's ägäische Meer hineingepeitscht worden seien, ohne zu wissen, wo sie sich befänden. Der Engländer habe sie dann in's Schlepptau genommen und so nach Odessa zurückgebracht. — „Diese Chersoner", sagte mir ein Kaufmann, „die wohl wissen, daß sie nichts wissen, verlieren sogleich den „Muth, so wie sie ein Bißchen krauses Wetter überfällt. Das Erste, was „sie dann thun, ist, daß sie anfangen von der Ladung auszuschöpfen und „über Bord zu werfen, was sie in der Schnelligkeit losbringen können, denn „gewöhnlich haben sie sich überladen. Hilft dieß nichts und braust der Sturm „fort, so überlassen sie Schiff und sich der Gnade Gottes und werfen sich, „Kreuze schlagend, vor ihren Heiligenbildern nieder." Es gehen im Herbste so viele Chersonfahrer zu Grunde, daß die Assecuranz-Prämie dann von dort bis Odessa (18 Meilen) bis auf 5, 6, ja 7 Procent steigt, welches denn wohl zu den unerhörten Dingen in der Handelswelt gehört.

Die Griechen dagegen sind die kühnsten Schiffer von der Welt, zu gleicher Zeit sind sie aber auch die größten Schelme, weßhalb man sie auch nur sehr ungern und gegen eine hohe Prämie verassecurirt. Wenn der Grieche will, so kommt er selbst durch den schlimmsten Sturm glücklich davon, und auf dem schwarzen Meere verunglücken sie auch selten. Kommen sie aber erst in einige Entfernung von Odessa, in's Meer von Marmora oder in den Archipelagus, so fällt dem Capitano zuweilen plötzlich ein, daß sein Schiff schon sehr alt und unbrauchbar sei; dabei denkt er an die hübsche Summe, zu der es in Odessa verassecurirt ist. Kurzum er bedenkt sich nicht lange, setzt sein Schiff bei der ersten besten griechischen Insel oder am anatolischen Ufer während des schönsten Wetters auf den Strand, rettet sich und seine Mannschaft, besticht die türkischen Behörden zur Beglaubigung der Strandung, beweist und be-

schwört Alles und macht so die vollkommenste und schönste Havarie, welche
die Odessaer Assuradeurs bezahlen müssen.

Der türkische Schiffer ist wiederum ganz anders. Er ist noch mehr
ohne praktische und theoretische Kenntniß des Seewesens als der Chersoner.
Aber er hat eine bona fides, der man vollkommen vertrauen kann. Bei ihm
verassecurirt man nur gegen Ungeschicklichkeit, während bei'm Griechen in
Bezug auf Bestimmung der Größe der Prämie die mehr oder minder große
Furcht, die man vor seiner Schelmerei hat, entscheidet. Die Türken sind
die ehrlichsten Kerls von der Welt und hoffen, ihr Schiff, so gut es mit
ihres Propheten Hülfe und ohne Compaß und Seekarten möglich ist, redlich
durchzubringen. Ueberfällt sie ein bedeutender Sturm, so sind sie freilich in
der Regel verloren. Allein es ist gewiß nicht böser Wille, und es wird hierüber auch ihren Angaben von den Assuradeurs auf's Wort geglaubt. Ja
diese verlangen nicht einmal das Schiffs-Journal zu sehen, weil es schon
allgemein bekannt ist, daß ein türkischer Kapitän nie eins führt. Der Türke
ist viel zu unbeholfen, um Schelmstückchen wie der Grieche auszuführen,
auch hat er nirgends diese Verbindungen, Connaissancen und Cliquen, die
jenem überall zu Gebote stehen.

Es giebt in Odessa fünf Assecuranz-Gesellschaften oder, wie sie dort
genannt werden, „Assecuranz-Kammern", die wiederum ihre Filial-Kammern
in verschiedenen Häfen des schwarzen Meeres gegründet haben, sowie auch in
Konstantinopel. Die Assecuranz-Prämie auf dem ganzen schwarzen
Meere steht immer sehr hoch, und es muß für die Versicherung einer Ladung
von Odessa nach dem Kaukasus mehr als für eine von da nach England gezahlt
werden. Denn obgleich das ganze schwarze Meer fast völlig ohne Untiefen
und Inseln ist, so gehört es doch noch jetzt, wie in alten Zeiten, zu den
gefährlichsten Binnenmeeren der Welt und verdiente noch immer wie früher
statt Euxinus „Axeinos" genannt zu werden. — Zu dieser großen Unsicherheit trägt Vielerlei bei, theils die Ungenauigkeit der Seekarten, denn wenn
man auch von den meisten Küsten recht gute Aufnahmen besitzt, so findet
man sie doch noch nicht bei den Schiffern, theils der Mangel an guten
Häfen und Hafenanstalten, die den Noth leidenden Schiffern eine Zuflucht
gestatten könnten. Denn von den beiden Nationen, die sich jetzt in den
Besitz der Küsten des Meeres theilen, haben die Türken nie etwas für dergleichen Dinge gethan und die Russen erst neuerlich darin bedeutende Fortschritte gemacht, so daß noch jetzt z. B. die auf einer krummen Linie von mehr
als 500 Meilen sich hin erstreckenden Ufer des Pontus nicht mehr als etwa 18
Leuchtthürme haben. Theils vermehren endlich auch die an einigen Küsten-
puncten wohnenden barbarischen Uferbewohner die Unsicherheit der Befahrung

dieses Meeres, das endlich dann auch durch seine eigene unruhige und bisher noch unerklärte wilde Natur selber in bedeutendem Maße das Seinige zu jener Unsicherheit beiträgt. In keinem Meere wechseln Wind und Strömungen häufiger als im schwarzen, und in keinem sind, wie die Schiffer versichern, die Wellen unangenehmer und gefährlicher.

Im Winter wird die Schifffahrt des schwarzen Meeres gewöhnlich mehre Monate völlig unterbrochen, weil die Stürme dann hier eben so unbarmherzig toben, wie auf der angränzenden nördlichen Steppe. Die nördlichen Häfen frieren fast alle Winter zu, und das Meer gefriert selbst häufig bis zur Entfernung von zwei Meilen vom Ufer. Und sogar der taurische Bosphorus bedeckt sich in allen strengen Wintern mit Eis. Ja man hat mitunter von Odessa nach der Krim auf dem Eise fahren können. Freilich ist zu Zeiten in der nördlichen Spitze des adriatischen Meeres Aehnliches geschehen. Allein hier am Pontus gehören jene Dinge zu den gewöhnlichen Erscheinungen, und es ist merkwürdig genug, daß die Schifffahrt von Odessa häufiger und länger unterbrochen ist als die des um so viele Grade nördlicher liegenden Kopenhagen.

Es ist wohl keine Frage, daß die im Norden des Pontus sich weit hin erstreckenden flachen Steppen von dem übelsten Einfluß auf das Klima, die Atmosphäre und Aufregung dieses Meeres sind und wahrscheinlich als die eigentlichen Begründer jener unter diesen Breitegraden so auffallenden Rauhigkeit betrachtet werden müssen. Diese Steppen hängen mit den weit nach Osten sich hin erstreckenden Steppen und mit der ganzen großen, auch nur hügeligen Landfläche Rußlands genau zu einem Ganzen zusammen und nehmen an allen jenen nördlichen und östlichen wilden meteorologischen Erscheinungen Antheil, da von den Ufern des schwarzen Meeres bis nach Archangel und Kamtschatka nirgends eine bedeutende Gebirgswand dem Boreas und den Ostwinden hemmend entgegentritt. Es haben daher jene Steppen ebenfalls eine über ihre südliche Lage hinausgehende Rauhigkeit des Klimas, und zwar um so mehr, da nicht einmal Wälder und Hügel dieselbe temperiren. Sie theilen natürlich den Zustand ihrer Atmosphäre dem benachbarten Pontus mit, und so kommt es, daß in den Wintermonaten auf dem Meere die Schifffahrt, wie auf dem Steppenplateau der Landverkehr, völlig unterbrochen wird. Wenn der Kaukasus, wie er sich um die östliche Spitze des Pontus windet, auch eben so im Nordosten und Norden die ganze Hauptmasse des Wassers mit seinen schützenden Armen umfaßte, so würde er ein großer Wohlthäter desselben geworden und der ganze Zustand, das Klima und die Geschichte dieses Meeres eine andere sein.

Die gefürchtetste Stelle des schwarzen Meeres ist noch jetzt, wie zur Zeit

der Argonauten, der Eingang in den thraciſchen Bosphorus. Hier gehen
jährlich viele Schiffe verloren, und es gilt hier noch immer, eine ſchlanke
und gewandte Argo zu haben.

Von ungemein mächtigem Einfluſſe iſt natürlich der Handel von Odeſſa
auf die ganze umliegende Gegend, und das Wohl und Wehe aller benachbarten Provinzen Beßarabiens, Neu - Rußlands, Podoliens, Kiew's, der
Ukraine und der Krim iſt bereits ſo enge mit dem Wohle und Wehe der Stadt
verflochten, daß beide, Provinz und Stadt, mit einander ſteigen und fallen.
In demſelben Verhältniß, in welchem ſich Odeſſa bereichert und bevölkert, in
demſelben beleben und cultiviren ſich auch dieſe Landſchaften.   Odeſſa's Capitalien, ſeine Vorſchüſſe, ſeine Beſoldungen und Kaufszahlungen wirken wohl-
thätig bis tief in's Land hinein; auf indirecte Weiſe vielfach. Man bedenke
nur, daß allein die Fracht, welche die Stadt an Landfuhrleute bezahlt, jährlich ungefähr bis auf 3,000,000 bis 4,000,000 Rubel ſteigt, von denen ſich
jener weit im Lande verzweigte Stand der Tſchumaks ernährt, die wir
oben zu erwähnen Gelegenheit fanden. Aber auch mehrfach direct. Viele
Ländereien werden direct für Rechnung Odeſſa'ſcher Capitaliſten bearbeitet, indem dieſe Landwirthen Vorſchüſſe bewilligen, mit denen ſie dann ihre Güt-
chen beſtellen und das Korn als Schuldentilgung abliefern. Ja ein großer
Theil der Viehwirthſchaft der Steppen wird blos mit Odeſſa'ſchen Vorſchüſſen
betrieben, indem die Kaufleute den Unternehmern ein Capital avanciren, mit
dem dieſe Heerden kaufen und Steppenwieſen pachten, und das ſie ſpäter
mit dem gelöſten Talge und Leder zurückzahlen.   Ja viele Kaufleute haben
ſogar ihre Capitalien in große, hier annoch ſo leicht zu acquirirende Grundſtücke
geſteckt, die ſie von beſoldeten Oekonomen für eigene Rechnung bewirthſchaf-
ten laſſen, indem ſie ſo die Waare, welche ſie verhandeln wollen, auch ſelber
produciren, ſowie umgekehrt jene von uns oben erwähnten polniſchen Gutsbeſitzer ſich auch zu Kaufleuten machten, indem ſie daſſelbe Product, das ſie
erzielten, auch als Waare zu verhandeln ſtrebten.

Die Jahre, in denen der Handel von Odeſſa ſich am brillanteſten ent-
faltete und auf welche noch jetzt immer die Provinzen, wie die Stadt, als
auf eine goldene Zeit, zurückſehen, waren, wie auch anderswo, aus Urſachen,
die in der damaligen Lage Europa's ihre Begründung finden, die Jahre 1815
bis 1820. Mit Vergnügen erzählen noch die Kaufleute, bis zu welchem
enormen Preiſe der Tſchetwert Weizen ſtieg, und die Fuhrleute, daß ſie
5 bis 6 Rubel für eine einzige Fahrt aus dem Packhaus in den Hafen bekommen hätten, und die ukrainiſchen Edelleute, wie froh und brillant in jener
Zeit ihre Bälle geweſen wären, da ihr Getreide ſich ſo wunderbar ſchnell in
Silber verwandelte.

Oeffentliche Institute.

Bei so großen Einkünften, wie sie die Stadt Odessa hat, welche die unserer gleichgroßen Städte um das Dreifache übersteigen, und die noch dazu auf eine so angenehme und einfache Weise in einem einzigen Hause, dem Hafenmauthhause, von einer einzigen Behörde eingenommen werden, während unsere deutschen Städte ihre Gelder an allen Thoren und in allen Häusern und Hütten bei Hellern und Pfennigen zusammensuchen müssen, ist es kein Wunder, daß man hier mehre Veranstaltungen getroffen sieht, die einigermaßen bedeutend erscheinen, wenn man an die Schwierigkeiten denkt, mit denen man zu kämpfen hatte. Ebenso, wenn man auf der anderen Seite in Erwägung zieht, wie zusammengewürfelt, bunt, unzusammenhängend und unpatriotisch die ganze Bevölkerung von Odessa ist, in der es wohl annoch unmöglich sein möchte, einen lebendigen Gemeingeist zu wecken, wie man ihn in deutschen und englischen Stadtgemeinden findet, so kann es dann eben so wenig Wunder nehmen, daß jene öffentlichen Anstalten theils mit der Größe der Einnahmen nicht im Verhältniß stehen, theils aber fast einzig und allein darauf hinausgehen, die Stadt äußerlich zu verschönern. Gutes Pflaster, ein paar öffentliche Gärten, ein Boulevard, Trottoirs, eine kolossale Prachttreppe für die Fußgänger vom Meeresstrande zum Boulevard, prächtig eingerichtete Zollgebäude, ein Monument des Herzogs von Richelieu und außerdem ein botanischer Garten und eine Stadtbibliothek, die Niemand besucht, — dieß und einiges Andere sind die einzigen öffentlichen Anstalten, an welche die Stadt bisher gedacht hat. Dagegen vermißt man durchaus gute Krankenhäuser, Waisenhäuser, Arbeitshäuser und überhaupt noch so unnennbare viele andere einer guten Stadtgemeinde nöthige Dinge, daß gleich auf den ersten Blick daraus hervorleuchtet, wie neu und wenig durchgebildet der Zustand dieser Stadt anjetzt noch ist. Man muß gestehen, daß der Egoismus unseres Zeitalters in den Straßen Odessa's etwas bedeutend kraß sich offenbart; denn es wird sehr schwer, zwischen allen diesen prächtigen Privathäusern nur irgend eines dem öffentlichen Wohle der Gemeinde gewidmete herauszufinden. Selbst ohne Kirchen scheint die Stadt; denn sie thun sich hier nirgends hervor, wie doch sonst gewöhnlich in allen russischen Orten.

Was wir zunächst von jenen öffentlichen, auf Kosten der Stadt hergestellten Vorrichtungen sahen, weil wir es gleich vor unserem Fenster hatten, war der mehrerwähnte Boulevard. Dieser Boulevard, der ohne Zweifel die prächtigste Promenade von Odessa ist, besteht in einem breiten, mit mehrfachen Reihen von Akazien bepflanzten Spazierwege unmittelbar längs dem Rande des hohen Steppenplateaus. Auf der Seite nach dem Meere zu ist er völlig

frei und bietet eine unbehinderte Aussicht auf die beiden Häfen und auf die
Rhede zwischen ihnen. Auf der andern Seite liegt eine lange Reihe prächti=
ger Hotels reicher Privatleute, an dem einen Ende das des Generalgouver=
neurs Grafen Woronzow, des Gouverneurs, das Hôtel de Petersbourg,
das der Sturdza u. s. w. In der Mitte des Boulevard's ist dem Herzoge von
Richelieu, der als der eigentliche Gründer von Odessa betrachtet wird, dem=
selben, der nachher Minister Ludwig's XVIII. wurde, ein Monument gesetzt,
das einzige, welches das an Erinnerungen noch so jugendlich arme Odessa bis
jetzt aufzuweisen hat. Es ist des Herzogs eigene Statue aus Bronze, mit
einer Bürgerkrone geschmückt, das Gesicht nach der Rhede wendend und mit
der Hand auf den Hafen deutend. Dieser Boulevard ist an schönen Tagen
der Sammelplatz der beau monde, besonders an solchen, wo ein am Fuße
jenes Monuments aufgestelltes Musikcorps abendliche Harmonieen in's
Meer hinausschallen läßt; für die ein paar hundert Schritte davon auf der
Rhede in Observanz liegenden armen gefürchteten und umzingelten Pestschiffe
mag dieß ein eigenthümliches und viel Verlangen erregendes Schauspiel ab=
geben. Für den Beobachter vom Lande ist wiederum der Blick in's Meer,
auf die Rhede interessant und auf die oft zahlreich sich hier drängenden Schiffe,
auf denen sich die Bevölkerung der türkischen, griechischen und englischen Ma=
trosen eben so sammelt, wie auf dem Boulevard die schöne Welt Odessa's.
Es sind hier sehr viele Schiffer Jahr aus, Jahr ein zur Stadt gefahren, die
außer ihrer Quarantäne, von Odessa nichts zu sehen und zu hören beka=
men als jenen Rand des Boulevards und die Musik, die ihnen dann und
wann ein günstiger Wind hinüber wehte.

Unbedeutender in jeder Hinsicht als der Boulevard ist ein öffentlicher
kleiner Garten im Innern der Stadt, aber doch zuweilen in der Sommerhitze
eine recht erwünschte kleine Oase mit vielem Schatten und ohne Staub, in
die man sich gern ein wenig zum Luftschöpfen zurückzieht. Es wäre zu wün=
schen, daß die Stadt sich auf den vielen leeren Räumen, die sie noch ein=
schließt, allmälig noch mehre solche Oasen schaffen möchte. Man scheint auch
darauf aus zu sein, denn in mehren Straßen und an verschiedenen Orten
pflanzt man noch Akazienbäume. Es ist dieß freilich ein Baum, der nicht all=
zuviel Schatten giebt, allein es ist der einzige, der in diesem Boden und
Klima noch ziemlich gut fortkommt und den man daher überall in und um
Odessa antrifft.

Die interessanteste Gartenanlage, welche die Stadt auf ihre Kosten ver=
anlaßt hat, ist aber der sogenannte botanische Garten vor der Stadt,
der jetzt unter der Direction des als Naturforscher berühmten Professors
Nordman steht. Es ist dieser Garten eine auf einem ungemein großen

Terrain angelegte Baumschule, in welcher alle möglichen Arten von Bäumen gepflanzt werden, theils um auszumachen, welchen Pflanzen hiesiger Boden und Klima zusagen, theils um mit den vorräthig gehaltenen lebendigen Pflanzen, Stecklingen und Sämereien den Anforderungen der Bewohner der Steppen zu genügen, die etwa wünschen könnten, sich Gärten oder Gehölze anzulegen, um also mit einem Worte die Gartencultur und allmälige Bebauung der Steppe zu befördern. Der Garten soll nicht weniger als 4,000,000 junge und alte Bäume enthalten. Doch hat er allein im vorigen äußerst harten Winter über eine halbe Million Pflanzen durch Frost verloren. Die Garten- und Waldfreunde haben hier mit fast unüberwindlichen Hindernissen zu kämpfen, erstens mit der großen regen- und thaulosen Dürre im Sommer, dann mit dem Mangel an Flüssen und Quellwasser, drittens mit der unbarmherzigen Strenge der Winter und Winterstürme, und endlich, was von dem Schlimmen das Allerschlimmste ist, mit einer für alle Baumwurzeln fatalen und mörderischen Schicht von Kalkerde, welche unglücklicher Weise fast durchweg in der ganzen Steppe gleich unter dem oberen fruchtbaren Humus folgt. Dieser Humus ist sehr dick, 1 bis 1½ Arschinen (Ellen). So lange die Bäumchen noch blos in ihm wachsen, gedeihen sie oft, wenn nur nicht allzustrenge Winter oder allzutrockne Sommer einfallen, recht gut und äußerst schnell. Allein so wie die Wurzeln den Humus durchdrungen haben und zu jener Kalkerde kommen, fangen die Bäume an zu kränkeln, der schnelle Wachsthum hört auf, und viele Pflanzen sterben ab. Man sagte mir, die ältesten Bäume bei Odessa wären nur 28 Jahre alt, und älter würde auch keiner. Da man indessen erst seit 40 Jahren in Odessa Bäume pflanzt, so ist die ganze Sache wohl noch ein Bißchen zu neu, um gleich darüber aburtheilen zu können. Doch ist so viel gewiß, daß alle Gärtner und Förster dieser Steppe in beständiger Verzweiflung sind, obgleich viele von ihnen ganz ohne Vorurtheile und mit dem größten Muthe in's Land kamen und meinten, „es müsse durchaus mit der Bebaumung der Steppe gehen, und sie wollten „sie bald genug zur Hälfte in einen Garten, zur Hälfte in einen Wald ver„wandeln." Ich glaube, daß die Meisten der Meinung sind, daß die Steppe einmal bewaldet war, wie alle übrigen Länder und durch eine weitreichende Naturrevolution, etwa durch eine allgemeine andauernde Ueberschwemmung, ihre Vegetation verlor und nun seit der Zeit die Wälder der benachbarten Waldgegenden sich mit ihrem Gesäme noch nicht wieder so weit ausbreiten konnten.

Allein diese Meinung scheint mir irrig. Es ist gewiß viel wahrscheinlicher, daß die Steppe noch nie, seitdem ihre Plateaus so aufgeschichtet wurden, wie sie jetzt bastehen, bewaldet war. Denn eines Theils findet man auch nirgends

in der ganzen Steppe, weder in ihrem Humus, noch in irgend einer ihrer
anderen Schichten eine Spur von früherem Holze, etwa verschüttete Wurzeln,
oder versteinerte Baumstämme, wie doch allerdings in anderen Ländern, wo
Wälder untergingen; anderen Theils aber fehlt es gar nicht an Versuchen,
welche die Natur zur Besamung der Steppe machte, die aber alle eben so
wenig Erfolg hatten und sich noch weniger ausbreiteten als die Versuche,
welche bisher die Kunst angestellt hat. An mehren Stellen der Steppe finden
sich kleine Baumgesellschaften, die sich aber nie ausgedehnt haben und bei de=
nen der erbärmliche und krüppelhafte Zustand jedes Baumes deutlich genug
zeigt, daß die Steppe der Bewaldung widerstrebt. Ebenso haben sich auch
die großen Wälder, welche sich in den großen Flußthälern des Dniestr,
Dniepr u. s. w. hinziehen, noch nirgends einen Fuß breit auf dem Steppen=
plateau erobert. Es ist auch zu vermuthen, daß die Steppe ewig in dieser
Kahlheit verbleiben wird, und ich glaube, daß es leichter ist, noch einmal
die Bewaldung der Wüste S a h a r a zu erlangen als die der Steppen, weil
bei den letzteren die Hindernisse nicht nur ganz anderer Art, sondern auch viel
unüberwindlicher sind. Die Wüste Sahara ist eine hügelige und hier und da
von Gebirgen durchschnittene Sandgegend, deren einziger Fehler der Mangel
an Wasser und Humus ist. Beides läßt sich allenfalls schaffen. Man fange
von allen Seiten bei den Gränzwäldern an. Wo ein solcher Wald existirt,
da bedeckt er den Boden mit seinem Laube und faulendem Holze und bildet
Humus. Eben so ziehen die Bäume Feuchtigkeit an und lassen Quellen ent=
stehen, verbreiten Kühlung und verändern das Klima. Mit der Zeit würden
die Bäume mehr Humus und mehr Quellen erzeugen, als sie selber verbrauch=
ten. Man gewönne so also einen Ueberschuß, den man benutzen könnte. Man
pflanze in der Nähe der existirenden Wälder neue Bäume an, und es wäre so
denkbar, daß man dann die ganze Wüste damit überziehen könnte.

Bei den Steppen ist dieß ganz anders; sie haben durchaus keinen Mangel
an Humus, vielmehr eine weit dichtere Schicht davon als viele andere Län=
der. Eben so haben sie keinen so völligen Mangel an Flüssen und Quellen
wie die Sahara. Beseitigung solcher Mängel ist es also gar nicht, worauf
es hier ankommt. Es ist vielmehr ihre flache, sie allen Einflüssen des rauhen
Himmels und der Nachbarländer preisgebende Gestaltung, welche ihr Klima
im Sommer so heiß und trocken, und im Winter so kalt macht. Der Mensch
wird diesen Umstand nie zu beseitigen vermögen; denn es ist auf keine Weise
denkbar, daß er Bergketten aufwerfe und Thalbecken ausgrabe. Ferner
ist es die ungünstige Beschaffenheit der dicht unter dem Humus liegenden
Erd= und Steinschichten. Allerdings ließe sich dieß Verhältniß bis auf einen
gewissen Grad ändern; denn man könnte alles schlechte Erdreich ausgraben,

die für den Baum gemachte Höhle wieder mit guter Erde füllen und ihn dann
einsetzen. Und in der That geschieht dieß auch allgemein in und um Odessa
und in den Steppen. Ueberall, wo man einem Baume ein einigermaßen
fröhliches Leben sichern will, hat man seinen Wurzeln auf die besagte Weise
ein künstliches Reich geschaffen. Man hat in einigen Gärten große und tiefe
Canäle gezogen, in welche man nachher die Bäume pflanzte. Dieß Verfahren
ist auch von gutem Erfolge bei Gärten und bei einzelnen kleinen Alleen. Allein
wie schwierig würde es sein, ganzen Wäldern auf diese Weise durch Ausgrabung des schlechten Erdreiches ein künstliches Terrain zu schaffen! Wie schwierig zumal bei Eichen, Linden oder anderen großen Bäumen, deren Wurzeln
mit der Zeit in mächtigen Verzweigungen tief in den Boden eindringen und
doch wohl am Ende noch selbst die geräumige Ausgrabung überschreiten, in
die schädlichen Kalkerdschichten eindringen und dann doch Schaden nehmen
würden. Wollte man aber auch die Schwierigkeit der Sache nicht in Anschlag
bringen, so bliebe doch immer mit Grund zu fürchten, daß die dem Baume
gegebene heilsame Erde sich mit der Zeit durch die Nachbarschaft der schlechten
Erde, aus welcher Kalkwasser in sie einsickern könnte, verschlechtern würde
Es bliebe also denn nichts weiter übrig, als der ganzen Steppe diese fatale
Kalkerdeschicht — von der ich so viel spreche, weil man in Odessa so viele
Klagen darüber hören muß, — auszulösen und sie mit anderer Erde zu ersetzen, was aber dann wieder eine Arbeit für Die sein würde, welche den
Ossa auf den Pelion setzten, nicht aber für Menschen. — Es ist offenbar,
die Steppen sind verdammt, ewig Steppen zu bleiben, und so oft man auch
schon hier und da glaubte, ihrer Herr zu werden, sie kommen immer wieder
zum Vorschein. Sie sind so wenig zu bessern, wie die menschliche Natur.
Natura semper recurrit.

Um zu beweisen, wie hart und widerspänstig die Natur der Steppen ist,
will ich hier nur einmal anführen, welche Mühe man sich im botanischen
Garten von Odessa mit einem Baume giebt, der bei uns und in allen anderen
nördlichen Landen ohne das geringste menschliche Zuthun fröhlich gedeiht. Ich
meine die Fichte. Dieser Baum würde in seiner zarten Kindheit gleichmäßig
im Winter von den rauhen Nordwinden, wie im Sommer von der trockenen
Hitze getödtet werden. Man säet daher den Fichtensamen in mit Erde gefüllten Kasten aus, in denen er im Gewächshause keimt. Man läßt hier die
kleinen Pflänzchen zwei Jahre im Kasten und pflanzt sie dann in Töpfe um,
die im Sommer in's Freie kommen, aber im Schatten erhalten werden, im
Winter dagegen wieder in's Gewächshaus zurückgenommen werden. Erst im
vierten oder fünften Jahre werden die Bäumchen in's freie Erdreich des Gartens verpflanzt, hier aber noch einige Jahre hindurch mit einem kleinen

Stroh = oder Schilfdache umgeben, welches man im Winter gegen Norden richtet, um den Nordwind abzuhalten und im Sommer gegen Süden, um die Sonnenstrahlen zu brechen. Ich glaube, dieß allein wird einen hinreichend starken Begriff von der Aussicht geben, die ein gewisser Reisender hat, seine ausgesprochene Hoffnungen in Erfüllung gehen zu sehen, „daß die Steppe nun wohl nächstens von der üppigsten Vegetation bedeckt sein würde." Uebrigens thut der botanische Garten das Mögliche und verkauft jetzt jährlich 30,000 Pflanzen. Leider habe ich nicht in Erfahrung gebracht, ob dieß ein stärkerer oder schwächerer Umsatz ist, als der frühere war.

Was unter den übrigen öffentlichen Instituten die Bibliothek der Stadt anbetrifft, so ist sie natürlich höchst unbedeutend und klein, und reicht einer Leipziger, nicht einmal einer Bremer Stadtbibliothek das Wasser. Indeß ist ihr Lokal doch so freundlich, daß ich alle Morgen in ihrem hübschen Salon gern ein paar Stündchen der Lecture pflegte, besonders da es dort auch al= lerlei kleine Antiquitäten aus Olbia und vom Chersonesus Trachea zu besehen gab; einige Inschriften, ein paar Löwenfüße von den Thronsesseln bosporanischer Könige und ein antiker Metallspiegel, der noch ganz schön po= lirt war, aber keinen Eindruck behalten hatte von den schönen Griechengesich= tern, die sich darin gespiegelt haben mochten. Und es hätte dieß auch immer= hin mancher andere Odessaer Bürger thun können, allein ich war stets der einzige Besucher und saß jedesmal ganz allein da mit dem alten italienischen Bibliothekar, der immer ganz fleißig an einem antiquarischen Werke arbeitete, das er in Paris herausgeben wollte. Ich sah daraus, ich meine, aus der Ein= samkeit in der Bibliothek, daß auch noch auf die heutigen pontischen Hellenen und Italiener Dasjenige paßt, was Strabo schon von den Olbiopolitanischen bemerkt, daß sie nämlich völlig unwissenschaftlich, unliterarisch und verskythet sind. Es zeigt sich dieß auch bei den übrigen Bibliotheken und den Buchhandlungen in Odessa, wo fast nichts zu haben ist als die neuesten französischen Werke, gar keine englischen, keine deutschen und kaum ein Mal italienische. Doch exi= stirt allerdings eine ganz kleine deutsche Leihbibliothek hier, die zugleich aber auch Savon parfumé, Eau de Cologne und Sacs de nuit verkauft.

Das letzte öffentliche Werk, das ich oben erwähnte, ist die noch im Bau begriffene imposante Treppe, welche vom Meeresufer auf den Boulevard füh= ren wird. Diese Treppe ist eine Riesenarbeit und wird, wenn sie einmal fertig ist, so viel kosten als ein ganzes Hospital. Dabei ist noch zu befürch= ten, theils daß das Ganze mehr prächtig als nützlich sein wird, theils daß es nur eine sehr geringe Dauer haben und, nachdem es einige Zeit Aufsehen und Eclat gemacht hat, bald wieder über den Haufen fallen muß. Wenig Nutzen wird die Treppe gewähren, weil sie blos für Fußgänger bestimmt ist und diese unten am Meeresstrande wenig zu thun haben. Denn was an Kaufleuten u. s. w. zu den Häfen will, findet doch immer den kürzesten Weg durch jene beiden ebengenannten Regenschluchten und geht nie zu Fuß, sondern fährt allemal, weil keine Zeit zu verlieren ist. Müßige Spaziergänger werden immer oben auf dem Boulevard bleiben, weil unten am öden Quai zwischen den Häfen wenig Freude zu holen ist. Für Arbeiter aber und Andere, die bisher auf sehr engen und wegen der Weichheit der Steinstufen sehr abgenutzten und zum Theil gefährlichen Treppen an der Steppe hinabstiegen, hätte es hingereicht, diese nur häufiger zu erneuern. Es ist also nicht abzusehen, wer auf dieser schönen Treppe auf- und abspazieren soll. Dazu kommt aber, daß sowohl der Grund und Boden, auf den man sie basirt, als auch die Wand der Steppe, an welche man sie lehnt, sich im allerkläglichsten Zustande befinden. Der Rand der Steppe hat nämlich in der ganzen Umgegend von Odessa die unangenehme Eigenthümlichkeit, daß sich ganze große perpendiculäre Schichten davon ablösen und hinabstürzen, und eben so ist der Boden häufigen Einsinkungen ausgesetzt. Des Letzteren wegen bereitet man freilich der Treppe einen Rost aus nahe bei einander eingerammten Pfeilern. Für das entgegenstürzende Ufer giebt es aber auf keine Weise ein Mittel, weil es nicht blos nach vorn hin überkippt, was man allenfalls noch vermeiden könnte, sondern auch perpendiculär hinabsinkt, wie in unterirdische Höhlen. Es löste sich noch während meiner Anwesenheit in Odessa eine bedeutende Masse Erdreich vom Boulevard ab, gerade an der Stelle, wo die Treppe hinaufgeführt werden sollte. Es steht auf diese Weise zu befürchten, daß die Treppe, nachdem sie fertig geworden, sich bald wieder vom Ufer trennen wird. Genug zu flicken und zu bessern wird man sicherlich immer haben. Nun aber baut man noch dazu die ganze Treppe aus dem erbärmlichen weichen Muschelkalkstein Odessa's, dessen Quadern nicht 10 Jahre übereinander liegen können, ohne zu faulen, zu zerbröckeln und sich zu verschieben. Selbst die Unterwölbungen der Treppe sind aus diesem abscheulichen Steine, und es läßt sich voraussehen, daß nach kurzer Zeit Odessa eine große Ruine mehr haben wird. Uebrigens aber wird sie sich in den ersten Jahren ihrer Existenz prachtvoll genug ausnehmen in ihren Dimensionen und Formen geschmackvoll sein, den großartigen Umgebungen entsprechend, und mit einer Breite von mehr als 100 Fuß imposant vom Meere zu dem über 130 Fuß hohen Steppenplateau aufsteigen. Eine wahre Neptunstreppe, was Größe anbetrifft.

Außer den genannten Dingen habe ich keine andere zu sehen Gelegenheit gehabt, welche man als von der Stadt zum öffentlichen Wohle getroffene Einrichtungen betrachten könnte. Uebrigens kann man von öffentlichen Gebäuden noch citiren: das kaiserliche Lyceum, die Börse der Kaufmannschaft und das hauptsächlich vom Grafen Woronzow, wie man mir sagte, unterhaltene Theater. Vom Lyceum, das noch der Herzog von Richelieu stiftete, habe ich so gut wie gar nichts in Erfahrung gebracht, als daß die Sammlungen desselben höchst unbedeutend sind, daß in den höheren Klassen ein Professor oft nur drei Zuhörer hat und daß überhaupt eben so viele Studenten als Professoren da sind. Außerdem freilich auch noch über 100 Gymnasiasten, für welche Manche der Professoren aber gar nicht lesen.

Das Theater ist für eine so neue Handelsstadt gar nicht übel, wenn man bedenkt, daß die meisten unserer großen deutschen Handelsstädte nach tausendjähriger Existenz noch nicht einmal ein so gutes haben. Im Winter geben Liebhaber Vorstellungen verschiedenen Genres. Für gewöhnlich aber ist nur eine italienische Sängertruppe da, die nichts als Opern giebt. Madam Marini, Madam Graziani, Madam Winther=Pateri sind die nur in Odessa berühmten Prima= und Secunda=Donna's und die Favoritinnen des Publicums. Mir, der ich hier zum ersten Male eine italienische Oper hörte, gefiel freilich Alles recht wohl; denn wie man nicht in französischer Sprache schreiben kann, ohne fein und witzig zu sein, so hält es schwer, im Italienischen zu singen, ohne dem Ohr zu gefallen. Dabei merkt man auch hier leicht, wie routinirt und tactfest die Italiener in Allem, was Musik anlangt, durchweg sind, so daß selbst die Unbedeutenden nicht leicht geschmacklos und mißfällig werden. Doch machte sich in der Oper Othello, die ich ein paar Mal hörte, der Tod Othello's, den der ebenfalls beliebte Herr Winther gab, immer sehr sonderbar, da er jedes Mal mit einer solchen Grazie, Elasticität und Gewandtheit zu Boden fiel, als wenn sich nicht ein Othello, sondern ein Seiltänzer um's Leben brächte.

Die Börse der Kaufleute ist natürlich wieder ein hübsches Gebäude. Ich ging immer gern hin, weil ich dort ein paar mir werth gewordene Kaufleute fand, die mir viel Interessantes von den erscheinenden Personen mittheilten. Viele von den vornehmen und reichen Kaufleuten, die hier auftreten, hatten früher ganz andere Gewerbe. Manche von ihnen waren griechische Fürsten, d. h. nach der Art des vielbuldenden Ulysses, so lange er noch auf dem Meere schweifte. Ihr ganzes Fürstenthum ging nicht über den Bord einer kleinen Seeräuber=Brigg hinaus. Von anderen erzählt man, und zwar von einigen der ersten, daß sie früher das Haarkräuseln und Barbieren äußerst fertig verstanden, und von einem, der jetzt einen gar großen Herrn macht, daß ihm in Neapel kein Wort geläufiger war als das „Subito, Signore, subito!" der italienischen Marqueure. Doch giebt es auch weniger obscure Abstammungen unter ihnen, so die Tagliaferro's, die von Malta kamen,

und auch in Odessa wie dort ihr großes Wappen prangen haben, ein Stück
Eisen auf einem Ambos und darüber einen drohenden Hammer. Wie bunte Car-
rieren die Odessa'schen Kaufleute mitunter machen, beweis't auch die Geschichte,
die mir ein Odessa'scher Deutscher von seiner sonderbaren Rettung aus See-
räuberhänden erzählte. Er wurde auf einer Reise nach dem südlichen Frankreich in der Nähe von Sicilien von Seeräubern überfallen und gefangen genommen, um nach Algier geschleppt zu werden, als auf einmal der Kapitän
des Kapers zu ihm trat, da er so verzweiflungsvoll da saß, und ihm zurief:
„Eh buon giorno, Signore R . . . . Come sta! ne paura, ne paura!"
Er erkannte in ihm einen griechischen Kapitän, der in Odessa oft für ihn
geladen hatte, dann eine Zeit lang dort Kaufmann gewesen war, Banquerott
gemacht hatte, nun als Algierischer Kaperführer sein Heil versuchte und jetzt
seines Odessa'schen Handelsfreundes Retter wurde.

Sonderbar, daß es in fast allen Handelsstädten noch immer einen vor-
läufigen Versammlungsplatz giebt, wo die Kaufleute, ehe sie zur eigentlichen
Börse gehen, zusammenkommen, so Lloyd's Kaffeehaus in London, die
Börsenhalle in Hamburg, das Museum in Bremen, so das Casino del
Commercio in Odessa.

Außer dem Casino del Commercio, welches das einzige elegante Kaffeehaus der Stadt ist, giebt es nur noch zwei solcher Kaffeehäuser, welche aber
nur die Kaufmannschaft zweiten und dritten Ranges besucht, besonders die
Judenschaft, die sich hier überall mit Kornproben in der Hand herumdrängt,
um bei einem Glase Limonade auch ein Geschäftchen zu machen. Doch er-
freute es mich sehr, auch in diesen Häusern Zeitungen und selbst die „Allgemeine Zeitung" allgemein gelesen zu finden, und eben so fiel es mir hier, wie
überall in Odessa, auf, wie der Portofranco nicht nur eine freiere Einfuhr
der Waaren, sondern auch ein liberaleres und ungenirteres Wesen in Gesprächen und Sitten veranlaßt. Man sieht hier Dinge, die in allen anderen ruf-
sischen Städten unerhört sind, Leute, die sich Blumen in's Knopfloch gesteckt haben und damit an öffentlichen Orten erscheinen, keine stets bis an
die Gurgel boutonnirten Uniformen, sogar etwas Nachlässigkeit in der Kleidung, flatternde Tücher u. s. w. Auf den Straßen wird geraucht. Selbst
die Iswoschtschiks dampfen ihr „Cigareto." Auf den Balkons der Häuser
erscheinen scherzende junge Damen und Herren. Im Innern von Rußland
lauter nicht vorkommende Dinge. Ueber Politik spricht man fast Alles, wozu
man Lust hat, und von Rußland oft, als wäre es ein fremdes Reich. Selbst
die oberen russischen Behörden nehmen an dieser freieren Bewegung Antheil
und halten nicht so streng auf Ceremoniell und Uniform und Alles, was damit
zusammenhängt. Daher ziehen sich denn auch mehre große russische Familien

gern innerhalb der Mauthlinie des Portofranco zurück, wenn es ihnen in den Residenzen nicht ganz glücklich ging, oder wenn sie sonst ein wenig Freiheit lieben, und Die, welche sich einmal in Odessa eingewöhnt haben, wollen nicht wieder in's Innere zurück.

Märkte und Stadtverkehr.

Nach den Erscheinungen, die der große Seehandel in Odessa herbeiführt, kann den fremden Reisenden nichts mehr in der Stadt anziehen als das Studium des Kleinhandels, des Consumtionshandels der Stadt selbst. Dieser gestaltet sich hier durch die Beziehungen mit dem levantischen und europäischen Auslande, durch die hier vereinigten Nationalitäten, durch die Umgebung der Stadt (die Steppen) und durch die Eigenthümlichkeit der hier consumirten Producte so eigenthümlich, daß man ihm kaum etwas Aehnliches an die Seite setzen kann. Denn wenn man auch in Rußland, Italien, Frankreich und der Türkei überall die Originale zu Dem findet, was man auf den Odessa'schen Märkten und Handelsbuden sieht, so ist doch dieß zusammengesetzte Ganze, in dem sich so viele Länder abspiegeln, nirgends.

Es schlingt sich durch die ganze Stadt hin, vom Centrum aus bis in die äußersten Kreise der Vorstädte, ein Kranz von Buden, Kaufgewölben, Märkten und Handelsplätzen, deren Reihenfolge man, so viel sich solche Dinge der Hauptsache nach in bestimmte Gränzen fassen lassen, ungefähr so bestimmen kann:

1) Die eleganten Magazine für Galanteriewaaren auf der Richelieustraße.

2) Der griechische Basar für Konstantinopolitanische Gemüse, Früchte, Gewürze, Taback u. s. w.

3) Die Buden für russische, tatarische, orientalische Manufacturwaaren u. s. w.

4) Der sogenannte neue und alte Basar für Fische, Fleisch, Gemüse u. s. w. in entfernteren Stadtkreisen, nebst dem Trödelmarkte der Juden.

5) Endlich vor der Stadt der sogenannte „Priwosdnoi Basar" (der Basar der mit Wagen herangefahrenen Dinge) für Eisen, Holz, Heu, Vieh, Pferde u. s. w.

Man sieht auf den ersten Blick, daß, so wenig durch einen vorgeschriebenen Plan die Reihe dieser Märkte regulirt war, doch, durch die Natur der Sache und den Drang der Umstände getrieben, eine jede Waare sich einen Platz gewählt hat, der ihr vermöge ihrer Kostbarkeit und vermöge ihrer Voluminosität zukam. Da eine jede dieser Waaren ihre eigene Nation hat, die sich ausschließlich mit ihrem Verschleiße befaßt, da mithin auf jedem Markte

sich ganz eigenthümliche Erscheinungen bieten, und da wir in ganz West-
Europa so Weniges sehen, was diesem Odessa'schen Handelstreiben gleicht, so
wird man, glaube ich, nicht ungern einiges Nähere darüber hören.

1) Die fremden Magazine. — Sie liegen alle in dem schönsten Theile der Stadt in der Nähe des Boulevards und der Paläste, für
welche sie bestimmt sind. Sie bieten am wenigsten Eigenthümliches und sehen
Dem ähnlich, was man auch bei uns und in anderen russischen Städten
findet. Die meisten sieht man nahe bei einander auf der Straße Richelieu,
die man überhaupt als die vornehmste Odessa's betrachten kann. Es sind
deutsche und französische Galanteriewaarenhändler, schweizer Uhrenhändler,
Pariser Putzmacherinnen, englische Tuchverkäufer, ein englisches Magazin,
wie in Petersburg, Marseiller Weinläden. Ihre Eleganz läßt nichts zu
wünschen übrig und übertrifft in gewisser Hinsicht, besonders in Beziehung
auf die Aufstellung in schönen weiten Räumen, selbst Das, was wir in unseren vornehmsten Städten sehen. Man trete z. B. in den Weinladen des
Herrn Isnard, so wird man hier in ein paar großen Sälen in schönen eleganten Schränken in den geziertesten Flaschen alle Weine der Welt finden. Jedes
Land hat seine eigene Abtheilung. So steht über der einen mit goldenen Buchstaben: „Champagne", über der andern „Madeira" — „Bordeaux" — „La
Peninsule" u. s. w. Die Körke sind vergoldet und versilbert, die Cham-
pagnerflaschen gar in Silber= oder Goldpapier gewickelt, die elegantesten
Etiquetten zieren jede Flasche. Man glaubt in einer Apotheke zu sein. So
brillant werden bei uns die Weine nicht aufgestellt. Hier erfordert diesen
Pomp der herrschende Geschmack. — Oder man gehe in den Putzladen der
Demoiselle S...., so wird man in den reizendsten Zimmern Alles finden,
was nur Paris an Hauben, Spitzen, Bändern, Hüten und Tüchern den
Damen Zierliches bieten kann. Die Demoiselle S.... selber war früher
Erzieherin, legte sich dabei ein kleines Capital zurück, ging damit nach Paris,
kaufte sich dort mit großer Auswahl und Kennerschaft des Odessa'schen Geschmacks das Hübscheste ein und machte dann damit so vortreffliche Geschäfte,
anfangs im Kleinen, nachher im Großen, daß sie sich jetzt schon in ihrem
lieben Paris ein bedeutendes Grundstück gekauft hat, wohin sie sich, wie
man sagt, nächstens zum Bedauern aller Odessa'schen Damen als reiche
Besitzerin zurückziehen wird. Diese Leutchen machen alle gute Geschäfte
und lassen sich von den Russen und Griechen ihre Mühe theuer genug bezahlen, die freilich ihrerseits ihre Reichthümer wieder eben so leicht erwerben. —
Oder man lasse sich einen Rock anmessen bei dem englischen Schneider, dem
Herrn E... u. Comp., so wird man eine Auswahl der Tücher, eine Feinheit der Bedienung in französischer, englischer, deutscher oder jeder anderen

Sprache, welche man nun eben spricht, sogar eine Fülle fertiger Klei=
dungsstücke und eine Eleganz der Zimmer, Möbeln u. s. w. finden, daß
man gestehen muß, nichts Aehnliches in irgend einer unserer Handelsstädte
gesehen zu haben. — Oder endlich, man besuche das Möbelmagazin des Herrn
Coquelin, der die feinen Hölzer zu seinen hübschen Waaren aus Frankreich,
Südamerika, Trapezunt und Konstantinopel bezieht und der seine blanken
und blinkenden Sophas, Stühle, Tische, Bureaus in einem mit Spiegeln
und Kronleuchtern verzierten Saale aufgestellt hat, welcher nur an das in
Petersburg und Wien Gesehene erinnert, und man wird zugeben müssen,
daß, wenn Alles so solid als hübsch ist, flüchtige Fürsten und Könige ohne
Rock und Stiefeln nach Odessa kommen können, ohne fürchten zu müssen,
daß sie sich ihren Hofstaat hier nicht anständig genug einrichten können. Man
muß sich oft daran erinnern, daß der Handel ein Zauberer ist, um zu be=
greifen, wie alle diese hübschen Sachen die vielen krummen Wege um so viele
Vorgebirge und Halbinseln herum fanden zu dieser seit alten Zeiten stets so
barbarischen Steppenküste.

   2) Der griechische Bazar, so genannt, weil hier die Griechen
die Hauptkaufleute und byzantinische Artikel die Hauptwaaren sind. Uebri=
gens handeln hier auch Juden und Russen. Es ist eine breite Straße, die
schon etwas entfernter vom Centrum der Stadt ist als jener Hauptsitz der
Magazine. Die meisten dieser byzantinischen Waaren sind solche Sachen,
die zum Munde ein= oder ausgehen, nämlich Taback, Gewürze, Früchte und
andere Victualien. Auf der anderen Seite der Straße sind in dem Parterre
der Häuser Tabacksbuden, auf der anderen Gewürz= und andere Buden, und
vor diesen unter ausgespannten Zelten Früchte.

   Unter diesen Zelten kauft man im Frühlinge allerlei Gemüse aus Kon=
stantinopel, mit dessen Markte Odessa sich mittels des Dampfschiffes inner=
halb vier Tagen (zwei Tage hin, zwei Tage zurück) in Rapport setzt. Man
findet daher hier stets frische, delikate Gemüse und frühzeitiges Obst, welches
in zwei Tagen aus Gärten herüber kommt, deren Klima von dem der Odessa'=
schen wenigstens um 3 bis 4 Wochen differirt. Die Verkäufer dieser Früchte
sind fast blos „Pendo's." So werden hier nämlich die Griechen spottweise
genannt, von „pente" (fünf), weil sie im Gespräche häufig alle fünf Finger
der Hand ausstrecken. Man könnte das Wort mit „Fünffinger" übersetzen.
Eine Griechin heißt eine „Pendinska." Die Gewürzläden, wo die soge=
nannten „bakalenije towari" verkauft werden, sind auf dem griechischen
Bazar ebenfalls meistens mit smyrna'schen, archipelagischen und Konstantino=
politanischen Waaren versehen, Feigen, Rosinen, Korinthen, Färberwaaren,
Droguerieen aller Art, eingemachten Früchten und Confecten. Sie sind un=

gemein reich ausgeschmückt und alle Waaren mit einem Pomp und einer Fülle vor den Augen des Verkäufers ausgebreitet, die man in unseren Gewürzläden nicht kennt. In der Regel steckt aber auch schon der ganze Vorrath des Kaufmanns in der Verkaufsbude selbst, und das Keller= oder Bodenmagazin, wenn ein solches existirt, ist ärmer als bei uns. Es ist dieß übrigens in ganz Rußland allgemein verbreitete Sitte, und auf den großen Jahrmärkten des Innern sieht man in diesem Fache noch Großartigeres.

Ganz eigenthümlich für Odessa aber sind die Tabacksgewölbe auf der anderen Seite des griechischen Basars, die an etwas Aehnliches, die eleganten Theebuden Petersburgs, erinnern. Alle Tabacke, die hier verkauft werden, sind türkische, die Verkäufer „Pendo's“ aus Konstantinopel oder „Karaiten“ aus der Krim, und die ganze Einrichtung der Buden ist daher ebenfalls aus der Türkei herüber gekommen. Allein es hat sich dieselbe hier in den weiten Räumen Odessa's mit einer Gemächlichkeit und Eleganz entfaltet, wie wohl schwerlich irgendwo in den winkeligen, engen Gassen der Hauptstadt des Padischa. Es ist natürlich, daß die Lebensbedürfnisse, worauf ein Volk am meisten hält und die ihm am nothwendigsten sind, auch bei diesem Volke in dem besten und vollkommensten Zustande gefunden werden. So geht z. B. nichts über die unübertreffliche Leichtigkeit und Anmuth russischer Schlitten, gegen welche deutsche Schlitten als wahre geschmacklose Balkengerüste erscheinen; so trifft man nirgends Galanterie= und Modewaaren feiner und zierlicher als bei den Franzosen; so wird das Bier am besten bei uns Deutschen gebraut. Und so muß man in einen türkischen Tabacksladen gehen, um Alles, was auf Rauchen und Taback nahen oder entfernten Bezug hat, in dem allervollkommensten und in jeder Hinsicht unübertrefflichen Zustande zu sehen.

Die Sachen, welche in diesen Tabacksläden (tabatschnije lawki) verkauft werden, sind folgende: Taback, Cigarren, Pfeifenröhre, Pfeifenköpfe, Pfeifenspitzen, Feuersteine und Stahl, Tabacksbeutel und vielfacher anderer Pfeifenzubehör und Pfeifenschmuck. — Von den Tabacken giebt es die verschiedensten Sorten. Die beste heißt hier „Sultanski Taback“, Kaisertaback, wie wir sagen würden. Sie erscheint in länglichen, feinen, meist grünen Säckchen, in deren jedem eine Okka (etwa 3 Pfund) verpackt ist, und die mit goldenen arabischen Inschriften geziert sind. Die beste Sorte ist in cubischer Form in kleine ägyptische Säcke von Taffet gehüllt und ebenfalls mit allerlei goldenen Inschriften versehen. Der „Sultanski“ ist der feinste; der stärkste Taback aber heißt „Ssamson“, bei dessen Benamung die Türken vielleicht an die Stärke des Simson gedacht haben. In der That hat dieser Simson schon manchen nicht an ihn gewöhnten starken Raucher bezwungen.

Man giebt ihm diese Stärke durch eine sorgfältige Auswahl der Blätter und durch eine gewisse künstliche Zubereitung, von der mir ein Tabackshändler viel vorerzählte, ohne daß ich aber etwas davon verstand. Nach dem „Ssamson" kommt der „Persitschan" und dann der gewöhnlichste und am meisten gerauchte „Dübeck." Von diesem giebt es verschiedene Sorten, den „Korssiaka", „Wonissia", und den leichtesten von allen Tabacken, den „Boktscha." Diese letzteren Sorten sind alle in größeren und weniger eleganten Säcken eingepackt.

Jene besten Tabacksforten in den glänzenden Packetchen stehen alle der Reihe nach in hübschen Guirlanden an der Wand der Bude, die der Thür gegenüber ist, vor welcher der Zahltisch steht, und die überhaupt die Prachtwand des Cabinets ist. An den Seitenwänden liegen die größeren Tabackspackete, aber auch in größter Ordnung aufgetischt. An beiden Seitenwänden stehen alsdann ferner die großen türkischen Pfeifenröhre, lauter sogenannte Weichselröhre, alle nach ihrer Größe geordnet. Die größten, die 10 Rubel kosten und 10 Fuß lang sind, heißen hier „Antipki", von dem türkischen Worte „antip", sagte mir ein Grieche, welches blos so viel als „lang" bedeutet, das aber die Russen, indem sie noch ihr „ki" angehängt haben, zu einem Eigennamen dieser Röhre stempelten.

Höchst geschmackvoll geformt sind die türkischen Pfeifenköpfe mit Vergoldung und zuweilen auch einigen anderen sehr wohlgefällig unterlaufenden Farben. Ihre Form ist ohne Zweifel das Vollendetste, was sich bei einem Pfeifenkopfe erreichen läßt. Die Variationen auf eine gewisse ursprüngliche Form sind zahllos, und wenn man wählen soll, so hat man immer die Qual, da man schwer herausfindet, welcher am hübschesten am Pfeifenrohre stehen möchte, denn alle sind gleich reizend. Es ist zu bewundern, wie ein Volk, das in vieler Hinsicht so wenig Geschmack hat, in Bezug auf Pfeifenköpfe den feinsten und ausgebildetsten Gout von der Welt verräth. Alle diese niedlichen blinkenden Köpfchen sind theils auf den Bretern vor den Tabacksäcken in langen Reihen herumgelegt, theils auch hübsche große gläserne Becher damit gefüllt, die mit Symmetrie auf den Etagèren vertheilt werden. Eben solche Glas= und Krystallvasen — wahrscheinlich ein Odessa'scher und kein türkischer Luxus — sind mit Feuersteinen und Feuerschlägen angefüllt, die gerade wie in unseren Conditorbuden aufgestellt sind, so daß man Mühe hat, die Feuersteine nicht für Bonbons zu halten. Uebrigens fand ich diese in ganz Südrußland verbreiteten türkischen Feuerschläge ihrer Kleinheit wegen sehr unbequem, das einzige Unbequeme, was ich hier bemerken konnte. In gläsernen Kasten vor dem Zahltische liegen dann gewöhnlich noch viele der kostbarsten Bernsteinspitzen, wie man sie bei uns nicht sieht und wie sie nur in der Türkei zubereitet werden, und vieler brillante Pfeifenschmuck, den man leicht mit ein paar Blicken genießt, den man aber schwer mit vielen Worten beschreibt, so wie auch eine besondere Art kleiner Pfeifenköpfe „na wintach" (mit Schrauben). Diese können auseinander geschraubt werden, um in einer eigenen kleinen Kapsel des Gefäßes ein kleines mit Wasser angefeuchtetes Schwämmchen zur Kühlung des Rauches anzubringen. Als wenn dieß Alles noch nicht genug wäre und um den feinen Tabacksgeruch mit noch feineren Gerüchen zu würzen, haben sie auch eine Menge orientalischer Odeurfläschchen zwischen den Tabackspacketen vertheilt, die einzige Waare, die sie noch nebenher bei'm Taback verkaufen. Die Cigarren treten in diesen Läden als Nebensache zurück und sind in Schubladen und Auszügen versteckt. Der türkische Taback ist stets sehr sorgfältig, äußerst fein und gleichmäßig geschnitten. Gewöhnlich kommt er schon so geschnitten aus der Türkei. Doch befindet sich auch in jedem Laden zum Zerkleinen des ungeschnittenen Tabacks die türkische Schneidemaschine „Chawan", die ich, wenn es ohne Zeichnung anginge, näher beschreiben würde. Doch ist auch nicht viel damit verloren, da ich ja dieß Alles nicht für Tabackskrämer zu schreiben wünsche, sondern für Philosophen, die über den Charakter der verschiedenen Nationen zu denken lieben, und diese werden sich damit begnügen, daß mittels dieser Maschine der Taback so fein wie Härchen wird. „Das ist ein Maschinchen", sagte mir ein Karait, „damit wird der Taback „gut. In Rußland schneidet man ihn immer so grob wie Kohl." — Darnach wird unser deutscher Taback wohl nicht feiner sein als Häcksel. Denn die Russen schneiden ihn noch immer in viel zartere Streifchen als wir.

Außer dieser hübschen Aufstellung und Anordnung der eleganten Waare sind diese „tabatschnije Lawki" auch noch sonst sehr wohnlich eingerichtet und mit Spiegeln und Divans versehen. Denn es ist Sitte der Orientalen, nicht blos hier den Taback zu kaufen, sondern ihn auch zugleich zu rauchen. Man findet daher hier immer ein paar rauchende und schwatzende Griechen, Türken oder Armenier, die den Tabacksladen für ein halbes öffentliches Haus halten, wie das Kaffeehaus, wie die Badezimmer, wie die Barbierstube.

Die Tabacksbuden bilden den Uebergang vom griechischen Basar zu einem anderen großen Platze, auf dem sich

3) russische, tatarische, orientalische Manufacturwaaren, so wie auch deutsche zweiten Ranges befinden. Die Russen pflegen den Theil ihrer Kaufgewölbe, in dem man Baumwollenwaaren, Tücher, Kattune u. s. w. verkauft, „Krasnije rjädi" (rothe Budenreihen) zu nennen, und dieser Ausdruck ist auch hier gäng und gebe. Gewöhnlich sind die Krasnije rjädi in den anderen russischen Städten nur ein Theil des großen, Alles vereinigenden „Gostinnoi dwor" (Kaufhofes). Einen solchen

giebt es aber nicht in Odessa; allein schon Beweis genug, wie sehr hier alles ächt Russische zurücksteht.

An diesem Platze sind nun die Hauptnationen Russen, Griechen, Deutsche und Karaiten (tatarische Juden). Jede dieser Nationen hat sich von den übrigen getrennt, so daß sich die Deutschen in einer Reihe zusammen= halten, eben so die Russen, eben so die Karaiten u. s w. Auch hat jede ihre eigene Waare. Die Russen haben, wie überall, Moskau'sche und Wladimir'sche Fabrikate (in Odessa giebt es gar keine Fabriken), so wie eben= falls überall ihre freundlichen und ewig wiederholten Einladungen zum Kaufe: „schto bui iswoltje, schto bui kupaitje ss'?" (Was belieben Sie wohl, mein Herr? Was kaufen Sie etwa? Ich bitte, bei mir einzutreten! Sie finden bei mir Alles, was Sie wünschen). — Doch muß man diese Leute nicht hier erwähnen, wo sie sehr zurückgesetzt erscheinen, vielmehr nur in Moskau und Petersburg betrachten, wo sie in ihrem eigentlichen Elemente sind.

Die Deutschen, die Herren Stratz, Heinzelmann u. s. w., bringen hier ihre schlesische Leinwand und ihre auf der Leipziger Messe gekauften Tü= cher und andere dergleichen Waaren, die etwas geringeren Werthes sind als auf der Richelieustraße, zu Markte.

Die Karaiten dagegen haben nur tatarische und orientalische Producte. Rothe „Feß", die hier schon viel getragen werden, persische Seidenzeuge (Termalamah), die an Dauer, Feinheit und Geschmack alle bunte Seiden= gewebe dieser Art übertreffen, und dann besonders ein gewisses gemeines, dickes, gelbliches, für den äußerst billigen Preis recht gutes Baumwollenzeug, das man hier unter dem Namen „turetzkoi palatno" (türkische Leinwand) kauft. Es kommt dasselbe aus Konstantinopel und ist so billig, daß es dadurch eine wahre Wohlthat aller ärmeren Klassen Odessa's wird, die dasselbe tausendfach in ihrer Kleidung und ihrem Haushalte in Gebrauch genommen haben.

Die Griechen dieses Platzes sind alle blos „Afialtschiks" wie die Russen sie nennen, d. h. Verfertiger und Verkäufer baumwollener Bettdecken. Sie selbst nennen sich „Paplumattas." Sie sind hier ausschließlich im Besitze dieses Gewerbes. Wie sonderbar! Warum kann nun keine andere Nation mit ihnen hierin rivalisiren? Und doch ist es kein Zufall, der die Lebens= geschäfte so durch einander würfelt. Diese Leute kommen meist aus Zaregrad (Konstantinopel), doch findet man auch mehre aus Trapezunt, Sinope und anderen kleinasiatischen Städten. Sie haben ein großes breites Gerüst in ihren Buden errichtet, auf dem man sie den ganzen Tag sitzen sieht, Baum= wolle lockernd und Decken nähend und stopfend. Sie machen die seidenen und baumwollenen Decken gleich ganz fertig und hängen sie in großer Auswahl

zum Verkauf aus. Eigenthümlich, aber in der ganzen Türkei und in ganz
Kleinasien verbreitet, ist die Weise, wie sie die Baumwolle auflockern. Sie haben
dazu einen langen hölzernen Bogen, an dem eine dicke Darmsaite aufgespannt
ist. Mit einem hölzernen Instrumente reißen sie die Saite an und lassen sie in
einen vor ihnen liegenden Haufen von Baumwolle hineinspringen. Die Saite
ergreift Etwas davon und schnellt es durch die Lüfte, so daß es dann ganz
aufgelockert wieder zu Boden fällt. Mit einem dieser Deckennäher —
Panubo hieß er und war aus Trapezunt gebürtig — sprach ich von der
letzten Pest in Odessa. Er wollte nichts davon wissen und sagte, es sei gar
nicht die Pest gewesen, man habe den Lärm umsonst gemacht und für nichts
und wieder nichts Handel und Verkehr zerstört. Diese Meinung ist allgemein
bei den hiesigen Kleinasiaten und Orientalen, die wohl an ganz andere Pest=
scenen gewöhnt sind und sehr unzufrieden waren, daß man hier wegen einer
solchen Kleinigkeit so viel Aufhebens machte. Er sagte ironisch, es möchte
wohl die russische „Tschuma" gewesen sein, aber gewiß nicht die türkische
„Jemurtschak" und die griechische „Panukla." Alle diese Namen bedeuten
in den verschiedenen Sprachen die Pest.

Auf diesem Platze und auf dem vorigen, dem griechischen Basar, sitzen
auch die meisten Geldwechsler, welches Gewerbe hier ausschließlich in den
Händen der Juden ist. In allen russischen Städten, wo keine Juden sind,
sind Großrussen die Wechsler. Ueberall aber, wo sich Juden befinden, laufen
diese ihnen darin den Vorrang ab. Man muß sich bei'm Geldwechseln mit
diesen Leuten wohl in Acht nehmen, denn sie sollen bei'm Abwägen des Goldes
selbst den Wind so zu benutzen verstehen, daß er die Schale, die zu ihrem
Vortheile ist, hinabdrückt.

4) Nach den Buden der Manufacturwaaren folgen wieder in entfern=
teren Ringen der Stadt die Eisenbuden, sogenannte „tschornije
lawki" (schwarze Buden), die Holzbuden, Kohlenmaga=
zine, Brodhändler, der Tröbelmarkt und endlich der Vic=
tualienmarkt. Man pflegt diese ganze Gegend der Stadt mit dem Na=
men „staraja basar*)" (der alte Basar) zu bezeichnen. Es
mögen für den blos Schaulustigen diese Buden wenig Interesse haben. Faßt
man sie aber aus dem Gesichtspuncte der eigenthümlichen physikalischen und
geselligen Verhältnisse Odessa's und seiner Umgegend auf, so gewährt eine
jede Klasse von ihnen ein ganz eigenes Interesse, indem sie deutlicher als alles

---

*) Das Wort „Basar" ist in ganz Südrußland gebräuchlich für Markt. Selbst
jedes kleinrussische Dorf hat seinen „Basar." — Von hier geht dieses Wort bis
Java und Sumatra. Denn auch dort, wie in allen zwischenliegenden Ländern, heißt
Markt „Basar."

Andere lehren, unter welchen Bedingungen sich die menschliche Haushaltung hier entwickelt.

Was zunächst die Nationen betrifft, die auf diesen unter jenem Namen zusammengefaßten weitläufigen Märkten handeln, so sind es hier haupt= sächlich die Russen, Großrussen wie Kleinrussen, dann aber auch wieder mehre Pendo's und Juden oder, wie man sie hier nennt, „unsere Leit' aus Mohilew." — Es mischen sich hier gar nicht ein: die Karaiten, Italiener, die Armenier, und so gut wie gar nicht die Deutschen.

Fahren wir fort, aus dem Centrum der Stadt in immer mehr äußere Ringe hervorzutreten, so gut dieß bei der Unregelmäßigkeit des Einzelnen angeht, so kommen zunächst in langer Reihe die Eisenbuden, ausschließ= lich von Großrussen dirigirt, mit Ketten, Schrot, Nägeln, Aexten, Kes= seln und hunderterlei anderen Eisengeräthschaften, zum Theil aus Tula, auch mit ungeheueren Massen von Roheisen, bei deren Anblick man staunt, wenn man an ihre so entfernten Fundorte im Ural denkt. Allein in Rußland wer= den die schwersten Dinge mit einer Leichtigkeit und Billigkeit so schnell und weit transportirt, wie in keinem anderen Lande. Das Eisen Odessa's z. B. kommt auf verschiedenen kleinen Flüssen aus dem Ural in die Kama und Wolga, geht von ihr in einige Nebenflüsse des Don über und kommt dann zu Lande auf der großen Wintermesse von Charkoff an, auf welcher es die Odessaer Juden aufkaufen und zu Lande, meist ohne Benutzung des Dniepers, noch 100 Meilen weiter an's schwarze Meer spediren.

In der Umgegend der Eisenbuden befinden sich auch die Kohlen= und Holzmagazine. Sonderbarer Weise befassen sich mit diesen beiden Arti= keln fast durchweg Juden, vielleicht weil es meistens unbeholfene Moldauer sind, die diese Dinge herbeiführen und dabei über's Ohr gehauen werden können. Die Kohlenmagazine stehen alle in einer Reihe. Das Tschetwert kostete im Sommer 1838 sechs Rubel ($1\frac{1}{4}$ Thaler). Doch waren sie damals theuer, und sie kommen oft auf drei Rubel herab.

Daß die Holzmagazine in einer Stadt wie Odessa, die 30 Meilen in der Runde kaum ein Wäldchen hat, unter eigenthümlichen Verhältnissen stehen müssen, läßt sich von vorn herein erwarten. Man sieht hier nicht ein einziges ordentliches Stück Holz; alle Stämme sind nur etwas mehr oder weniger dick als Bohnenstangen, alle nach ihrer sorgfältig ausgemessenen Länge und Dicke sortirt und zusammengestellt und genau auf Heller und Pfennig taxirt. Eichenstückchen aus der Moldau zu 60 bis 80 Kopeken, Eschenstämme für Wagenachsen von 80 Kopeken bis zu einem Rubel. Dabei in Bretern, wie Bücher in einer Bibliothek aufgeschichtet, eine Menge kleiner Holzbündelchen, in deren jedem 10 kleine, gleichlange, fingerdicke Stäbchen zusammengebunden.

Jedes Stäbchen kostet einen Kopeken und das Bündel zehn. Man kann sich gerade eine Tasse Kaffee damit wärmen. Ich dachte an die dicken Eichenstämme, die der wohllöbliche Rath von Leipzig alle Jahre, einen jeden mit sechs Pferden bespannt und unter Führung von drei Raths-Marstallknechten, aus seinem schönen Eichenwalde herausschaffen läßt. Wenn die Leute einmal über Odessa fahren wollten, so könnten sie Aufsehen erregen und alle zusammenlaufende Nationen der Stadt zu sehen bekommen. — Freilich soll im ersten Frühlinge auch in Odessa zuweilen stärkeres Holz, als jene Bohnenstangen sind, erscheinen. Es sollen nämlich alsdann Flöße den Dniestr und Dniepr herunter kommen, und mehre es bei ruhigem Wetter wagen, über den Meerbusen von Odessa zur Stadt hinzurudern, doch viele oft jämmerlich von den Wellen zerschmissen werden.

Von den Holzraritäten-Sammlungen kann man gleich zum Mittelpunct des alten Basars gehen, wo sich die Garküchen „chartschewni lawki" und die Brodbuden für das „tschornoi narod" (das schwarze Volk) befinden, die sich sehr erklärlich hierher verlegt haben, wo sich immer am meisten geringes Volk umhertreibt. Die Garküchen sind alle in einem großen, ganz gesonderten Gebäude, mitten auf dem Platze vereinigt, und das Brod wird in einer doppelten Reihe kleiner, freundlicher Holzboutiquen ausgegeben. Auf dem freien Platze sind viele Tische hingesetzt, zu denen den Leuten die Speisen hinausgetragen werden, die sie mit Appetit verzehren, die aber manche vorübergehende Dame kaum ansehen mag. Indeß ist nur der äußere Anschein unappetitlich. Denn im Ganzen nährt sich die geringe Klasse hier ungleich viel besser als bei uns. Man kann annehmen, daß hier auf dem alten Basar geradezu die Allergeringsten speisen, und doch, so oft wir Abends diesen interessanten Mahlzeiten beiwohnten, sahen wir sie fast jedes Mal Fleisch oder gebratene Fische verzehren. Das ist denn auch bei der ungemeinen Billigkeit der Lebensmittel kein Wunder. Man kauft für einen Thaler ein ganzes Schaf, und gutes Rindfleisch kostet höchstens 12 bis 16 Kopeken (1 Silbergroschen) das Pfund. Kartoffeln, die bei uns das Hauptgericht sind, fehlen auf dem Küchenzettel des gemeinen Mannes fast ganz. Dafür ist freilich auch das Brod hier schlechter.

Rund um das banquettirende „tschornoi narod" herum bilden großrussische Theetische — denn mit dem Thee umzugehen, verstehen nun wieder nur die Großrussen — einen engen Kranz und schenken ihr den ganzen Tag hindurch begehrtes Getränk fleißig aus. Ich könnte noch viel von diesen Mahlzeiten erzählen, denn ich kam oft hierher, um das Volk zu studiren. Doch weiß ich nicht, ob nicht etwa einige in der Philosophie nicht sehr starke Gemüther den Gegenstand zu indelikat finden möchten.

Das Brod backen hier hauptsächlich zwei Nationen, die Deutschen und die Griechen. Jene backen das gute weiße Brod, welches hier allgemein den Namen „Franzoll" hat — wahrscheinlich von Franzbrod abgeleitet, diese aber die saueren und für einen feinen Gaumen ungenießbaren „Bulki", eine Art von Schwarzbrod. Die deutschen Franzollverkäufer halten sich alle in einer Reihe und die Griechen in der anderen. Die griechischen Bäcker hatten fast alle das Bild des jungen Königs Otto. Also weilt doch auch jetzt noch im Skythenlande der Grieche,

> „das Land der Väter mit der Seele suchend."

Auch noch sonst haben die Griechen hier allerlei Buden mit Waaren aus Konstantinopel für das geringere Volk mit eigenthümlich plattgedrückten Würsten, nicht dicker als Pappe, mit langen Kränzen in dünnen Striemen getrockneten Fleisches, mit Oel, Wachs, Honig u. s. w. „Brinse", der Schafkäse der Steppen, wird hier an allen Ecken der Straßen verkauft, gewöhnlich in junge Ziegenfelle verpackt. Der Dinge sind so viele, daß man kaum durchkommt, wenn man nicht auf allzugeduldige Leser rechnen mag.

Zur Seite ist der Tröbelmarkt, wo natürlich nun wieder „unsere Leute aus Mohilew" die Kaufleute sind. Es verhält sich mit diesen Antiquitäten, wie mit den Wechselgeschäften. In allen russischen Städten, wo keine Juden sind, machen die Großrussen die Tröbler. Wo aber Juden sich einnisteten, da haben diese ihnen den Tröbel entrungen. Die Tröbelmärkte spielen in ganz Rußland eine bedeutende Rolle und bieten einen Ueberfluß alter verlegener Waare, wie man ihn selten in andern Ländern trifft; aus zwei Gründen: erstlich, weil die meisten neuen Waaren schlecht sind und daher schnell den Glanz der Neuheit verlieren, und zweitens, weil in keinen Haushaltungen ein so großer und beständiger Wechsel stattfindet, und kein Geschmack so beständig variirt und so schnell das Alte fahren läßt als der der russischen Reichen.

Die Gebäude zur Seite des alten so wie des neuen Basars, deren Parterre zu Buden benutzt wird, sind oben gewöhnlich Kornmagazine, und beide Märkte sind daher zugleich der Hauptsitz des Aufkaufs von Korn, das hier die Bauern anfahren, und welches gewöhnlich durch die Hände der Juden in die der Kaufleute übergeht. Zweierlei war in diesen Magazinen merkwürdig, theils, daß man hier überall Juden als Arbeiter fand und sie noch dazu als sehr fleißig und tüchtig lobte, theils, was man von den Künsten erzählte, welche die jüdischen Commissionäre mit dem Weizen anstellten, um ihm ein gutes Ansehen zu geben. Man behauptete, daß sie die schlechteste, schon halb verdorbene Waare so wieder aufzuputzen wüßten, daß sie ganz das Gewicht, das Ansehen, den Glanz, die Rundung des tadellosen Weizens bekäme, und daß oft gar feine Kennerhände und Augen dazu gehörten, um die Fehler herauszufühlen.

In der That der ethnographische Geognost, ich meine, Der, welcher gern untersucht, wie die Völker sich über einander schichteten, und wie sie sich einander durchsetzten, und nach welchen Regeln sie sich in einander verwebten, findet hier in Odessa vollauf zu thun und zu genießen. Besonders groß sind diese Genüsse auf den nun weiterhin folgenden Plätzen, wo nur Genießbares zu verkaufen ist, ich meine, auf den Victualienmärkten, wo man die Bemerkung machen kann, daß fast jede Klasse von Victualien ihre eigene Nation hat, die sich mit ihr beschäftigt, ja daß oft jede eigenthümliche Abart einer solchen Klasse wieder einer eigenen Abart der Nation anheimfällt. So, um nur gleich von dem Letzteren ein Beispiel anzuführen, findet man bei'm Fleische sowohl Kleinrussen als Großrussen, jedoch bei'm Specke ausschließlich und allein Kleinrussen. Bei den Fischen findet man Griechen und Großrussen, jedoch bei den „Krasnije ruibi" (den Hausen, Stören, Sterlet u. s. w.) blos Großrussen, weil nur sie allein den Kaviar zu bereiten verstehen. Da demnach, wie wir schon häufig bemerkten, auf den russischen Märkten Alles so hübsch in größere und kleinere Partieen zerfällt, so läßt sich auch hier das Ganze sehr leicht übersehen. Wir können hier folgende in der Wirklichkeit sehr scharf geschiedene Abtheilungen machen:

1) Der Fleischmarkt.
2) Der Fischmarkt.
3) Der Obst = und Gemüsemarkt.
4) Der Eier = und Hühnermarkt.

Bei dem russischen Fleischverkaufe wollte ich Anfangs viel auszusetzen finden. Allein jetzt, nachdem ich mir noch einmal die Fleischbuden in der Kaiserstadt Wien näher angesehen habe, finde ich die Odessa'schen ganz vortrefflich, reinlich und appetitlich. In der That, wenn man sieht, daß eine kaiserliche Residenz solche Gräuel dulden und doch alle Tage so heiter, wie die Wiener es thun, zu Mittag speisen kann, so muß man die Kleinigkeiten, die man in Odessa tadeln könnte, lieber ganz verschweigen. Die Fleischer haben eine lange Reihe von Buden, die in einem Hause vereinigt sind. Vor den Buden steht ein Gerüst mit einer Menge von Haken, an welchen sie eine ganze Reihe verschiedener Braten zur Schau aushängen. Sehr sonderbar, wie eine Reihe kleiner Monstra, nehmen sich die Schafe mit Fettschwänzen hier aus, die mit abgezogenem Fell überall ihre dicken Fettklumpen präsentiren. Zuweilen findet man auch eine Sammlung separirter Schwänze auf den Tischen der Fleischer ausgelegt. Denn sie werden oft besonders verlangt, weil das Fett in ihnen süßer und angenehmer ist als das in den übrigen Theilen des Thieres, beſonders auch flüſſiger iſt und nicht ſo leicht erſtarrt, weshalb es denn auch immer etwas höher im Preiſe ſteht. Vor den Thüren ihrer Buden iſt gewöhnlich eine Scene aus dem Leben auf einem Gemälde dargeſtellt, entweder eine Dame mit einem Sonnenſchirme, welcher der Schlächter einen Ochſen, ein Schaf und ein Schwein vorführt, ſeinen Hut abnehmend und ſeine ganz ergebenſte „potſchteni" (Empfehlung) machend, oder ein Herr, dem der Fleiſcher die mit Fleiſch bepackte Wage präſentirt, indem er gegen des Käufers Vermuthung, es möchte wohl nicht richtig gewogen ſein, mit Hand und Fuß proteſtirt. Es iſt nämlich hier, wie in ganz Rußland, nichts Seltenes, daß wohlhabende Damen die Einkäufe ſelbſt beſorgen, weshalb auch der Markt beſtändig mit allerlei Equipagen beſetzt iſt. Beſonders ſcheinen die Griechen viel Vergnügen an dieſem Kleinhandel für die Küche zu finden. Ich ſah oft griechiſche Fürſten mit den Verkäufern auf's Genaueſte um die Waaren handeln, wie bei uns die Dienſtmädchen, weggehen und wieder kommen, und endlich mit einer Gans unter dem Arme, mit ein paar Fiſchen in der Hand und mit einem Bunde Zwiebeln über den Rücken zu ihrer Equipage laufen. Das Bild mit der Wagſchale hat dem Fleiſcher gewiß ſein böſes Gewiſſen eingegeben, denn mit dieſem ſteht's bei allen nicht ſonderlich. Sie machen, wo ſie nur können, gern ein kleines Profitchen. „Seien Sie ſo gut „und bleiben Sie hier einen Augenblick bei dem abgewogenen Fleiſche ſtehen," bat mich ein deutſcher Coloniſt, der eben 2 Pud Fleiſch eingekauft hatte. „Ich will nur meinen Sack vom Wagen herunter holen und traue dem Ruſ= „ſen nicht." Als ihm die Leute das Fleiſch einpackten, blieb ein großer Braten, der etwas auf die Seite zu dem übrigen, noch nicht verkauften Fleiſche gefallen war, liegen. Ich behauptete, dieſer gehöre dem Coloniſten auch noch. Sie verſicherten hoch und theuer, dieſes Stück gehöre nicht dazu, ließen es zum nochmaligen Abwägen kommen und waren dann wieder eben ſo bereit in Entſchuldigungen, wie ſie ſich ſo hätten verſehen können. Der Coloniſt zahlte für das Pud gutes Ochſenfleiſch (40 Pfd.) 2 Rubel 40 Kopeken (1 Fl. Rheiniſch), d. h. alſo ungefähr 1½ Kreuzer das Pfund!

Die Naturforſcher lehren, daß man gewiſſe Inſecten nur immer bei gewiſſen Blumen und Sträuchern finde. Aehnliche Bemerkungen bringen ſich hier dem Ethnographen auf. So findet er bei'm Speck, der hier als ein vom Fleiſche ganz geſonderter Artikel behandelt wird, gewiß keine andere Nation als die Kleinruſſen, die das ſüße Fett der Schweine mehr lieben, als die Bären den Honig. Der Speck kommt hier meiſtens aus der Ukraine und Podollen. Denn die Steppe ſelbſt ernährt aus begreiflichen Gründen nur wenig Schweine. In ganz Südrußland wird der Speck nicht geräuchert, wie bei uns, ſondern blos geſalzen und mit Knoblauch eingerieben, auch wohl mit

Kümmel bestreut, und alle kleinen und großen Speckstücke, die man aus einem Schweine herausschneiden kann, in Ochsenmagen verpackt, die dann mit Bindfaden zugenäht und so für den Winter aufbewahrt oder verschickt werden. Diese mit für einen kleinrussischen Gaumen so angenehmen Raritäten gefüllten Magen liegen nun theils ganz, theils angeschnitten auf dem Tische des Speckverkäufers und außerdem noch eine Menge kleiner und großer Speckstückchen, zu einem halben oder ganzen Pfunde oder zu mehren Pfunden, wie man sie zu einem Imbiß, oder zum Frühstücke, oder für die ganze Familie braucht. Hier muß man nun, um zu begreifen, in welchem Grade speckliebend diese Nation ist, hören, wie theils der Verkäufer seine Waare lobt, theils die Käufer sie kritisiren: „He, he, Mütterchen, kauft, kauft, bei mir!" ruft der langbärtige Speckmann, „meine Wage ist richtig und mein Speck „ist süß." — „Er ist ein Bißchen gelblich, Dein Speck." — „Was gelblich! „Er ist ja so weiß wie Schnee, Mütterchen und so süß wie Mandelkern. „Da koste einmal." Er schneidet ein papierdünnes Streifchen ab, und die Alte läßt es sich in den Mund stecken. „Nicht wahr, das schmeckt?" — „Es „ist aber nicht Knoblauch genug daran." — Sie befühlt ein anderes Stück. „Willst Du lieber dieses? O das ist das feinste von allen! Du kannst Dir „den schönsten Borscht davon kochen, oder Du kannst es auch auf Brod „essen." — Er schneidet wieder ein Stückchen ab, legt es auf Brod und speist es selbst mit der Miene des größten Wohlbehagens. — Dieß macht der Alten noch mehr Appetit. „Nun, gieb mir ein Pfund." — „Ein „Pfund willst Du nach Hause bringen? Nun, dann mußt Du schon zwei „nehmen. Denn Du wirst doch nicht lassen können, eins davon unterwegs „aus Deinem Korbe zu naschen. So, da hast Du. Verspeise es mit Wohl„gefallen. Trinke hinterher einen Schnaps, und ich gebe dir mein Wort, Du „hast besser gefrühstückt als eine Generalscha (Generalin). — Hier hast „Du auch noch eine kleine Pribawka (Zuthat) und komm' wieder zu mir, „wenn Du wieder Etwas brauchst."

Obgleich es größere Fischmärkte in Rußland giebt, als der von Odessa ist, so sind doch auch hier die Fische außerordentlich billig. Auch giebt es mehre kostbare Arten, die diesem Markte eigenthümlich sind. Zu den letzteren gehören insbesondere der „Kephal" (Kopf) und der „Petuch" (Hahn). Letzterer wird so genannt seiner schönen buntfarbigen ungemein großen Flossen wegen, die er wie Pfauenschweife ausbreitet. Der häufigste Fisch ist die „Skum-bria" (eine Makrele), die hier in großen Zügen, wie der Häring, jährlich in dem Meerbusen von Odessa aus- und einwandert, und gesalzen in großen Quantitäten durch ganz Südrußland bis tief in Polen hinein verschickt wird. Nach den Skumbrias sind die am häufigsten erscheinenden Meerfische die

„Kambuli" (Steinbutten), die bei uns nur die Reichen essen, die hier aber auf Jedermanns Tische erscheinen, alsdann die „Bitschki" (Meergründel), von denen das schwarze Meer eine große Menge verschiedener Arten ernährt. Auch Haifische werden mitunter verkauft, welche die Italiener und Griechen essen. Der „Ssudak" (Sander), ein zarter Fisch, ist so häufig, daß ich 10 Stück von mittlerer Größe zu einem Rubel (8 Silbergroschen) verkaufen sah, alsdann der Meerkarpfen, der Wels, der Hausen, alle zu Spottpreisen. Die sogenannten „Krasni ruibi" (die verschiedenen Störarten), die Hausen, Sewrugen, Sterlette, kommen hier fast alle aus der Mündung des Dniestrs. Ich sah einen Hausen von 18 Fuß Länge zu Markte bringen. Er hatte so viel Fleisch wie 2 Ochsen und gab 80 Pfd. Kaviar, d. h. nach einer mäßigen Berechnung ungefähr 100,000,000 Eier und 2 Pfd. Hausenblase. Es war interessant zu sehen, wie schnell und gewandt die Russen mit der Tranchirung und Zubereitung dieser großen Masse umzugehen wußten. Der Fisch wurde noch halblebendig zu Markte gebracht, schnell geschlachtet und zerlegt. Einige bemächtigten sich des Laichs, sonderten ihn mit hölzernen Messern von den Häuten, wuschen und salzten ihn, packten ihn in 4 große Schüsseln und boten auf der Stelle den Vorübergehenden den allerfrischesten Kaviar von Odessa zu einem hohen Preise an. (Nach einigen Tagen schon verliert der Kaviar an Frische und fällt fast um die Hälfte des Preises.) Ein Anderer nahm die Blase heraus, deren innere Haut den schönen beliebten Leim giebt, putzte aus der äußeren Haut, welche gegessen wird, sorgfältig alle werthvollen Reste der inneren ab und bereitete den Leim zum Trockenen. Während dessen hatten Andere in kurzer Zeit den ganzen Fisch in kleine Stücke zerlegt, Kopf und Schwanz an arme Leute verschenkt und das Uebrige gesalzen und in Tonnen verpackt. Auf diese Dinge verstehen sich die Großrussen. Auch wird aus dem Dniestr eine sehr große Art von Krebsen — fast so groß wie kleine Hummer — in bedeutenden Quantitäten herangebracht. Man sieht an Markttagen ganze Reihen von Wagen mit diesen Dniestr-Krebsen vollgepackt. Für ein paar Kopeken schleppen die Leute ganze Körbe voll weg. Auch Tintenfische, von denen die Griechen große Liebhaber sind, werden in Odessa feilgeboten, doch meistens nur getrocknet unter den Waaren aus Konstantinopel. Das schwarze Meer liefert keine. Um den Fischfang des schwarzen Meeres zu heben, hat man auch Fischer aus Malta kommen lassen. Diese Leute machen sich aber hier in dem ihnen so fremden Elemente ziemlich unbeholfen. Sie kennen nicht die Gesetze, nach denen die Fische des schwarzen Meeres leben, kommen und davon gehen, und lernen auch sehr schwer die russische Sprache. Sie gedeihen hier nicht besser, als die Kephals und Petuchs gedeihen würden, wenn man sie aus dem schwarzen in's tyrrhenische

Meer versetzen wollte. Die meisten sind daher auch schon wieder nach Malta zurückgekehrt. Man hat bei ihrer Verschreibung wohl nicht recht bedacht, daß Einer bei Malta ein ganz vortrefflicher Fischer sein kann, ohne darum es auch bei Odessa sein zu müssen.

Der Geflügel = und Eiermarkt ist in Odessa ungefähr eben so eingerichtet, wie in allen anderen russischen Städten, ein großer abgeschlossener Hof mit einer Menge von Buden, die voll Hühner, Enten und Gänse sind. Da ist ein Geschnatter und Gekakel ohne Ende, und nun dazwischen die schnattern= den Judenweiber, die hier Eier und Hühner im Großen aufkaufen, um sie weiter in der Stadt wieder im Kleinen zu verschleißen. Sie plagen mit Dingen, Handeln, Schreien den armen russischen Eierverkäufer oft bis zur Verzweiflung. „Packt Euch zum T...! Ihr seid schlimmer als er", hörte ich einmal im Uebermaße der Verzweiflung einen Russen zwischen einen Haufen Judenweiber hineinschreien, die ihn an den Armen und an den Rockschößen zupften und zu einem niedrigen Preise zwingen wollten. „Ich verkaufe „Euch die Eier nicht anders als 3 Rubel das Stück. Man hat längst 20 „Russen und Deutsche abgefertigt, ehe man mit einer von Euch zum Schluß „gekommen ist."

Der Obst = und Gemüsemarkt, in dessen Nähe sich der Eiermarkt be= findet, zeigt wieder andere Völker, besonders deutsche Kolonisten, die hier auf großen vierspännigen Wagen mit den Producten ihrer Gärten erscheinen, und im Herbste Bulgaren, die hier ungeheuere Massen von Arbusen, Gurken, Melonen, Pommadors (Pommes d'amour) und anderen Früchten ihrer Baschtans (Melonengärten) zu Markte bringen, besonders Zwiebeln, von denen die Russen so große Freunde sind und in die sie ganz auf dieselbe Weise ein= beißen, wie wir in die Aepfel. Dieser Artikel wird hier so viel verzehrt — gehackte Zwiebeln, in Fett gebraten, sind ein russisches Gericht, das sie mit Löffeln speisen, — daß es ordentliche Großhändler blos in Zwiebeln giebt, und in der Nähe des Gemüsemarktes sieht man eine lange Reihe von Magazinen, wo ganze Räume mit Zwiebeln angefüllt sind, wie die Kornmagazine mit Weizen.

Mit dem Vögel = und Gemüsemarkte ist man an den Gränzen der Stadt angelangt, und hier breiten sich dann weite Räume aus, auf denen noch gröbere und gemeinere Waaren verkauft werden, die sich in die Stadt nicht gut en gros einführen ließen. Diese Räume werden

5) der „Priwosdni Basar" (der Anfahr = Basar) genannt, wie= derum eine Schaubühne für andere Nationalitäten, insbesondere, außer den Kleinrussen, für die Moldauer und Zigeuner.

Die Hauptwaaren, die hier auf diesem „Anfahr=Markte" in ungeheue=

ren Quantitäten erscheinen, sind die verschiedenen Brennstoffe, deren sich die
Stadt Odessa bedient. Es hat aus sehr begreiflichen Gründen dieser Ort ein
so componirtes Brennmaterial, wie vielleicht keine zweite bedeutende Stadt
der Welt. Man kann sagen, daß hier fast Alles gebrannt wird, was nur in
Flammen aufgehen will und dabei natürlich nicht zu theuer ist. Die vor-
nehmsten Stoffe sind: Holz aus Polen und Beßarabien, Steinkohlen aus
England, Holzkohlen aus der Gegend von Kischenew, Schilf aus dem Dniepr
und Dniestr, Stroh aus den Dörfern, Burian (strunkiges Unkraut) aus den
Steppen, getrockneter Mist und verdorrte Weinrebenzweige aus den deutschen
Kolonieen. Jedes dieser verschiedenen Brennmateriale hat seinen verschiedenen
Werth, und das eine wird bei dieser, das andere bei jener Gelegenheit angewandt, das Stroh in allen Backöfen, Kohlen und Holz in den Küchen der
Reichen, das Schilf und der Mist bei den Armen u. s. w. Dabei hat sich
eine große Kennerschaft der von jedem dieser Materiale zu erwartenden Nach-
haltigkeit der Gluth unter dem Publikum ausgebildet, und man geht darin
so weit, daß man selbst die verschiedenen Arten der Unkräuter tarirt und
classificirt, und z. B. sehr wohl weiß, daß die salpetrige Schafgarbe weit besser hitzt als die Strünke des wilden Klee's, und daß Stroh weit mehr Nach-
gluth in der Asche birgt als Schilf u. s. w.

Vom Holze und den Steinkohlen sprachen wir schon oben, und ich füge
nur noch hinzu, daß man hier einen Wagen voll genießbarer Krebse um denselben und zuweilen um einen geringeren Preis kaufen kann als eine Ladung
guten Brennholzes.

Die moldauischen Holzkohlenwagen, die alle ausschließlich blos aus den
bedeutenden Wäldern in der Umgegend von Kischenew kommen, fallen auf
diesem Markte durch ihre eigenthümliche Form besonders auf. Die Leute
haben nämlich, um mehr von den leichten Kohlen laden zu können, ein gewaltig hohes Flechtwerk auf ihre kleinen Wagen gesetzt, das außerordentlich
ungeschickt aussieht und bis oben hin mit Kohlen gefüllt wird. Jeder Wagen
sieht wie ein auf Räder gesetzter Thurm aus, und wenn sie so alle in langen
Reihen und Quarrés zusammengefahren stehen, so glaubt man eine feste Wa-
genburg zu sehen. Das künstliche Flechtwerk wird gewöhnlich auch mit sammt
den Kohlen in Odessa verkauft, wo sich zu jedem Holzsplitterchen Liebhaber finden.

Noch viel zahlreicher sind hier aber die Stroh-, Heu- und Schilfwagen,
an Markttagen in so ungeheurer Menge, daß man sich wirklich in den
Straßen und Reihen, die sie bilden, verirren kann. Es ist dieß natürlich.
Denn als Brennmaterial ist das Stroh und Schilf sehr voluminös, und ein
paar hundert Fuder flackern leicht am Tage im Feuer auf, um der Stadt
nur ihren Kaffee zu kochen. Eben so ist das Heu als Viehfutter theils

sehr billig, weßhalb man nicht sparsam damit umgeht, theils nicht sehr nahr=
haft, weßhalb das Vieh viel frißt, theils aber auch beßwegen so sehr begehrt,
weil Odessa sehr viel Vieh ernährt. Alle russischen Städte haben weit mehr
Lebendiges in ihren Mauern als die unsrigen, aber Odessa verhältnißmäßig
mehr als alle anderen, theils weil die Thiere billiger als irgendwo sind und
Jedermann sich leicht Pferde, Ochsen und Kühe halten kann, theils weil die
Stadt so viel Fleisch verspeist, wie keine andere russische, theils weil auch
ihre Talgsiedereien schon viele Ochsen und Schafe in ihre Nähe bringen, end=
lich, weil die Eigenthümlichkeit ihres Handels ungemein viel Zugthiere er=
fordert, indem sowohl die allermeisten Waaren hier per Axe ankommen und
alle zu Lande abgehen, als auch in der Stadt selbst wegen der Abgelegenheit
des Quarantäne=Hafens außerordentlich viel gefahren werden muß *). Man
sieht daher auch in keiner Stadt solche Heu=Quantitäten aufgestapelt. Die
ganze Stadt ist eigentlich von einem Wall von Heu umgeben. Die Heu=
händler bauen nämlich keine Häuser für die Aufbewahrung dieses Artikels,
sondern sie häufen ihn, nachdem sie ihn auf dem Markte aufgekauft haben,
zu haushohen Dämmen oder Mauern an. Einige machen auch ein Quarré
daraus, wohnen in der Mitte dieses Quarrés, setzen vorn eine Thür ein
und haben vor der Thür eine Wagschale aufgehängt, auf der sie ihr Heu
verwägen. Diese Art von Heumagazinen zieht sich um die ganze Stadt
herum.

Der getrocknete und in gewisse Formen gebrachte Mist heißt in Odessa
„Kirpitsch“, und so auch in der ganzen Steppe. Eigentlich bedeutet Kirpitsch
einen Ziegelstein. Man hat den Namen auf jenes Brennmaterial wohl wegen
der Aehnlichkeit der Bearbeitung und Formung übertragen. Wer nicht gern
von einer solchen Sache liest, muß das Folgende überschlagen. Doch können
dem Ethnographen und Nationalökonomen einige Notizen darüber vielleicht
nicht unwillkommen sein, da so viele Menschen sich von dieser Arbeit nähren
und deren Product eine so bedeutende Rolle im ganzen Süden Rußlands in
allen Haushaltungen spielt. Da der Holzmangel sich schon in der Ukraine
und im Kiew'schen fühlbar macht, so beginnt auch hier schon die Benutzung
des Mistes als Surrogat des Brennholzes, und man sieht daher im Som=
mer in allen Dörfern die Zäune und Mauern der Häuser mit Mistkuchen be=
legt, welche die Leute an der Sonne trocknen lassen. Doch bereitet man ihn
hier nur in kleinen Massen, und in den Städten sieht man den Kirpitsch
kaum. In den Steppen aber gehört die Bereitung des Kirpitsch zu den regel=
mäßigen Arbeiten des Landbewohners. Der Mist wird zu diesem Zwecke eben

*) Wie viele Seehandelsplätze laden nicht unmittelbar aus den Magazinen
in die Schiffe.

ſo ſorgfältig geſammelt, wie bei uns zum Düngen. Die Leute häufen ihn
im Herbſte in großen Maſſen auf ihren Höfen zuſammen, laſſen ihn dort
den Winter über liegen, arbeiten ihn im Frühlinge mit ihren Pferden mehre
Male durch, ſchneiden ihn in Formen, wie bei uns den Torf, und laſſen ihn
im Sommer trocknen. Man ſieht ſelbſt in der Steppe die Hirten ſorgfältig
allen Miſt aufheben, den ſie auf einen Haufen ſammeln und, wenn der Vorrath bedeutend genug iſt, auf einem Wagen nach Hauſe führen. In Odeſſa
beſchäftigt ſich eine Menge armer Leute mit dieſer Arbeit, beſonders auf
dem Baſar, von dem wir jetzt reden. Sie haben ſich hier kleine Erdhütten,
zum Theil auch aus Kirpitſch gebaut, ſammeln ſorgfältig, indem ſie ihre
Frauen und Kinder auf die Straßen ſchicken, das Material, laſſen es über-
wintern, kneten es im Frühlinge und bringen es dann in allerlei, zum Theil
ſehr wohlgefällige und elegante Formen. Die meiſten ſind wie Galetti (Schiffs-
zwieback) geformt mit einer Menge kleiner Löcher.   Um den Kirpitſch recht
gut und wirkſam zu machen, iſt es vor allen Dingen nöthig, ihn tüchtig
durchzukneten, und es zeigt ſich auch bei dieſem Geſchäfte, wie ſehr die
menſchliche Hand bei allen Handarbeiten den Vorzug vor allen Maſchinen und
anderen Inſtrumenten habe. Denn die Leute verſichern, daß die mit der
Hand gekneteten Kirpitſch weit beſſer ſeien als die blos von Pferden getre-
tenen.   Die fertigen Kuchen legen ſie zu kleinen Pyramiden von durchbro-
chener Arbeit über einander, damit Wind und Sonne zum Trocknen leichter
durchwirken können. Der neue Baſar in Odeſſa iſt immer mit einer Menge
ſolcher kleiner Pyramiden bedeckt, welche die Leute zum Verkauf ausſtellten.
Es iſt zu verwundern, obgleich für die armen Leute gut, daß noch kein in-
duſtriöſer Kopf darauf gefallen iſt, die Sache in's Große zu betreiben. Es
müßte Bedeutendes dabei zu verdienen ſein. Der Miſt, der ſonſt weiter nicht
benutzt wird und den die Kirpitſch-Fabrikanten aus den Stallungen für ein
Trinkgeld an den Kutſcher bekommen, iſt faſt umſonſt zu haben, und ein
Fuder Kirpitſch, welches zwei Pferde wegziehen können, koſtet immer ſeine 6
bis 8 Rubel.

Endlich hauſen nun auch noch auf dieſem Priwosdni-Baſar, wie geſagt, die Zigeuner. Da ſie alle ohne Ausnahme Schmiede ſind, ſo haben ſie
ihre Zeltreihe eben hierher verlegt, wo die meiſten Pferde und Wagen zu-
ſammenkommen. Es ſind lauter krim'ſche oder tatariſche Zigeuner, keine
moldauiſchen, die man übrigens ſonſt doch auch in Odeſſa ſieht. Ihre Sprache
iſt die tatariſche, ihre Religion, ſo viel man überhaupt von einer Religion
bei ihnen ſprechen kann, die mahommedaniſche. Sie kleiden ſich ebenfalls
mehr oder weniger tatariſch. Die Weiber und Mädchen haben einen rothen, mit
Goldmünzen beſetzten Feß auf dem Kopfe, ihr Haar iſt in 20 Zöpfe geflochten,

wie das der Tatarinnen, und sie rauchen den ganzen Tag wie die Männer. Ich sah eine Zigeunerin, die so wenig das Rauchen lassen konnte, daß selbst, wenn sie Wasser holen ging, sie ihre Pfeife nicht aus dem Munde legte. Sie wohnen in den erbärmlichsten Zelten von der Welt, gegen die jede lappische „Gamme" oder jedes kalmückisches Filzzelt noch als Palast erscheinen würde. Es ist wirklich der merkwürdigste Anblick von Faulheit und Indolenz, den man haben kann, bei schlechtem Wetter diese Leute in ihren Zelten kauern zu sehen, die ihnen nicht mehr Schutz gewähren als ein Mantelflicken einem Reiter. Ich habe sie zuweilen aus der Krim ankommen und sich hier auf dem Odessa'schen Basar etabliren gesehen. Zwei oder drei fixe Kerls, die in ein paar Tagen ein Haus aufbauen könnten, hämmern und binden ein Zelt zusammen, das ihnen oft unter den Händen noch wieder auseinander fällt. Sie greifen 5 schiefe und krumme Stangen auf, stellen 4 davon kreuzweise an einander und legen die fünfte als Dachbalken darüber. Mit Schilf oder Gras binden sie die Enden an einander und werfen dann eine Leinwand darüber, deren erbärmlicher Zustand vermuthen läßt, daß sie von irgend einem gescheiterten Schiffswracke gestohlen sei. Unter diesem Wetterschirm, der sich gewöhnlich auf der einen Seite an ihren Wagen lehnt, kriechen sie dann unter. Der Vater ist alle Mal Schmied, die Mutter tritt bei der Arbeit rauchend den Blasebalg, die Kinder werden in die Stadt geschickt zum Betteln. Die älteren Töchter müssen kochen und dem Vater, der bei'm Schmieden mit den Beinen in einer Grube steckt, das Handwerkszeug herlangen und sonst zur Hand gehen. Weil sie nämlich keinen hohen Ambos errichten können, an dem sie stehend schmieden könnten, so haben sie die Erfindung gemacht, sich bei'm Ambos eine Grube zu graben, in welche sie die Füße stecken und aus der sie dann so halb sitzend aus der Grube herausschmieden. Sie sollen übrigens manche Kunststücke ihres Handwerks verstehen, so namentlich alles Scharfe und Schneidende sehr geschickt verbessern und bessere Schärfen hervorbringen als andere Schmiede, weßhalb man auch immer eine Menge Sensen, Beile u. s. w. bei ihnen zur Reparatur liegen sieht. So gleichgültig sie gegen alle ihnen von der Witterung angethane Unbill zu sein scheinen, so wenig sind sie es gegen die Genüsse des Lebens, besonders gegen die Gaumengenüsse. Sie sind im höchsten Grade lecker= und naschhaft, freilich meistens nur in Dingen, die nur sie allein als eine Näscherei ansehen. Die Gekröse von einigen Thieren essen sie viel hundert Mal lieber als die von anderen, und ihre delikateste Speise sind Schweinigel. Da diese Thiere hier nicht sehr häufig sind, so zahlen sie oft den Erwerb einer ganzen Tagesarbeit für ein paar Igel. Um den Igeln die Stacheln bequem nehmen zu können, schneiden sie ihnen am Vorderfuße die Haut ein wenig auf und blasen dann durch dieses

Löchelchen das ganze Thier wie eine Tonne auf, — nebenbei gesagt ein mir neues und unerklärliches Experiment — halten das Loch mit dem Finger zu, schaben dann die Stacheln ab und verzehren den gebratenen Igel, wie ein Gourmand bei uns einen Fasan. Ich sah einmal einem Zigeuner zu, wie er fünf Igel so präparirte. Ich fragte, ob denn das gut schmecke. „Ach, Herr," sagte er, „das ist der leckerste Bissen auf der ganzen Welt. Es ist das süßeste „Fleisch. Es kostet mich aber auch viel. Ich habe für das Stück einen „Rubel bezahlt." — Ich weiß in diesem Augenblicke nicht, ob unsere und die spanischen und englischen Zigeuner in Bezug auf Igel denselben Geschmack und dieselbe Kochkunst haben. Sollte dieß aber sein, so wäre es doch höchst merkwürdig, daß die Sitten und Neigungen sich bei diesem Volke von der Krim bis nach Schottland so gleich blieben! — Einmal kam eine ganze wilde Truppe schwarzer nackter Zigeunerbuben und Zigeunermädchen bettelnd auf mich zugestürzt. „Dai pan! Dai pan!" („Gieb, Herr! Gieb!") Es war die= selbe Geschwisterschaft, der ich schon den Tag zuvor eine Kleinigkeit gegeben hatte. „Ich habe euch ja schon gestern gegeben!" — „Nein, Herr, nein! „Nein!" — „Nun ich will euch noch ein Stück geben. Das könnt ihr „unter euch theilen." — „Dai pan! Dai pan!" — „Wer ist der Aelteste „unter euch?" — „Der, der!" — „Traut ihr ihm?" — „Wärim, wärim" (Wir trauen, wir trauen!) — Als ich ihnen gegeben hatte, liefen sie gleich zum nächsten Russen, ohne sich weiter um mich zu bekümmern, und kauften sich süße Pflaumen und Bonbons, nackt, wie sie waren, das Rabenvolk! Dann ging der Trödel schreiend und sich streitend die Straße weiter. Ein Fuhrmann, dem sie unter die Füße liefen, klatschte mit der Peitsche da= zwischen. Alles schrie und spie auf ihn, und so ging es mit fliegenden Haaren die ganze Straße hinunter. Das älteste Mädchen trug noch ein ganz kleines Kind auf dem Arme. Ueberall, wo der Haufe mit anderen in Streit gerieth, legte sie gleich das Kind mitten auf die Straße in den Staub hin und stritt und zankte sich mit. Ich sah nie so wildes und flüchtiges Gesindel! Die ta= tarischen Zigeuner sind alle von dieser Art. Die moldauischen stehen schon viel höher und sehen auch mit großer Verachtung auf ihre krim'schen Brüder herab. Uebrigens findet man oft sehr schöne Gestalten unter ihnen, Augen wie Kohlen, Haar wie Rabengefieder und besonders sehr edel geformten Wuchs, wie bronzene Statuen.

Man sieht aus diesem Allen, daß der Priwosdni=Basar Odessa's nicht mannichfachen Interesses entbehrt. Besonders gern spazierte ich auf ihm des Abends umher, kurz vor einem folgenden Markttage. Weil die Leute fast alle sehr weit aus der Steppe zur Stadt herein haben, 4, 8 bis 15 Meilen weit, ja manche, die Holz= und Kohlenfuhrleute, 20 bis 30 Meilen weit, so kommen sie schon immer den Tag vorher und campiren die Nacht auf dem Markte. Dann sieht man überall zwischen den Kohlenwagen und Stroh=fudern die Feuer auflodern, um welche sich die Moldawaner und Kleinrussen versammeln, ihre Mamaliga (Polenta) mit Brinse (Schafkäse) zu verzehren. Eben so brennen in den Zelten der Zigeuner Feuer, an denen sie ihre Igel braten. Es gewährt dann, wenn die Leute so ruhig sind und zum Con=versiren Zeit haben, ein besonderes Interesse, von Gruppe zu Gruppe um=herzugehen und mit ihnen von ihren Verhältnissen zu schwatzen, zumal da ihr liebes wiederkäuendes Zugvieh dann auch zahlreich umher liegt und das Bild des Friedens vollendet.

Da wir nun einmal bei'm Abend sind und bei'm Frieden, so können wir auch noch gleich einen Spaziergang auf den Odessa'schen F r i e d h o f machen, der ganz nahe an den Priwosdni=Basar gränzt, zumal da er mit wenigen Bemerkungen abzufertigen ist. Die Hauptbemerkung, die sich einem Deut=schen hier vor allen Dingen aufdrängt, ist die, daß Gott Einen bewahren möchte, auf diesem unheimlichen Kirchhofe seinen endlichen Frieden suchen zu müssen. Er ist ein so wüstes und trauriges Steppenfeld, wie nur irgend sonst andere russische Grabstätten, die alle nicht sehr erbaulich sind. Ver=fallene Monumente von dem verhaßten Kalksteine, die noch schneller sich in hideuse Trümmer lösen als der Leichnam in der Erde, und selbst die mar=mornen Monumente, die man etwa bei einem italienischen Sculpteur ma=chen ließ, stehen so tief im blumen= und anpflanzungslosen Grase, als sollte der Kirchhof zu einer Viehweide dienen. Allerdings erzählte man mir auch sogar so etwas davon, daß die Kühe des russischen Popen, der darauf wohnt, recht gute Milch geben sollten. — Einigermaßen kann, wenn man an italienische Kirchhöfe zurückdenkt, die angenehme Bemerkung wieder trö=sten, daß alle Religionen und Völker hier so friedlich beisammen liegen. Ka=tholiken, Protestanten, Griechen, alle christlich vereint innerhalb derselben Mauern. Hier ruht ein Italiener: „Qui riposa li ossa di Pietro Gennaro. „Nato in Lugano 1786. Morto in Odessa 1836.“ — Dort eine Polin: „Tu lezy Rozalia Saczeniowska. Umarta 1832 i Konezyivczy lat piet-„nascte.“ Dann ein Russe: „Pokrissa miloi prach do radostnago utra“ (Ruhe, du liebe Seele, bis zum frohen Morgen). — Dann wieder: „Hier „ruht Christian Markmann aus Bautzen.“ Die deutsche Abtheilung war, zu meiner großen Genugthuung bemerkte ich's, entschieden die am sorgfältig=sten und freundlichsten unterhaltene, mit vielen hübschen Bäumen besetzt und mit Akazienbüschen umgeben. Doch sagte man mir, daß es dem Prediger sehr viele Mühe koste, die Sache so in Stand zu halten, wegen beständiger Streitigkeiten, in die er darüber mit dem Popen verwickelt sei.

Hinter dem Priwosdni=Basar und dem Kirchhofe kommen dann noch in
den Vorstädten die Vieh = und Pferdemärkte. Außer einigen Bemerkungen
über Eigenthümlichkeiten der Steppenochsen und Pferde fiel mir hier weiter
nichts Besonderes auf, als daß die Leute sich hier bei'm Viehhandel eben
so eifrig und ganz auf dieselbe Weise die Hände wund schlagen, wie die Italiener, Schweizer und Tyroler an den Gränzen der Alpen, auf ihren dortigen
großen Viehmärkten, und daß es hier wie dort gleich lange dauert, ehe der
Handel endlich zum Abschluß kommt. Es giebt eine Menge Sitten, die die
Reise um die Welt machen, wie z. B. auch die Johannisfeuer, die hier bis
in die Krim hinein im Frühlinge auf allen Mongolengrabhügeln brennen, wie
sie Leopold von Buch zufolge auch bis zur äußersten Spitze des Nordcaps
erscheinen und die fast auf einen allgemeinen, einst über ganz Europa hin
verbreiteten Feuerdienst schließen lassen könnten.

Miscellen.

Nach dieser ungefähren Skizzirung der Handels = und Lebensverhältnisse
Odessa's, die wir freilich noch bedeutend vervollständigen könnten, wollen
wir nun noch eine kleine Nachlese aus den übrigen Bemerkungen unsers Tage-
buchs geben, die etwas zur Charakteristik der Stadt beitragen. Da es nur
Kleinigkeiten sind, so ist es vielleicht gut, die in dem Vorigen beobachtete
Ordnung zu verlassen und sie in dem Gemisch zu geben, wie sie sich dar-
boten.

Es ist natürlich, daß, wie wir bei den Märkten eine Vergröberung und
gesteigerte Geringfügigkeit der Waaren mit dem weiteren Hervortreten aus
dem eleganten Centrum der Stadt in die äußeren Vorstadtringe bemerkten,
sich auch auf dieselbe Weise und in demselben Verhältnisse eine Menge andere Dinge verschlechtern; so insbesondere die Wirthshäuser und Schenken, die
sich in der Nähe der Märkte befinden, so auch die Iswoschtschiks (Fiaker),
die sich immer zu ihnen halten. Die letzteren haben hauptsächlich 3 Stationen in Odessa Eine um den griechischen Basar herum, wo die zwei-
spännigen eleganten Droschken stehen, für die wohlhabenden Leute. Die
Kutscher sind Russen, welche sich von allen hiesigen Nationen am besten
auf's Fuhrwesen verstehen. Die zweite Hauptstation in dem Ringe des alten
und neuen Basars, wo die Kutscher meistens Griechen sind, die ein schlech-
teres Fuhrwerk haben und geringere Preise. Die dritte endlich noch weiter
hinaus, wo nur Juden die Kutscher sind, mit erbärmlichen kleinen Einspännern. Uebrigens läßt sich über die Equipagen Odessa's im Allgemeinen
noch bemerken, daß ihnen nichts an Eleganz abgeht, daß man aber nie sechs-
spännig fährt, wie in den Provinzstädten Charkoff, Poltawa u. s. w., wo

man selbst bei der geringsten Visite 6 Pferde vorspannt, selten vierspännig, wie in Petersburg, meistens nur zweispännig oder einspännig, wie in Riga.

So gut das Fuhrwesen der Russen, so schlecht ist es mit ihrem Uhrwesen bestellt, besonders mit dem der Stadtuhren so schlecht, daß es in ganz Rußland nicht einmal Stadt= und Thurmuhren giebt, die, wie bei uns, durch gewichtige Schläge das Fortschreiten der Zeit, wie vom Himmel herab, in das Getümmel der Stadt hinein kundthun. Dem Uebel, das dieser Mangel an öffentlichen Uhren veranlaßt, nach denen sich Alle richten könnten, ist schwer abzuhelfen, da die russischen Städte nirgends so hohe Thürme haben, wie die uns'rigen, und auch die Priesterschaft schwerlich erlauben würde, die Glockenthürme der Kirchen zu einem so ungewöhnlichen Zwecke zu benutzen. In Odessa bringt man mit einer Kanone einigermaßen eine allgemein durchgreifende Ordnung in die Zeit. Es ist ein Meridian am Boulevard errichtet und dabei eine Kanone, die, so wie die Sonne Mittags um 12 Uhr durch den Meridian geht, dieß Ereigniß aller Welt verkündigt. So wie dieser mittägliche Kanonendonner durch die Lüfte schallt, sieht man plötzlich auf allen Straßen und öffentlichen Plätzen die Leute ihre Taschen= uhren hervorziehen und in den Häusern zu den Wand= und Hausuhren laufen, um ihren Gang zu reguliren.

„Ja, ihre goldenen und silbernen Uhren reguliren sie, damit sie zur „rechten Zeit zur Börse kommen, wo Geld zu verdienen ist, damit sie das „Diner nicht versäumen, wo man gut speisen kann. Aber reguliren sie auch „wohl das Uhrwerk ihres Innern? Ist auch wohl nur Einer unter jenen „Sechszigtausend, der sich den Kanonendonner des Mittags an das innere „Ohr seines Gewissens schlagen lasse, daß es erwache und sich erinnere, daß „es auch zu anderen Dingen hohe Zeit sei? Unter euch Allen läßt sich kaum „Einer dergleichen einfallen, und würde es nicht, wenn auch der Engel der „Zeit selber die Kanone vor eueren Augen abfeuerte." So ungefähr würde Abraham a Sancta Clara zu den Odessaern sprechen. Guter Abraham! Wie würdest du dort verlacht werden und deine leuchtenden Perlen den Blinden vorwerfen. „Denn großer Gott," sagte mir ein deutscher Kolonist, der mir von den mancherlei Betrügereien erzählte, die in Odessa im Handel und Wandel gäng und gebe wären „es ist unglaublich, wie dort an allen Ecken und „Enden betrogen wird. Ich kenne die übrige Welt nicht und weiß nicht, „wie es dort her geht. Denn ich bin als ein sechsjähriger Bursche mit mei= „nem Vater in's Land gekommen. Aber Odessa kenne ich und so viel weiß „ich, wenn es auch anderswo nicht besser hergeht, so ist die ganze Welt „nicht mehr werth als Sodom und Gomorra. Die Stadt ist von einem „Ende zum anderen aus Betrug zusammengesetzt, und es ist dort kein Stein

„ehrlich auf den andern zu liegen gekommen, und wenn der liebe Gott ein=
„mal mit dieser Stadt in's Gericht gehen will, so darf nicht Stumpf und
„Stiel von ihr übrig bleiben!" — Die schädlichsten Bevölkerungselemente,
welche dem Verkehr und Handel der Stadt beigemischt sind, sind die Juden
und Griechen. „Beide schlimm!" sagte mir ein deutscher Kaufmann, „und
„der Eine immer noch ärger als der Andere. Doch hasse und verachte ich am
„Schlusse der Rechnung die Griechen noch mehr als die Juden." — Wegen
dieser vielen betrügerischen Hände, die der Odessa'sche Weizen, den die Natur
so gut liefert, wie anderswo, passiren muß, ist er denn auch weniger werth
geworden, wenn er den Hafen von Odessa verläßt, und steht in England in
geringerem Preise als Weizen aus anderen Häfen. Freilich trägt zu dieser
Herabdrückung des Preises auch der Zustand des Ackerbaus in den Steppen
bei, der noch ziemlich unvollkommen ist, namentlich die Art des Dreschens
unter freiem Himmel auf der nackten Erde, wo die Körner mit Staub ver=
mischt werden, welcher dann nie mehr ganz herauszubringen ist.

Die Engländer mögen sich oft über die mancherlei Mängel des Odessa'=
schen Weizens ärgern. Aber, welchen Anstoß würden sie erst nehmen, wenn sie
sähen, wie schlecht hier der S o n n t a g gefeiert wird, und mit welchem Kum=
mer würden sie dieß Brod essen, wenn sie wüßten, daß es in der Regel gerade
am Sonntage zur Stadt geführt und verhandelt wurde. Der Sonntag, an
welchem die Leute von ihren alltäglichen Feldarbeiten ruhen, ist dadurch der
Haupt=Markt= und Geschäftstag der Stadt geworden. Denn sie benutzen
ihre freie Sonntagszeit zum Einfahren des Weizens zur Stadt und bewirken
dadurch, daß gerade den Sonntag am meisten gehandelt und gewuchert
wird. Zum Theil mag diese ärgerliche Erscheinung auch durch die vielen
Juden herbeigeführt oder befördert sein, die wohl auf ihren Sabbath streng
halten, aber eben deßwegen wünschen mußten, daß der Sonntag für Ge=
schäfte frei sein möchte, damit sie so nicht zwei Tage der Woche einbüßten.
Zum Theil läßt sich bemerken, daß es in allen südrussischen Städten allge=
meine Sitte ist, am Sonntage große Märkte abzuhalten. Allerdings ist dieß
Vielen ein großes Aergerniß gewesen, und viele fromme Leute, Geistliche
und Gouverneure, haben sich mit Predigen und Verboten dagegen gesetzt.
Auch mehre deutsche Kaufleute haben sich zuweilen verabredet, ihre Läden am
Sonntage sämmtlich zu schließen. Selbst der Kaiserin fiel 1828 bei ihrer
Anwesenheit die skandalöse Sache sehr mißfällig auf. Allein sie ist so zur Ge=
wohnheit geworden, daß sie immer wieder von Neuem einreißt, und jetzt
noch immer wie zuvor am Sonntage in Odessa das größte Geschäftsleben
stattfindet.

Nichts ist für einen Fremden interessanter, als in Odessa ein Haus bauen zu sehen. Wir erwähnten schon des schwammigen Materials, aus dem die meisten Wohnungen errichtet werden. Unter den flinken Händen der Großrussen schießen diese Gebäude wie Schwämme aus ihrem Fundamente in die Höhe. Man braucht nur ein paar Wochen dann und wann an einem und demselben Häuserbau vorübergegangen zu sein, um ein ganzes Riesengebäude aus dem Grunde heraus fir und fertig heraufsteigen zu sehen. Dieß ist um so wunderbarer, da, wenn man den Stein nicht allzugenau betrachtet, Alles so fest und großartig wie aus Quadern gebaut aussieht. Die Steine sind nicht schwer, und die Arbeiter bringen sie leicht auf einander. Ist die Fläche der einen Seite vielleicht nicht ganz vollkommen, so helfen sie mit dem Beile nach. Ist irgendwo ein Stück zu viel, so haben sie es schneller abgesägt als einen Holzblock. Muß der Stein eine gewisse Form haben, so ertheilen sie ihm auf der Stelle ein paar Meißelschläge, welche die Sache in Ordnung bringen. Es ist, als wenn man ein Haus aus Kuchenteig backen wollte. Die kleinen Muscheln, aus denen dieser Stein besteht, haben alle dieselbe Lage, d. h. sie liegen unter einander parallel. Der Stein widersteht natürlich am besten dem eindringenden Regen u. s. w. in einer Richtung, welche auf die flache Seite der Muscheln perpendiculär ist. Die Steine müssen darnach in den Steinbrüchen zugehauen und auch bei'm Baue der Häuser richtig gelegt werden, d. h. alle Muscheln mit dem Boden parallel, horizontal, oder, wie die Leute sich hier sonderbar und unbestimmt ausdrücken, „der Stein „muß so gelegt werden, wie er gewachsen ist." Man giebt den so gebauten Häusern ein Alter von 30 bis 40 Jahren. Ich habe manche Häuser aus Holz im Norden gesehen, die weit über 100 Jahre standen. Das ungeheuere Muschellager, das die früheren unbekannten Natur-Revolutionen zur Freude der russischen Baumeister, Podrädtschiks, und Mauergesellen, die einen vortrefflichen und nie versiegenden Nahrungszweig darin finden, unter der ganzen Steppe hin angehäuft und ausgebreitet haben, hat doch eine verschiedene Festigkeit an verschiedenen Orten, entweder, weil die Muscheln hier oder dort fester zusammengestampft wurden, oder weil ein anderes Bindungsmittel dazwischen trat. So unbedeutend diese Verschiedenheiten sind, so hat man sie doch entdeckt und benutzt und kennt verschiedene Orte, von denen bessere Muschelsteine kommen. Man bezieht die vorzüglichsten, d. h. die am wenigsten schlechten, aus Beßarabien. Welche Ursachen mögen dort wohl die Muscheln fester an einander gefügt haben? Die Steine, so wie sie zersägt aus den Steinbrüchen kommen, haben alle dieselbe Form und dieselbe Länge (14 Werschok). Die Breite und Höhe des Quadrats des Längenburchschnitts ist verschieden, und darnach werden die Steine verschieden benannt. „Peterik" heißt ein Stein, wo die Seite jenes Quadrats 5 Werschok beträgt, „Schesterik" bei 6 W., „Wosmerik" bei 8 W. u. s. w. Die Preise steigen aber natürlich auch im Verhältnisse mit der Anzahl der Werschoks. 100 Peteriks kosten 18 Rubel, 100 Wosmeriks schon 70 bis 80 Rubel. Das Schlimmste ist, daß der Kalk zwischen diesen Steinen gar nicht haftet, und noch schlimmer, daß er selber sehr schlecht ist. Nach dem Löschen läßt man den Kalk gar nicht ruhen, wie bei uns, sondern verbraucht ihn auf der Stelle. Auch sagte mir ein Baumeister, daß der Kalk dieser Gegend sich sonderbarer Weise bei'm Löschen so wenig erhitze, daß man die Hand ganz bequem hinein halten könnte, ohne sie zu verbrennen.

Die Haupt-Schenkwirthe, Traiteurs und Restaurateurs in Odessa sind für die Wohlhabenden Italiener, auch französische Charcuutiers, für die Geringeren deutsche Kolonisten, griechische Weinkeller, russische und bulgarische „Traktirs." Bei den Bulgaren ist es reinlicher als bei den Russen. Das Meiste wird hier unter der Erde gezecht, und der Keller sind hier zahllose, da sie in dem stets trockenen, festen und doch nicht harten Steppenboden sehr leicht groß und geräumig gemacht werden können. Jedes Haus hat den schönsten und vortrefflichsten Keller, und wenn bei einer späteren Völkerwanderung Odessa, wie Olbia, wieder zu Grunde gehen sollte, so werden, wenn auch nichts bleibt, doch seine Keller noch lange für die Stadt zeugen. Den statistischen Angaben zufolge sollen hier über 500 öffentliche Keller sein. (In Schnitzler's Statistik stehen sogar 1064).

In derselben Statistik steht aber auch, daß es in Odessa 563 Brunnen gäbe. Wo diese sind, weiß ich nicht. Allerdings giebt es in den Vorstädten hier und da mehre kleine Brunnen, selbst auf dem Peressip, wo doch alles Wasser salzig ist. Allein so viel ist gewiß, daß, wenn diese sich auch auf die Anzahl von 563 belaufen, doch nur ein einziger davon namhaft und etwas werth ist. Dieß ist die sogenannte „Malaja Fontan" (kleine Quelle), 2½ Werst von der Stadt entfernt. Aus dieser Quelle tränkt sich fast die ganze Stadt. Da bisher der schon oft projectirte Aquaduct von hier aus noch nicht zu Stande gekommen ist, so ist das Wasserschöpfen und zur Stadt Fahren eine Arbeit, die ungefähr 2000 Menschen beschäftigt. Diese Wasserfuhrleute haben kleine Wagen mit Tonnen, wie in ganz Rußland, und ihre Wasserkaravane hört den ganzen Tag nicht auf, sich von der kleinen Quelle durch die Steppe zur Stadt hinzuziehen. Das Wasser ist auf diese Weise ein ziemlich theurer Artikel. Man abonnirt sich bei jenen Leuten monatlich mit 20 bis 40 Rubel, je nach der Größe der Haushaltung. Ein Kaufmann, dessen Haushalt durchaus nicht zu den größten gehörte, sagte mir, daß das Koch- und Trinkwasser für sein Haus ihm jährlich 450 Rubel (über 100 Thaler) koste. Außer jener Quelle giebt es nur noch eine schöne Quelle bei Odessa, die sogenannte „Bolschaja Fontan." Doch liegt sie schon 10 Werst von der Stadt. Auf diesen beiden Quellen beruht das ganze Heil der Stadt. Sollte ein unerwartetes Naturereigniß diese Gewässer verstopfen, so müßte Odessa, wenn es nicht Salzwasser trinken wollte, entweder verdursten, oder sich in eine ganz andere Erdgegend verlegen. Denn alle anderen Brunnen in den Vorstädten, wo man auch hier und da Wasser verkauft, sind größtentheils salzig oder blos im Herbste zu gebrauchen, und meistens auch nur zum Tränken des Viehes bestimmt.

So schwierig es also oft in Odessa ist, sich mit einem guten Glase süßen, frischen Wassers den Durst zu löschen, so leicht stillt man, wie wir auch schon oben bemerkten, den Hunger. Dazu hier nur noch einige Belege. Zu meiner Zeit kosteten hundert zum Wintervorrath eingekaufte dicke Kohlköpfe 1½ Rubel, d. h. der Kopf ungefähr 1 Pfennig. Das Pud (40 Pfund) frischer Bohnen und Erbsen wurde im Anfange Juni zu 2 Rubel (15 Silbergroschen) verkauft. Das war der erste schöne theure Preis für die Erstlinge. Nachher fielen sie auf 60 bis 40 Kopeken, d. h. das Pfund auf noch nicht einen Pfennig. Zuletzt konnten die Bauern sie nicht mehr für den Preis pflücken und zur Stadt fahren, und ließen den Rest, den sie nicht selbst aßen, den Vögeln auf dem Felde. Im Sommer 1838 sah ich die deutschen Kolonisten ihre Winterkartoffeln ausräumen. Sie warfen hohe Haufen auf's Feld und ließen sie verfaulen. Es waren ja neue da. Sie hatten die alten nicht alle verkaufen können, weil Niemand mehr etwas dafür bot, und sie ärgerten sich über des Himmels Segen, weil er ihnen in den Kellern faulte und das Hinausschaffen so viele Mühe machte. Die Stadt Odessa befindet sich daher auch immer in dem angenehmen Zustande der Sättigung. In keiner Stadt erinnere ich mich so viel Eßbares ausgestellt gesehen zu haben. Das Getreide liegt selbst in allen Straßen herum; besonders war dieß in dem Sommer meines dortigen Aufenthaltes der Fall, wo es häufig geregnet hatte und daher viel feuchtes Getreide zur Stadt gekommen war. Da sah man den goldenen Weizen in allen Straßen auf Tüchern ausgebreitet, von Arbeitern umgeschaufelt und der Sonne ausgesetzt. Ich habe dergleichen Arbeiten nie anderswo auf den Straßen gesehen.

Sonst leidet das Odessaer Getreide an Feuchtigkeit, wenn sie nicht durch betrügerische Künste hineingebracht wurde, wenig, denn das Klima ist im Ganzen außerordentlich trocken. Doch glaube ich, daß die Stadt selber mehr Regen empfängt als die ganze Umgegend. So viel ich darüber während meines Aufenthaltes nachfragte und beobachtete, lief es immer darauf hinaus, daß es in der Stadt mehr geregnet hatte als in der Umgegend, und sehr häufig sah ich über der Stadt Wolken hängen, wenn die Umgegend hell war.

Die Stadt mit der natürlicher Weise durch eine Concentrirung von mehr als 60,000 Menschen und vielleicht eben so vielem Vieh eigenthümlich modificirten Luftsäule über ihr ist auf der völlig flachen Steppe, wo durchaus gar kein anderer Gegenstand zu finden ist, der sonst noch stärkeren Einfluß auf die Atmosphäre ausüben könnte, wie eine Insel auf dem Meere anzusehen, und allerdings mag sich wohl schon ihre Einwirkung auf Concentrirung des atmosphärischen Niederschlags bemerklich machen, besonders wenn man dabei noch das Gebüsch der sie umgebenden Gärten in Anschlag bringt.

Wie sehr überhaupt dieser neue Anbau der Steppe auf die Natur wirkt, zeigte mir wieder die Insectensammlung, welche ich bei einem hiesigen Kaufmanne sah und worin sich eine Reihe von Schmetterlingen fand, die erst in den letzten Jahren zuerst um Odessa erschienen waren. Es ist Schade für Odessa, daß es diese Sammlung aller der wenigen Insecten, welche die Stadt umschwirren, verliert. Der Besitzer war eben dabei, sie für ihre Versendung nach London einzupacken. Es war das einzige Vollständige, was das an allen Sammlungen so arme Odessa bisher besaß, freilich auch nur als ein ziemlich unbenutztes Capital.

Eben so arm wie an wissenschaftlichen Sammlungen ist die Stadt an Fabriken. Das Einzige, was ich der Art entdecken konnte, waren ein paar Macaronifabriken und einige Reepschlägereien. In den letzteren werden viele Stricke für die türkische Flotte gemacht. Ich lernte einen großen Reepschläger kennen, der allein jährlich 20,000 Pud Stricke nach Konstantinopel schickte. Sie drehen hier Stricke bis zu der immensen Dicke von ⅜ Arschin (fast einer Berliner Elle). Von diesem Stricke wiegen 100 Saschen (Klafter) 240 Pud. Ob wohl in der englischen Marine noch solche Riesenschlangen von Stricken vorkommen? Oder ob sie da nicht längst durch minder voluminöse Materialien ersetzt sind? — Uebrigens, obgleich die Gebäude der Reepschlägereien sehr gut waren, und die Drehbahn 300 Saschen (Klafter) lang, so war doch der Aufwand von Menschen wegen Mangelhaftigkeit der Maschinerie ungeheuer. Bei einem Stricke von zwei Werschock Durchmesser waren 18 Menschen beschäftigt, und bei dem Drehen jenes Riesenstrickes nicht weniger als 90.

Die Galetti- und Macaronifabriken in Odessa, Taganrog und an einigen anderen Gränzpuncten des Meeres und der Steppe sind eine bemerkenswerthe Erscheinung. Odessa hat allein drei große Fabriken dieser Art, die sehr bedeutende Geschäfte machen. Ihre Waare geht theils nach Süden hin, für das Wassermeer, theils nach Norden, für das Grasmeer bestimmt, wo jedem Reisenden die Galetti oft eben so erwünscht sind wie auf der Meereswüste. Die Vorräthe in den Magazinen dieser Fabriken an Schiffszwiebacken,

Macaronis von hunderterlei Formen und anderen getrockneten Broden sind wirklich in Erstaunen setzend. Eine derselben versendet allein an Macaronis jährlich 20,000 Pud in's Innere des Reiches. Es waren mir manche kleine Erfindungen interessant, die man sich des Klimas wegen zu machen genöthigt gefunden hatte. In Italien wären sie unnöthig gewesen und konnten daher als vom Klima hervorgerufene Modificationen der Fabrication angesehen werden.

Mit den S c h u l e n der verschiedenen Nationen sieht es hier ebenfalls wohl nicht brillanter aus als mit den Fabriken. Man wird dieß nicht anders erwarten und daher um so mehr überrascht sein, doch für jede Nation hier Schulen zu finden. Die Kinder der höheren Stände und die schon entwickelteren Schüler vereinigt zwar alle das Lyceum, aber für die Handwerker u. s. w. existiren italienische, armenische, deutsche, karaitische Schulen u. s. w., auch eine große hellenische Handelsschule (Ellenemporikon Skoleion), die 200 Schüler unterrichtet. — Auch die Juden haben kürzlich eine eigene, ihnen bestimmte Schule erhalten, in welcher 300 Kinder im Deutschen, Hebräischen, Russischen, Französischen und anderen sie für's Lyceum vorbereitenden Wissenschaften unterrichtet werden. Der Director dieser Schule ist selbst ein Jude, und zwar ein sehr aufgeklärter und denkender Mann, der mit Hülfe von acht Lehrern das Ganze leitet und eben jetzt damit beauftragt war, auch in K i s c h e n e w und anderen südrussischen Orten für die dortigen zahlreichen Juden Schulen anzulegen. Ueberhaupt geht es mit dem Unterrichte der Juden in Rußland, die bisher in großer Verwahrlosung lebten und aus tausenderlei Gründen an den für Christen bestimmten und von Christen dirigirten Schulen wenig Antheil nahmen, merklich weiter. Jene Odessa'sche Schule besteht seit 15 Jahren, und seit 6 Jahren ist auch ein jüdisches Seminarium in Warschau errichtet, das für die bereits gestifteten und noch zu stiftenden Schulen die Lehrer liefern soll.

Die wenigen eigenen S c h i f f e, welche die Stadt Odessa besitzt — 40 bis 45 — gehören ausschließlich griechischen Häusern. Einige große Häuser haben 5 bis 6 Schiffe, sonst fast jedes einigermaßen bedeutende griechische Haus eins. Sie sind zum Theil in Griechenland gebaut und fahren blos unter russischer Flagge, zum Theil aber auch in Cherson — in Odessa giebt es natürlich keine Schiffswerft. Doch kommt dort ein Schiff ungemein hoch zu stehen. Eine Brigg von 1500 Tschetwert (100 Last) kostet ohne Takelage 25,000 bis 30,000 Rubel und ist daher ungefähr 1½ Mal so theuer als die Riga'schen und andere nordische Schiffe. Dabei sind diese Cherson'schen Schiffe noch sehr wenig dauerhaft gebaut, wie mir alle Bewohner der Küste versicherten, welche sehr competente Richter darüber sind. Denn da ihnen

gewöhnlich das Geschäft zu Theil wird, die durch einen Sturm an ihre Kü=
sten verschlagenen Schiffwracks auseinander zu nehmen, so wissen sie am beß=
ten, welches Schiff ihnen die größte Mühe machte. Sie freuen sich immer,
wenn das gescheiterte Schiff ein Cherson'sches war, denn dann ist die Arbeit
leicht. Der Schulze einer benachbarten deutschen Kolonie war aber in Ver=
zweiflung über einen englischen Schiffsrumpf, den er von der Assecuranz=
Compagnie gekauft hatte und den er, obgleich noch einige hundert Centner des
schönsten Eisens und einige Wintervorräthe Holz darin steckten, doch unbenutzt
am Ufer liegen ließ, weil er berechnet hatte, daß ihm die Zerstückelung und
Herausschaffung der Schiffsreste theuerer zu stehen kommen würde, als sie
selber nachher werth seien.

Die Fahrten, welche die Schiffe von hier aus in verschiedene Weltgegen=
den machen, sind dem Journal d'Odessa zufolge, aus dessen verschiedenen
Angaben ich eine Durchschnittszahl nahm, von folgender Dauer:

Man fährt von Odessa nach Konstantinopel mit Segelschiffen 5 bis 6 Tage,

=	=	=	=	=	Smyrna	=	=	15 =
=	=	=	=	=	Messina	=	=	20 = 25 =
=	=	=	=	=	Algier	=	=	25 = 30 =
=	=	=	=	=	Aegypten	=	=	30 = 35 =
=	=	=	=	=	Neapel	=	=	25 = 30 =
=	=	=	=	=	Livorno	=	=	30 = 35 =
=	=	=	=	=	Triest	=	=	35 = 40 -
=	=	=	=	=	Genua	=	=	35 = 40 =
=	=	=	=	=	Marseille	=	=	45 = 50 =
=	=	=	=	=	England	=	=	60 = 70 =

Merkwürdig ist in Vergleich mit den übrigen die Schnelligkeit der Fahrten
nach England, wahrscheinlich als ein Product des besseren englischen Schiffs=
wesens zu betrachten. — Als ein Beispiel, wie schnell man in den Quaran=
täne=Anstalten in Odessa spedirt werden könnte, wurde die Polacre Giuseppe
citirt, die von Castellamare gekommen war, in Konstantinopel sich zwei
Tage aufgehalten, ihre Observanz in Odessa ausgehalten, dort ausgeladen
und wieder Ladung eingenommen, die Anker gelichtet und dieß Alles in 29
Tagen abgemacht hatte.

Obgleich der Odessaer Handel noch äußerst jung ist, so sind doch auf
der Rhede der Stadt schon so viele Schiffe vom Anker gerissen, daß das
Tauchen und Fischen nach Ankern schon eine eigene Industrie geworden ist.
Dieser Industriezweig hat bereits einen Russen wohlhabend gemacht, der
ein eigenes Magazin für diese Anker und einen eigenen Handel mit ihnen

etablirte. Ich sah bei ihm 50 bis 60 der größten Anker zu 120 bis 140 Pud. So baut immer der Eine sein Glück auf des Anderen Unglück.

Auch in den in der Stadt cursirenden Geldmünzen und Maßen spiegeln sich wieder ihre eigenthümlichen Populations-Verhältnisse. Das meiste kleine Geld ist polnisches. Es zeigt sich sehr wenig russisches. Gold kommt wenig vor, und was davon da ist, sind holländische und österreichische Ducaten, wie in Polen. Die größeren Geschäfte der reichen Kaufleute werden aber nicht in Golde, sondern in russischem Papier gemacht. Von den Gewichten sind die großen — russische (Pude), die kleineren, aus alten Zeiten stammend, der vielen Orientalen wegen — türkische, z. B. die Occa's (sowohl Maß als auch Gewicht).

Die Zusammengesetztheit der Bevölkerung Odessa's hat hier auch den Deutschen sogar Concurrenten gegeben in einem Gewerbszweige, in dem sie sonst in ganz Rußland die ihn ausschließlich Cultivirenden sind. In allen russischen Städten nämlich giebt es sonst keine anderen Apotheken als deutsche. Hier aber finden sich neben den deutschen auch noch griechische, italienische und polnische Apotheken, und zwar in so großer Menge, daß, wenn sie alle so gut eingerichtet als zahlreich sind, und die Aerzte, von denen, nebenher gesagt, die vornehmsten ebenfalls Deutsche sind, die richtigen Mittel zu wählen wissen, es um die Gesundheit der Stadt wenigstens zwei bis drei Mal so gut stehen muß als bei uns.

Früher, als Odessa noch kleiner war, und man die Stadt noch gern mit allem Lebendigen bevölkerte, was bei ihr anstrandete, um sie zu heben, als man ihr sogar einen Freibrief gegeben hatte in Bezug auf die entlaufenen Sklaven, die sich hier niederlassen durften unter dem Schutze der Stadt, ohne von ihren Herrschaften aus dem Inneren requirirt werden zu können, war es natürlich, daß alles mögliche Gesindel hierher strömte, und es kam viel Gemeines nach oben. Dieß hat nun nicht von allen Nationen das Beßte, sondern gerade das Abenteuerlichste hierher geführt, so auch von den in ihren Ursitzen ziemlich entfernten Moskowiten oder Großrussen, weßhalb denn auch diese hier im Vergleich mit den Kleinrussen, den eigentlichen Inhabern des Landes, keine besondere Achtung genießen. Sie haben hier den Spitznamen „Kazappi." Dieß Wort soll ein tatarisches sein und so viel als „Schlächter" bedeuten, aber hier ist es so gäng und gäbe, daß Manche gar keinen anderen Namen für Großrusse kennen. Die Kleinrussen werden hier für ehrlicher, fleißiger, sittlicher und in jeder Hinsicht besser gehalten als die Großrussen, denen man alle möglichen Schelmereien und Unmoralitäten zutraut, während im Norden an den Gränzen Kleinrußlands gegen Großrußland gerade das Umgekehrte stattfindet. Dort hält man den Großrussen für viel thätiger, erfindungsreicher, speculativer und stellt ihn in jeder Hinsicht höher als den indolenten, unzuverlässigen und trunksüchtigen Kleinrussen, für den man den Spitznamen „Cacholl" (Zopf) erfunden hat, weil die Kleinrussen sich das Haar rund herum abschneiden und nur in der Mitte des Kopfes einen Schopf Haare stehen lassen. Die Deutschen, welche in Petersburg „Schmerz", — wahrscheinlich weil sie immer so viel von ihren Schmerzen, Herzen und anderen Reimen dieser Art reden — in Moskau „Kalabassniki" (Wurstmacher) heißen, haben hier den Spitznamen „Kartoffele", weil sie die größten Kartoffelliebhaber des Landes sind. In der That zum Theil treffende, zum Theil wenig schmeichelhafte Benennungen für uns. Doch hoffe ich gleich im Folgenden bei Gelegenheit der deutschen Kolonieen zu zeigen, daß wir Deutsche auch noch andere Künste verstehen als das Wurstmachen, Kartoffelnessen und die sentimentale Herz- und Schmerzreimerei.

Ausflüge in die Steppen.

„Nil fore dulce mihi Scythica regione putavi
Jam minus hic odio est, quam fuit antea locus."

Umgebung von Odeſſa.

In den Städten, den großen Verſammlungsplätzen der Menſchen, hat der
Reiſende ſo viel Neues zu ſehen, auf allen Straßenecken begegnet ihm ſo viel
Unbekanntes, und ein einziger Blick umfaßt hier ſo viel Intereſſantes, daß
der Ankömmling, davon verwirrt, nicht recht weiß, was er ſieht, wo er
beginnen, wo er enden ſoll. Es gehören einige Zeit und vielfache Nach-
ſuchungen dazu, bis er einigermaßen ſeines Stoffes Herr wird, bis er den lei-
tenden Faden in dieſem Labyrinthe findet, bis er weiß, wohin er Alles zu ſtellen
hat und unter welchem Geſichtspuncte er die verſchiedenen bunten Dinge betrachten muß. Es ging auch mir wieder in Odeſſa ſo, und ich hörte nicht auf,
die Stadt zu durchwandern und zu durchforſchen, als bis ich einigermaßen
wenigſtens den Bau des Ganzen durchblickte. Mein lieber Kun-laje hatte
mich bald in den erſten Tagen meines Aufenthaltes verlaſſen. Er war
nach dem tauriſchen Bosphorus und dem aſow'ſchen Meere abgegangen, wo
ihm ein Freund in ſeinem Teſtamente eine kleine Inſel vermacht hatte, deren
Beſitz er antreten wollte. Ich machte nachher die Bekanntſchaft einiger mir
ſehr lieb gewordenen Profeſſoren vom Lyceum, unter denen ſich Finnländer,
Schweden und Ruſſen befinden, und mehrer angeſehener und ſehr achtungswerther deutſcher Kaufleute und lebte ſo ganz angenehm, indem ich dabei
keinen Tag verſäumte, mittels der ſchönen Wellen des ſchwarzen Meeres
mein Leibliches und Geiſtiges anzufriſchen. — Nun erſt wagte ich es, an
die Umgegend Odeſſa's zu denken und einige Ausflüge zu machen, die in
vieler Hinſicht belehrend waren. Anfangs beſchränkten ſie ſich nur auf die
umliegenden Landhäuſer. Nachher dehnte ich ſie weiter aus, bis zu den
deutſchen Kolonieen und zum Dnieſtr.

Es ist eine allgemeine Sitte der wohlhabenden Städtebewohner aller Länder, ihre Stadt nur als ihren eigentlichen bleibenden Aufenthalt für den Winter zu betrachten und mit dem Frühlinge das schöne, blühende und grüne Land zu suchen, weßhalb alle Städte auch ihre Nachbarschaft mit freundlichen Gärten und Landhäusern besamen. Daher die reizenden „Bastiden" bei Marseille, die hübschen „Lükken" bei Christiania, daher die soliden „Vorwerke" der Bremer und Hamburger, die „Sommerlogis" der Leipziger, die „Sommerfrischen" der Bozener und Insbrucker, die kleinen freundlichen „Höfchen" der Rigenser, die prachtvollen und luxuriösen „Datschen" der Petersburger auf den Inseln der Newa, und daher endlich auch die „Chutors" der Odessaer, die auch sogar den Muth gehabt haben, in ihre Steppe hinauszuziehen und hier ein Garten= und Landleben zu versuchen, das ihnen die Natur so durchaus verweigert zu haben schien.

Woher eigentlich die sonderbare Benennung „Chutor" kommen mag, habe ich nirgends erfahren können. Wunderlich! Kaum steht Odessa fünfzig Jahre, und schon befindet sich so Manches über seine Entwickelung in Dunkel gehüllt. Deutsch ist das Wort nicht, russisch und italienisch auch nicht. Keine Nation will es als das Ihrige anerkennen, und doch brauchen es alle. Nur schreiben einige „Hutor", und die deutschen Kolonisten sprechen „Futter", als wenn es von „Füttern" herkäme. — Die meisten dieser Chutors würden, wie man sich leicht denken kann, bei jeder anderen Stadt eine ziemlich unbedeutende Erscheinung sein, denn sie liegen größtentheils auf völlig flachem Boden, ohne alle Aussicht, wie ein Lerchennest im Felde. Die ungemein großen Schwierigkeiten, die sich hier der Anpflanzung der Bäume und Gebüsche entgegenstellen, erlauben natürlich nur, sich auf einen kleinen Raum auszudehnen, weßhalb denn die Gartenkunst nie große Sprünge wird machen können. Ich sah mehre dieser Chutors, an welchen die Besitzer nach ihrer Versicherung Hunderttausende verschwendet hatten, und wo doch kaum mehr als etwas Gebüsch, ein Haus und einiger Schatten zu sehen war. Das Problem, das der Gartenkunst hier gegeben ist, ist wirklich unglaublich schwierig. Es gilt, einen völlig ununterbrochenen, platten, quellenlosen Boden, der im Sommer von einer ausdörrenden Sonne und im Winter von einem hyperboräisch rauhen Nordwinde überstrichen wird, mit hübschen Gartenanlagen zu versehen. Dennoch aber, wenn man nur vom relativen Werthe spricht, kann man sich denken, wie reizend und lieblich die kleinen freundlichen Gehöfte und angenehmen Schatten der Chutors Dem erscheinen, der aus der Steppe oder dem staubigen Odessa zu ihnen gelangt, — ganz wie die Oasen in der Wüste, und die Kaufleute haben Recht, viel auf ihre Chutors zu verwenden und alle Sommerabende zu ihnen hinauszuflüchten. Auch ist die

Freude und Theilnahme an den Dingen keinem absoluten Maßstabe unterworfen, und ein Odessaer freut sich auf seinem einfachen Chutor eben so sehr,
als ein Römer auf seiner prachtvollen Villa. Mir zeigte mit großem Entzücken
ein Kaufmann eine Birke in seinem Garten und versicherte, es sei die größte
in ganz Odessa und folglich auf vierzig Meilen weit in der Runde. Er hatte
seine innige Freude am Wachsthume seines Baumes, dessen Dicke und Höhe
er wohl schon hundert Mal ausgemessen hatte. Er war jetzt 15 Fuß hoch,
und unten konnte man ihn schon kaum mehr mit vier Fingern umspannen.
Doch gleich gesellte sich auch zu dieser innigen Freude sehr warme Besorgniß
und Furcht, der Baum möchte doch nach einiger Zeit leiden und ausgehen. Im Norden giebt es Gutsbesitzer, die hunderttausende der wunder-
vollsten Birken auf ihren Gütern haben und dafür nicht so viel Sorge und
Liebe tragen, als dieser Mann für sein einziges, rares Bäumchen. Derselbe
zeigte mir auch Maiblümchen, die er von der krim'schen Südküste hierher
verpflanzt und die ihm die unaussprechliche Freude gemacht hatten, in seinem
Garten zu verwildern und nun unter verschiedenen Bäumen ihre weißen
Glöckchen aus dem Grase zu erheben. Eben so hatte er aus der Krim
Schlüsselblumen kommen lassen, die, wie er versicherte, bis jetzt noch in
seinem Garten allein zu sehen wären. Ein Gartenfreund muß die Natur
hier im Kleinen zu genießen verstehen, sonst sieht es mit seinen Freuden sehr
schlimm aus. Wie unter den Bäumen die Akazien am besten gedeihen, die
man in allen Chutors wiederfindet, so scheint es mir, daß unter den Blumen
die Georginen die am meisten verbreiteten sind. Denn man sieht in jedem
Garten einen reichen Flor von diesen prunkenden Kindern der Flora. Ja
man kann es als eine kleine geographische Merkwürdigkeit ansehen, daß die
Georgine, die doch auf europäischem Boden eine noch so neue Pflanze ist,
sich schon so bedeutend durch ganz Südrußland verbreitet hat. Auch in der
Ukraine und Kleinrußland war in den Gärten, die ich zu sehen Gelegenheit
hatte, die Georgine die zuerst auffallende Blume. Vielleicht ist eben sowohl
der Geschmack der Russen für ihre schönen Farben, als die Zuträglichkeit des
Bodens die Ursache davon.

Die einzige Ausnahme von jener Flachheit der Odessa'schen Gartenanlagen macht eine kleine Reihe von Chutors, die sich auf Abstürzen der schwarzen Meeresküste angesiedelt und daher eine Lage haben, die man einigermaßen
romantisch nennen könnte. Doch ist der Fleck, wo dieß möglich war, so
klein, daß nur sechs Landsitze darauf Platz gefunden haben, die der reichen
Kaufleute Marasli, Rainaud u. s. w. Sie sind das einzige wirklich Schöne,
was Odessa in dieser Art aufzuweisen hat, weßhalb auch die Kaiserin von Rußland
im Jahre 1828, als der Kaiser vor Varna stand, hier residirte. Ich wanderte

eines Morgens hinaus, theils dieser Chutors wegen, theils aber auch der
merkwürdigen Abstürze der Küste wegen, welche die Russen „Obruwi", von
„obruwatj" (losreißen), nennen. Alle Küsten des Pontus, von der
Mündung des Dniepr bis zu den Mündungen der Donau und eben so
auch die Küsten der Limans sind diesen Einstürzen ausgesetzt. Nur stellen=
weise erscheinen sie abgerundet, mit Gras bewachsen und gleichsam vernarbt.
Die Ursachen dieser Abstürze sind verschieden. Theils nagt das Meer an
dem Fuße der Küste, spült ihn aus, und die oberen, frei überhängenden Schich=
tenstücke der Steppe stürzen nach, theils spült sich das ablaufende Regen=
wasser hier und da Löcher ein und giebt Anlaß zum Abfallen großer Brocken,
theils endlich — und dieß ist die am häufigsten eintretende Ursache, welche auch
die größten Folgen hat, — unterspülen am Rande der Steppe zwischen zwei
tiefliegenden Schichten selbst unter dem Niveau des Meeres hervortretende
Quellen die oberen Steppenschichten, indem sie breite Höhlen bilden, in
welche dann ganz breite und große Abschnitte der Steppe hinabsinken. Daß
sich die Ursache des Abrisses häufig in der Tiefe befinden müsse, zeigt sich
sehr deutlich darin, daß sich die losgerissenen Abschnitte 10 bis 12 Klaftern
tief ganz perpendiculär hinablassen. Ich sah bei Odessa ein großes Steppen=
stück, das sich erst vor wenigen Monaten gesenkt hatte und bei dem alle
Folgen des Sturzes daher noch sehr deutlich und unverwischt waren. Es
war ein Erdstück von 30 bis 40 Fuß Breite und 500 bis 600 Schritt Länge.
Es war völlig perpendiculär 9 bis 10 Klaftern tief an dem Rande der
etwa 25 bis 30 Klaftern hohen Steppe hinabgesunken, alle abgeschnittenen
Schichtenstücke waren dabei in vollkommen horizontaler Lage geblieben. Da=
bei war die Hauptmasse völlig unversehrt und unzertrümmert erhalten, und auf
der ganzen Länge des Stückes führte noch der Weg hin, auf dem man noch
vor wenigen Wochen oben am Rande der Steppe hingefahren war. Das
Meeresgestade war durch die sinkende Masse um etwa 15 bis 20 Fuß von
unten herauf gehoben, und auf dieser Höhe, an deren Fuße nun die Brandung
spülte, lagen die Muscheln und Steinchen, welche noch kurz vor dem Bruche
das Meer gewälzt hatte. Auch sonst war das Land zwischen dem sinkenden
Bruchstücke und dem Meere noch vielfach verschoben und gehoben, zerrissen
und übereinander gedrängt und mit Trümmern von Kalkfelsen und Erdklum=
pen bedeckt. Bäume, die auf diesem Lande wuchsen, waren umgestürzt und
vergraben, Theile von Gärten völlig zerstört und zwei Wohnungen durch die
Verschiebung ihres Fundaments zerrissen und zusammengestürzt. Die Leute
der Nachbarschaft erzählten, sie seien in der Nacht, in welcher die Senkung
geschehen, erschreckt zu einander gelaufen, denn es habe 12 Stunden hin=
durch beständig gedonnert und gekracht, und auch der Boden ihrer Wohnungen

habe wie bei einem Erdbeben gezittert und geschwankt. Der Anblick des
Ganzen war ziemlich wild; der herabgestürzten und zertrümmerten Garten-
urnen, der überschütteten Bäume und Weinreben, der gespaltenen und öden
Häuser, der entstandenen Klüfte, des zerrissenen Bandes der Heerstraße und
des dem Meere enthobenen Strandes.

Ich habe mehre andere Stellen am Ufer gesehen, wo die sinkenden Massen hart am Strande kleine Felsen und Inselchen aus dem Grunde des Meeres
über sein Niveau herausgehoben hatten. Diese „Obruiven", um den
russischen Ausdruck beizubehalten, haben sich an manchen Orten zu verschiedenen Zeiten mehre Male hinter einander wiederholt, so daß dann hier das
Ufer sehr zerstört erscheint und daß vom Rande der hohen Steppe bis zum
Strande des Meeres mehre Stufen von verschiedener Höhe unterschieden
werden können. Durch den Regen wäscht sich mit der Zeit das Eckige und
Rauhe an diesen Stufen ab, sie begrasen sich, werden fest und zum Anbaue
geeignet. Und eben auf der oberen Fläche solcher Obruiven haben sich nun
auch jene hübschen Chutors angesiedelt. Wenn man die ganze Wüstenei der
Steppe hinter sich hat, von der man glücklicher Weise gar nichts sieht, und die
des Meeres vor sich erblickt, über dem man noch 10 bis 12 Klaftern hoch erhaben
ist, so kann man sagen, daß sie ein äußerst reizender Punct sind, ein kleines
Miniaturbild von Berglandschaft mitten zwischen zwei unabsehbaren Flächen.
Die Obruiven haben hier und da kleine schroffe Vorgebirge hinausgeschoben,
auch eine kleine Bai fast cirkelrund eingefaßt, die man zu sehr hübschen Partieen benutzt hat. Die Bäume, Reben und Sträucher wachsen auch besser,
da sie hier natürlich viel günstiger stehen als auf der hohen Steppe. Die
kleinen niedlichen Eidechsen haschen sich in Menge in den Gartenanlagen, die
so angenehmen Schutz gewähren, und Vögel sollen sich hier ebenfalls häufiger
finden. Nur Schade, daß das Ganze, wie man sagt, auf so schwachen Füßen
steht. Denn diese Obruiven, die jetzt so fest zu stehen scheinen, könnten sich
doch noch einmal wieder verschieben und dann der kleinen eleganten Kolonie
einen argen Streich spielen.

Auf dem Rückwege von Rainaub und Marasli, hier sehr berühmte
Namen, kehrte ich erstlich noch bei einem ebenfalls in den Obruiven sehr
malerisch am Wege liegenden Kosackenposten und dann bei einem Gärtner ein. In dem Kosackenhäuschen fand ich einen transbanubischen
Kosacken, der hier den Strand bewachte. Seine beiden Kameraden waren
unten am Wasser und fischten für ihre kleine Haushaltung. In ihrer Hütte,
die auf der Spitze eines Vorgebirges unter einigem Gebüsch halb versteckt lag,
und in der ich gern ein wenig ausruhte, fand ich Alles recht ordentlich,
einen Spiegel, ihre Waffen, ihre Betten, ihre Kessel und andere Geräth-

schaften, und ihre drei Lanzen hoch auf den Spitzen des kleinen Vorgebirges, Alles reinlich und gut geputzt, sei es nun, daß die Ordnungsliebe der Kosacken, oder die strenge Aufsicht von oben davon die Ursache war. Ich unterhielt mich mit dem Kosacken von seinem Dienste und seiner früheren Lebensgeschichte. Er erzählte mir, daß, seitdem sie russisch wären — seit dem letzten Türkenkriege 1828, wo bekanntlich diese Kosacken zu Rußland übergingen — man zwei Regimenter aus der jungen Mannschaft ihrer Dörfer formirt habe, jedes zu 700 Mann, die am schwarzen Meere vertheilt wären. Er sagte, bei den Türken hätte es ihnen viel besser gefallen; er habe selber auch dem Pascha — so nennen die Kosacken hier allgemein den Padischa — gedient. Da hätten sie ein viel lustigeres Leben gehabt, 50 Rubel alle vier Monate. Hier hätten sie so wenig, daß der Vater ihnen aus dem Dorfe noch zuschicken müßte. Dann hier den schweren Dienst, nie hätte man einen Augenblick frei, und wenn man die Wache hätte, müßte man immer stehen, wie eine Bildsäule. Der Pascha wäre gar nicht böse geworden, wenn man sich auch ein wenig dabei in's Gras gelegt hätte, ja man hätte die Sache schlafend abmachen können. Freilich hätten sie auch schwere Feldzüge machen müssen, durch Anaboli gegen die Bergbewohner (Kurden) und gegen die „Arab" (Araber) bis über Jerusalem hinaus, die so schwarz seien, wie die Steppenerde. Aber wenn man den Kopf eines solchen „Arab" unter dem Säbel hätte, so zeige er Zähne so weiß wie der Schnee. Jedoch hätten sie dann für ihre Strapazen auch Beute genug machen können und wären reich an ihre Donaumündungen zurückgekehrt. „Denn in der Türkei", sagte er, „ist Alles, was Dir nur in die Seele kommt, Wald, Brod, Früchte, „Mädchen. Aber hier ist nichts als Step, Step, Step, wso krugom step „(rund herum die Steppe)." — Am schlimmsten, sagte er, wäre der Dienst in der „Garantirnaja" und besonders auf den „Barambachti" (so nannte er, wie die meisten Kosacken, die „Quarantäne" und die „Brandwachen"), denn da müßte er zuweilen selbst nicht recht, wen er todtschießen sollte, wen nicht, und es gäbe zuweilen Strafe, wo er es sich gar nicht erwartet hätte. — Wie aus einer alten unkenntlichen Inschrift studirte ich noch eine Zeit lang Geographie aus den Erzählungen dieses weitgereis'ten Mannes, und beendete meine kleine Reise dann, indem ich meinen Rückweg über einen großen Weingarten des Grafen Woronzow nahm. In diesem Weingarten traf ich einen deutschen Gärtner, der mir erzählte, daß im vorigen strengen Winter von 60,000 hier befindlichen Weinstöcken nur 20,000 übrig geblieben wären; alle übrigen seien erfroren, die ganze Anpflanzung sei also so gut wie zerstört. Man urtheile hiernach, inwiefern man diese Gegenden noch unter die Weinländer rechnen kann. Sehr merkwürdig war es, daß alle die Stöcke ohne

Ausnahme gerettet worden waren, die man nach der Weiſe aufgebunden hatte, wie ſie bei den Koſacken am Don üblich iſt. Nach dieſer Weiſe werden immer acht Rebſtecklinge in ein Loch geſteckt; drei oder vier von ihnen faſſen Wurzel und treiben dann nach allen Seiten hinaus. Um ſie herum werden vier Pfeiler in Quadrat in die Erde geſteckt und mit Querſtangen verbunden, an denen auf allen vier Seiten die Reben hinaufgezogen werden, ſo daß das Ganze das Anſehen einer trichterförmigen, nach unten ſpitz zulaufenden Laube gewinnt. Der Gärtner ſagte, es entwickele ſich freilich auf dieſe Weiſe viel Holz und wenig Trauben, allein da das Holz eben daher auch nie ſo voll=ſaftig, ſondern trockener wäre, ſo erfröre es auch weniger leicht. Man müßte dieſe am Don ſchon ſehr alte Weiſe auch hier einführen. Die Eingeborenen des Landes wiſſen immer am beßten, was ihrem Klima frommt.

Eine ganz eigenthümliche Art von Gärten, die man um Odeſſa herum, wo ſie ſich ſehr häufig finden, zu ſtudiren Gelegenheit hat, ſind die Melonen= gärten der Kleinruſſen, welche ſie „Baſchtans" nennen. Das Wort wie die Sache iſt tatariſch und von den Tataren höchſt wahrſcheinlich auf die Kleinruſſen übergegangen, und jetzt finden ſich dieſe „Baſchtans" nicht nur bei den Tataren der Krim und bei denen des Kaukaſus (im unteren Kurthale, welches faſt durchaus von Tataren bewohnt iſt, bis Baku und Derbend), ſo wie auch jenſeits des kaspiſchen Meeres in der großen Tatarei, ſondern auch im ganzen ſüdlichen Rußland, ſo weit der fette Steppenboden und die Kleinruſſen gehen, bis nach Kiew, Charkoff und Saratoff hinauf durch die Länder aller Koſacken und die ganze Ukraine. Und es ſind die Producte dieſer Baſchtans theils ſo innig mit dem Leben der alle dieſe Gegenden be=wohnenden Menſchen und namentlich mit dem der Bewohner Odeſſa's ver=webt, theils ſind ſie der Natur des Bodens ſo angemeſſen und überhaupt ſo ſehr das in ſeiner Art Schönſte und Vollkommenſte, was die Steppen liefern, daß es unverzeihlich wäre, ſie hier zu übergehen. Die wenigen Bemerkungen, die wir über die Cultur und Producte dieſer Gärten zu machen Gelegenheit hatten, wollen wir daher hier zuſammenfaſſen.

Die Hauptgewächſe in dieſen Baſchtans ſind faſt lauter Pflanzen, die zu den Cucurbitaceen gehören, Melonen, Arbuſen (Waſſermelonen), Gur=ken u. ſ. w., und auf ihre Erziehung, beſonders aber auf die der Arbuſen, der Krone der Baſchtans und der Lieblingsfrucht ganz Südrußlands, iſt es bei ihrer Anlage vorzugsweiſe abgeſehen. Außer den genannten Pflanzen erſcheinen aber auch noch in den Baſchtans folgende: Sonnenblumen, Zwie=beln, Rettig, türkiſche Hirſe, Kukurus (Mais), Paradiesäpfel und in der Krim wie bei Odeſſa, überhaupt in den ſüdlichen Gegenden, „Baklajan", außerdem aber ſonſt gar nichts. Man kann die Baſchtans alſo als die

eigenthümlichsten Steppen = Gemüsegärten definiren, welche alle diejenigen
Früchte und Gemüse erzeugen, deren Genuß diese Völker vorzugsweise lieben,
und deren Production das Klima und der Steppenboden vor allen anderen
begünstigt.

Um die Wichtigkeit und das Interesse der Sache sogleich in ein helle=
res Licht zu stellen, wollen wir zuvörderst etwas von der Anwendung und
den Eigenschaften einer jeden dieser Früchte sagen und dann von der Anlage
und Cultur der Baschtans selbst.

Vor allen Dingen von den Arbusen. Diese treffliche, saftreiche Frucht
scheint die Natur fast mit besonderer Bezugnahme auf die Steppen erschaffen
zu haben. Denn wie die Aloes in den Sandwüsten Afrika's und mehre
Cactusarten in den Llano's Südamerika's, welche sorgsam kostbares Naß
für die dortigen Thiere hegen, so gedeihen die Arbusen vorzugsweise in den
wüsten, trockenen Steppen und ziehen gerade in den trockensten Jahren
mittels ihrer mageren und dünnen Stiele und Wurzeln ihre süßesten und
erquicklichsten Säfte zusammen. Sie werden in dem ganzen Steppensüden
so groß, saftig und süß, daß sie als eine wahre Wohlthat für das Land be=
trachtet werden müssen und als ein vortrefflicher Ersatz für gutes Quellwasser
gelten können. Daß sie auch vorzugsweise als Durstlöscher im Lande ange=
sehen werden, zeigt schon die Redeweise der Kleinrussen, wenn sie eine Arbuse
essen wollen. „Ach, ich bin erschrecklich durstig", sagen sie, kaufen sich dann
eine Arbuse und verspeisen sie. Bei jedem Frühstücke und Mittagsessen
steht ihnen daher statt der Wasserflasche eine Arbuse zur Seite, in die sie zu
ihrem Brote und Specke zu Zeiten einbeißen, wie man sonst ein Schlückchen
aus dem Glase nimmt. In der That ist auch das ganze Innere der guten
Arbusen nichts als ein cremeartig geronnener Saft, der ohne Nachrest auf
der Zunge schmilzt. Sie haben eine eigene Weise, die Arbusen anzuschneiden.
Zuerst schneiden sie ihr die äußere Schale da weg, wo der Stengel ansaß,
und stellen sie auf die gewonnene Fläche hin; alsbann schneiden sie den Deckel
ab, und nun machen sie eine Menge Paralleleinschnitte der Länge nach, jedoch
so, daß Alles noch zusammenhängt. So stellen sie sie auf den Tisch hin, und
dann langt sich leicht jeder der Mitesser ein Stück nach dem anderen heraus.
Es ist unglaublich, welche Massen von Arbusen hier zu Markte geschleppt
werden. Selbst in kleinen Städten, wie Poltawa, sieht man ganze Berge
von ihnen auf den Märkten. Jeder liebt und ißt diese schöne, erfrischende
Frucht, und sie erscheint regelmäßig bei der Tafel des Vornehmen, wie bei
der des Geringen. Viele Leute trinken des Morgens so Arbusen, wie wir
den Kaffee, und wenn Jemand in den Steppen über Land fährt, so wird er
gewiß nicht vergessen, sich ein paar Arbusen in den Wagen werfen zu lassen,

die vor den gläſernen Weinflaſchen das voraus haben, daß ſie nie zerbrechen. Es giebt mehre Orte in den Steppen, die ihrer guten Arbuſen wegen berühmt ſind, ſo in der Ukraine Tichwin, in Beßarabien Akerman. Nach Odeſſa kommen die beßten aus der Krim mit dem Dampfſchiffe. Intereſſant iſt es, den Kennern bei'm Einkaufe auf dem Markte zuzuſehen.. Sie wiſſen theils nach dem Aeußeren jeder Frucht auf ihr Inneres zu ſchließen, theils nach dem Tone, den ſie giebt, wenn man mit dem Finger anklopft. Sie pochen daher an jede Arbuſe, bis ſie eine gefunden haben, die ihnen die rechte zu ſein ſcheint. Die Arbuſen ſind hier ſo ſüß, daß man ſie überall ohne Zucker ißt. Weil ſie zart ſind und leicht verderben, ſo hat man natürlich Methoden erfunden, ſie zu conſerviren. Das Beßte ſoll ſein, ſie mit Thon zu umhüllen und ſo in den Kellern zu verpacken. So kann man ſie bis tief in den Winter hinein friſch erhalten. — Es giebt ſehr verſchiedene Arten von Arbuſen. Einige haben ein ganz weißes Fleiſch, einige ein gelbliches, andere ein roſenrothes. Dieſe habe ich, vielleicht nur von der Farbe verführt, immer für die beßten gehalten.

Neben den ſüßen Brunnen der Arbuſen ſind zunächſt die M e l o n e n zu nennen. Auch ſie werden in einer bei uns unerhörten Menge gezogen. Ein deutſcher Koloniſt aus den Steppen erzählte mir, daß er in Würtemberg zuerſt Melonen bei der Tafel ſeines Königs habe eſſen ſehen, wo er ſich unter den Zuſchauern befunden. Hier in der Steppe konnte er nun ſelbſt ſo viele eſſen, als er Luſt hatte. Man ſieht hier die Melonen fuderweiſe zu Markte bringen, und es gewährt einen für uns nicht wenig ſonderbaren Anblick, wenn man zerlumpte Bettler auf den Straßen zuweilen Melonen zu ihrem trockenen Brode eſſen ſieht. Indeß gedeiht dieſe Frucht hier nicht zu dem hohen Grade von Güte, wie die Arbuſen, und es ſcheint wohl, daß ſie eine ſpeciellere Fürſorge und Cultur von Seiten des Gärtners verlangt, als ihr hier zu Theil wird, um einen gewiſſen Grad von Feinheit und Zartheit zu erlangen.

Zahllos in den Baſchtans ſind die Varietäten der „T i c k w i‟ (Kürbiſſe). Nirgend ſieht man ſie von ſolcher Größe und von ſo ſonderbaren Formen. Einige ſind aſchgrau, wie die Steppenochſen, ſie werden zuweilen ſo groß wie Mehlſäcke; andere haben auf hellem Grunde dunkelgrüne Streifen, aber immer regelmäßig zehn; einige ſind über eine Elle lang und haben dabei nur einen bis zwei Zoll im Durchmeſſer; andere zeichnen ſich durch ihre Kleinheit aus, haben ganz die Geſtalt einer aus Holz gedrechſelten Birne, oder ganz die Größe, Regelmäßigkeit und faſt auch die Härte einer Billardkugel; wieder andere, als wollte die Natur den Menſchen zum Beßten haben, ahmen auf's Härchen die Farbe, Geſtalt und Größe der Apfelſinen nach. Die wunderbarſten, die ich entdeckte — ich entdeckte aber faſt alle Tage eine neue

Art — hatten eine runde plattgedrückte Gestalt. Unten gingen sie zu einem zierlichen Fuße zusammen, oben hatten sie 10 kleine gleichgroße Höcker herum und in der Mitte dieser 10 kleineren Auswüchse einen großen, wie zum An= fassen, ganz wie bei einem geschlossenen gläsernen Flacon, und dabei waren alle einander so vollkommen gleich, als wären sie bei demselben Drechsler gear= beitet. Man müßte sie Flaconkürbiß nennen. Wie äußerst merkwürdig! Wann traten die Samen zu diesen Flaconkürbissen an's Licht? Zur Zeit der Schöpfung der Welt? Wie sonderbar, daß die Natur damals auf eine Form verfiel, welche erst Jahrtausende nachher der Mensch in den böhmischen Glas= fabriken wieder erfand! Alle die letzteren kleinen Spielarten der Kürbisse ha= ben ein trockenes holziges Fleisch, das nicht gegessen wird. Sie dienen nur zum Schmucke und Zierath. Die Apfelsinenkürbisse sieht man bei den ge= ringen Leuten überall auf den Schränken zwischen Gläsern und Tassen stehen, wie in Holland die Seeconchylien. Die Flaconkürbisse faßt man sogar hier und da ein und braucht sie wie die Kokosnüsse zu kleinen Geräthschaften. Die übrigen kauft man auf dem Markte als Spielzeug für die Kinder.

Nach den Kürbissen kann man die Gurken nennen, die ebenfalls in allen russischen Haushaltungen — nicht blos im Süden — eine so bedeutende Rolle spielen, wie wir sie nicht kennen. Nichts ißt der Russe lieber als Gurken. Bei den Vornehmen sogar wird oft zum Braten nichts als Gurken präsentirt. Ich habe oft auf meinen Reisen um Mitternacht kalte Gurken essen müssen, weil sich in der Speisekammer des Wirthshauses nichts Anderes vorräthig fand. Die Russen schelten die Griechen zuweilen „Selonnoi Grek" („du grasgrüner Grieche"), weil sie vieles Gemüse roh essen. In gewissem Grade aber trifft sie selbst dieser Vorwurf. Man sieht oft Frauen und Mäd= chen aus allen Ständen im Garten Gurken pflücken und mit Lust verspeisen. Wie sonderbar, daß solche specielle Geschmäcke, Neigungen und Vorlieben sich oft so entschieden und constant zeigen.

Vom Rettig läßt sich Aehnliches bemerken.

Von den Zwiebeln sprachen wir schon oben. Doch können wir noch den charakteristischen und durchgreifenden Unterschied zwischen den Klein = und Großrussen bemerken, daß diese die Zwiebeln wie Aepfel zum Brode abbeißen, während jene sie auf dem abgeschnittenen Brodstückchen zerdrücken und es damit beschmieren. Wenn man die Völker in ihren Sitten genau beob= achtet, so glaubt man oft ein Naturforscher zu sein, denn Alles ist bei ihnen durch Gewohnheit und durch den jedem Volke eigenthümlichen und wie ein Naturgesetz aus ihnen herauswirkenden Charakter so fest und unabänderlich be= stimmt, wie bei den Thieren. Wie das Pferd eine andere Manier hat, das Gras zu rupfen, als der Ochse, so hat auch jedes Volk seine eigene unver=

rückte Weise zu speisen u. s. w. — In dem Kochbuche der Kleinrussen findet
sich eine Zwiebelsauce als die Krone aller Saucen. Sie zerquetschen Speck,
Zwiebeln und Knoblauch, lassen es mit einander auf dem Feuer zergehen und
gießen diese Sauce über alle Speise, die von Natur trocken ist.

Die Paradiesäpfel (Pommes d'amour, Solanum Lycopersicum) gedeihen in den Baschtans zu einer seltenen Größe und Schönheit. Man sieht
sie freilich zuweilen auch bei uns, z. B. auf den Gemüsemärkten von Wien.
Allein diese Wiener Paradiesäpfel sind wahre Krüppel und Zwerge gegen die
Odessa's und der Steppe. Sie werden im Spätsommer fuderweise auf
die Odessa'schen Märkte gebracht, alle untadelig schön, hoch purpurroth und
mehr als faustdick. Es speist sie hier alle Welt, in Butter gebacken, in Saucen,
in Suppen u. s. w. Sie haben hier einen vortrefflichen, etwas säuerlichen Geschmack. Auf dem Markte diese delikaten Früchte anzusehen, erregt schon im
Voraus den Appetit und gewährt dieselbe Freude, wie der Anblick von allem
in seiner Art Vollkommenen. Hier heißt diese Frucht allgemein „Pomma-
dor," vielleicht eine Verdrehung von Pommes d'amour. Wahrscheinlich hat
sie indeß noch einen tatarischen Namen. Von Russen hörte ich auch die
Benennung „applitschane."

Zu diesem Allen kommen dann noch die „Baklajan," die auf dem Odessa'-
schen Markte, wie auf allen tatarischen Märkten der Krim sehr häufig sind.
Es ist eine dunkelviolette Frucht, in Gestalt und Größe der Gurke ähnlich. Man speist sie nur auf eine Weise, nämlich gebacken, mit einer
Fleischfarce gefüllt. Sie sind so Gemüse und Fleisch zu gleicher Zeit und
vertreten gewissermaßen die Stelle der großrussischen Pirogen (Fleischpasteten).

Von den samentragenden Gewächsen der Baschtans sind entschieden die
vornehmsten die Sonnenblumen. Diese Blume, die bei uns blos als eine
— freilich nicht eben sehr ästhetische — Art von Zierpflanze erscheint, spielt
bei den Steppenbewohnern eine nicht unbedeutende Rolle. Diese Leute, insbesondere die Kleinrussen, die überhaupt eine so nervöse Unruhe in den Zähnen haben, daß sie immer etwas zu beißen und zu knacken haben müssen,
bei denen daher, wie wir schon oben bemerkten, auch Nüsse, Johannisbrod
u. s. w. nicht unbedeutende Handelsartikel geworden sind, haben auch in ihrem
Lande noch eine Menge von Kernen zu produciren gesucht, die sie allenfalls
tändelnd zerbeißen können. Dahin gehören nun auch die Kerne der Sonnen-
blume. Es werden dieselben auf allen Ecken der Straßen und in den Dörfern
verkauft, eben so wie auch die Melonen-, Arbusen- und Kürbißkerne, und
es giebt Marktfrauen, die mit weiter nichts als mit diesen Kernen handeln.
Die Leute haben eine unglaubliche Gewandtheit, bei so kleinen Kernen die

Schale vom süßen Fleische zu sondern, und knickern und beißen oft Tage lang
so fort.   Dem, der an die Seelenwanderung glaubt, ist es klar, daß die
Kleinrussen entweder einmal aus dem Geschlechte der kernbeißenden Vögel her-
vorgingen, oder noch einmal in die sterblichen Hüllen dieser Thiere einfahren
werden. Wenn sie über Land gehen, so nehmen sie gewöhnlich eine große Son-
nenblumenscheibe unter den Arm und holen einen Kern nach dem anderen
daraus hervor.   Es gedeihen diese Pflanzen hier bis zu einer außerordentlichen
Größe.   Ich maß auf den Märkten, wo die Scheiben neben den Melonen-
haufen aufgethürmt liegen, zuweilen dergleichen von 5 Fuß im Umfange. Die
Stämme werden in den Gärten mehr als armsdick und theilen sich wie die
Bäume in viele Aeste, an denen zuweilen 20 bis 30 Scheiben hängen.
Man erkennt die Baschtans von Weitem an den gelben Sonnenblumen; denn
sie sind das Höchste, was in ihnen vorkommt.

Türkische Hirse und „Kukurus" (Mais) erscheinen in den Baschtans nur
gleichsam als Zuthat und Zierath zur Verbrämung.   Denn natürlich hat man
auch eigene große Felder für ihre Anpflanzung.

Da in den Baschtans kein perennirendes Gewächs vorkommt, sondern
Alles darin nur vom Frühlinge bis zum Herbste dauert, so werden sie alle
Jahre von Neuem angelegt. — Gewöhnlich hat jeder Steppenbewohner in
der Nähe seines Hauses oder auch im Felde seinen eigenen kleinen Baschtan,
in welchem er sich seine genannten Lieblingsfrüchte zieht.   In der Nähe der
Städte aber macht das Anlegen der Baschtans und das Pflanzen ihrer Gewächse ein eigenes, nicht unbedeutendes Gewerbe aus, mit dem sich bei Odessa
insbesondere die Bulgaren befassen.   Diese Leute miethen nahe bei der Stadt
oder auch in der Mitte der Steppe ein Stück Land, oft von 6 bis zu 15
Morgen Größe, versehen sich mit den nöthigen Sämereien, bauen sich in
der Nähe des gemietheten Landes eine Hütte und beginnen im Anfange Aprils
ihre Gartenarbeiten.   Sie wählen sich gewöhnlich hartes altes Steppenland,
weil in dem weichen mehr Unkraut wächst, brennen das Gras ab, außer dessen
Asche aber sonst kein Dünger nöthig ist, und setzen die Samen, einen jeden
zu seiner Zeit. Das Ganze ist gewöhnlich nicht in Felder eingetheilt, weßhalb
denn ein Baschtan der bunteste Gemüsegarten von der Welt ist.   Doch kommen in die Mitte gewöhnlich die Arbusen und Melonen, überall zwischen
durch die Sonnenblumen, auswärts Streifen mit Zwiebeln, auch wohl
rothen Beeten und Rüben, zwischen denen Gurken und Baklajan ranken.
Als Einfassung geben sie wohl dem Ganzen Hirse und Mais zur Um-
zäunung, oder auch eine Art von Pfeffer (Perez), dessen rothe Schoten
das Hauptgewürz in der Steppe sind, bei'm Branntwein, bei den Suppen,
bei den Saucen, zum Frühstück u. s. w.   Das Ganze umstellen sie mit einer

Menge von Fallen, der überall in den Steppen so häufigen Erdhäschen wegen, welche die Melonenkerne sehr lieben, bitten den Himmel Anfangs um
etwas Regen und nachher um andauernde Trockenheit, und lassen dann Alles
keimen, grünen, blühen und reifen. Der Arbeiten sind dabei sehr wenige,
und wenn sie in ihrer Hütte nicht schlafen, so umwandeln die „Baschtaniks"
(so nennt man diese Art von Gärtner) ihre Baschtans blos zur Bewachung.
Im Spätsommer bei'm Reifen der Melonen haben sie dieselben besonders gegen die überall in den Steppen herrenlos umherstreifenden Hunde zu schützen,
welche die Melonen (sonst aber nichts, auch nicht die Wassermelonen) mit
Begierde fressen. Anfangs Octobers ist Alles abgeerntet, und dann geht schon
wieder das Vieh auf dem Gartenboden. In guten, im Ganzen trockenen
und zur rechten Zeit feuchten Jahren lohnt sich die leichte Arbeit der Baschtaniks bedeutend. Doch geht es ihnen zuweilen auch schlimm, wenn die
Ernte mißrieth, weil ihre Auslagen für die vielen Sämereien groß sind.

Deutsche Kolonieen.

Die besondere Theilnahme, welche jeder Deutsche an dem Gedeihen und
Wohlergehen seiner deutschen Landsleute in fremden Landen nehmen muß,
und auch das allgemeine Interesse, das die deutschen Kolonieen in Rußland,
wo sie eine so merkwürdige und höchst einflußreiche Rolle spielen, jedem über
Völker- und Staatenverhältnisse Denkenden gewähren müssen, bewog mich,
nach Besichtigung der Stadt und ihrer nächsten Umgebung, meinen Aufenthalt auf einige Zeit in eine der zunächst liegenden Kolonieen zu verlegen,
um einige Bemerkungen über sie machen zu können und zu gleicher Zeit die
Gegensätze der verschiedenen Nationalitäten, welche die Steppen bevölkern,
näher in's Auge zu fassen. Ich wählte dazu Lustdorf, einen freundlichen
deutschen Ort, hart an der Küste des schwarzen Meeres, 12 Werst im Süden von Odessa, mit dessen Schulzen ich bereits wegen Quartier u. s. w.
Verabredung getroffen hatte, und so stieg ich denn eines Morgens zu Pferde,
um zu meiner Steppen-Saison-Station abzugehen.

Ich ritt durch die Gärten und Chutors Odessa's, bei der „kleinen Fontaine" vorbei, wo die Leute, wie die Danaïden, mit unaufhörlichem Wasserschöpfen beschäftigt waren, und machte zunächst Halt in einem von Kleinrussen und Moldauern bewohnten Dorfe „Funtal" (verdrehtes Wort für
„Fontaine," weil hier wieder eine Quelle war), um den Steppengarten eines
reichen Griechen zu besehen. Ich fand seinen ganzen Harem im Garten, ein
paar Jüdinnen und ein paar Griechinnen. Der deutsche Gärtner klagte mir
Gottes Klage über alle die Kabalen dieser Weiber, die er immer mit Blumen

und Früchten versehen müßte, um sich nur ihren Verläumdungen nicht
auszusetzen. Ich glaubte fast im Oriente zu sein, obgleich mich der Garten
selbst wenig daran erinnerte. Denn außerdem, daß er dem griechischen Fürsten ungeheuere Summen gekostet hatte, wie mir der Gärtner erzählte, da
man jedem Baume ein eigenes künstliches Erdreich hatte schaffen müssen,
und außer einigen hübschen Kiosks am hohen Steppenufer fand sich
wenig Besonderes. Doch konnte man die italienischen marmornen Urnen
dahin rechnen, deren fast so viele waren als Bäume. Der Herr hatte sie
alle mit weißem Kalke überstreichen lassen, weil man ihm einfältiger Weise
Urnen von verschieden gefärbtem Marmor geschickt hatte und er sie alle weiß
sehen wollte!

Von Funtal ritt ich weiter auf ein russisches Kloster zu, das ebenfalls
mit seinen weitläufigen Steppengärten dicht am Ufer lag. Die Anlage
stammte eigentlich von einem moldauischen Edelmanne her, der als Flüchtling
hierher gekommen war und durch Cultivirung und Bepflanzung dieses Erdflecks sich den Dank der Regierung erworben hatte, welche jedes Bestreben der
Art auf eine großartige Weise belohnt, ihm die ganze Anlage zu einem hohen
Preise abgekauft und dann zur Errichtung eines Klosters an Priester verschenkt
hatte. Es standen jetzt hier schon zwei neue Kirchen — die russischen Klöster
haben immer mehre Kirchen, 3, 4 bis 5 — und große, geräumige Kloster-
gebäude. Den Blumenbeeten des Gartens hatten die frommen Mönche ihre
frühere weltliche Gestalt genommen und in ihre Form allerlei Anspielungen
auf kirchliche Gegenstände zu legen gesucht. Die einen zeigten die Zeichnung
eines Kreuzes, andere eines Sternes u. s. w. Am Ufer hatten sie in ihren
müßigen Stunden in die festen Lehmschichten der Steppe ebenfalls allerlei
kleine komische Dinge ausgearbeitet, Kreuze, Pyramiden, kleine Berge, eine
Menge Plattformen, die mit Treppen verbunden waren, und Höhlen nach
Art der frommen Höhlenbewohner und Eremiten Kiew's. Sie besaßen auch
einen tiefen Brunnen, aus dem das Wasser mittels eines Tretrades ge-
schöpft wurde, und um sich selber die Mühe des Tretens zu ersparen, hatten
sie ein paar Hunde abgerichtet, welche in dem Rade galoppirten wie die
Eichhörnchen. — Das Allermerkwürdigste, was ich in diesem Kloster fand,
waren aber ein paar Inschriften, die ich auf den Marmorsteinen zweier Gräber entdeckte und mit eben solchem Vergnügen, wie ein Antiquar In-
scriptionen unter den Ruinen von Carthago, copirte, weil mir ihr Inhalt so
ganz und gar den kindlichen Geist der russischen Volkspoesie und Denkweise
enthüllte. Auf dem einen Marmorsteine, unter dem der verheirathete Sohn
zweier noch lebenden Aeltern begraben lag, war mit großen goldenen Zügen
Folgendes eingehauen:

„Mutter: Wohin haſt du dich verborgen, o Licht meiner Augen?"

„Vater: Warum entflieht das Neſtjunge *) ſeinen Alten?"

„Frau: Ach du warſt mir lieber als die Lichter der Sonne!" **)

„Alle zuſammen: Aber zu Gott hat unſer Sohn (Freund) ſeinen Flug
„genommen. — Nimm, o Gott, ſeinen Geiſt zum Frieden auf in deinen geſegneten
„Berghimmeln ***), und möge uns der heilige Geiſt ſeines Schutzengels ****)
„in unſerem tiefen Kummer tröſten."

„Dem Sohne der alte Vater, zweiter Gilde Kaufmann Peter Sſomlew,
„die gute Mutter und die liebe Frau."

Dieſe ganze Inſchrift bezeichnete ſo vielfach ruſſiſchen Geiſt und ruſſiſche
Sitten, daß ich ſchwerlich eine beſſere finden konnte. Doch fand ich noch
eine faſt eben ſo rührende nahe dabei, ebenfalls auf einem großen Marmor-
ſteine mit goldenen Buchſtaben:

„Hier liegt Sſawa Peter's Sohn."

„Du ſchläfſt, geliebter Sohn! Aber deine Mutter wacht weinend. Sie be-
„deckt dich mit dieſem Steine, und dein trauriger Vater ſeufzt tief aus ſeiner Seele
„und ſpricht: Wohin iſt mein Sſawa gegangen? Will er nicht mehr auf dem
„Schooße ſeines Vaters ſpielen? Ach ſie haben ihn mit dieſem Steine bedeckt!
„Seine Aeltern blieben in blühenden Jahren zurück und ſein Schweſterchen Ak-
„ſinia. Er ſtarb den 6ten Juli 1833."

Kann man ſich eine rührendere Inſchrift auf ſeinem eigenen Grabe
wünſchen? Es iſt, als wenn ſie unmittelbar aus dem Herzen auf den Stein
gefloſſen wäre. Der alte Mönch, der bei mir ſtand, wollte ſich halb todt
lachen, daß ich mir ſo viele Mühe mit dieſen „puſtäki", „Narrenpoſſen,"
wie er ſie nannte, gäbe.

Das Kloſter liegt auf einer Art von ſchwach in's Meer hervortretender
Halbinſel und auf der Spitze dieſer Halbinſel iſt ein für Odeſſa ſehr wichtiger Leuchtthurm erbaut. Das Glas auf dieſem Leuchtthurme gab man für
engliſches aus. Doch zweifelte ich daran, denn es hatte mehre Bläschen
und Fehler. Dieß ſollte nicht ſein. Denn bei einem Leuchtthurme können
oft ein paar Flecke im Glaſe das Wohl eines Schiffs entſcheiden. Ohne die
Flecke wäre das Licht vielleicht noch ein paar hundert Schritte weiter auf der
See ſichtbar geweſen; ein Schiff würde ſich dann nicht verirrt haben und
nicht auf der entgegengeſetzten Küſte geſtrandet ſein. Man ſieht von hieraus
zu Zeiten bei recht klarem Wetter den Leuchtthurm auf der gegenüber liegenden

---

*) „Ptenzi," Neſtkinder der Vögel.
**) „ſſolnitſchnich lutſchei," „die ſonnigen Lichter."
***) „w' gornich nebeſſach twoich," „in deinen bergigen Himmeln."
Das ruſſiſche Volk denkt ſich den Himmel immer auf Berggipfeln.
****) Die Ruſſen glauben, daß jeder Menſch einen „Angel chranitel,"
„Schutzengel," im Himmel habe. Es giebt ſo viele Schutzengel, als es chriſtliche
Namen giebt, ſo daß alſo alle Alexander zum Beiſpiele denſelben Schutzengel ha-
ben und ſo alle Georg u. ſ. w.

Spitze von „Tendra." Die Klosterhalbinsel ist ben Schiffen gefährlich und war ihnen früher häufig verderblich, weil eine zerstörte Verlängerung von ihr als Sandbank noch weit in's Meer hinausragt.

Vom Kloster aus ritt ich nun vom hohen Steppenufer hinunter auf einem kleinen Fußpfade, der zwischen dem hohen Rande der Steppe und dem noch tieferen Strande des Meeres in der Mitte über alle ehemals vom zerrissenen Steppenplateau herabgefallenen Landmassen, mit einem Worte, nach unserer obigen Erklärung in den „Obruiven" hinführte. Die verschie= denen Schichtenstücke hatten sich allmählig wieder mit Vegetation bedeckt, und zwischen den hohen üppigen Unkräutern standen hier, vor den schlimmen Einflüssen der nackten Steppe geschützt, viele Hollunderfträuche, Weiß= dornbüsche, Brombeeren und selbst einige Bäume, zwischen denen sich der Fußpfad auf= und niederwand. Zur Linken hatte ich unter mir die Brandung und weiterhin die unabsehbare Fläche des Meeres, auf welchem sich mehre Fahrzeuge zeigten, die ihres Weges von dem Bosphorus herzogen. Denn die große vielbefahrene Handelsstraße auf Konstantinopel ging hier nahe am Ufer vorüber. Zur Rechten hatte ich das schroff ansteigende Steppenplateau, dessen Abfall von einer Menge von Habichten, Dohlen, Eulen und anderen Vö= geln belebt war, die hier ihre Nester an völlig unzugänglichen Stellen, Höhle bei Höhle, gebaut hatten. Der schroffe, von aller Vegetation entblößte Ab= hang zeigte deutlich alle die verschiedenen Schichten, aus denen in dem Laufe der Jahrtausende bis auf unsere Zeit sich das Plateau der Steppe erbaut hat, oben anderthalb Ellen schönen fetten Humus, gleich darunter 3 bis 4 Ellen dick die fatale, unheilbringende Kalkerdeschicht, darunter einige Klaftern dick einen gelben Lehm, alsdann 5 bis 6 Klaftern tief einen rothen Lehm, unter diesem eben so dick und noch mächtiger jenes mürbe Muschelkalklager, aus dem die Stadt Odessa erbaut ist, und unter diesem bis an's Ufer des Meeres einen festen blauen Thon. Alle die oberen Schichten, selbst den Kalkstein, durchsickert das darauf niederschlagende Wasser und bleibt erst auf dem blauen Thone stehen, auf dem es sich sammelt. Daher müssen auch alle Brunnen, die man gräbt, wenigstens bis auf diesen Thon hinabgehen, und eben deßhalb kommen auch alle Quellen nach dem Meere zu über dem blauen Thon zu Tage und fließen über ihm, wie auf einer undurchdringlichen Unterlage, ab. Der blaue Thon ist die letzte Schicht, welche man durch Ausgrabungen kennt, weil kein Interesse — als höchstens ein wissenschaftliches — die Leute veranlassen konnte, tiefer zu graben. Auch setzt sich dieser blaue Thon selbst unter das Meer fort, das in ihm hier wie in einem Thonbecken ruht und dessen Bran= dung ihn überall bespült, wo er nicht von dem aus anderen Gegenden her= beigeführten Trümmersande bedeckt ist. Auch bildet eben dieser Thon den

Ankergrund der Odessa'schen Schiffe. Die außerordentliche Einförmigkeit der oberen Fläche der Steppe kann nur eine Folge der inneren Einförmigkeit ihres geognostischen Baues sein. Es läßt sich daher umgekehrt aus jener oberen Fläche auf allgemeine Gleichförmigkeit dieses Baues schließen. Die Lage der Schichten, wie wir sie hier kennen lernten, mag daher durchweg in der ganzen Steppe ungefähr dieselbe sein, nur mit dem Unterschiede, daß vielleicht die eine Schicht hier etwas stärker, dort etwas schwächer ist, oder die eine und andere hier und da ganz verschwindet.

Es gab allerdings einen breiteren Weg zu meiner deutschen Kolonie, allein ich zog den schmäleren und einsameren vor und freute mich hier unendlich, mich in einer Gegend zu befinden, die von wenigen Leuten betreten wird, in der ich keinen Eigenthümer entdeckte, die gewiß noch von keinem Reisenden beschrieben wurde, und wo ich mich also eine Zeit lang vollkommen als Herrn und sogar als ersten Entdecker und Beschreiber betrachten konnte. Solche Striche sind in der jetzigen Zeit rar, und ich ließ daher in meinem neuen Besitzthume und entdeckten Königreiche meinen Braunen einen ganz gemüthlichen Schritt hintraben, längs der hohen Mauer des Steppenplateaus, das mich der ganzen übrigen Welt entzog. Ach', welch' seliges Glück, so als sein eigener Herr in einem kleinen Küstenkönigreiche mit dem Meere, dem Himmel und sich selber allein und von aller Welt durch eine nur Vögeln zugängige Mauer geschieden zu sein, besonders für Einen, der, wie ich, bei der Vertheilung der Erdoberfläche zu spät kam und nie einen Quadratschuh Erde besessen, vielmehr sich immer als ein besitzloser Pilger darauf umhergetrieben hat! — Doch was sehe ich? Dennoch auch hier ein Besitzer, ein fremder Eigenthümer in meinem Reiche? mitten in den wilden, zerrissenen und buschigen Obruiven?

Glücklicherweise war es kein Palast, sondern nur eine bescheidene Hütte eines einsamen Kolonisten, die mir von ferne zuwinkte. Ich ließ es mir gefallen, denn da kam nur der Pilgrim zum Eremiten. Eine kleine rauchende Hütte, mit einem geräumigen Plätzchen umgeben, ordentlich eingehägt, rund umher Stallung und grasendes Vieh, nebst einem bescheidenen Obstgarten, und dieß Alles hoch auf der Stirn einer großen, vor Jahrhunderten vom Steppenplateau herabgestürzten Trümmermasse, die jetzt fest lag und sich unbeweglich von den wilden Wogen der Brandung umspülen ließ, ähnlich wie Rainaud's Chutor bei Odessa. Mein Weg führte mich an die Pforte des Hofes, und ein bulgarischer Kolonist trat daraus hervor, sie mir zu öffnen. Ich ließ mich eine Zeit lang bei den guten Leuten nieder. Denn obgleich der Abend bereits in den Obruiven eingetreten war, und die Sonne, die für uns schon hinter der Steppenwand untergegangen war, nur noch die ent-

9 *

fernteſten weißen Segel der Schiffe beleuchtete, ſo war mir doch dieſe An=
ſiedelung zu intereſſant und ich hatte bis zu meiner Kolonie nicht mehr weit.

Die Bulgaren haben den allgemeinen Ruf in der ganzen Steppe, daß
ſie die Leute ſind, welche ſich am meiſten mit Arbeit plagen. Sie ſollen ſelbſt
oft noch fleißiger als die Deutſchen ſein. Dabei ſind ſie die ſtrengſten Haus=
halter unter allen hier angeſiedelten Völkern, halten auf jeden Kopeken, ver=
ſchwenden nicht, trinken und ſpielen nicht. Dieſe bei Vielen löbliche Spar=
ſamkeit artet aber auch oft bei Anderen in ſchmuzigen Geiz aus. Sie leben,
wenn ſie auch noch ſo reich ſind, in kleinen Semlánken (Erdwohnungen)
und verſcharren ihr Geld ſo, daß weder die Frau noch die Brüder und Kin=
der von den Schätzen des Hausherrn wiſſen. „Ein Bulgar," ſagte mir ein=
mal ein Deutſcher, der mehr ihre Schattenſeite aufgefaßt hatte, „arbeitet wie
ein Pferd, ſchleppt zuſammen wie eine Elſter und lebt wie ein Schwein." —
Die Viehzucht und der Viehhandel ſind ihre liebſten Beſchäftigungen, und ſie
ſind — die großen Grundbeſitzer natürlich ausgenommen — die größten Herden=
eigenthümer der Steppe. Es wurden mir Bulgaren namhaft gemacht, die
7000 bis 12,000 Ochſen und dabei noch große Schafherden beſaßen. Außer=
dem ſahen wir auch ſchon, daß ſie ſehr häufig die Baſchtaniks dieſer Gegen=
den ſind.

Ein ſolcher war auch mein Wirth. Ich fragte ihn, wie es ihm ginge:
„Slawa Bogu! proshiwom tak pa malenku," ſagte er in ziemlich geláu=
figem Ruſſiſch: „Ruhm ſei Gott! wir leben ſo bei klein Bißchen!" — Dieß
iſt eine eigenthümliche Redensart der Ruſſen, die ſie ganz und gar charakteri=
ſirt. Sie leben „bei klein Bißchen," unbekümmert um die Zukunft, „brocken=
„weiſe," ſo wie ihnen die Augenblicke aus dem Stundenglaſe zutröpfeln. Frei=
lich leben wir Menſchen alle ſo nur „pa malenku," und es wäre in der That
der Mühe werth, dieſe Idee und Redensart in alle Sprachen zu übertragen.
Denn das Leben wäre ja auch in ſeiner völligen bitteren Ganzheit nicht zu
verdauen, wenn wir dieſe Laſt nicht brockenweiſe aufnehmen wollten. Der
immer mit ſeinem ſorgenvollen Gemüthe in die Zukunft hinausgehende Deut=
ſche thut dieß nicht. Daher macht er ſich viele trübe Stunden. Der Ruſſe
verſteht es von allen Nationen am beſten. Daher lebt er ſelbſt in der ge=
drückteſten Lage froh und zufrieden. Wenn man den Ruſſen fragt: „Wie
„lebſt Du?" ſo antwortet er faſt nie etwas Anderes als: „Slawa bogu! tak
„pa malenku!" Auch das „Slawa bogu," das die Ruſſen allen Antworten
vorſetzen und mit dem ſie bei Allem Gott den Ruhm geben, iſt charakteri=
ſtiſch für ſie. Sie ſind in dieſer Hinſicht von eben ſo religiöſen Sitten und
frommen Redeweiſen wie die, auch ſich beſtändig in der Idee von Gott be=
wegenden und ſeinen Einfluß in den unbedeutendſten Ereigniſſen des täg=

lichen Lebens erkennenden Mohammedaner. Mein Bulgar sprach ganz
so wie die Russen *). „Ihr habt hübsche Kühe, wie ich sehe?“ sagte ich zu
ihm. „Slawa Bogu! schest.“ (Ruhm sei Gott, sechs), „und Euer Hühner-
„volk gedeiht?“ — „Ruhm sei Gott, sie mehren sich.“ — Dabei fiel mir ein
russischer Kaufmann ein, den ich einmal auf einem Markte fragte, wie er in
dieser Messe gehandelt habe. „Slawa Bogu, otschen plocho!“ war seine
Antwort. „Ruhm sei Gott, hundsgemein.“ Als ich ihn fragte, warum er
denn sage: „Ruhm sei Gott,“ wenn er so schlecht gehandelt habe, antwortete er: „Weil man Gott für Alles rühmen müsse, für das Gute, wie
„für das Schlechte.“ Ich dachte damals an die alten Skythen, über deren
Sitten- und Denksprüche sich schon die Hellenen wunderten.

In der Hütte fanden wir die Bulgarin, seine Frau, die mehr bulgarisch
geblieben war als er, wie denn die Frauen immer in ihren stillen Kreisen
das Nationale länger bewahren und hegen als die Männer. In Ermangelung
von Kindern, denn ihre Ehe war kinderlos geblieben, spielte sie mit ihrem
knurrenden „Basilius“ und ihrer lieben häuslichen „Marie,“ oder, wie die
Russen diese Namen abkürzen und verdrehen, mit „Waschka“ und „Maschka.“
Diese beiden Namen haben nämlich in ganz Rußland die Hauskatze und ihr
Herr Gemahl erhalten, die stets den heimlichen Platz auf dem Ofen einnehmen, von sehr friedlicher und zuthätiger Gemüthsart sind und von ihrem
Hausherrn durchweg sehr geschätzt werden. Die Stube war, wie es in der
Steppe Sitte ist, hoch mit Gras ausgestreut und rund umher mit allerlei
kreuzweise über einander genagelten Blumen und wohlriechenden Kräutern aus-
geschmückt, besonders in der Nähe des Heiligenbildes, wo ein kleines freund-
liches Lämpchen brannte. Da ich den beiden Lieblingen der Hausfrau, dem
Basilius und der Marie, auch ein wenig schmeichelte, so erhielt ich auch bei'm
Abschiede einen Strauß Thymian oder „Tscheptschek,“ wie sie es bulgarisch nannten, zum Geschenke und mußte mich damit ausschmücken. Auch
tractirten sie mich gastfreundlich mit Milch, obgleich man sonst sagt, daß die
Bulgaren weniger gastfreundlich sind als die Russen. Man pflegt in dieser
Beziehung die Nationen der Steppe so zu ordnen: Großrussen und Kleinrussen stehen als die gastfreundlichsten obenan; dann kommen die Bulgaren
und Deutschen; die Griechen und Moldawaner kommen zuletzt. Alle Bulgaren, die ich zu sehen bekam, glichen in allen Stücken außerordentlich den
Kleinrussen, sowohl in ihrer Person, Kleidung, ihrem Körperbau, Bart und
ihrer Coiffure, als auch in ihren häuslichen Einrichtungen, und gewiß sind diese

*) Die Bulgaren sind auch in Bezug auf Völkerverwandtschaft die nächsten
Brüder der Kleinrussen.

Nationen sehr nahe mit einander verwandt. Es giebt in der Umgegend von
Odessa allein 10 bis 12 bulgarische Kolonieen. Ich fragte den Bulgar, der,
nebenbei gesagt, sehr gesprächig war, warum er sein Vaterland verlassen habe,
ob es ihm dort schlecht gegangen sei. „O nein," sagte er, „aber wie das so
„geht. Man weiß selbst nicht recht zu sagen, wie es geht. Bei uns schrie
„damals alle Welt, Rußland sei das gelobte Land. Da bekäme man große
„Ländereien geschenkt, ohne Zins und Abgaben, Kühe, Pferde, Gänse,
„Hühner, Alles umsonst dazu. Russija! Russija! hieß es, da müssen wir
„hin! Der Nachbar ging, der Bruder ging, und so ging ich auch mit. Wäre
„ich dort geblieben, so wäre es mir vielleicht besser gewesen." — Ich nahm Abschied von den guten Leuten und trabte meines Weges weiter, indem mir das
Geschrei: „Russija! Russija!" noch in den Ohren forttönte, welches jetzt
ein allgemeines Weltgeschrei zu werden droht. Großer Gott! Wie weit geht
nicht jetzt der Name Russija. Es ist der Ruf von mehr als 100 Völkern des
Erdbodens, die ihn verehren, und von hundert andern, die ihn fürchten.

Bald darauf betrat ich das Gebiet meiner deutschen Kolonie Lustdorf.
An ihrer Gränze kam ich zunächst an eine schöne Quelle, an welcher man
eine Wollenwäscherei erbaut hatte. Die Quelle war, wie mir die Leute erzählten, lange streitig gewesen zwischen dem Kloster und der Kolonie, und
beide hatten einen Proceß darum geführt, der bis nach Petersburg gegangen und
dort zu Gunsten der Kolonie entschieden worden war. Obgleich die Quelle nur
armsdick war, so zogen die Kolonisten doch ein Einkommen von 500 Rubeln
daraus, denn so viel mußte ihnen der Odessa'sche Kaufmann, dem die Wol-
lenwäsche gehörte, Pacht bezahlen. Es war noch hell genug, um deutlich zu
sehen, daß die Quelle unmittelbar auf dem blauen Thone abfloß. Von dem
Kalksteine über ihm hatte sie eine kleine Höhle ausgespült.

Mit Eintritt der Dunkelheit kamen mein Brauner und ich endlich an
dem kleinen Liman an, an dessen Ufern auf der hohen Steppe Lustdorf liegt.
Ich ritt hier vom Meeresufer hinauf und fand bei dem Schulzen meine beiden
Zimmerchen schon in freundlicher Bereitschaft und die guten Leutchen mich
längst erwartend.

Der „Gospodin Schulz," wie die umwohnenden Russen, die eine große
Hochachtung vor den Schulzen der deutschen Kolonieen an den Tag legen,
und sie wohl gar nicht selten „Wasche Blagorodie," „Euer Wohlgeboren,"
anreden — der Herr Schulz also war ein sehr achtungswerther und verstän-
diger Mann, Herr Lang mit Namen, der während der Zeit meines Ver-
weilens in seinem freundlichen Hause mein aufrichtiger Freund und in Bezug
auf so manche interessante Verhältnisse des Landes mein Lehrer wurde. Er
hatte eine Frau, die mit wackerer und unermüdlicher Thätigkeit sich des

inneren Haus= und Kinderregiments annahm und meine Küche zu besorgen ver=
sprach, und eine siebenzehnjährige schmucke Tochter, Bäbele, die meine Aufwär=
terin und mein Stubenmädchen sein sollte. Auch die alte Mutter des Schulzen
war noch unter den Lebenden, eine siebenzigjährige Frau, die schon als vierzig=
jährige in's Land gekommen war und daher noch das Schwäbische so rein und
lauter sprach, als wäre sie eben frisch vom Neckar angelangt. Sie lebte nun
nach dem Tode ihres Mannes den Rest ihrer Tage bei ihrem Sohne und
stopfte ihren jüngern Enkeln die Strümpfe und Kleider, las den Salat aus
für die Küche, schälte Kartoffeln, palte Bohnen und Erbsen und las alle
Abende in der Bibel.

„Sehr auffallend," sagt ein gewisser deutscher Reisender in Rußland,
„sehr auffallend war mir der deutsche Dialekt, als ich mich bei Sarepta den
„Ufern der Wolga näherte." In der That schlägt einem Deutschen das Herz
warm, wenn er sich so lange unter allerlei Fremden umhergetrieben hat, und
nun auf einmal so mitten unter lauter liebe Landsleute und vaterländische
Einrichtungen kommt, wie in ein kleines Stückchen seiner geliebten Heimath
mitten in entfernter Wüste. Ich war wie zu Hause bei den guten Leuten,
die Alles thaten, mir den Aufenthalt bei ihnen angenehm zu machen. Mein
Zimmerchen hatte Sopha, Tisch und Stühle, und die Fenster waren mit
Geranien und kleinen Myrthen geziert. Auf der einen Seite blickte ich in den
kleinen Blumengarten meiner einstweiligen Lebensfreundin Bäbele und auf
der anderen in den Hof der Wirthschaft, wo der Schulz und ich noch den=
selben Abend ein Zelt arrangirten, unter dem ich Morgens meinen Kaffee ein=
nehmen wollte. In meiner Schlafkammer war freilich nur ein Strohbett,
allein ich sah bald, daß herrlich darauf zu schlafen wäre.

Nachdem ich mit dem Schulzen noch einen Abendspaziergang in seinen
Weingarten gemacht und seine Wirthschaft etwas übersehen hatte, lud mich
seine Frau zu Holderküchle und Milch ein, die Bäbele schon in meinem
Zimmer servirt hatte, und ich meinerseits lud wieder den Schulzen ein, sie
mit mir zu verspeisen, und er blieb seit der Zeit mein täglicher Tisch= und
Gesprächsgenosse und mein beständiger Begleiter auf allen meinen Spazier=
gängen und Ausfahrten. Jene „Holderküchle" sind ein schwäbisches Gericht.
Sie sammeln dazu die Blüthen des Hollunders am Meeresstrande, tauchen
die ganze Dolde in einen Eier= und Mehlteig, backen sie so mit Butter und
verspeisen sie mit Zucker und Appetit. Dieß thaten denn auch wir, und
der Schulze erzählte mir dabei die Geschichte eines Schiffbruchs, der sich hier
im letzten Herbst ereignet hatte, und dessen traurige Ueberbleibsel, einen zer=
störten Schiffsrumpf, ich im Vorüberreiten im Sande bemerkt hatte.

Ich traute bei der Erzählung dieses Schiffbruchs meinen Ohren kaum.

Denn es kam darin so viel von Eis, Schnee, Kälte und erfrorenen Engländern vor, daß ich glaubte, der Schulz habe Kapitän Roßens Reise in die Baf-
fins=Bai gelesen, und erzähle mir ein Stückchen nach dem Modell derselben.
Allein er versicherte mir, daß Schiffbrüche in Eis und Schnee an dieser Küste
gar nichts Seltenes seien, und tischte mir gleich noch ein paar ähnliche Geschichten aus früheren Herbsten auf, die ich ihm nacherzähle, weil sie zur Charakteristik dieses Landes beitragen können, wo insbesondere auch die Quaran-
täne=Gesetze es so schwierig machen, den unglücklichen Schiffern Hülfe zu
bringen.

Im Herbste 1836, wo schon im Anfange Decembers das Meer bis sieben
Werst weit von der Küste zugefroren war, wurde ein griechisches Fahrzeug
von einem starken Nordostwinde in das Eis der Küste getrieben, blieb darin
stecken und fror fest. Die Schiffer gaben das Schiff verloren und suchten
sich über das Eis auf das Ufer zu retten. Während ihrer Reise auf dem Eise
wurde aber die Bewegung des Meeres so stark, daß die Decke zerbrach, und
die armen Schiffer auf den Eisschollen in die größte Noth geriethen. Einige
suchten sich zu dem Schiffe zurückzuretten, allein auch dieses schwankte bereits
wieder auf den Wellen, und vor und hinter ihnen war ihnen der Weg abge-
schnitten. Man bemerkte ihre Noth vom Ufer, und auch hier war guter
Rath zur Hülfe theuer, um so mehr, da die ganze Mannschaft des Schiffes
sich bald auf verschiedenen Eisschollen zerstreut hatte. Doch machten sich
ein paar Kosacken und ein paar deutsche Kolonisten, jede Partie mit 3 Bretern und Stangen versehen, in verschiedenen Richtungen auf's Eis hinaus.
Mit großer Kühnheit schoben sie überall, wo sie Lücken zwischen den Schollen
fanden, ein Bret über diese hinaus und balancirten über diesen schwanken-
den Bretern hinüber, indem sie überall die größten und zusammenhängend-
sten Eismassen aussuchten. Es gelang auf diese Weise den kühnen Kosacken,
zu drei Griechen sich hinzuarbeiten, denen sie ihre Stangen und ein Bret zu-
warfen, und die sich dann auf dieselbe Weise zu dem Ufer retteten. Die
Deutschen waren weniger glücklich. Sie arbeiteten auf eine Eismasse los,
auf welcher der griechische Kapitän, der Steuermann und ein Matrose standen. Allein es fand sich zuletzt eine so breite, eislose Lücke, daß die Breter
zur Brücke nicht hinreichten. Die Eisscholle, auf der die unglücklichen Schiffer standen, entfernte sich immer mehr in die See hinaus, und endlich entschlossen sich diese, in's Wasser zu springen und zu den Deutschen hinanzu-
schwimmen. Sie zogen ihre Kleider aus; der Kapitän band sich seinen Geld-
sack um den Leib und sie schwammen heran. Allein nur der Matrose kam
durch. Dem Steuermanne und dem Kapitän kam eine auf den Wellen tanzende
Eisscholle entgegen, unter der sie verschwanden, und eine Beute der Wellen

und Fische wurden. Die Matrosen sagten nachher, Gott habe diese Eisschollen ihnen zur Strafe geschickt, denn die Beiden hätten das Schiff mit
Fleiß in's Eis geführt, in der Hoffnung, sich mit ihrem Gelde zu retten und
das Schiff, das nur 6000 Rubel werth, aber zu 14,000 Rubeln versichert
gewesen, los zu werden. Indessen war es dunkel geworden, und doch hörte
man noch mehre Stimmen auf dem Eise wimmern. Da aber mittlerweile
zwischen den Eisschollen große Lücken entstanden waren, so war es möglich,
mit einem Boote durchzukommen. Die Kosacken warfen sich daher in einen
Barkaß (Boot), fuhren in die Dunkelheit, indem sie nach dem Geschrei der
Unglücklichen lauschten, hinaus, und fischten sie halb erstarrt auf. Alle, außer
jenen Beiden, wurden gerettet, am Ufer erwärmt und in die Quarantäne
gebracht.

Ein ander Mal, in der Mitte Octobers, ich weiß nicht, welchen Jahres,
war ein starkes Schneegestöber mit Sturm, und alle Leute hielten Häuser
und Thüren zu. Als mein Schulz von L u ß t d o r f aber zufällig, um nach
dem Wetter zu sehen, seine Thür öffnete, erblickte er zwei fremde Männer
von betrübtem Aussehen, die er sogleich für englische Matrosen erkannte, und
die sich ihm näherten. Er befahl ihnen, sich der Pest erinnernd, mit Pantomimen und Worten, sogleich zu stehen und nichts zu berühren. Die Leute
gaben ihm durch Zeichen zu verstehen, daß sie Schiffbrüchige wären, und daß
sich am Meere noch mehre von ihnen befänden. Er sperrte sie einstweilen
in ein leer stehendes Nebenhaus ein, wo seine Frau sie mit dem Nöthigen
durch's Fenster versah. Dann brachte er das Dorf auf, und sie eilten zum
Strande. Sie fanden hier acht arme halb erfrorene Engländer, die sich vergebens abquälten, an den hohen, mit Eiszacken und Schnee behangenen Step-
penufern emporzuklimmen. Man warf ihnen Stricke zu und lootste sie mit
Mühe herauf. Denn die Leute waren schon matt geworden und fielen von
den Stricken wieder herunter. Die Geretteten wurden gleich auf einen bestimmten Platz gewiesen, wo sie in gemessener Entfernung niederkauern
mußten, um keinen der Kolonisten zu berühren. Das Schiff lag, von den
Wellen ganz aus dem Wasser herausgeworfen, in dem Schnee und Sande
des Ufers. Es befanden sich auf ihm noch der Kapitän, der Steuermann und
der Schiffszimmermann. Die beiden Letzteren hatten sich schon matt und halb
erstarrt hingesetzt. Der Kapitän machte sich noch auf dem Rande des
Schiff's Bewegung. Man deutete ihm an, er sollte sich auch heraufziehen lassen. Aber er erklärte, er könne seine Kiste nicht verlassen, die seine Schiffspa-
piere und sein Geld enthielte, und sie zu heben oder zu öffnen sei er zu schwach.
Die Kolonisten durften sich der Pest wegen nicht an das Schiff wagen, das
hinten von der Brandung zertrümmernde Stöße erhielt. Der Kapitän wollte

ſeine Papiere nicht verlaſſen, die beiden Anderen konnten ſich nicht rühren,
und alle drei ſchienen dem Untergange geweiht.   Da kam auf die ſogleich
vom Schulzen abgefertigte Botſchaft noch zur rechten Zeit Peſtmannſchaft
von der Quarantäne, die an Bord eilte, und den Reſt der noch athmenden
Seelen rettete.

Eben ſo ſchlimm klangen die Geſchichten von den zur Winterszeit in der
Steppe Verirrten und bei Nacht oder Nebel an dem fatalen hohen Steppenrande Herabgeſtürzten und Verunglückten, an dem man gleichmäßig von der
See, wie von den Steppen aus ſcheitert, ſo wie ſeine Leuchtthürme ſo wohl
auf der See als auf der Steppe als Wegweiſer dienen, und ſo wie auch die
Galletti in Odeſſa gleichmäßig für die Steppe, wie für die See gebacken
werden. — Unter ſolchen Erzählungen näherte ſich die erſte Nacht in meinem
mir ſpäter ſo lieb gewordenen Luſtdorf. Es war noch dazu gerade ein Sonnabend, ſeit alten Zeiten mir der liebſte Abend der Woche. Sehr „auffallend
war es mir, den deutſchen Dialekt" auch im Geſange zu vernehmen. Die
deutſchen jungen Burſchen ſaßen die halbe Nacht zuſammen und ſangen alte
deutſche Lieder z. B. „Freu't Euch des Lebens," „Es ritten drei Reiter zum Thore
hinaus" und andere, die ich ſeit langen Jahren nicht gehört hatte, und von denen
ich mir nicht hatte träumen laſſen, daß ich ſie am Geſtade des ungaſtlichen
Pontus zunächſt wieder hören ſollte. Wie ich mir gedacht hatte, ſchlief ich
auf meinem Strohe vortrefflich — ich hatte auf ruſſiſchen Poſtſtationen ſchon
härter gelegen — und als am anderen Morgen die freundliche Bäbele mir die
Laden öffnete, und eine ſo ſonntägliche Sonne neben ihr in's Fenſter ſchien,
auch der Schulmeiſter gleich darauf den Sonntag einläutete, war mir ſo hei=
mathlich zu Muthe, daß ich — ja daß ich mit Entzücken zum dampfenden
Kaffee griff, mir recht deutſch eine Taſſe nach der anderen wohlſchmecken
ließ, und mir dann auf einem Morgenſpaziergange die Kolonie beſah.

Die Koloniſten hatten bei der erſten Gründung ihres Dorfes ihm den
Namen „Kaiſerheim" gegeben. Als aber der Herzog von Richelieu einmal
auf einem Spazierritte hierher kam und näher über dieſen Namen nachdachte,
fand er es unpaſſend, daß man ohne weitere Veranlaſſung und ohne beſondere
Bewilligung vom Kaiſer dieſen Namen gewählt habe, und bat die Koloniſten, ſich lieber einen anderen zu nehmen, und dieſe tauften dann ihr Dorf
ſo um, wie es jetzt noch heißt. Die Häuſer des Orts ſind alle recht nett gebaut, freilich nur einſtöckig und aus dem mürben Muſchelkalkſtein, aber
alle ordentlich gehalten, mit freundlichen grünen Läden vor den Fenſtern, und
mit geräumigen Zimmern. Zu letzteren hat freilich Luſtdorf eine beſondere
Veranlaſſung, da es im Sommer häufig von Badegäſten beſucht wird, die
ſich hier einmiethen und die Seebäder gebrauchen. Doch bezeichnet es hübſch

das Fortschreiten der Kolonie, daß dieß in den 30 Jahren ihres Bestandes schon die dritte innere verbesserte Bauart war. Anfangs hatten sie von der Regierung nur windige und schlechte Schilfhäuser bekommen, in denen sie im Winter vor Kälte umkamen. Darauf gruben sie sich, den Russen nachahmend, in die Erde und bauten sich Erdhütten. Endlich, als sie ihre Geschäfte besser geordnet hatten und wohlhabender geworden waren, arbeiteten sie sich dann zu ihren jetzigen stattlichen Wohnungen empor. Ganz derselbe Gang fand in anderen deutschen Kolonieen statt, die ich später kennen zu lernen Gelegenheit fand. Die Häuser liegen zu beiden Seiten einer breiten Straße, jedes von geräumigen Gehöften umgeben. Hinter den Häusern liegen die unbedeckte Tenne, die eben so unbedeckten „Skirten" (Haufen) des Getreides, Strohes und Heues, und hinter diesen kommen die Wein=, Obst= und Gemüsegärten. Die Straße des Dorfes ist mit schönen Akazien bepflanzt, und vor den Fenstern eines jeden Hauses ohne Ausnahme befindet sich ein kleiner, nett unterhaltener Blumengarten, dessen Bepflanzung immer den erwachsenen Töchtern des Hauses obliegt. Diese standen jetzt am Sonntagmorgen in hübscher reinlicher Kleidung am Zaune und theilten ihren Lieblingen unter den jungen Burschen des Dorfes, die sich auf der Straße herumtrieben und mit den Mädchen scherzten, Rittersporn und Levkojen aus.

Als der Schulmeister zum zweiten Male läutete, trat die alte neunzigjährige Mutter des Schulzen mit weißer Haube und weißer Schürze über blauem Kattunkleide aus dem Hause hervor, um zur Kirche zu gehen. Ich geleitete sie dahin, sie erzählte mir unterweges, daß es lange gedauert und Vielen das Leben gekostet hätte, bis die Kolonie in so guten Stand gekommen, wie ich sie jetzt sähe. Die Noth der ersten Zeit der Ansiedelung wäre groß gewesen, und sie wäre noch eine von den Wenigen, die jene Stürme überlebt hätten. Die meisten Deutschen wären schon vorher umgekommen, ehe sie noch einmal das für sie angewiesene Land hätten in Besitz nehmen können. Ihre Reise nach Rußland allein schon sei schrecklich gewesen. Sie habe zwei Sommer und einen Winter gedauert. Eine Partie sei die Donau hinuntergegangen bis an die Mündung. Dieser sei es am schlimmsten ergangen. Denn in der Donau=Mündung seien böse Krankheiten unter ihnen ausgebrochen, die einen großen Theil von ihnen aufgerieben. Die andere Partie sei über Wien, Mähren und Gallizien gegangen, habe in letzterem Lande überwintert und dann den Weg über Podolien fortgesetzt. Anfangs hätten sie, die Frauen, alle erschreckliche Furcht vor den Russen gehabt, und sie schrecke noch immer ein wenig zusammen, wenn unerwartet ein Russe in's Zimmer träte. Dazu sei noch die Furcht vor den Türken gekommen, die damals noch im Besitze der anderen Seite des Dniestr gewesen wären. Sie hätten immer

jedes Schiff, das herangesegelt wäre, für die raubsüchtige türkische Flotte ange=
sehen. — Das Schlimmste, sagte der Schulz, der auch mit uns ging, sei aber
gewesen, daß sie an Ort und Stelle beinahe so gut wie gar nichts vorbereitet
gefunden hätten.   Das Land sei freilich da gewesen, für jede der 40 im Orte
angesiedelten Wirthschaften 25 Diſſiätin, aber die Häuser seien so schlecht
gewesen, daß sie sich bald in die Erde vergraben hätten, wie die Russen, dabei
die gelieferten Ackerpflüge so betrübtes Machwerk, daß sie bei'm Pflügen um=
gebogen seien wie Blech.   Auch hätten sie, die ja gar keinen Begriff davon
gehabt hätten, unter welchem Breitengrad sie gekommen wären, — Manche
hätten in der Meinung gestanden, das Land gehöre noch zu Podolien —
nicht gewußt, was sie mit dem Lande anfangen sollten. Ob düngen, ob nicht?
Wann säen? Wann pflügen?   Ja und was säen, was pflanzen?   Die
Russen, deren Sprache sie nicht verstanden, hätten sie nicht darüber belehren
können.   Die Wohlhabenden von ihnen hätten daher russische Knechte in
Dienst genommen und hätten diese nun auf ihrem Felde und in ihrer Wirth=
schaft schalten und walten lassen. Diese Knechte seien von ihnen mit großer Auf=
merksamkeit behandelt worden. Ihnen wäre das beßte Essen gegeben worden,
und man hätte sie gleichsam wie geheiligte Personen angesehen, und es hätte ge=
heißen: „Nur um Gottes willen den Russen befriedigt, auf dem unser Heil
beruht.“   Die Aermeren hätten dann nur nachgemacht, was die Wohlhaben=
den mit ihren Russen vorgemacht, zur selben Zeit mit ihnen gesäet u. s. w.
Mit der Zeit habe sich das Blatt aber in doppelter Hinsicht sonderbar gewen=
det: erstlich in Bezug auf das Verhältniß der Russen und Deutschen da=
hin, daß diese die Sachen nun selbst nicht nur bald gelernt, sondern auch mit
ihrem soliden und nach Verbesserung strebenden Sinne, auch ihrer allgemei=
nern von Deutschland noch mitgebrachten größeren Kenntniß der Landwirth=
schaft zufolge den Landbau, die Ackergeräthe u. s. w. so vervollkommnet hätten,
daß es jetzt bei den Russen bei vielen Gelegenheiten heiße: „tak i njemtzi
sdälajut“ (so machen es auch die Deutschen); dann in Bezug auf Die,
welche arm oder wohlhabend aus Deutschland gekommen, daß alle Die, welche
etwas mitgebracht, jetzt die Aermeren, Die aber, welche nichts gehabt, nun
alle durch die Bank die Wohlhabendsten des Ortes wären.   Es habe sich die
Sache so in allen Kolonieen gemacht, und die Ursache davon sei diese, daß
die Reichen sich immer auf ihre russischen Knechte verlassen hätten und theils
an sie, theils in mißglückten Versuchen ihr Geld vergeudet, die Armen aber
von ihnen, ohne etwas einzubüßen, gelernt, und, da sie sich immer auf sich selbst
verlassen, besser gelernt hätten.
        Der Schulmeister, ein Schweizer, las ziemlich schlecht eine Predigt vor,
aber doch war ich erbaut, denn das Zusammensein mit mehren Menschen

zu frommen Zwecken erbaut immer. — Jedoch ist es mit dem Kirchenwesen
der Kolonieen, glaube ich, nicht zum Bessten bestellt. Es versteht sich, daß von
Liefland und Esthland, woher die meisten Prediger für das Innere Rußlands
kommen, die Bessten nicht gern sich so weit entfernen, obgleich die Prediger
in den Kolonieen sonst gar nicht übel situirt sind. Sie haben 120 Disstia-
tin Land und nicht unbedeutende Gehalte. Da durch das ganze Rußland
so viele Deutsche zerstreut wohnen, so ist auch ganz Rußland eben so, wie
für die politische Administration in Gouvernements und für die griechische
Kirche in Eparchieen, für die lutherische Kirche in eine gewisse Anzahl
von Superintendentschaften und Kirchspielen eingetheilt. In jeder größeren
Stadt befindet sich eine eigene deutsche Gemeinde und ein eigener Prediger,
der dann zugleich auch zuweilen Superintendent eines großen Sprengels
von mehren Gouvernements ist, und unter dessen Aufsicht dann auch
der Gottesdienst der deutschen Kolonieen steht. Die Prediger kommen aber
auf diese Weise oft in Collision mit der weltlichen Obrigkeit der Kolonieen,
und diese, die den Einfluß der Prediger nicht gern sieht, legt dann allerlei
Schwierigkeiten in den Weg. So kommt es, daß viele Kolonieen ihre
Predigerstellen gar nicht besetzt haben, ihre Kirche sich in offenbarer Verwahrlosung befindet und als Seelsorger Niemanden hat als ihren Schulmeister
und etwa dann und wann hier und da durchziehende Baseler Missionäre.

Am Abende machte ich mit meinem Schulzen noch einen Spaziergang,
um zweierlei in Augenschein zu nehmen, ein Monument der Vorzeit und eine
Thätigkeit der Gegenwart, den Mongolenhügel nämlich in der Nähe
des Ortes und die Fischerbuden am Strande. Der Grabhügel hatte ungefähr 200 Schritte im Umfange bei einer Höhe von zwei Klaftern, stand gerade auf der höchsten Erhebungslinie des Steppenrückens und war dabei ein
vollkommener Conus, wie mit dem Zirkel ausgemessen, Alles gerade so,
wie bei allen anderen Hügeln dieser Art, die man durch das ganze Südrußland
und Südsibirien, so wie durch die Mongolei zerstreut findet. Doch bemerkte
ich etwas Besonderes bei ihm, das sich nicht bei allen Grabhügeln wieder findet. Nicht nur standen ihm zur Seite 3 bis 4 etwas niedrigere Hügel von
ganz derselben Form, wie man dieß auch bei anderen sieht, sondern es ging
auch noch von ihm aus eine große Reihe ganz niedriger Hügel, die kaum aus
dem Unkraute hervorragten, über den Steppenrücken hin. Dieser Hügel
dritten Grades zählte ich nicht weniger als 35. Sie waren alle nur 3
bis 4 Fuß hoch bei 150 Fuß im Umfange, dabei alle ebenfalls vollkommen conisch und ganz dicht bei einander liegend. Die Sache sah ganz so
aus, als wäre unter dem hohen dicken Kegel, der allein in der Ferne sichtbar
war, ein Fürst begraben, in den 3 bis 4 niedrigern die Edlen des Stammes

und in den 33 ganz unbedeutenden die gemeinen Leute.   Das Merkwürdigste war mir, wie bei einer so geringen Höhe von 3 bis 4 Fuß und einem so be= deutenden Umfange von 150 Fuß die Kegel=Form so mathematisch genau be= obachtet sein konnte.   Ich sah nachher noch mehre von einer so großen An= zahl kleiner Hügel umgebene große, die also vollkommenen Kirchhöfen glei= chen.

Steinerne Bildsäulen, wie man sie am Asow'schen Meere sieht, finden sich hier nirgends auf diesen Grabhügeln.   Die Großrussen und Sibirier nennen bekanntlich diese Hügel „Kurgane."   In den Kleinrussischen Step= pen heißen sie durchweg „Mogilos."   Die deutschen Kolonisten haben ihren eigenen Namen dafür erfunden.   Sie nennen sie „Kanonenbuckel," weil sie meinen, daß man in Kriegeszeiten auf jedem dieser Hügel (Buckel) eine Ka= none aufgepflanzt habe.   Das müßte eine sonderbare Art von Schlachtka= nonade abgegeben haben, überall, von Stunde zu Stunde eine in Mitten der Steppe verlorene und einsam bonnernde Kanone.   Die Mogilos dienen noch in diesem Augenblicke zu Gräbern.   Denn überall, wo ein kleinrussi= sches Dorf nahe liegt, findet man sie mit Gräbern besetzt.   Uebrigens werden sie bekanntlich noch mehr durchgraben, um den in ihnen vermutheten Schätzen nachzuspüren.   Sonst dienen sie aber als Wegsignale, und im Winter beobachten die Leute immer die Lage der Mogilos, um den Weg nicht zu ver= fehlen, wie ein Fischer die Sterne.   Auch sonst sind sie natürlich, als einzige charakteristische Merkzeichen in weiter einförmiger Umgegend, die gewöhnli= chen Plätze der verabredeten Rendezvous.   Meistens fassen auch auf ihnen die Hirten Posto, weil sie von da aus ihre Herde leicht übersehen können. Bei einem Kriegszuge in den Steppen müssen die Mogilos immer eine be= deutende Rolle als Warten und Spähorte spielen.

Bei den Fischern am Meere fanden wir einen sehr beredten Mann, einen Kosacken, der zu der Fischerhütte, wie wir, zum Besuche gekommen war und uns von der ungeheueren Menge von Makrelen (Skumbria) erzählte, die hier des Sommers im Meere erschienen.   „Dieser Skumbria," sagte er, „ist der Hauptfisch, von dem wir uns nähren, so wie sich Alles im Meere „ebenfalls von ihm nährt, denn der Hai, wie der Delphin und der Palamiba, „ja wie alles Andere, was ihn bezwingen kann, frißt nichts als Skumbria. „Im Winter ist er unten tief in den Höhlen des Meeres, im Frühlinge aber „kommt er herauf und zieht hier an den Küsten vorüber, in die Bucht von „Odessa, wo er im Sommer sich herumtreibt.   Sonst war die Bucht im „Sommer so voll, daß das Meerwasser so dick wurde wie Grütze.   Im „Herbste kehren sie wieder aus den Buchten, wo sie sich recht rund und fett „fressen, zurück.   Sie können die Kälte nicht vertragen und wissen im Vor=

„aus, wenn kaltes Wetter eintritt. O, es ist ein kluger Fisch, ein verständi-
„ger Fisch! Dann brechen sie alle plötzlich auf, wie eine Tabun (Herde)
„Pferde, wie die Franzosen aus Moskau, und wir wissen allemal sicher, daß,
„wenn die Skumbria so schnell aufbrechen, dann nach ein paar Tagen
„der Winter eintritt. Ich erinnere mich, vor acht Jahren da stand ich auch hier,
„das Wetter war noch schön und warm, da rief mir der Junge dort oben
„von der Stange zu, ich sollte einmal aufschauen, es kämen Fische um's Vor-
„gebirge des Leuchtthurms herum. Anfangs war nur das Meer gefärbt und
„die Oberfläche gekräuselt. Aber bald sah ich sie wie einen Sturm herankom-
„men. Millionen über Millionen, und alle so flink wie die Mäuse, als wenn
„der Teufel sie jägte. Idut, — idut — idut — dut — dut — dutrrrr!
„(sie marschirten, marschirten, marschirten,) — Puh! — daß Gott erbarm,
„wie ein Heuschreckenheer. Eine ganze Heerstraße von Fischen mitten im
„Meere! Die Fischer hatten einen guten Tag. Denn obgleich sie nur einige
„Seitenplänkler wegfingen, so bekamen sie doch so viele, daß sie kaum die
„Hälfte einsalzen konnten, und die Armen den Rest fuderweise wegholten.
„Aber das war auch der letzte gute Fang. Denn zwei Tage darauf kam ein
„großes Schneegestöber und bedeckte den Himmel mit Wolken. Es war des
„Winters Anfang. Der Skumbria hatte das längst vorher gemerkt. Ein
„kluger Fisch! ein gescheites Thier!"

Unter solcherlei Spaziergängen bei Fischern, Hirten, Kolonisten und unter genauer Kenntnißnahme des Landes und seiner Bevölkerung verstrichen
mir die ersten Tage in meiner Kolonie unter lehrreichen Gesprächen mit meinem
Schulzen und insbesondere auch unter allerlei unschuldigen Scherzen mit meiner heiteren Bäbele. Ich nahm sie ein wenig in Schutz gegen die Mutter,
welche immer behauptete, daß die in Rußland geborenen Mädchen gar nicht
so arbeiten wollten, wie die deutschen aus Deutschland, und ich fand doch
ein recht hübsches Maß von Thätigkeit bei ihr. Aber das sorgenvolle Gemüth
der deutschen Frauen, ihre ruhe- und rastlose Geschäftigkeit, ihr unermüdliches
Abplagen und Abarbeiten, das freilich schwindet schon etwas in diesen russisch-
deutschen Mädchen, und daher befinden sich hier alle Töchter mit den Müttern
in Opposition. Ich gab den Müttern Unrecht, denn diese verlieren fast
nach deutscher Weise über die Arbeit ganz den Genuß des Lebens, und ich
fand den Grad deutschen Fleißes und russischer Gemächlichkeit, den ich bei der
Jugend der Kolonieen fand, gerade sehr passend und angenehm. Uebrigens
war es mir sehr lehrreich, deutsche Hausfrauen so in der Nähe mit russischen
vergleichen zu können, und ich konnte nicht umhin, den frappanten Unterschied
in dem verschiedenen Geiste der Volksstämme zu bewundern. Es schien mir
ausgemacht, daß eine solche unermüdliche Schaffnerin und ämsige Arbeiterin,

wie meines Schulzen Frau war, deren ich doch mehre ähnliche in meiner Ko=
lonie fand, weder jetzt auch nur in einem einzigen Exemplare unter allen 50
Millionen Russen zu erspähen sein werde, noch auch, daß ein so regsames Blut
aus dem Stoffe, woraus der russische National=Charakter gebacken, jemals her=
vorgehen könne.

Uebrigens ist nicht so bald zu fürchten, daß die schlechte Wirthschaft der
Russen, ihre Sitten und Sprache das Deutsche aus den Kolonieen verdrängen
werde. Die Deutschen sind hier in großen Massen zusammen, sie heirathen
fast nur unter einander, und Russen dürfen sich nicht in den Kolonieen nieder=
lassen. Die Deutschen kleiden sich noch ganz deutsch. Nur die Winterpelze
haben sie des Klima's wegen annehmen müssen. Ihre schwäbische Sprache
erbt von Vater auf Sohn fort, und Russisch, das sie freilich des Verkehrs we=
gen sich aneignen müssen, sprechen sie nur mit den Russen. Allerdings giebt
es abgefallene deutsche jüngere Söhne und Arme, die sich außerhalb der Kolo=
nieen etablirten und dann verrußten, doch deren sind verhältnißmäßig wenige.
Die meisten Ueberzähligen in den an Bevölkerung sehr zunehmenden Kolo=
nieen gehen in die Städte über, wo ihrer Industrie und ihrem Fleiße viele gute
Wege offen stehen, und wo sie wieder große deutsche Gemeinden finden, die
durch Zusammenleben, Schulen und Kirchen den deutschen Geist conserviren.

Auch ist in jeder Hinsicht die Ueberlegenheit des Deutschen über den
Russen zu groß, als daß bei'm Zusammenstoße beider Nationalitäten die deut=
sche nicht immer über die russische siegen sollte. Der Deutsche denkt, der
Russe nicht. Der Deutsche arbeitet und treibt weiter, der Russe stockt und
geht leicht rückwärts. Der Deutsche betrügt sogar gründlicher als der Russe,
der trotz seiner größeren Gewandtheit doch allemal am Schlusse der Geschäfte
die Dupe ist. — Auch die physische Natur des Deutschen hat Vorzüge vor
der russischen. Wenn der Russe gewandter ist und zäher in Wind und Wetter,
Hunger und Durst, so ist der Deutsche kräftiger und körniger, und wie der
Russe im Negativen, im Ertragen, so jener im Positiven, im Thun, tüchtiger.
Dieß spricht sich selbst in den alltäglichen kleinen Collisionen bei Streitigkei=
ten — ich meine in den Prügeleien der Deutschen und Russen — aus, in denen
der Russe alle Mal verliert. Eine deutsche Faust fürchtet sich nicht vor 2
bis 3 russischen, und ein Russe allein wagt es nie, Mann gegen Mann einem
Deutschen Stand zu halten. Ich könnte hierüber eine Menge kleiner, für
Ethnographen interessanter Geschichtchen und Bemerkungen mittheilen, aus
denen summa summarum hervorgeht, daß „deutsche Hiebe," die schon
in Schillers Fiesco vorkommen, hier so gefürchtet sind wie in Italien. „Pisse
Njemtzi! Pisse Njemtzi!" „Teufels Deutsche! Teufels Deutsche! rufen
„uns die Russen zu, wenn ein Deutscher mit seinem schweren eisenbeschlagenen

und von eisernen Ketten klirrenden Wagen herangefahren kommt, und fahren ihm aus dem Wege, weil sie schon mehr als einmal die Erfahrung gemacht haben, daß bei einem Zusammenstoßen ihr blos hölzernes Wagengestell immer am schlimmsten wegkommt. Aus allen diesen Gründen wird der deutsche Kolonist vom gemeinen Russen der Umgegend weit mehr gefürchtet und hochgeachtet als, wie neulich in einem Journal-Aufsatze über die deutschen Kolonieen in Rußland behauptet wurde, gehaßt. Der Russe fühlt viel zu sehr die große Ueberlegenheit des Deutschen. Er mag wollen oder nicht, er muß sie anerkennen, und zum Hasse bleibt kaum Raum.

Uebrigens muß man, wenn einmal von Prügeleien die Rede ist, auch dabei nicht vergessen, zu gestehen, daß der Russe es weit weniger häufig zu dieser abscheulichen Bethätigung von Meinungs-Verschiedenheit kommen läßt als der Deutsche. Ich habe in dieser Beziehung bei unseren Landsleuten Redensarten gäng und gäbe gefunden, die der Russe gar nicht kennt und bei deren Anhören ich unwillkürlich für unsere Nationalität erröthete, und mir der weit friedlichere und versöhnlichere Charakter der Russen in einem schönen Lichte erschien. Die Deutschen prügeln sich alle Augenblicke bis auf's Blut. Die Russen puffen sich zuweilen ein Bißchen auf ihren dicken Pelzen herum, und damit ist die Sache abgemacht. Freilich ist der arme Russe gewohnt, mehr Schläge von oben herab zu empfangen, als auszutheilen, und es ist bei ihm nicht Friedliebe allein, sondern auch Mangel an Selbstständigkeit, so wie bei den Deutschen nicht Grobheit allein, sondern auch das Gefühl einer größeren Unabhängigkeit. — Indeß selbst bei der Erziehung ihrer Kinder fand ich die Deutschen unvergleichlich viel prügelsüchtiger als die Russen. Das Geschrei der unbarmherzig geschlagenen Kinder in den Dörfern hörte den ganzen Tag nicht auf. Der Russe lebt viel freundlicher mit seinen Kindern und liebkost sie weit mehr, wobei freilich auch wieder in Betracht kommt, daß es überhaupt bei den Deutschen mehr Zucht und Erziehung giebt als in den oft rand- und bandlosen Familien der Russen.

In Bezug auf Kinder war es mir noch auffallend, wie viel unappetitlicher und schmuziger die deutschen Kinder aussahen als die russischen, bei denen ich immer die kleinen wie die großen recht proper fand. Auch selbst die erwachsenen deutschen Frauen und Männer kamen mir nie so reinlich in ihrer Person vor als die Kleinrussen. Doch läßt sich über Reinlichkeit im Ganzen schwer urtheilen. Die eine Nation ist in diesem Puncte accurater, die andere in jenem. Die deutschen Hausfrauen arbeiten viel und können daher nicht immer so appetitlich sein, weßhalb sie denn auch am Alltage mit fliegenden Haaren u. s. w. oft aussehen, als kämen sie so eben aus der hellen Verzweiflung ihrer Wirthschaftsmühen. Am Sonntage, dem Ruhe- und

10

Mußetage, da war es wieder ganz anders. Da hatte wieder der blinkerblanke Deutsche entschieden den Vorzug. Ueberhaupt ist es charakteristisch, daß bei allen Ständen in ganz Rußland kein so großer Unterschied zwischen Alltags- und Festtagskleidung zu finden ist. Sie haben der Festtage zu viele, als daß sie dieselben so feierlich und auffallend begehen sollten, und ihre Alltage sind nicht in dem Grade Arbeits- und Geschäftstage, als daß eine eigene Kleidung nöthig werden sollte. Alles verschwimmt mehr chaotisch in einander.

Meine Bäbele, die mir alle Morgen hübsche Blumen aus ihrem Garten zum Kaffee brachte und an mir einen leidlich launigen Lebensgefährten fand, hatte natürlich auch noch ihre anderen Bewerber, die es ernstlicher mit ihr meinten. Sie war als das netteste junge Mädchen des Dorfes und als die Tochter des angesehensten Mannes, der durch seine Stellung und sein persönliches Ansehen mit Deutschen, Russen, Griechen der Umgegend und Odessa's in vielfacher Verbindung stand, nicht wenig begehrt. Von den Bewerbern war einer an Gefühlen, ein anderer an Rang und ein dritter an Geld reicher. Der Sentimentale war ein junger Bauerbursche des Dorfes, der Betitelte ein Kosacken-Offizier und der Bemittelte ein junger deutscher Weinwirth aus Odessa, der kürzlich ein großes Haus von seinem Vater ererbt hatte. Der Sentimentale kam alle Abende, mit ihm wurde conversirt, gelacht und geneckt. Der Kosacken-Offizier ritt ein paar Mal vor, trank ein Gläschen Wein bei'm Vater, äugelte von fern und rückte dann eines Tages mit seinem Antrage heraus. Er sei nun schon so lange mit dem Schulzen bekannt. Auch habe er seine Tochter Bäbele (mit der er übrigens noch kein Wort gesprochen) kennen gelernt, deren Fleiß und Sittsamkeit ihm wohl gefalle. Er selber habe freilich nur ein schlechtes Haus und eine geringe Gage, doch Rang und Titel, zwei Medaillen und ein silbernes Kreuz. Jetzt halte er nur drei Pferde zum Reiten, doch stehe er schon in Unterhandlung wegen einer Kaleska (Kalesche). Er wolle daher um die Hand der Bäbele anhalten. Sie würde ihm den Haushalt gewiß gut führen und könne am Sonntage spazieren fahren. Der Schulz schenkte ihm noch ein Glas Wein ein und bat ihn, zu trinken, von dem Anderen könnten sie ja noch ein ander Mal reden. Dieser Bewerber stieg darauf mit einem Körbchen wieder zu Pferde. — Der Odessaer Hausbesitzer kam alle Sonntage auf's Dorf hinaus zu des armen Sentimentalen tiefstem Kummer und bat um Erlaubniß, Bäbele auf den Tanzboden führen zu dürfen. Die Aeltern neigten sich entschieden zu ihm, und auch Bäbele war willig. Den einzigen Punct, woran sich Alles stieß, waren seine feuerrothen Haare, welche Aeltern und Tochter nicht überwinden konnten. Ich meinerseits, der ich das einfache Mädchen gern im Dorfe behalten und sie dem sentimentalen, übrigens sehr fixen Dorfburschen gewünscht hätte, hielt mich auch an den

Fuchshaaren und blies ihr Feuer noch mehr an, um ihre abstoßende Kraft zu vermehren, obgleich ich nach und nach anfing, an meinem Erfolge zu zweifeln. Die Sache entschied sich, ehe ich schied. Der Glanz des Goldes drang durch, das Gold der Haare wurde verschmerzt, und ich mußte Bäbele noch vor meiner Abreise zu dem glücklichen Ereignisse gratuliren, welches sie zur Braut des Odessa'schen fuchsköpfigen Weinwirths erklärte und einen armen Bauernsohn in gränzenlose Verzweiflung stürzte.

Die erste entferntere Ausfahrt, die ich mit meinem Schulzen beschloß, sollte in die benachbarten deutschen Kolonieen und von da an die Mündung des Dniestr in seinen Liman gehen. Eines freundlichen Morgens früh 5 Uhr zäumte sein Sohn Jacob daher die beiden Braunen und setzte sich als Kutscher auf den Bock eines ungarischen Ackerwagens, wie sie hier durch einige ungarische deutsche Kolonisten in allen deutschen Kolonieen eingeführt sind; der Schulze und ich nahmen hinten auf dem Stroh, über das eine hübsche bunte kleinrussische Decke hing, Platz. Unser Weg führte uns zunächst über den kleinen schmalen Peressip des Dorf-Limans hin. Dieser war ganz ausgetrocknet und nur hier und da war auf seinem rissigen und zerklüfteten Boden ein kleiner Anflug von Salz zu sehen. Dann kamen wir über einem breiten Vorlande vor der hohen Steppe dicht am Strande vorbei, und darauf über den langen und breiten Peressip eines größeren Limans, der immer Salzwasser enthält, aber höchstens nur alle 10 Jahre unter besonderen Umständen ein Mal in's Meer ausbricht. Es war der auch auf unseren Charten verzeichnete „Suchoi Liman." Sein Wasser ist stark gesalzen und enthält mehre Meerfische, so wie am Rande seines Wassers überall verbreitete Kolonieen einer Unzahl kleiner Muscheln zu sehen waren. Weit merkwürdiger waren aber die menschlichen Ansiedelungen an seinen Ufern. Diese waren so zahlreich und dadurch der Anblick der ganzen Landschaft so reizend, daß man hätte glauben können, sich an einem kleinen See Holsteins zu befinden. Der Liman, der nach dem Meere zu eine zusammenhängende Masse bildet, theilt sich weiter oberwärts im Innern des Landes gabelförmig in zwei lange, sich krümmende Arme. Auf dem Vorgebirge der Gabeltheilung lag eine große deutsche Kolonie mit freundlicher Kirche und hübschen Häusern, „Klein-Liebenthal" geheißen. Ihr zur Rechten gegenüber lag das große, von Griechen bewohnte Dorf „Alexandrowsky," auf der anderen Seite zur Linken der von Russen bewohnte Ort „Burlaktschi Balk" (Spitzbuben-Thal), in der Spitze des einen Armes das kleinrussische Dorf „Suchoi Liman". Außerdem waren noch mehre Fischerwohnungen am Strande und die Besitzung und das Landhaus einer Gräfin Potocka. Wirklich war mir dieser Anblick so vieler Ansiedelungen auf ein Mal überraschend. Auch ist er mir sonst in den Steppen nicht wieder vorgekommen. Auf dem Peressip stand eine lange Reihe von Fischerbuden, und hier und da zogen zwischen den Dörfern Pferde- und Rinderherden umher.   In der That Contraste der Beschäftigungen und Bevölkerungen genug, um uns bei der Cigarre, die wir, auf dem schmalen Damme zwischen Meer und Limanwasser hinkutschend, vergnüglich rauchten, hinreichenden Stoff zum Nachdenken zu geben.   „Jacob, halt' Mol an, de „Pferde wolln sich a Mol verschnaufe" sagte mein Schulz auf der Mitte des Sandes der Nehrung.   Ich dachte mir dabei, daß den armen russischen Pferden das Leben nicht so bequem gemacht wird als den deutschen.   Denn ein Russe fragt nie darnach, was seine Pferde wollen oder nicht.   Das „Spitzbubendorf" hat seinen Namen noch aus der alten Zeit, wo hier in jedem Thale und an jeder Flußmündung plündernde Räuber hausten.   Jetzt ist es von ehrlichen ackerbauenden Kleinrussen bewohnt.   Allein wie wenige Jahre liegt diese alte Zeit dieser Gegenden zurück, und wie wunderbar muß man die zauberische Kraft, welche das russische Reich in Civilisirung und Bebauung der Wüsten entwickelt, an diesem Platze finden, wo, so tief wir auch in die Geschichte zurückgehen, sich uns nichts darstellt als wilde, plündernde Nomadenhorden, und sich unseren Augen jetzt ein Bild friedlich beschäftigter Ansiedler zeigte, wie man es sich in anderen seit dem Beginn der Historie bepflügten Ländern nicht besser wünschen könnte.

Unser Weg führte uns durch die Kolonie.   Sie stammt noch aus den Zeiten Katharinens, die bekanntlich eine Partie unglücklicher Moreoten theils in der Krim, theils hier ansiedelte.   Die Leute waren fast alle russificirt, sprachen viel geläufiger Russisch als die Deutschen, hatten auch sonst die meisten Sitten von ihnen angenommen, und ich fand hier die Bemerkung, die ich schon früher gemacht hatte, bestätigt, daß sich griechisches Wesen weit leichter mit dem russischen mischt als deutsches.   Der ehemalige Professor Buhle in Jena könnte dieß für seine Behauptung, in der er den hellenischen Ursprung der Russen zu beweisen suchte, anführen, wenn er noch lebte.   Diese Griechen leben träge und verzechen ihre Habe in der Schenke, sind schlechte Acker- und Hauswirthe, und obgleich sie von der freigebigen Kaiserin weit reicher dotirt wurden als später die Deutschen, — ein jeder von ihnen hat ungefähr je nach seinem Range und Stande 6 — 10 Mal so viel Land als einer der Deutschen — so sind sie doch sämmtlich den beiden ihnen benachbarten deutschen Kolonieen verschuldet.   Diese finden nach Bestellung ihres eigenen Landes noch Zeit genug, auch den Acker der Griechen, den sie ihnen abpachten, zu bebauen.   Die Griechen geben den Deutschen, um nur Geld zu bekommen, oft schon auf 8 Jahre im Voraus das Land weg und leben dann nach Verthuung dieses Geldes kümmerlich in ihren erbärmlichen Häusern.   Zwi-

fchen dem äußeren Anfehen ihres Dorfes und dem der Deutfchen war ein Un=
terfchied wie zwifchen Tag und Nacht. Alles zerfallen, Alles unheimlich, ohne
Gärten, ohne Bäume. Nur Eins reizte mich, ein alter Mann mit grauem
Haare aus „Iffaka" (Ithaka), noch Einer von den erften Ankömmlingen.
Er faß, ftumm auf feinen Stab gelehnt, mitten zwifchen den übrigen Groß=
fprechern vor der Schenke, mit denen wir uns unterhielten. Er hörte fchlecht
und fprach auch nur griechifch=ruffifch. Ich konnte mich nur feines An=
blicks freuen, der mir ganz und gar der des edlen Sauhirten des Ulyffes zu
fein fchien. Der Charakter des „Sauhirten," wie des „Vieldulbenden," läuft
bei den Griechen durch alle Jahrhunderte, und die Odyffee ift noch jetzt auf
allen griechifchen Infeln und Meeren lebendig.

Die Kirche im Dorfe glich durchaus dem betrübten Anfehen des Ganzen,
und ftatt einer Glocke war vor ihr ein zerbrochenes Eifen aufgehängt mit
einem Hammer, deffen Schläge die Gemeinde zufammenrufen. Traurig
waren die Ideen, denen wir uns weiterfahrend überließen. Denn was foll
man von dem Wiederaufblühen der nützlichen Lebensgefchäfte in einem gan=
zen Staate, wie das Königreich Griechenland ift, erwarten, wenn Stecklinge
feines Volksftammes, die unter fehr günftige Umftände verfetzt werden, fo
wenig fröhliches Aufblühen zeigen und fo fchlecht Wurzeln faffen. Die lan=
desflüchtigen, patriotifchen Griechen, welche Katharina hierher verpflanzte, wa=
ren gewiß nicht der fchlechtefte Theil ihres Volkes, und doch wußten fie die ihnen
zur Begründung ihres Wohles fo reichlich gebotenen Hülfsmittel fo wenig zu
benutzen, daß fie die ganze Bafis ihres Beftehens bald ruinirten, während
ihnen gegenüber eine Handvoll Deutfche, die keineswegs bei ihrer Auswander=
ung die Auserlefenften ihres Vaterlandes waren, auf einem zehn Mal geringe=
ren Terrain fo trefflich gediehen und fo reiche Früchte brachten. Es läßt dieß
auf eine Untüchtigkeit des inneren Wefens, des Teigs, aus dem das Grie=
chenvolk gebacken, fchließen, und dagegen auf eine folide Fähigkeit des deut=
fchen Markes.

Nach einer langen Fahrt über die Griechenfteppe erreichten wir bald
wieder deutfchen Grund und Boden, die Felder und Gärten der großen Kolo=
nie Groß=Liebenthal, welche der Sitz eines Gebietes und eines diefem Gebiete
vorftehenden Oberfchulzen=Amtes ift. Es gehören diefem Liebenthaler Gebiete
ungefähr noch zehn andere Kolonieen an. Und folcher Gebiete mit Oberfchulzen
giebt es vier in Neurußland: das Liebenthaler in der Nähe der Dniestr=
Mündung, das Kutfchurganer weiter oberhalb am Dniestr, das Glücks=
thaler im Often von Odeffa und das Berefaner im Norden diefer
Stadt.

Alle diese vier Gebiete Neurußlands zusammengenommen haben ungefähr 25,000 Einwohner und stehen, so wie sämmtliche südrussische Kolonieen, unter einem sogenannten „Comité der Kolonieen" in Odessa, dem ein russischer General präsidirt *). An dieses Comité kommen alle Sachen in russischer Sprache, und obgleich alle dabei Angestellte auch Deutsch verstehen,

*) Dieses Comité steht dann wieder unter einem alle Kolonieen Rußlands dirigirenden „Kolonieen=Departement" in Petersburg, welches eine Abtheilung des Ministeriums des Innern ausmacht. Die meisten Kolonieen unserer Landsleute finden sich in folgenden Provinzen: im Gouvernement Petersburg ungefähr 5000 Seelen, natürlich die vielen Deutschen der Stadt Petersburg nicht mit eingerechnet, die nicht zu den ackerbauenden Kolonisten gehören, im Saratow'schen an der Wolga hinunter 100,000, in Klein= und Neurußland 40,000, in Beßarabien 30,000, in der Steppe am asow'schen Meere 50,000, in der Krim 5000 und im Kaukasus (Thal des Kur) 5000, zusammen etwa 250,000 deutsche Kolonisten. Im inneren eigentlichen Moskowiterlande, das schon ohnedieß bevölkert genug ist, befinden sich kaum einige Kolonieen, eben so wenige in den polnischen und baltischen Provinzen, wo die Regierung kein unangebautes Land zu vergeben hatte. Die reichsten von allen Kolonieen sind die am asow'schen Meere, an den Ufern des kleinen Milchflusses (Molotschna). Von dem Reichthume und dem Luxus in der Molotschna — man redet so davon, als wenn dieser Name eine Provinz bedeute, — hört man überall. Es giebt dort Bauern, die Herden von 20,0000 Schafen haben, und alle wohnen in den schönsten Häusern. Als der Kaiser Alexander auf seiner letzten Reise nach Taganrog durch die Molotschna kam, rief er verwundert aus: „Kinder, wir „brauchen ja nicht mehr nach Deutschland zu reisen; wir haben ja mehr als „Deutschland in unserem eigenen Reiche."

Die Kolonisten machen einen ganz eigenthümlichen Stand im Reiche aus, der immer noch viele Vorzüge vor den übrigen Unterthanen voraus hat — weniger Abgaben, keine Conscription, eigene Gerichte u. s. w., — obgleich er nicht so privilegirt ist als der Stand „der Ausländer" (Innostranzi), die alle Vortheile eines Unterthanen genießen, ohne irgend eine seiner Lasten zu theilen.

Alle Kolonieen werden als in einem Verbande stehend betrachtet, und wenn ein Kolonist im Kaukasus oder an der Wolga bestraft wurde, so wird das Erkenntniß auch am Dniestr bekannt gemacht. Auch sonst bekümmern sie sich um die andere und erfahren viel von einander, indem z. B. Prediger aus der Krim nach Beßarabien versetzt werden, oder indem sie Schulmeister aus Sarepta verschreiben u. s. w. Manche deutsche Bettler und Abenteurer treiben sich von Kolonie zu Kolonie herum. Auch übertragen sich gewisse Sitten und Gebräuche zuweilen von einer Kolonie zur anderen. Wir führten schon als Beispiel die ungarischen Wagen an, die sich in allen neurussischen Kolonieen finden. Als ein zweites Beispiel können wir das Vieh aus der Molotschna citiren, das sich die südrussischen Kolonisten alle zu verschaffen suchen. Natürlich kann das Band, das die Kolonieen so zusammenhält, bei den ungeheuren Entfernungen kein enges und starkes sein, allein es ist doch bemerkenswerth, daß überhaupt noch Etwas der Art nachzuweisen ist.

Natürlich sind die Kolonisten in den verschiedenen Gegenden des Reiches sehr verschieden dotirt. In Südrußland bekamen sie in der Regel 60 Dissiatinen Landes für jede Familie und einen sogenannten „Vorschuß." Dieser Vorschuß bestand aus zwei Kühen, zwei Ochsen, zwei Pferden, Ackergeräth und einer kleinen Summe Geldes, welches Alles den Kolonisten als später abzutragende Schuld debitirt wurde. Die 60 Dissiatinen Landes werden als ein untheilbares Landgut angesehen, für welche die Kolonisten dem Kaiser Zins zahlen, jetzt jährlich für jede männliche Seele höchstens 14 Rubel. Alle deutschen Kolonisten des ganzen Reiches mögen dem Fiskus leicht etwas über 2,000,000 Rubel eintragen. Das Landgut kann nicht durch Testament unter die Söhne vertheilt werden, aber es dürfen sich wohl mehre Familien darauf niederlassen, wenn sie sich darauf nähren können. Auch darf es nicht ohne so sind doch alle Verhandlungen russisch. Für jedes der verschiedenen Gebiete giebt es einen sogenannten „Inspector", durch dessen Vermittelung sie sich mit dem Comité in Verbindung setzen. Auch dieser Inspector ist in der Regel ein Russe. Die Schulzen aber sind natürlich Deutsche, welche von der Gemeinde durch Ballottement gewählt werden; eben so die Oberschulzen,

---

Erlaubniß der Regierung verkauft werden. Diese aber wird allemal ertheilt, wenn sonst nichts an der Zahlungsfähigkeit des Käufers auszusetzen ist.

Jedes Gebietsamt muß für die Abgaben aller unter ihm stehenden Kolonieen aufkommen, und eben so muß jede Kolonie die auf sie repartirte Summe zahlen und mag sehen, wie alle einzelnen Kolonisten der Gemeinde gerecht werden. Befinden sich einige bei der Kolonie Angeschriebene abwesend, die sich etwa in Städten u. s. w. niedergelassen haben, so muß sie auch für diese zahlen und kann dieß von ihnen zurückfordern.

Der Zuwachs der Bevölkerung der deutschen Kolonieen nimmt an dem mächtigen Aufschwunge der ganzen Bevölkerung des russischen Reiches Theil. Vielleicht geht sie in einer noch schnelleren Progression vor als diese. In der kleinen Kolonie Lustdorf waren bei der Revision 1815 208 Seelen, bei der Revision 1835 — nach Abzug der von außen Hinzugekommenen 357. Fügt man dazu noch 19 aus der Kolonie Ausgewanderte, die sich in dieser Zeit völlig dem Verbande mit den Kolonisten lossagten und in andere Stände übergingen, so giebt dieß eine Verdoppelung der Bevölkerung in 25 Jahren. Aehnliche Resultate zeigen die Listen aller anderen Kolonieen, die ich sah. Aehnlich lauten auch alle Berichte über die Kolonieen am asow'schen Meere und an der Wolga. — Auf der Hälfte der anfänglich einzelnen Familien angewiesenen Höfe sitzen jetzt schon mehre Familien, und außerdem siedeln sich jährlich viele Leute aus den Kolonieen in die Städte über, ohne aber darum alle aufzuhören, sich zu den Kolonisten zu rechnen. Von Lustdorf war der sechste Theil der Bevölkerung in die Stadt übergesiedelt.

Der junge Zuwachs der Kolonisten, der sich in den Dörfern selbst nicht mehr bequem nähren kann, verliert sich aber auch wohl auf dem Lande unter den Russen, indem z. B. etwa ein wohlhabender Vater seinen jüngeren Söhnen hier und da eine Besitzung kauft. Aermere ziehen auch wohl als „Dissiatintschiks" auf der Steppe umher, das heißt, sie pachten sich hier und da von einem Edelmanne ein paar Dissiatinen Landes, bauen sich eine Erdhütte darauf und bearbeiten das Land. Gefällt es ihnen auf dieser Stelle nicht mehr, so ziehen sie weiter, pachten sich wieder anderswo ein Stück Steppe und suchen sich ein Stückchen Geld zurückzulegen.

Man hat die deutschen Kolonisten aus einem zwiefachen Grunde in's Land gerufen:

theils um dem Ackerbaue des Landes aufzuhelfen und den benachbarten Russen als Beispiel in manchen Stücken vorzuleuchten, besonders in einer guten und rationellen Landwirthschaft und im Gartenbau, theils um überhaupt nur wüstes Land mit Einwohnern zu versehen und dem Reiche nützliche und gute Unterthanen zu verschaffen.

Natürlich hat man nun die Frage erörtert, ob die Kolonieen den Erwartungen, die man von ihnen hegte, entsprachen. Was den ersten Punct betrifft, so ist man im Ganzen der Meinung, daß die Kolonieen als Schulen für die Russen gar nicht wirken. Der Russe, sagt man, haßt den Deutschen, und schon dieß allein hindert ihn, irgend etwas nachzumachen, was ihm dieser vormacht. Außerdem hängt der Russe so sehr an seinen alten Gewohnheiten, daß er sich nie oder schwer entschließt, Etwas anders zu machen, als es seine „pradi" (Vorältern) machten. — Im Ganzen mag dieß auch wahr sein, denn erstlich stoßen überhaupt alle Nationalitäten als solche einander ab, folglich auch die Russen und Deutschen, und zweitens ist es sehr schwer, ein Volk zu lehren anders zu sein, als es ist. In dem Russen liegt einmal nicht der betriebsame Sinn für Verbesserung und Vervollkommnung, und

und eben so endlich die Schreiber bei den Aemtern. In jeder Kolonie stehen dem Schulzen zwei ebenfalls von der Gemeinde gewählte Bürgermeister zur Seite. Die Gemeinde wird vom Büttel des Dorfes, dem Adjutanten des Schulzen, durch eine Glocke zusammengerufen. Für die Nichterscheinenden sind Geldstrafen festgesetzt. Statt des „Bürgers" — so nennen sie sich —

---

dieser wird ihm vom keinem Deutschen eingeflößt werden können. Man müßte ihm zuvor ganz anderes Blut eingießen, was sich nicht thun läßt. — Allein es kommt hier Alles auf den Grad an, sowohl des Hasses als der Indolenz, und wenn wenig übergeht, so darf man damit doch nicht behaupten, daß gar nichts überginge. Wir maßen uns nicht an, diese Frage zu entscheiden, wollen hier aber doch einige kleine Beobachtungen vorbringen, die wir über diesen Punct zu machen Gelegenheit hatten.

Der Haß der Russen scheint mir nicht so glühend zu sein, daß sie deswegen Alles verschmähen sollten, was von den Deutschen kommt. Ich habe schon oben einige Gründe dafür angeführt. Auch bethätigt sich dieser Haß eigentlich sehr wenig, da der Russe dem Deutschen nirgends in den Weg tritt und ihm, seine Ueberlegenheit anerkennend, fast überall nachgiebt. Es ist also dieser Haß wohl nur ein ziemlich verborgenes und in den Hintergrund tretendes Gefühl. Auch scheint mir die Redensart „tak i Njemzi sdälajut" (so machen es ja auch die Deutschen), die ich mehre Male zu hören Gelegenheit hatte, eine Widerlegung der Meinung, daß die Russen „durchaus nichts" von den Deutschen annehmen wollen. Die Anhänglichkeit an den Gewohnheiten ist freilich groß bei m kleinrussischen Bauer, wie bei jedem gemeinen Manne, und wenn man durch die den deutschen Kolonieen benachbarten Dörfer geht, so scheint allerdings in ihrer Bauart, in der Behandlung des Viehes, in der Haltung der Felder und Gärten keine Verbesserung und Veränderung im Vergleich mit entfernten russischen Dörfern stattgefunden zu haben. Allein um dergleichen zu entdecken, muß man mehr nachspüren, als es auf einem bloßen Durchfluge möglich ist. Und die meisten Reisenden, die über diese Dinge urtheilten, machten doch weiter nichts als einen flüchtigen Durchflug. Ein paar Dinge wurden mir doch allgemein als unbestritten bemerkbare Verbesserungen angegeben. Die in der Nähe der Deutschen wohnenden Russen sollen entschieden mehr Kartoffeln bauen als die übrigen; sie sollen sich bei Fahrten über Land häufiger der Pferde als der langsamen Ochsen bedienen, wie die Deutschen es ihnen vormachen; sie sollen sich bessere Brunnen graben als die übrigen. Auch sollen sie von den Deutschen den großen Vortheil der Magazine und Kornvorräthe gelernt haben, da sonst die Hungersnoth gewöhnlich die Kleinrussen ganz unvorbereitet findet. — Dieß ist freilich Weniges, allein wo Weniges übergeht, da geht doch Etwas über, und es läßt sich mehr erwarten.

Die zweite Frage, ob das russische Reich mit unseren 250,000 Landsleuten eine vortheilhafte Acquisition von guten Unterthanen gemacht habe, kann wohl nicht anders als entschieden bejaht werden. Freilich haben die hiesigen Deutschen keine so vollkommene Landwirthschaft als die Bauern bei uns. Sie schmeckt ein wenig nach der Steppe. Allein es ist auch nicht möglich, in einem Lande, das von Natur eine Wüste ist, wie die Steppe, eine solche Landwirthschaft zu haben, wie in einem Lande, das von Natur ein Garten ist, wie manche Gegenden Deutschlands. Freilich macht man den hiesigen Deutschen noch manche andere Vorwürfe, namentlich in Bezug auf ihre Trinklust. Allein ich gehe gar nicht darauf ein, denn ich nehme es als allzu ausgemacht an und es Jedem, der nur etwas deutsche Wirthschaft und deutsches Wesen mit dem russischen verglichen hat, einleuchtend, daß jedes deutsche Hauswesen in den Kolonieen der Steppe in den meisten Beziehungen entschieden höher steht als alles russische. Wir werden noch mehre Beispiele zu geben Gelegenheit finden von den vielen reellen Diensten, welche die Deutschen dem Lande leisten. Hier nur noch Einiges, was wir anderswo vielleicht zu erwähnen keine Gelegenheit finden möchten.

Die Deutschen sind die einzigen Steppenbewohner, welche auf wirksame Mittel selber kann auch sein Sohn erscheinen, wenn er 20 Jahre alt und verheirathet ist. Die Gegenstände der Verhandlungen sind: Wahl der Dorfbeamten, Bau und Verbesserung der Gemeindebrunnen, Kirchen, Schulhäuser u. s. w., Rechnungsablage des Schulzen, Anhören der höheren Verordnungen und Ermahnungen u. s. w. Ich wohnte oft diesen Volksversammlungen bei und fand die Reden und Aeußerungen sehr verständig und sogar ziemlich ungenirt. Die Häuser der Kolonie waren größtentheils sehr freundlich und in gutem Stande, die Gärten weniger, voll Disteln und Unkraut. Mit den Gärten geht es überhaupt in den Kolonieen der Steppen nicht vorwärts, sondern zurück. Sie waren früher in besserem Stande. Auf der einen Seite sind die Vortheile des Ackerbaues und der Viehzucht, auf der anderen die Schwierigkeiten des Gartenbaues, die wir schon oben hervorhoben, zu groß. Damit ist aber nicht zu fürchten, daß das Ganze rückwärts schreite, und die Kolonisten aus Gärtnern, wozu die Regierung, die mit Recht sehr viel auf den Ackerbau sieht, sie bestimmt hatte, bloße Ackerbauer, aus diesen dann gar bloße Viehzüchter und endlich wieder schweifende Nomaden werden möchten. Besonders die Gärten oben auf der Steppe waren zerstört, die im Thale des Dorfes hinab noch in gutem Stande und von so bedeutender Größe, daß ich nicht umhin konnte zu bewundern, wie so Vieles in so kurzer Zeit des Bestehens dieser Kolonieen (seit 30 Jahren) habe geleistet werden können.

gegen die Heuschrecken denken und deren Verwüstungen ein Ziel stecken. Sie sind die Hauptausrotter der Schlangen, die früher in diesen Gegenden so häufig waren. Wenn Hungersnoth im Lande ist, so kommen die Russen zu ihnen und ihren Magazinen und erlangen von ihnen die Mittel zu ihrer Existenz. Sie bebauen die müßig liegenden Aecker der Griechen und anderer träger Nachbarn. Die Deutschen bleiben nie mit der Entrichtung ihrer Abgaben im Rückstande und verwenden ihre Capitalien, wenn sie solche erlangen, zu nützlichen Unternehmungen. Darum konnte auch ein deutscher Kolonist mit Recht sagen, was er zu meiner großen Freude mir mit Stolz sagte: „Wenn der Kaiser in dieses Land kommt, so muß er sich freuen und gestehen, daß man uns Deutschen die Cultur der Steppe verdankt."
Wie weit es deutsche Kolonisten hier bringen und wie nützlich sie dem Staate durch Ansammlung und Erwerbung großer Capitalien auf einem früher uncultivirten Boden werden, davon hier aus den mir bekannt gewordenen Beispielen nur ein frappantes. Es giebt in der Molotschna einen Mennoniten, der arm in's Land kam, jetzt aber durch Fleiß, Industrie und Unternehmungsgeist ein so wohlhabender Mann geworden ist, daß man ihm allgemein ein Vermögen von 2,000,000 Rubel giebt. Auf seinen großen Landbesitzungen hat er über 10 Dissiatinen mit Wäldern bepflanzt, nach denen das Land so sehr verlangt. Er hat eine Herde von 20,000 Schafen, deren Wolle die Blüthe des asow'schen Handels befördert. Und mehr noch. Er hat auf seinem Grund und Boden eine ganze Kolonie für Tataren angelegt, denen er den Ackerbau lehrte und die ihm jetzt dafür danken und ihn als ihren Wohlthäter verehren, daß er sie aus Hamaxobiten zu Agricultoren umschuf. Kolonisten mit 12,000 Schafen und 7,000 Ochsen wurden mir mehre genannt. Allerdings giebt es auch viele Arme, allein Bettler und Unversorgte finden sich auf keiner Kolonie. Freilich ist dieß Alles nicht lauteres Verdienst des deutschen Fleißes, sondern auch des günstigen Elementes, in das sie sich hier versetzt sahen. Es wird dem Deutschen leicht, sich unter Russen zu fördern.

Jedes Haus hatte seinen Brunnen und die schönsten, geräumigsten Keller. Die Keller fielen mir besonders durch ihre erstaunliche Tiefe auf. Sie sind für den heißen Sommer hier sehr nöthig. Interessant war mir die Behandlung der Milch in diesen Kellern. Sie haben für die Milchtöpfe darin eine große Treppe mit vielen Stufen. Im Anfange des Frühlings setzen sie die Milch blos auf die obersten Stufen, um sie kühl zu halten. Wenn es heißer wird, so bringen sie sie einige Stufen hinunter, im Anfange des Sommers noch weiter, und endlich in der größten Hitze 25 Fuß tief und tiefer.

Da wir den Oberschulzen nicht zu Hause fanden, so kehrten wir bei'm Amtsschreiber ein, fanden in den Gerichtsstuben Alles sehr geräumig und ordentlich, sogar elegant, und besahen dann die Gebietsschäferei, den Gebietsgarten u. s. w. Jedes Gebiet der Kolonieen hat nämlich ein ge= wisses gemeinschaftliches Gut, einen großen, dem ganzen Gebiete gemeinsam angehörenden Obstgarten, eben so einen gemeinsamen Weinberg, eine Schäfe= rei und Fischerei. Aus dem Ertrage dieser verschiedenen Dinge wird eine gemeinschaftliche Kasse errichtet, aus welcher Nothleidende oder solche Kolo= nisten, die zu einer nützlichen Unternehmung, z. B. zu einem Mühlenbaue u. s. w., eines Kapitals bedürftig sind, gegen gehörige Sicherheit Vorschüsse erhalten können. Also mit einem Worte eine Leihbank in der Art, wie sie die Edelleute bei uns in einigen Provinzen errichtet haben. Besonders leisten in Hungerjahren jene gemeinschaftlichen Kassen gute Dienste. In der Kasse der von uns besuchten Gebiets = Kolonie (für zehn Dörfer) befanden sich 300,000 Rubel. Eben so gefüllt waren den mir gezeigten Papieren zufolge die übrigen Kassen des Gebietes. In der Brandkasse befanden sich 197,000 Rubel, in der Wittwenkasse 160,000 Rubel. Dieß giebt also für zehn Dör= fer ein öffentliches Commun = Vermögen von 650,000 Rubel. Ich denke, dieß ist brillant genug.

Die gemeinschaftlichen Schafe waren lauter Merinos, oder doch ver= edelte Thiere. Der gemeinsame Garten, für den ein eigener Gärtner ange= stellt war, versprach eine vortreffliche Obsternte, denn alle Bäume hatten ihrer segensreichen Last wegen gestützt werden müssen. Der Gärtner machte mich auf einige sehr interessante Erscheinungen aufmerksam, die durch die Eigenthümlichkeit der Steppe herbeigeführt waren. Die Akazienbäume näm= lich, die freilich überhaupt starke Wurzeln treiben und aus ihnen immer mit vielen Sprößlingen üppig hervorwuchern, hatten hier in der fetten Oberfläche des Bodens ungemein lange Wurzeln zur Seite fortgetrieben, deren äußerste Schößlinge noch in einer Entfernung von 35 Schritten vom Stamme zu sehen waren. Ueberhaupt, sagte der Gärtner, wäre die ganze Oberfläche des Gartens ein verwickeltes Netz von Baumwurzeln, denn die Bäume woll=

ten nicht mit ihren Wurzeln tief in den kalkigen Boden hinein und trieben alle ſo viel als möglich in dem fetten Humus herum. Eben ſo merkwürdig war der Einfluß einer nur äußerſt geringen Neigung der Bodenoberfläche auf die Entwickelung der Bäume. Der Garten ſenkte ſich nur ein wenig gegen die Tiefe des Thales hin, an und in dem das Dorf lag, ſo daß ſein tiefſtes Ende vielleicht zwei Klaftern tiefer lag als ſein höchſtes, und doch waren die am tiefſten ſtehenden Bäume unendlich viel ſchöner entwickelt als die oberen, welche auffallend kränkelten, und man konnte überhaupt eine ſehr beſtimmte Stufenfolge des beſſeren und immer beſſeren Zuſtandes der Bäume mit jedem Schritte der zunehmenden Tiefe wahrnehmen. Ich fand die Bemerkung, daß in dieſem ebenen Steppenlande ſchon ein paar Fuß Tiefe den Baum merklich beſſer ſtellen, weil hier mehr Feuchtigkeit, mehr Humus, mehr Schutz vor Sonne und Winden iſt, nachher noch bei mehren anderen Gärten beſtätigt. Alle Bäume waren 28 Jahre alt, die oberen im Begriff auszugehen, die unteren in noch ſehr friſchem Wuchſe.

Wir blieben die Nacht bei'm Schreiber, der ein äußerſt freundliches Haus hatte und überhaupt ein Mann à son aise war, verheirathet, mit einem hübſchen Einkommen von 400 Thalern und, wie ich wohl merkte, der eigentliche Regimentsführer des Gebietes. Den Abend wurden noch hundert die Kolonieen und Steppen betreffende Kapitel abgehandelt, Heuſchrecken, Grabhügel, Schlangen, Ackerbau u. ſ. w., und wir ſchloſſen mit einer Discuſſion über das Eierlegen der Hühner, die mit der Abmachung endete, daß die Steppenhühner merkwürdiger Weiſe zwei Mal ſo viel Eier legten als unſere deutſchen. In Deutſchland ſollte es ein Huhn jährlich höchſtens auf 60 bringen, hier auf 120 und darüber.

Fahrt zur Dnieſtr-Mündung.

Am anderen Tage fuhren wir durch eine Menge deutſcher Kolonieen: Alexanderhülf, Freudenthal, Petersthal, die alle der Reihe nach in dem Thale des Baraboi lagen, eines kleinen, unbedeutenden Steppenfluſſes, welcher jetzt überall vertrocknet war, außer in der Nähe der Kolonieen, wo man ſein Waſſer in Teichen geſammelt hatte. Es iſt dieß Teichbilden ein allgemeines Verfahren aller Steppenbewohner ſchon von der Ukraine an. Jeder Gutsherr und jedes Dorf wirft einen Damm von Miſt und Erde durch den vorüberfließenden Fluß. Das Waſſer wird ſo geſtaut, und für das im Frühlinge überfließende bleibt ein Kanal mit Brücke und Schleuſe. Dieſe Teiche heißen „Stawoks", und jeder nicht ganz bedeutende Fluß ſammelt ſich im Sommer in einer großen Menge ſolcher Stawoks, indem die verbindenden Kanäle vertrocknen. Theils gewinnen ſie ſo ſüßes Waſſer zum

Waschen, Viehtränken u. f. w., theils glauben sie auch, daß diese Stawols den Regen anziehen und so mittelbar ihre Felder befeuchten.

Die Kolonieen Petersthal und Freudenthal sind die wohlhabendsten der Gegend. Sie sind von Deutschen und Ungarn bewohnt, die früher schon ein Mal aus Deutschland nach Ungarn und von da wieder nach Rußland ausgewandert waren. In Freudenthal besuchten wir einen Kolonisten, der eine so treffliche Hauseinrichtung hatte, wie man sie selbst auf den reichsten Bauerhöfen der Schweiz nicht besser sieht. In der geräumigen Wohnstube war die netteste Möblirung, selbst eine große, schöne Pendeluhr, für die er in Odessa 200 Rubel bezahlt hatte. In den Schlafstuben fand man die verführerischesten Betten mit blendend weißen Vorhängen, und in der Art das Ganze.

Den Prediger in Freudenthal, der zugleich Superintendent von ganz Neurußland ist, fanden wir leider nicht zu Hause. Er soll ein sehr origineller Mann sein, der ganz und blos mit seinen Bauern und für sie lebt. Er ist selbst ein großer Landwirth und führt seinen Kirpitsch (getrockneten Mist), seine Ochsen und sein Getreide in eigener Person nach Odessa zu Markte; auch soll er von bedeutendem Einflusse auf die Verbesserung der Landwirthschaft der Kolonieen sein, die natürlich noch mancher Verbesserung empfänglich ist. So lange den Leuten das Getreide aber noch so reichlich in die Hände wächst wie jetzt, wird es wohl noch ein Bißchen langsam damit gehen. Blos auf den Dreschplätzen geht gewöhnlich hier einem großen Bauer so viel Getreide verloren, als bei uns mancher kleine überhaupt erntet. Die Dreschplätze sind unbedeckte Tennen auf dem blos etwas abgeschaufelten und geebneten Boden der Steppe. Ein unverhoffter Regen näßt hier oft die ganze Auslage auf der Tenne, die dann gewöhnlich ganz verloren ist, weil bei der ungemein raschen Entwickelung des Pflanzenkeimes in diesen Gegenden die Körner dann augenblicklich zu treiben beginnen. Auch geht an Enten, Hühner u. f. w., die sich hier alle köstlich nähren und an sonstigem Vertreten und Verkommen der Körner unendlich viel verloren. Das Dreschen, welches bei uns auch für den tüchtigsten Arbeiter gewöhnlich eine schweißtreibende Mühe ist, ist hier ein Spiel der Kinder. Sie spannen nämlich zwei bis drei Ackerwagen an, die kleinen Knaben setzen sich auf den Bock, die Schwestern und Nachbarskinder hinten auf, und so fahren sie singend und jauchzend auf dem auf der großen Tenne ausgebreiteten Getreidehaufen immer rund um. In Freudenthal zeigte man mir die sonderbarste Dreschmaschine, die ich je gesehen, eine bulgarische. Es waren mehre in derselben Fläche zusammengefügte Breter, vorn krumm umgebogen wie eine Schlittenkufe und auf der unteren Fläche mit einer Menge fest eingefügter Feuersteine besetzt. Diese Maschine schleifen die Bulgaren hier allgemein auf ihrem Getreide herum. Wie aber die Körner dabei sich lostrennen können, begriff ich selbst nicht recht.

Von Freudenthal wandten wir uns westlich zum Dniestr hin, um dessen Mündung in den Liman zu besichtigen. Unterweges begegnete uns in der Steppe ein Leichenzug. Es war ein kleines Kind, das weinende und singende Weiber zu einem Mongolenhügel trugen, um es dort zu beerdigen. Voran trug ein Knabe ein brennendes Licht, und hintennach schleppten andere die bei Beerdigungen übliche Reisspeise. — Interessant war der Anblick, der sich uns darbot, als wir am Rande der hohen Steppe ankamen, die in zwei sehr markirten Absätzen zum tiefen Thale des Limans und Flusses hinabsteigt. Die großen Flächen zwischen diesen Absätzen waren mit den zahlreichen Viehheerden eines russischen Ortes, M a j a k, der fünf Werst oberhalb der Mündung des Flusses liegt, besäet. Im Süden zeigte sich die weite, blinkende Fläche des Limans mit hohen Ufern. In den Liman hinein zog sich ein längliches Delta, das der Fluß in ihn vorgeschoben hatte und in dessen Mitte er nun selber floß. Vor uns und im Norden lag die fast zwei Meilen breite, völlig ebene Niederung des Flusses, die, so weit das Auge reichte, mit dichten Schilfwaldungen besetzt war. Ueber der ganzen P l a w n a — so nennen die Russen die Schilfniederungen der Flüsse — schwebte ein leichter Nebel, der das entgegengesetzte hohe Ufer der Steppe kaum in weiter Ferne erblicken ließ. Nur hier und da blinkte ein gekrümmter Flußarm oder eine lagunenartige Erweiterung und Anschwellung des Flusses aus Nebel und Schilf hervor.

In raschem Trabe erreichten wir den Ort M a j a k. Der Name ist ein türkischer und bedeutet so viel als „Leuchtthurm", auch „Wartthurm." Es muß hier wohl früher so Etwas gestanden haben. Es ist eine Kolonie sogenannter Raskolniki, d. h. a l t g l ä u b i g e r Russen, die in früheren Zeiten ihr ihnen des Glaubens wegen abholdes Vaterland verließen und sich unter den duldsameren Schutz der Mahomedaner begaben, nachher aber mit diesen ehemals türkischen Ländern an die Regierung ihrer Landsleute wieder zurückfielen. Es giebt mehre Ansiedelungen dieser Art an der alten türkischen Gränze. Die nekrassowzischen Kosacken in den DonauMündungen sind das bekannteste Beispiel.

Die Leute, bei denen wir einkehrten, hatten ein paar niedlich ausstaffirte Zimmer, die so bunt mit Gardinen, farbigen Teppichen, gemalten Tapetenflicken, Spiegelchen und unterschiedlichen Möbeln geschmückt waren, wie ein Theater. Wir bekamen Eier, Milch, frische Butter und gutes Brod zu essen und befanden uns recht wohl bei ihnen. Nur eines Genusses mußten wir uns enthalten, des Rauchens. Denn diese Altgläubigen können den

Tabaksrauch so wenig vertragen wie die Mücken. Warum? — Weil in der
Bibel steht: „Was in den Mund eingeht, schadet nicht, aber was zum
„Munde herausgeht, befleckt die Seele." Da nun der Tabaksrauch zum
Munde herausgeht, schließen sie logisch weiter, so u. s. w. Wenn Jemand auch
nur mit einem Bißchen Tabaksduft in den Kleidern ihr Haus beträte, so würden sie es für entweiht halten und es einer völligen Reinigung unterwerfen. —
Nichts war niedlicher arrangirt bei diesen Leuten als das Heiligenbild in
ihrem Zimmer. Es stand oben in der einen Stubenecke in einer kleinen Nische,
die rund herum mit kleinen silberbrodirten Gardinen behangen war. Auf
einem bunt ausgeschnitzten Bretchen vor dem Bilde lag eine Menge von Opfer-
gaben, Früchten, Blumen u. s. w., und das Bild beleuchtete ein versilbertes
Lämpchen, das Tag und Nacht brennend davor hing. Das Ganze sah aus,
als wäre es für Kinder zu einer Ueberraschung am Weihnachtsabend zubereitet. Der Glaube dieser Leute mußte ein sehr kindlicher sein, und doch wiesen
sie uns mit unseren Cigarren in den Hof. Da könnten wir rauchen. „Im
„Zimmer, bitten wir, nicht."

Wir setzten uns in Majak zu Boote, fuhren auf dem Dniestr eine
Strecke hinab und irrten dann auf einem Seitenarme desselben in den dichten
Schilfwaldungen umher. Diese schienen uns Anfangs sehr leblos. Aber welcher Vögelaufruhr, welches Gekreisch und Geflatter entstand plötzlich in ihnen,
als ein paar Adler über unseren Köpfen hinzogen. Enten schossen in Schaaren
auf dem Wasser hin, Pelikane tauchten aus dem Schilfe hervor und begaben
sich auf's freie Wasser, wo sie sich wahrscheinlich vor den Adlern sicherer
glaubten, einige Reiher buckten in's Schilf hinab, einen verborgeneren Ort
zu suchen, und das Geschrei einer Menge kleinerer Vögel setzte sich auf dem
ganzen Wege, den die Adler nahmen, durch die Gebüsche fort.

Sehr merkwürdig war uns bei'm Dniestr in dieser unbedeutenden Entfernung von seiner Mündung theils die geringe Breite des Flusses, die hier
nicht mehr als 130 Sashen *) (à 7½ Pariser Fuß) betrug, während er gleich
unten in seinem Liman zu einer Breite von 1 bis 2 Meilen anschwillt, theils
seine ungemeine, auch selbst hier noch fortdauernde Schnelligkeit, die wohl
3 bis 4 Fuß in der Secunde beträgt, während er gleich unterhalb in seinem
Liman fast zu völligem Stillstande übergeht. Bei der geringen Breite ist
natürlich seine Tiefe groß, durchschnittlich 7 Sashen, stellenweise, wie die
Leute sagten, 15. Im Frühlinge bei'm hohen Wasser, wo der Fluß seine ganze
„Plawna" **) überschwemmt, verliert sich natürlich der große Contrast zwi-

_____

*) Nach dem Stricke gemessen, welcher über den Fluß gespannt ist, bei der
Fähre von Majak.
**) „Thalniederung."

schen seiner geringen Breite und der großen Ausdehnung seines Limans, und Liman und Fluß erscheinen dann als ein Ganzes. Gerade vor seiner Mündung in den Liman ist eine Sandbank aufgeworfen, wo das Wasser nur wenige Fuß tief ist, so daß hier Schiffe weder ein-, noch auslaufen können. Aber es geht ein stehendes, tiefes, schmales Wasser vom Liman aus wie ein Arm in das Delta des Flusses hinein und läuft mit diesem eine Zeit lang in bedeutender Nähe parallel. Dieser Arm des Limans heißt „Tarandschuk." Man hat ihn mit dem Flusse durch einen Canal in Verbindung gesetzt, und die Seeschiffe von Akerman legen im Tarandschuk an, um ihre Ladung von dem durch den Canal gehenden Flußschiffen zu empfangen.

Die Schifffahrt auf dem Dniestr ist übrigens noch äußerst gering. Es sind meistens nur Flöße (Pluta) und sogenannte „Parami," eine Art von Schiffen, die etwas besser als Flöße sind. Sie bringen Holz aus dem oberen Beßarabien und Gallizien, auch einige in den Karpathen verfertigte Holzwaaren, Gyps und unbedeutend wenig Weizen. Die eine Hälfte dieser Waaren geht nach Akerman, die andere wird von Majak aus zu Lande nach Odessa spedirt. Schiffe, wie Flöße, sind ohne Segel und von erbärmlicher Construction. Wir setzten unseren Fuß auch auf der moldauischen Seite an's Land, des Vergnügens wegen, das dem Reisenden die Idee gewährt, ein fremdes Land zu betreten, besahen noch einige Bienenhöfe der Leute in Majak (denn von hier aus schon geht nun Bienenzucht, die sich auf der hohen Steppe nirgends findet, im ganzen Dniestrthale hinauf) und traten dann unsere Rückreise nach Lustdorf an.

Doch mußten wir uns noch ein Nachtquartier auf dem Wege suchen, und da wir Herodot's, so wie seiner „Kekrypher" und „Chamökoiten" eingedenk waren, so wählten wir dasselbe bei einem Troglobyten. Herodot nämlich erwähnt schon, daß in den südlichen Steppen der Skythen die Leute in Erdhöhlen wohnen, und nennt sie beßwegen „Kekrypher oder Chamökoiten" (Verborgene und in der Erde Wohnende). Es ist dieß nun heutiges Tages noch eben so der Fall. Der eigentliche hier einheimische Kleinrusse (Skythe), der das Land als das seine betrachtet, das er freilich in verschiedenen Zeiten mit verschiedenen Völkern theilen mußte, mit den Neuren, Aorsen, Melanchlänen, Hunnen u. s. w., mit den tatarischen Hippomolgen, und jetzt mit den Großrussen und deutschen Kolonisten, lebt noch jetzt in Erdhöhlen, und so wie er, auch die ihm verwandten Völkerschaften der Bulgaren, Moldawaner u. s. w. Alle sind noch jetzt Kekrypher oder Chamökoiten (Erdhäusler). Seine Erdwohnungen nennt er „Semlanken". Da ich glaube, daß diese Semlanken der Kleinrussen noch im Ganzen wohl dieselben sind, wie die, von denen Herodot und Strabo etwas sahen und hörten — solche Dinge verändern sich so leicht nicht, besonders da auch die Natur und das zu benutzende Baumaterial noch immer dieselben sind — und da vermuthlich mancher Leser diese Meinung mit mir theilt, so kann es ihm vielleicht lieb sein, wenn ich ihn hier in eine solche Semlanke und in die Hauswirthschaft eines solchen Steppentroglobyten einführe.

Des schlimmen Klimas, der Hitze im Sommer und der Kälte im Winter wegen, dann auch, um an dem so raren Holze zu sparen, verbergen sich die Leute hier mit ihren Wohnungen halb in die Erde, was sie um so leichter können, da von Feuchtigkeit in der trockenen Steppe selten etwas zu leiden und eine Erhöhung des Hausfundaments, wie wohl in anderen Landen, nie von Nöthen ist. Sie machen ein Loch, etwa 2 bis 3 Ellen tief, so lang und so breit, wie das Haus werden soll. Auf beiden Enden der größten Länge dieses Loches, so wie in der Mitte desselben, wird ein Balken aufgerichtet, alle drei von gleicher Höhe. Ueber diese Balken wird oben ein horizontaler Balken gelegt, und das Ganze bildet den Dachstuhl. Der mittlere aufrechtstehende Balken, der die Hauptsache bei'm Tragen des Daches thut, heißt „Podporke", der obere horizontale Balken dagegen „Swolok" (der Durchzug). Ueber diesen „Swolok" legen sie nun von der Erde aus gegen Norden Dornsträucher und Schilf und bewerfen das Ganze mit Erde und Rasen. Es bewächst Alles mit hohem Unkraute und Grase, und wenn man von Norden kommt, so sieht ein solches Haus nicht anders aus als wie eine kleine Erhebung oder Unebenheit im Boden. Gegen Norden sind sie also auf diese Weise durch eine dicke Rasendecke geschützt. Gegen Süden steht das Haus etwa zwei Ellen aus dem Boden hervor. Die Wand ist aus Lehm zusammengekleckst, und in den Lehm sind ein paar Glasstücke als Fensterscheiben eingesetzt. Von hier aus sieht dann das Haus mit seiner Rasendecke hinten und vorn mit seinen kleinen, kaum über den Boden hervorguckenden Fenstern, so zu sagen, so aus wie ein Wohnungskeim, der eben aus dem Boden heraufbricht. Man kann sich denken, daß die Leute in ihren Semlanken so sicher sitzen, wie die Maulwürfe und alles Steppenunwetter über sich wegstürmen lassen, ohne das Geringste davon zu spüren. Vorn führt ein mit einem kleinen Dache bedeckter Treppengang zur Tiefe hinab, der eine doppelte Thür hat, oben eine und eine unten. Dieser bedeckte Treppengang heißt „Peressinja." Auf diese Weise kann auch durch die Thür weder Kälte noch Hitze dringen.

In demselben Style wie die Wohnungen der Menschen sind auch die seiner Hausthiere gebaut, jedoch natürlich noch unvollkommener. Da jede Gattung Thiere ihre eigene kleine Höhlenbehausung hat, so gewährt diese ganze Höhlenwirthschaft in der That einen sehr auffallenden Anblick. Das Hornvieh, das im Sommer natürlich ohne Stallung immer in der Steppe geht, hat für den Winter gewöhnlich nur ein viereckiges Loch, das mit einem Erdwalle ohne Dach umgeben ist. Aller Rauheit der Witterung preisgegeben, stehen dann die armen Thiere hinter dem Erdwalle, kaum ihre Schnauze hinter der Mauer bergend. Nur sorgsame Wirthe ziehen auch für das Vieh gegen Norden eine Rasen= und Schilfwand herauf, die aber gegen Süden offen bleibt. Ein apartes Höhlchen giebt es für das eine Pferd, das diese Leute gewöhnlich haben, wiederum für die Schweine ein noch kleineres der Art, mit Mist gedeckt; eben so eins für die Schafe; ein besonderes wiederum, aus kleinen Stäben und Flechtwerk gebaut, für die Hühner; ein siebentes für die Enten u. s. w. Doch nehmen sie unter Umständen auch manches dieser Thiere zu sich in ihre eigene Wohnung, nie aber die Hunde, die sich ihre Höhlen selber graben müssen. Für die Enten graben sie ein kleines Loch mitten im Hofe zwei Fuß lang und einen breit. In dieses Loch schütten sie dann und wann einen Eimer voll Wasser. Es ist mit Lehm ausgeschlagen, damit das Wasser nicht so schnell in den Boden eindringe. Einen anderen Enten= teich findet man auf der hohen Steppe nirgends. Selbst die Enten der deut= schen Kolonisten haben kein größeres Gewässer. Die armen Steppenenten! — Die ganze Wirthschaft eines solchen Steppentroglobyten kommt Einem nicht anders vor, als hätten sich Kinder das Ganze zum Scherz und Spielwerk ausgedacht und ausgeführt.

Scheunen für's Getreide haben sie natürlich nicht, wie kein Landbauer im ganzen russischen Süden. Die Garben und das Heu liegen, in große Hau= fen gebracht, die sie „Skirten" nennen, um die Wohnung her. Das ausge= droschene Getreide bewahren sie auf zweierlei Weise. Das, wovon sie zum täglichen Brodbacken nehmen, haben sie in einem ungemein großen Korbe, der aus dicken verflochtenen Strohbündeln zusammengesetzt ist, in der Sem= lanke stehen. Das Korn hält sich vortrefflich in diesem luftigen Korbe, doch kommen die Mäuse leicht hinein. Das eigentliche Kornmagazin aber ist wie= der eine Höhle, ein konisch geformtes Loch, mit einer kleinen Oeffnung nach oben zum Hineinsteigen. Das Loch brennt man, nachdem es gegraben ist, ein paar Mal wie einen Backofen mit Stroh aus, um es völlig trocken zu ma= chen, und schüttet dann das Getreide einfach hinein. Der Weizen liegt hier aber sehr unsicher; denn die Mäuse und Erdhäschen graben Löcher darnach, durch ihre Höhlen fließt der Regen in die Magazine, und nicht selten gehen so alle Vorräthe zu Grunde. Jede Getreideart hat ihr eigenes Loch.

Zu allen diesen Löchern und Höhlen kommt nun noch der Sommerherd zum Kochen der Speisen. Er ist ebenfalls nur ein einfaches unbedecktes Loch in der Mitte des Hofes. Ein paar Stufen führen zum Feuer, das in der Tiefe brennt, hinab und dienen der Köchin zugleich zum Sitze. Der Herd selbst, wie die Stufen und wie der durch den Boden gehende Feuerzug, sind ohne alle Beihülfe anderen Materials, einfach in der festen Erde des Steppenbodens ausgearbeitet. Während des Winters kochen sie bei'm Ofen in der Semlanke selbst.

Bei einer solchen Troglobyten-Wirthschaft sprachen also auch wir, mein Schulze und ich, die Gastfreundschaft der Bewohner an. Der Schulze hatte eine Familie ausgewählt, mit der er bekannt war und in Geschäftsverbindungen stand. Es war die des freien Landeigenthümers — denn das sind die meisten kleinrussischen Steppenbewohner — „Stepan Afanássenko." Wir wurden sehr freundlich und gastfrei aufgenommen, und gleich hieß es: „Spros-„sim milosti kuschitj ss' nami" („wir bitten um die Gnade, mit uns heute „Abend zu essen.")

Sehr angenehm war ich überrascht, in dem Inneren der durch ihr Aeußeres so wenig versprechenden Wohnung ein so wohnliches und nettes Zimmer zu finden. Es war draußen sehr heiß und hier unten äußerst angenehm kühl und dabei eine schöne, frische und duftreiche Luft. Denn der Boden des Zimmers war mit Gras bestreut, und die Wände, wie oben bei meinem Bulgaren, waren mit einer Menge von Kräutern geschmückt. Dabei war Alles proper und reinlich, wie man denn in dieser Hinsicht die Kleinrussen den Polen und Großrussen gegenüber nicht genug loben kann. Hübsche bunte Decken lagen auf allen Bänken und auf den Betten eine Fülle bequemlicher und wohlgeordneter Kissen. Das Heiligenbild war eben so hübsch verziert, wie in Majak, mit seinen Gardinen und Lämpchen, und ich sah aus dem Ganzen, daß auch hier unter der Erdoberfläche Götter und Gesetze walteten. Die aus mit Lehm überklecks'ten Stäben gebauten Oefen dieser Semlanken, die zugleich zum Kochen, zum Heizen, zum Trocknen von Kräutern und zu anderen Zwecken dienen, haben eine so wunderliche und bunte Construction, daß sie sich ohne Zeichnung nicht verständlich beschreiben lassen. Auf der anderen Seite befand sich ein Zimmer, in dem allerlei Geräthschaften standen, und in der Wand, oder vielmehr in der übermalten Lehmerde des Bodens, welche die Wand bildete, war wieder eine Reihe kleiner Höhlen, alle hübsch ausgemalt und auch an ihren Rändern mit zierenden Malereien versehen. In jeder dieser Höhlen saß eine brütende Henne. Unter den Geräthschaften zeichnete sich vor Allem die in allen Semlanken des Nationalgerichts wegen so nöthige „Stubka" (Hirsestampfe) aus, ein wie ein Schaukelbret über einen Block befestigtes Holz, das an dem einen Ende einen mit Eisen beschlagenen Klotz hat. Dieser Klotz steckt in einem Loche des Bodens, das sie mit Hirse füllen. Der Arbeiter tritt auf das eine Ende des Bretes, der Klotz hebt sich und fällt wieder in das Loch, und so wird die Hirse enthülst. Das Treten der Stubka ist ein Hauptgeschäft, weil der Hirsebrei

ein Haupteſſen iſt. Zwiſchen beiden Zimmern war ein leerer Raum, in wel=
chen die Treppe von oben hinabführte. In dieſem prangte in der Mitte der
große ſchön geflochtene „Solomnik," jener oben erwähnte Getreidekorb, ſo
groß, daß er wenigſtens acht Scheffel faſſen konnte.

Kaum hatten wir zur Freude unſerer Wirthe kund gegeben, daß wir die
Nacht bei ihnen zu bleiben wünſchten, ſo machten ſie Anſtalten, uns auf's
Beſte zu bewirthen. Unſere Pferde wurden zur Nachtweide in die Steppe
hinausgelaſſen Die Frau und die alte Mutter unſeres Quartiergebers Aſanáſ=
ſenko ſchürten ein Strohfeuer in der Sommerküche des Hofes an. Der
junge Sohn machte ſich an's Hirſeſtampfen, und als es bei unſeren Geſprächen
zu dunkeln anfing, hatten wir das ſchönſte — nämlich für Gäſte von Trog=
lobyten und Nekryphern — Abendeſſen auf dem Tiſche, Hirſebrei, Borſcht
und Eierkuchen, und dazu die trefflichſte Milch von der Welt. Denn ſo wenig
Milch die Steppenkühe auch geben, ſo gut iſt ſie doch, und das Beſte war
dabei, daß wir, die wir uns heute in den Kolonieen verſchiedener Völker her=
umgetrieben hatten, den regſten Appetit mitbrachten. Uebrigens iſt der
Borſcht — die Nationalſuppe der Kleinruſſen — im Sommer auch für
Jeden ein treffliches Gericht. Es kommen dann dazu alle möglichen gewür=
zigen und wohlſchmeckenden Kräuter, welche die Flur nur bringt, geſchnit=
tene Rotherüben, Kümmel, Peterſilie, Portulack, Thymian, Paſtinaken,
Lauch u. ſ. w. Die Baſis von dem Allen bilden aber Hirſe und ein Stück
Lammfleiſch, und das gemeinſame Element, in dem Alles ſchwimmt, iſt
ſäuerlicher Kwas, das bekannte Nationalgetränk der Ruſſen. Obenauf ſchüttet
man zur Abkühlung — jedoch erſt, wenn die Tiſchgenoſſen den Löffel ein=
tauchen — eine Portion fetten und kalten Schmants, der einen ſehr wohl=
ſchmeckenden Contraſt zu den unteren warmen Dingen abgiebt.

Wir waren eben im beſten Eſſen begriffen, als wir vor der Semlanke
Pferdegetrappel und Waffengeklirr hörten. Ein transdanubiſcher (Sabunaisky)
Koſack trat ein und ſprach ebenfalls die Gaſtfreundſchaft unſeres Wirthes an. Er
ſei von ſeinen Offizieren aus Ovidiopol nach Odeſſa geſchickt, um dort eine
Botſchaft auszurichten, und wolle nicht gern die Nacht durch reiten. Der Wirth
ſagte ſie ihm gleich zu, ſchickte das Koſackenpferd auf die Steppe zu den unſeren
und ließ ihn ſelber die Reſte unſerer Mahlzeit verzehren. Auch ſetzte er ihm einen
Reſt von Honig vor, den die überaus leckeren Koſacken außerordentlich lieben.
Der Koſack höhlte ſich eine Semmel aus, die er aus Odeſſa mitgebracht, goß
den Honig hinein und verſpeiſte die Sache ſo, indem er mit den Krumen den
im Teller gebliebenen Ueberreſt ſorgſam nachſtippte. Dieſe Leute ſind diebiſch
und naſchhaft wie die Elſtern. Ich war nicht wenig erfreut, einen Koſacken
unter ſolcher ihm ganz heimiſchen Umgebung zu ſehen, und ließ mich in ein

11*

Gespräch mit ihm ein. Er hatte sich unterwegs Blumen auf der Steppe ge-
pflückt und zwei dicke Büschel, mit etwas Gras vermischt, hinter die Ohren
gesteckt. Er sagte, er heiße Jephim Afanassiewitsch Lescharno
und sei aus dem Dorfe „Wolantirowko" an der Donau gebürtig, dem Hauptorte von 7 anderen Kosacken-Stanitzen. Sein Vater sei dort ein reicher Mann,
der 50 Milchkühe, 200 Pferde und viele Schafe habe. Er selber diene jetzt
für seinen älteren Bruder, der seit 6 Jahren wieder zum Vater zurückgekehrt.
Er zeigte uns neue Stiefeln und Sommerzeug, das er sich in Odessa eingekauft. Sein Vater schicke ihm alle 4 Monate 20 Karbowanetz (Silberrubel)
für seinen Unterhalt und seine Equipirung, und er brauche so bei seinem geringen Solde nicht zu darben. Alles, Säbel, Pferd, Pistolen, Uniform,
hätte er sich für sein eigenes Geld angeschafft, und es gehöre ihm selber. Er sagte,
es gäbe viele so reiche Kosacken bei ihnen, daß jeder wohl ein Polk (Regiment)
durchfüttern könnte. Sie nennen sich selbst nicht „Sadunaiski", sondern
„Nekrássowzi", von Nekrássow, ihrem ersten Anführer, der zur Zeit
Peter's des Großen sie über die Donau führte und sich unter türkischer Herrschaft ansiedelte. Erst im letzten Türkenkriege wurden sie wieder russisch. Er
hatte auch seine Rauchpfeife zum Rauchen, seine Schnupftabacksdose zum
Schnupfen — so sprechen die Kosacken — bei sich, und selbst sein Schreib-
büchelchen zum Schreiben, das er ein wenig verstand. „Aber nicht viel; denn
„ich bin kein Gelehrter", sagte er. Nach dem Essen mußte er uns etwas vor-
singen, und unter anderen hübschen Kosackenliedern sang er auch das berühmte
und bei uns in Deutschland auch von jedem Musikliebhaber gekannte Lied:
„Schöne Minka, ich muß scheiden." Dieses Lied ist ein altes Kosacken-Volks-
lied, das in Kleinrußland, wie man sich ausdrückt, jede „Baba" (altes Weib)
kennt. Das einzige Neue daran ist unser von Tiedge gegebener Text. Im
Russischen fängt es sich so an:

"Jáchal Kasak sa Dunai"
"Skasaw Däwuschku proschtchai."

„Es ritt ein Kosack über die Donau, nachdem er seinem Mädchen Lebewohl
„gesagt."

Die guten Leute wollten uns in ihre eigenen Betten packen und selbst
draußen auf dem Hofe schlafen. Doch baten wir sie nur um ein wenig Stroh
in das leere Zimmer, wo wir denn auch eine kurze, aber treffliche Nacht-
ruhe hielten.

Am anderen Morgen, als kaum die Sonne sich aus den hohen Gras-
halme hervorarbeitete, saßen wir schon wieder bei'm Frühstücke, das aus schöner
Steppenmilch bestand. Denn wenn auch die Hippomolgen der Alten längst
aus diesen Gegenden verschwunden sind, so sind doch die „Galaktophagen"

noch vorhanden, wie zu Herodot's Zeiten, und Milch ist hier ein um so häu=
figerer Trank, je seltener das Wasser ist. Von unseren Wirthen bekamen wir
tausend Glückwünsche mit auf den Weg. „Dai Bog wam dobri sdarowie"
„Gebe Gott Euch gute Gesundheit! Gebe Gott Euch Ehre! Gebe Gott Eu=
„erem Leibe und Euerer Seele Glück und Heil!" u. s. w. Unser Kosack trabte
singend dem Dniestr zu und wir unserem lieben vaterländischen Lustdorf.

Hier waren während unserer Abwesenheit einige Veränderungen vorge=
gangen. Es hatten sich nämlich verschiedene Babegäste eingefunden und die
Seebadezeit ihren Anfang genommen. Einige liefländische Familien waren
aus Kiew eingetroffen, der höchst achtungswerthe Curator der dortigen Uni=
versität, ein im russischen Staate schon sehr bedeutender Mann, ein deutscher
Professor mit seiner liebenswürdigen Familie, und es wechselten nun meine
ethnographischen und agronomischen Unterhaltungen mit dem Schulzen und
meine idyllischen Scherze mit Bäbele mit einigen nicht weniger angenehmen
und lehrreichen Theeabenden in jenen Familien ab, die, alle Geschäfte ver=
gessend, sich hier an der Küste ebenfalls einem sorgenlosen Land = und See=
leben überließen. Bei dem Kolonisten, der mir gerade gegenüber wohnte,
war ein griechischer Fürst mit seiner dicken Frau und alten Mutter eingezogen.
Er war aus der Walachei vertrieben, wo er mit in die Ypsilantischen Un=
ruhen verwickelt gewesen war, hatte dort sein Vermögen eingebüßt und genoß
nun eine Pension vom Kaiser von Rußland, verschleuderte aber dabei seine
Zeit auf eine so geschäftslose und nichtsthuerische Weise, daß ich mir ein
Studium aus seiner Lebensweise machte, um einmal deutlich zu sehen, wie
ein griechischer Faitnéant seine Zeit hinbringe. Des Morgens bis 9 oder
10 Uhr hatte er seine Laden fest verschlossen und ruhte mit seinem dicken
Weibe in Morpheus Armen. Dann ließ er die Fenster öffnen, und ich sah
dann von meinem Schreibtische aus unter meinem Zelte, wo ich Kaffee trank,
wie sie sich beide vor ihrem Heiligenbilde niederwarfen, um ihr Morgengebet
zu verrichten. Bei dem dabei häufig wiederholten Niederknien und Aufstehen
fiel ihm sein Schlafrock — den er die ganze Woche nicht einen Augenblick ab=
legte, ausgenommen am Sonntage, wo er wegen des aus Odessa zu erwar=
tenden Besuchs einen Oberrock anzog — immer sehr unschicklich auseinander
und enthüllte zu Zeiten seine ganze Nachttoilette, die in nichts weiter bestand
als in einem Hemde ohne Band und Knopf. Noch übler fast stand es mit der
Coiffure und Toilette der Fürstin bei diesem unendlich langen Morgengottes=
dienste, den sie immer bei geöffneten Fenstern vornahmen. Nach dieser Ar=
beit erholte er sich, ließ sich seine 6 Ellen lange Pfeife bringen, legte sich
rauchend zum Fenster hinaus und rief mir in schlechtem Französisch ein „Bon
„jour, Monsieur" zu. Da dieß aber die einzige französische Redensart war,

mit welcher er renommiren konnte, so mußte er dann gleich wieder auf Rus-
fisch fragen, wie ich geschlafen habe, und ich rief ihm mein „Bladaru po-
„korno otschen charascho" („Danke ergebenst, sehr gut") in schlechtem
Russisch über die Straße zu.   Wenn er den französischen Gouverneur mit den
Kindern des Curators vorübergehen sah, so war er glücklich und rief wieder:
„Bon jour, Monsieur!" verstand aber leider nicht, was dieser Verbindliches
antwortete.   Den ganzen Tag strich er immer geschäftig von einem Fenster
zum anderen, stieg bald auf einen Stuhl, bald auf eine Bank und guckte neugierig nach allen Vorübergehenden aus.   Aber nie bewegte er sich bis 50
Schritt von seinem Hause, ausgenommen, wenn etwa ein Wagen mit Fischen
aus dem schwarzen Meere vorübergefahren war.   Dem lief und rief er dann
rührig nach, um Fische zu erhandeln, mit denen er sich selber belud, um
sie in die Küche zu tragen.   Doch mußte man ihn loben wegen seiner Zärt-
lichkeit gegen seine wohlbeleibte Ehehälfte, deren dicke Paußbacken er in jedem
müßigen Augenblicke — und nur aus solchen war sein Tag zusammengesetzt
— küßte.   So zärtlich war er nur noch gegen seinen hübschen Schnurrbart,
den er in allen Zwischenräumen zierlich spitzte und drehte. — Andere Cultur
als die seines Bartes und die des Bon jour kannte er nicht. — Großer Gott!
Was wird man einst auf den Grabstein eines solchen Fürsten setzen?   „Hier
„liegt ein Schnurrbart begraben. Weiter nichts!" sagte Bäbele, die überhaupt
alle Tage neue Beweise von ihrem Geiste und Witze gab.   Als ich ihr einmal
gesprächsweise sagte, ich weiß nicht mehr, bei welcher Gelegenheit: „Ja, Bä-
„bele, umsonst ist nichts auf dieser Welt als der Tod," erwiderte sie schnell:
„Das ist nicht wahr! Das Sprichwort ist nicht wahr! Der Tod kostet gerade
„am meisten." — „Wie so?" — „Er kostet ja das Leben, und das Leben
„liebe ich sehr." Ich weiß nicht, ob dieß schon Jedem bei jener gewöhnlichen
Redensart eingefallen ist.

Akerman.

Meine letzte bedeutende Ausflucht mit meinem Schulzen von Lustdorf
war auf die Städte Ovidiopol und Akerman und auf die Mündung des
Dniestr=Limans gerichtet, dessen innere Nordspitze wir schon früher bei Majak
gesehen hatten.   Wir waren wieder ganz so arrangirt wie das erste Mal und
hatten auch wieder unsern kleinen Jacob als Kutscher.   Es ging anfangs den
alten Weg, doch schlugen wir uns bei'm „Major Buga" links.   So nennen
hier die Leute einen Grabhügel in der Steppe, wo sich unter einem zerfallenen
Monumente ein griechischer Offizier hat begraben lassen.   Doch in der einförmigen Steppe, wo jeder Höcker beachtet wird, kennt weit und breit Jeder

den „Major Buga" und beschreibt darnach den Anderen die Wege, die sie nehmen müssen.

Nicht weit von dieser Gegend passirten wir die Steppe des polnischen Grafen Malachowsky *). Der Flicken Landes, den dieser Mann hier besißt, besteht aus 9000 Dissiatinen Steppe, welche er vor 30 Jahren die Dissiatin zu 60 Kopeken (3½ gute Groschen) kaufte. Dieß war damals der gewöhnliche Preis des Landes in diesen Gegenden. Auch jetzt ist es hier natürlich noch unendlich billig. In der Nähe von Odessa ist selbst noch genug Land zu haben, die Dissiatin zu 5 bis 6 Gr., weiter hin zu 3, 2 bis 1 Gr. Die Regierung giebt ungeheuere Besißungen noch jetzt zuweilen an verdiente Personen als Geschenk. Auch Landwirthen wird oft eine gewisse Strecke uncultivirten Landes auf eine gewisse Zeit unentgeltlich verliehen und ihnen das Eigenthum des Landes alsdann als Prämie versprochen, wenn sie nach Ablauf des Termins nachweisen können, daß sie so und so viele Morgen in Gärten verwandelten, so und so viele Morgen besäten, so und so viele Schafe darauf erzielten u. s. w.

Bis Ovidiopol begegnete uns dann nur Gras, wieder Gras und nichts als grünes Gras, endlich die zahllosen Mühlen der Stadt und gleich hinter ihnen am Abhange der hohen Steppe zum Liman die Stadt selber. Diese Dniestr-Städte Ovidiopol, Tiraspol und Gregoriopol haben alle Namen, die an so viel Berühmtes und Antikes erinnern, daß man, Gott weiß, was hinter einem solchen Namen erwartet möchte. Aber sie spielen unter den Städten die Rolle der Don Ranudo de Colibrados. Es ist nichts dahinter. Die ganze Stadt Ovidiopol besteht zu mehr als der Hälfte aus solchen Semlanken, wie wir sie oben beschrieben, die sich über ein weitläufiges Terrain zerstreuen. Die Stadt ist ein so großmaschiges Netz, daß ich weiter laufen mußte als in Wien, um ihre Merkwürdigkeiten in Augenschein zu nehmen, die in ruinirten Quarantäne-Gebäuden und einer zerstörten Festung bestanden. Ovidiopol hat eine kurze blühende Periode gehabt in der Zeit, als das linke Dniestrufer schon russisch war, während die Türken noch das rechte besaßen. Da war hier eine Quarantäne-Anstalt, eine Festung mit einer bedeutenden Besaßung, Schifffahrt und Verkehr. Seitdem Akerman auch russisch geworden, ist dieß Alles auf die andere Seite hinübergegangen. In der Festung, die aus einem riesengroßen Erdwalle und Graben besteht, liegen 15 Kosacken, und in den meisten Gebäuden derselben waren bereits die Dächer eingestürzt. Dicht bei der

*) Man nennt nämlich in den Steppen die einzelnen Besißungen, Marken und Gefilde auch wieder „Steppen." Man spricht daher von der „Griechensteppe" und meint darunter die ganze Gemarkung, welche die Griechen besißen, von der „Steppe der Deutschen", von der „Steppe des Grafen Potocki" u. s. w.

Stadt fließt ein kleines Bächelchen in den Dniestr-Liman. Dieses Bächelchen bildet bei seiner Mündung ebenfalls seinen kleinen Liman mit Peressip, Girl und überhaupt allen Attributen eines Limans. Er sitzt an dem großen Dniestr-Liman, wie eine kleine Muschel an einer großen. Sonderbar, daß in diesem Lande alle Flüßchen ihre Limans haben wollen, wie bei uns alle Fürstchen ihren Hofstaat. Ich fing am Ufer eine riesengroße Tarantel in meinem Handschuh, die ich nachher in Spiritus legte und die auf ihrem Rücken nicht weniger als 320 junge Tarantelchen trug.

Wir wollten mit dem Postschiffe von hier über den Liman nach Akerman hinübersetzen. Doch zögerte es so lange, daß ich vorher noch Zeit hatte, die Honoratioren des Orts zu besuchen. Diese bestanden in dem Polizeimeister der Stadt, welcher nicht zu Hause war, und einem Arzte, der mich mit Branntwein tractirte. Er hatte sein ganzes Leben hier zugebracht und sang über den Ruin der Stadt Elegieen, wie sie Ovid selber, wenigstens nicht trauriger und aufrichtiger gemeint, hätte singen können, wenn nämlich wirklich, wie einige Gründer dieser Stadt zu Katharinens Zeiten meinten, der berühmte Sänger hier am öden Dniestr-Liman lebte. Leider wußte ich, daß die Gelehrten jetzt entschieden der Meinung sind, daß Ovid's Verbannungsort in einer ganz anderen Gegend zu suchen ist, und konnte mich daher nicht der angenehmen Täuschung überlassen, das Echo der ovidischen Klagelieder noch in dem Wiederhallen der Brandung an den schroffen Ufern erlauschen zu wollen. Der Doctor hatte eine Frau und eine erwachsene Tochter. Alle empfingen mich freundlich, und ich sah an dem Interesse, welches sie an mir nahmen, daß das Erscheinen einer solchen „ausländischen" Person in Ovidiopol eine Seltenheit sein mußte. „Vater! vergiß doch nicht, zu fragen, wie sein Name ist", raunte die Tochter bei'm Abschiede dem Alten in's Ohr. Ich nannte ihnen meinen deutschen Namen, wobei sie gewiß gelacht haben würden, wenn sie gewußt hätten, daß er auf Russisch „Kapusta" bedeute. Die Russen haben durchaus nicht so lächerliche und zuweilen so läppische Familiennamen, wie wir Deutschen.

Wir stiegen endlich in's Postboot mit einer Menge anderer Passagiere. Ich fragte den russischen Schiffer, wie lange wohl die Ueberfahrt dauern würde. — „Was weiß ich! So lange Gott geben wird." — „Das ist recht. „Aber ich meine nur so, was denkt Ihr wohl so ungefähr? Was vermuthet „Ihr?" — „Was kann der Mensch denken, wenn Gott das Wetter macht? Ich vermuthe nichts. Jetzt schickt er den Wind so, nachher wieder anders." — Das waren ächt kleinrussische Antworten, wie man sie hier zu Lande oft bekommt. Doch sollte gleich sich Gelegenheit bieten, den Schiffer in seiner Philosophie, die keine Vermuthungen erlaubte, bedeutend zu bestärken. Es

hing auf der anderen Seite des Limans eine ſcheinbar ganz unſchuldige Wolken=
Formation, die aber bald ſich ſehr bedrohlich entwickelte und, als wir mitten
auf dem Waſſer waren, als ein bedeutend ſtarkes Gewitter uns entgegentrat.

Doch zuvor noch von einer ſonderbaren Fügung des Schickſals. Kaum
hatte ich jene Worte mit dem Schiffer gewechſelt, ſo bemerkte ich unter den
übrigen Paſſagieren, die aus Juden, Koſacken, deutſchen Koloniſten und
einem polniſchen Edelmanne u. ſ. w. beſtanden, ein ſchiefes Maul, das noch
viel ſchiefer in dem ihm angehörigen Geſichte hing als unſer bei conträrem
Winde lavirendes Schiff im Waſſer. Ich ſah mir den Mann näher an,
und als ich in den Blättern meiner Gedächtnißtafeln nachſchlug, fand ich, daß
ich einen deutſchen Handwerksburſchen vor mir hatte, mit dem ich ſchon ein
Mal in einem ganz ähnlichen Schiffe eine Fahrt auf dem curiſchen Haffe,
einem ganz ähnlichen Waſſer, ebenfalls bei von der Küſte drohendem ähn=
lichen Gewitter gemacht hatte. Er war damals, vor fünf Jahren, ein ſehr
kümmerlicher Handwerksburſche, der mit zwei anderen Genoſſen nach Rußland
einwanderte. Ich reiſete in Geſellſchaft eines mir ſehr befreundeten Herrn aus
Curland, und wir nannten das Kleeblatt wegen ſeines betrübten Aeußeren
Lumpaci Vagabundi. Sie leiſteten uns gegen Verzehrung der Reſte unſerer
Mahlzeit einige Dienſte. Wir Beide erinnerten uns jener Umſtände und
wunderten uns über unſer unerwartetes Zuſammentreffen unter ſo völlig glei=
chen Umſtänden, wobei nur der einzige Unterſchied war, daß er jetzt ſehr or=
dentlich und nett gekleidet erſchien und mir verſicherte, daß er in Odeſſa
verheirathet und als Conditor anſäſſig ſei. Eben ſo ſeien die beiden anderen
Genoſſen, der eine als Tiſchler in Moskau, der andere in Petersburg, gut
verſorgt. Wie manchem Ausländer hat Rußland ſchon ſo die Lumpen abge=
ſtreift und gute Nahrung verſchafft!

Der Wind kam im Anfange unſerer Fahrt aus der See und trieb uns
aufwärts. Die Leute lavirten mit großer Mühe gegen ihn an. Wir meinten,
ſie ſollten ſich lieber hinauftreiben laſſen, denn das von oben herabrollende Ge=
witter müſſe den Wind ja wohl bald ändern, und wir würden dann mit ihm um
ſo leichter nach Akerman kommen, aber ſie hörten nicht auf uns. Das Ge=
witter lag erſtaunlich finſter auf der anderen Seite. Der Wind erregte ſo
große Staubwolken von der Steppe, daß die Stadt Akerman mit ſammt ihrer
Feſtung, die uns ſchon von Weitem zugewinkt hatte, verſchwand. Es ſchien,
als wenn die Wolken nicht über den Liman hinüber kommen könnten. Schon
früher hatte ich die Bemerkung gemacht, daß oft Gewölk über dem Liman
und dem ſumpfigen Schilfthale des Dnieſtrs ſtand, das weithin durch die
Steppe ſeinen Lauf bezeichnete, während der Himmel rund umher heiter war.
Plötzlich hörte der Seewind auf, und es trat einen Augenblick völlige Windſtille

ein. Es war der Moment des Kampfes der sich entgegen wirkenden Winde.
Gleich darauf fiel in entgegengesetzter Richtung der Gewittersturm als Sieger
über uns her. Die Schiffer waren auf diesen plötzlichen Dreh nicht vorbe=
reitet, und unser Schiff wurde dermaßen herumgeworfen, daß wir gewiß wie
eine Nußschale umgekippt hätten, wenn nicht auch im selben Augenblicke
glücklicher Weise ein paar schlechte Stricke an dem Segel gerissen wären, so
daß nun die ganze Takelage herunterfiel, und wir eine Zeit lang ohne Segel
vom Sturme fortgejagt wurden.

Der junge polnische Edelmann, der schon gleich bei'm Betreten des
Schiffes sich sehr ängstlich gezeigt hatte, brach nun in förmliche Klagen aus,
denn er hielt jetzt uns Alle und besonders auch sich für verloren. Er konnte
den Anblick des Wassers und Himmels nicht mehr ertragen, legte sich auf
dem Grunde des Schiffes nieder und verbarg seinen Kopf in seine ledernen
Reisekissen. Alle Augenblicke aber erhob er sich doch wieder und blickte schau=
dernd in das schwarze Wasser hinaus. Bald betete er auf Polnisch, bald auf
Französisch. Er sagte, es wäre ihm nicht seinetwegen, sondern seiner guten
Mutter und seiner armen Bauern wegen, die nach seinem Tode in Gott
weiß was für Hände fallen würden. Hierüber fing er zuletzt so rührend an
zu klagen, daß sogar sein Bedienter, der bisher noch ganz guten Muthes
Speck und Brod gegessen hatte, auch anfing mit seinem Herrn zu weinen.
Ich sagte ihm, er solle guten Muthes sein, denn alle anderen Leute im
Schiffe gäben sich ja auch noch nicht verloren. „Ah! ces gens là vous per-
„dront leur vie pour une verre d'eau de vie. O ma mère! héla mes
„pauvres gens!“

In der That sah übrigens unsere Umgebung, ein so kleines Wasser
auch dieser an einigen Stellen kaum zehn Werst breite Liman ist, unheimlich
genug aus. Der Himmel pechschwarz, kein Ufer vorn, keins hinten zu
sehen, das trübe, schlammige Wasser des Limans, aufgeregt wie die See,
unser vom Sturme geworfenes Schiff, ein ziemlich jämmerliches Boot, einst=
weilen ohne Segel, unsere Schiffer Kleinrussen. Das waren schlimme
Dinge, besonders das Letzte. Wirklich soll auch diese ganze Dniestr=Fähre
so schlecht eingerichtet sein, daß das Postschiff schon einige Male mit Mann
und Maus untergegangen ist. Doch bekamen wir nach einiger Zeit wieder
ein Stückchen Segel in die Höhe, der Sturm legte sich, und wir erreichten
lebendig und gesund am Abende die Stadt Akerman.

Wir ließen indeß vorläufig diese Stadt auf sich beruhen und eilten in ein
handliches armenisches Wirthshaus, wo wir uns mit unserem Polen einquar=
tirten, gehörig trockneten und wiederum näßten, nämlich mit einem Gläschen
Griechenwein, und, wie denn gewöhnlich auf Regen Sonnenschein folgt, und

nach überstandener Gefahr die ausgezeichnetste Gemüthsstimmung eintritt, einen recht heiteren Abend zubrachten. — Am andern Morgen fuhr der Pole weiter, und ich inspicirte die Stadt.

Der Name Akerman scheint uns deutschthümlich. Es ist aber nur ein Spiel des Zufalls, welcher diese türkischen Laute, die „weiße Stadt" bedeuten, eben so zusammenfügte, wie die unseres „Ackermanns." — Slavische Völker nannten den Ort „Bielgorod," welches auch „weiße Stadt" bedeutet, und zu der Römer Zeiten hieß sie „Alba Julia." Also immer derselbe Name in veränderter Form. Es ist wohl mehr als lächerlich, wenn der Almanach von Petersburg von 1835 dieser Stadt nur 2600 Einwohner giebt. Ich bin überzeugt, daß sie wenigstens gerade so viele Häuser hat. Freilich hat man auch andere Angaben von 11,000 Einwohnern, allein selbst diese sind noch zu gering. Der Polizeimeister und der deutsche Apotheker des Orts behaupteten, sie habe 8000 im Stadtbuche angeschriebene Männer, wonach denn doch wenigstens eine Bevölkerung von 13,000 Seelen herauskommen müßte, wenn man auch 1500 Männer mehr rechnen wollte als Frauen. — Die Stadt nimmt noch an Bevölkerung zu, weil sie das Privilegium genießt, die Leute nicht nach ihren Pässen fragen zu dürfen, sondern jeden sich Meldenden in ihren Mauern aufzunehmen.

Ich habe selten eine Stadt gesehen, die einen so merkwürdigen und fremdartigen Anblick gewährte als Akerman, ungefähr so, wie man sich eine große Biberstadt denken könnte, oder auch, als wenn sie die Flußgötter des Dniestrs sich selber zu ihrer Residenz gebaut hätten. Die meisten Häuser in dem größten Theile der Stadt, die über eine halbe Meile lang und eine halbe Lieue breit ist, sind niedrige Schilfhütten, zwischen denen die Straßen der Art gekrümmt, gleich Flüssen, sich hindurch winden, daß man fast nirgends 20 Schritte weit vor sich sieht. Daß gestern bei dem Gewitter die Straßen in der That wahre Flüsse gewesen sein mußten, zeigte sich deutlich genug. Besonders ist es so in dem alten türkischen Theile der Stadt, und was Alles später unter den Russen hinzugefügt wurde, ist fast in demselben Style. Denn die wenigen angelegten regelmäßigen Plätze, Straßen und steinernen Gebäude sind gegen die Masse so unbedeutend, daß sie fast nur als Verbrämung erscheinen. — Die meisten Häuser sind hölzerne Gerüste, die man mit Schilf durchflocht, mit Lehm bewarf und mit Schilf bedachte. Sogar die Schornsteine bestehen aus mit Lehm beworfenem Schilf *). Doch baut man auf diese Weise mitunter recht nette Häuser. — Der Gebrauch des Fensterglases

---

*) In ganz Südrußland bestehen die Schornsteine aus einem Geflechte von Strauchwerken, das man mit Lehm bewirft, ebenso die Oefen sogar, wie wir schon oben bemerkten.

ist noch nicht zu allen Häusern Akermans durchgedrungen. Bei vielen sieht man die Fensterrahmen blos mit helldurchsichtiger Rindsblase überzogen. — In der That, ich glaubte hier und da in Akerman, ich wäre unter einem am äußersten Pole liegenden barbarischen Volke. Freilich hat diese Stadt von jeher das Schicksal gehabt, zu den äußersten Gränzstädten der über sie herrschenden Reiche zu gehören. — Sie war die entlegenste Colonie der Römer in diesen Gegenden. Sie fiel in die nordöstlichsten Enden des türkischen Reichs und gehört jetzt zu den südwestlichsten Besitzungen der Russen. — Jene Rindsblasenfenster bekleben die Leute zur Verschönerung mit allerlei zierlichen Blumenblättern, wie der Winter unsere Glasscheiben mit Eisblumen überzieht. — Sonderbar ist die Bauart einiger noch existirenden türkischen öffentlichen Häuser. Es sind große Quadersteine, die lose über einander gelegt sind und zwischen denen dann und wann ein dicker hölzerner Balken horizontal eingemauert wurde, um dem Ganzen mehr Halt zu geben. — Von den Römern ist nichts mehr vorhanden, wohl aber von den Genuesern ein altes Fort, das auch die Türken reparirten und jetzt wieder die Russen. Vielleicht haben es schon die Römer gegründet. Das Wappen der Stadt Genua steht noch vor einem Thore, vor einem anderen die Chiffer des Kaisers Alexander in türkischen Buchstaben. In der Mitte des Hofes der Festung, die auf einem in den Liman hinausgreifenden Vorgebirge liegt, steht noch ein türkisches Minaret, von dem man das ganze weitläufige Gewirre der Stadt übersehen kann. — Die schönsten Gebäude sind eine russische Caserne und das Gefängniß, die beide von außen dergestalt mit Säulenhallen geziert sind, daß sie von Weitem griechischen Tempeln gleichen.

Die Einwohner der Stadt sind zur Hälfte Orientalen, Juden, Armenier, Grusinier, kleinasiatische und byzantinische Griechen, zur Hälfte Europäer, Deutsche, Russen, Franzosen, Bulgaren, wenige Moldauer, die man hier in ihrem Lande gerade am meisten finden sollte. In den kleinen Schilfhäusern lebt Alles orientalisch auf Divans und Teppichen, ohne Tische, Stühle und Bänke.

Es sind hier allein 160 armenische Familien. Diese allgemeine Verbreitung der Armenier in den Städten am Pontus, in ganz Beßarabien, in der Bukowina, in Galizien bis Lemberg, wo sie ebenfalls an allen Orten kleine Kolonieen haben, ist höchst merkwürdig. Es kamen diese Armenier theils über Konstantinopel, so lange das türkische Reich noch blühte, theils aber auch über den Kaukasus, indem sie aus Armenien zu verschiedenen Zeiten vor den Bedrückungen türkischer Pascha's aus ihrem Vaterlande flohen. Die größte Einwanderung von Armeniern nach Rußland fand in den achtziger Jahren des vorigen Jahrhunderts statt, wo der Erzbischof Argutinsky Dolgoruki mit einer Menge von 15,000 Landsleuten sein Vaterland, die Provinz Kars, verließ und über Tiflis und Derbent nach Rußland kam. Ein Armenier in Akerman machte uns eine schreckliche Beschreibung von den Mühseligkeiten und Leiden, die sein Vater und die übrigen Auswanderer auf diesem Zuge von Krankheit, Hunger und den räuberischen Kaukasiern hätten erdulden müssen. Katharina wies ihnen verschiedene Wohnplätze an, von denen aus sie dann weiter wucherten. Doch ist Nachitschewan am Don noch immer ihr Hauptort.

Wir hatten unserem Jacob Ordre gegeben, von Ovidiopol nach einem Fischerdorfe Bughasi, nicht weit von der Mündung des Limans, zu fahren und uns dort zu erwarten. Wir unserer Seits fuhren nun mit einem kleinen Akerman'schen Einspänner auf der Westseite des Limans hinunter bis zu einer Kolonie von Elsässern, die Bughasi gegenüber liegt; diese Leute sind Katholiken, wie es denn noch mehre katholische Kolonieen giebt. Die Lutheraner und Katholiken haben ihren gegenseitigen Haß auch hier im duldsamen Rußland nicht abgelegt. Mein Schulz drückte sich leider so aus: „O, die Ka=„tholiken sind Todtschläger! Ein Protestant ist in ihren Dörfern seines „Lebens nicht sicher." Auch hörte ich das Schimpfwort „Lutheranische Dick=„köpfe." Merkwürdig ist es, daß die polnische Verschwörung gegen Rußland sich selbst bis in diese katholisch = deutschen Kolonieen verzweigte. Während der polnischen Revolution zeigte sich eine besondere Gereiztheit der Katholiken gegen die Protestanten. Die Priester, welche jene gewöhnlich aus Polen empfangen, hatten den Leuten weisgemacht, es sei ein allgemeiner Aufstand gegen die Russen und Protestanten (die Russen halten sich überall mehr auf der Seite der Protestanten als bei der Katholiken). Man verhaftete in mehren Kolonieen polnische Prediger, die mit Waffen, Pulver u. s. w. versehen waren. — Uebrigens findet man auch in den protestantischen Kolonieen vielen religiösen Zwiespalt, besonders wegen Mangels guter Prediger. Da vereinigen sich denn die Leute unter einander zu sogenannten Gebetstunden, welche Mysticismus und oft sehr unduldsame Parteiungen erzeugen. Wir trafen eben in jener Elsässer = Kolonie einen Baseler Missionär, der zur Schlichtung solcher Zwiespalte von Kolonie zu Kolonie reiste.

Wir setzten uns nun in ein „Kajut" So heißen die kleinen, bei den Fischern am Dniestr=Liman gebräuchlichen, erbärmlich schlecht construirten Boote, die aus ein paar Bretern zusammengenagelt sind und nicht einmal ein Steuerruder haben. Ein Stück Holz, das die Fischer am Ufer aufgriffen, vertrat dessen Stelle. Merkwürdig war es mir aber, daß einige allgemein verbreitete Benennungen von Schiffstheilen selbst bis in diese Boote gedrungen waren. Sie nannten den Mast „Maschte," die Raaen „Raje." Ein alter

molbauischer, in Lumpen gehüllter Bettler bat uns, ihn mit hinüber zu neh=
men. Er trug einen großen Flicken dicken Filzes (Woilok) aus Kuhhaaren
mit sich herum und sagte, das sei sein Lager, Divan und Bett. Wo er hin=
käme in die Steppe, sei es unter einem Obdach oder unter freiem Himmel,
da breite er seinen Filz aus und schlafe darauf. Es ist dieß hier in den Steppen
bei allen Bettlern allgemein. Die Nichtbettler nehmen sich auch überall solche
Filzdecken mit, aber größere, in denen sie sich ganz einwickeln und so in der
Steppe der Kühle des Grases dem Nachtregen, wie Mumien verhüllt, trotzen
können. Der Bettler erzählte uns von einem Aufstande, den 20 in der
Quarantäne von Akerman eingeschlossene Türken kürzlich gemacht, die sich
den Quarantäne = Vorschriften nicht hätten fügen wollen.

Auf dem Liman gingen die Wellen, da der Wind aus der See mit dem
Flusse kämpfte, sehr hoch, so daß unsere kleine Nußschale immer zwischen
Wellen, Thal und Berg verschwand. Das Wasser ist natürlich nicht tief, nur
1 bis 2 Klaftern, an den tiefsten Stellen in der Mitte, wo der Fluß geht, $2\frac{1}{2}$
bis 3 Klaftern. Im Winter belegt sich gewöhnlich der ganze Liman mit einer
Eisdecke von 1 bis $1\frac{1}{2}$ Ellen Dicke, die 2 bis $2\frac{1}{2}$ Monate lang liegt. Das
Merkwürdigste, was wir bei'm Liman entdeckten, war, daß er wie die anderen
Limans durch eine lange Nehrung (Pereßsip) geschlossen ist, während er auf
allen Karten, die ich bisher von dieser Gegend sah, als offener Busen er=
scheint. Die Nehrung ist 19 bis 20 Werst lang, ganz niedrig und $\frac{1}{2}$ bis 1
Werst breit. Sie hat zwei Durchbrüche (Girls), der eine ist klein und nicht
tief, der andere westliche aber eine Werst breit und tief. Durch ihn fahren
die Schiffe ein, und an ihm befindet sich auch der Mauth = und Quarantäne=
Posten. Auf der ganzen Nehrung hin steht eine Reihe von Fischerhütten.
Da das Salzwasser nur bei heftigen Südstürmen in die beiden Oeffnungen der
Nehrung eindringt, so hat der Liman fast immer süßes Wasser und daher
auch meistens nur Süßwasserfische. Nur selten kommen die Meerschweine
des Pontus hinein.

Wir konnten des starken Seewindes wegen nicht gerade auf unser Fischer=
dorf zu halten und mußten, da die Leute mit ihrer papiernen Schiffsequipage
nicht zu laviren wagten, oberhalb des Orts aussteigen und ein paar Werst am
Strande zu Fuße laufen. Dieser war überall mit einer Menge ausgeworfe=
ner Schalen jener großen Krebse bedeckt, die wir schon bei Odessa erwähnten.
An dem schroffen Ufer des Limans wächst hier und da eine Art wilden Weins
(ampelopsis quinquifolia) mit kleinen süßen Trauben, denen der Korinthe
ähnlich. Welch' ein merkwürdiger Contrast zwischen dem oberen Steppen=
Plateau und den durch schroffe Wände geschützten niederen Stellen! Achtzig
Fuß oberhalb können auf der hohen Steppe junge Tannen im Winter nicht

ohne Schuß aushalten, und unten wächst wilder Wein! Was könnte dieses Land nicht sein, wenn einige Gebirge aus seinem Busen sich erheben wollten!

Beide entgegengesetzte Ufer des Limans haben einen verschiedenen Bau. Auf dem westlichen Ufer ist es ein fester, schöner Kalkstein, aus dem die Genuesen das Akerman'sche solide Fort erbauten; auf dem östlichen dagegen mürbes Lehm = und Muschelkalk = Gemenge.

Als wir an einer Stelle an dem hohen Rande hinankletterten, um wilde Weinstöcke zu besehen, flogen ein paar schöne Silberreiher (ardea alba) von der Steppe auf; ein hübscher Vogel, aus dessen Federn die Polen, Ungarn und Türken ihre bekannten Reiherbüsche, die sie an ihren Mützen und Turbans tragen, verfertigen. Es giebt auch viele Purpurreiher in den Steppen (ardea purpurea).

In dem Fischerdorfe Bughasi, wo die Fischer eben bei dem letzten Zuge ihres Tages sehr viele „Sewrugen,‟ die Hauptfische des Dniestr= Limans, an's Land zogen, trafen wir unsern Jacob, der in Thränen und stiller Verzweiflung auf dem Strohe des Wagens lag, weil er gefürchtet hätte, wir würden nie wieder über das Wasser zurückkommen. Wir trockneten des guten Burschen Thränen unter Lachen und fuhren den Abend noch einige Werst weiter auf die Nehrung des Dniestr = Limans hinab, um dort in einer Fischerhütte das Nachtlager zu erbitten. Doch versahen wir uns zuvor bei den Galaktophagen mit Milch, Eiern, Brod u. s. w.; weil wir wohl wußten, daß die Herden, welche die Ichthyophagen hüten, weder Hühnereier legen, noch Milch geben.

Wir wählten uns die größte Fischerhütte, die wir erspähen konnten, aus und erlangten vom Wirthe, der ein Grieche war, leicht die Erlaubniß zum Nachtquartiere in seiner Behausung. Leider war die Sonne schon untergegangen, und die Fischer hatten bereits ihre letzte Tagesjagd beendigt, so daß uns das Vergnügen, einem Fischfange beizuwohnen, nicht zu Theil wurde. Wir beschränkten uns daher auf Erkundigungen und Gespräche über die hier übliche Art der Fischerei und über die vorkommenden Fische. Da ich hier Manches über diese Dinge erfuhr, was ich nachher bei anderen Gelegenheiten berichtigte und vervollständigte, so könnte es vielleicht manchem Leser nicht unlieb sein, einige allgemeine Bemerkungen über die Fische und Fischereien des schwarzen Meeres, so weit dessen Küsten von Russen beherrscht werden, zu hören, besonders da in anderen Reisebeschreibungen bisher noch so wenig darüber zu finden ist. — Ich stelle daher hier einige kleine Notizen darüber als einen Beitrag zur Kenntniß des schwarzen Meeres zusammen.

Die vornehmsten Fischereien des Pontus, so weit die russische Herrschaft reicht, befinden sich an den Mündungen der großen Flüsse, des Dniepers, Dniestrs, der Donau, und in der Meerenge von Jenikale oder Caffa.

Dieß ist natürlich, denn hier sind die Passagethore, vor denen sich alle die großen Fische sammeln, die bei ihren verschiedenen Lebensverrichtungen sowohl salziges als auch süßes Wasser bedürfen. In den Meerengen tauscht das eine Meer mit dem anderen seine Wanderer aus, und die Fische drängen sich dort eben so, wie die Menschen auf einem schmalen Isthmus zwischen zwei großen Ländern.

An allen jenen Puncten haben sich daher theils stehende Fischerdörfer etablirt, theils sogenannte „Ruibalowni Sawodi" [Fischereien *)], die im Frühlinge aufgerichtet und im Herbste wieder weggenommen werden. Um ein solches Sawod zu errichten, miethet nun irgend ein Großrusse oder Grieche, der sich den „Chosain" (Wirth) des Sawods nennt, einen Küsten-strich von den benachbarten Besitzern, erbaut eine große Schilfhütte am Strande, kauft Fischerboote, Netze und Alles, was sonst nöthig ist, ladet eine Partie anderer Russen, Griechen, Tataren, Moldauer, Polen, oder welches Volk denn in der Nähe sich am ersten findet, zur Compagnieschaft ein und etablirt sich mit ihnen für einen Sommer am Strande. Der Chosain, der das Capital vorschoß, und auf den natürlich daher der größte Gewinn oder Verlust fällt, ist freilich das Haupt und führt die meisten Geschäfte des Etablissements, hat aber doch dabei einen „Kassirer" oder Buchführer, den die übrigen Genossen sich wählen, als Controleur zur Seite. Dieser führt über alle Ein = und Verkäufe eben so Rechnung wie der Wirth und vertritt das Interesse der übrigen Gesellschaft. Die Fische, die sie fangen, werden theils gleich frisch auf benachbarten Märkten verkauft, theils eingesalzen und dann an Fischhändler abgegeben, die weit aus dem Inneren, aus Polen, der Walachei, Ungarn, der Ukraine u. s. w. an die Küsten des schwarzen Meeres kommen und in diesen Sawoden aufkaufen.

Ihre Hütten sind sehr geräumig und groß, obgleich nur aus Schilf ge-baut. Sie stellen sie immer dicht an's niedrige Meeresufer, jedoch so weit von der gewöhnlichen Brandung entfernt, als nach ihrer Erfahrung der stärkste Sturm die Wellen nicht wirft. Im Frühlinge sieht anfangs ihr Etablissement ein wenig kahl und öde aus, allmälig aber siedelt sich Mancherlei darin und daran herum an, so daß es etwas wohnlicher wird. In der Hütte stehen die Betten der Mannschaft, die sich gewöhnlich auf zwölf bis zwanzig Köpfe beläuft. Nach der Arbeit ruhen sie denn da, rauchen, spielen Dame mit

---

*) „Sawod" heißt eigentlich ein jedes Etablissement zur Bereitung und Her-beischaffung irgend eines Gegenstandes, wenn die Kunst auch wenig dabei zu thun haben sollte. So sprechen die Russen von einem Baumwollengarn=Sawod (Baum-wollengarn=Spinnerei), von einem Porzellan=Sawod (Porzellan=Fabrik), von einem Erz = Sawod (Bergwerk), von einem Pferde = Sawod (Gestüt) und nun auch von einem Fisch = Sawod oder noch wörtlicher von einem „fischfängerischen Sawod."

Muscheln und Uferkieseln, schwatzen und scherzen beständig und erzählen sich Geschichten, wie der Russe dieß Alles denn überall thut, er mag in den nordischen Wäldern Holz hauen, oder in Sibirien als Jäger den Zobeln nachstellen, oder in den Steppen als Fuhrmann bei'm nächtlichen Feuer sitzen, oder endlich am schwarzen Meere als Fischer ausruhen. — In dem Hintergrunde der Hütten stehen die Fischbottiche, große Salzfässer und eine Art von Mühle zum Zermahlen des Salzes. Vor allen Dingen sorgen sie für ein Heiligenbild, das sie im Inneren über der Thür aufhängen und dessen kleine Lampe Tag und Nacht ihre Hütte erhellt, wie das Bild selbst das Innere ihres Geistes. Sie würden sich auf dem Meere verloren achten, wenn sie das heilige Lämpchen, ihren Stern und ihre Hoffnung, nicht daheim brennen wüßten, und zufälliges Verlöschen desselben macht den Tag des Verlöschens völlig untauglich zum Fischfange. Zu beiden Seiten der Thür hängen beständig gefüllte Wassergefäße. Draußen haben sie einen Herd in die Erde gegraben, und ein alter dienender Geist, der nicht mit auf's Wasser geht, ist beständig mit Kochen, Wasserzutragen, Salzmahlen u. s. w. beschäftigt. Gehen die Fische flott und zahlreich in's Netz, so schaffen sie sich auch noch andere Dinge an, kaufen sich Hunde zur Bewachung ihrer Schätze, um Eier zu haben, eine Kolonie Hühner, die in die Wogenbrandung hineinkrähen, Schafe zu Sonntagsbraten u. s. w. Gewöhnlich aber ist das Meer ihre eigene Speisekammer, aus der Alles hervorgeht, was ihre Kessel füllt. Rund um die Hütte herum hängen ihre Netze, Angelhaken und anderen Geräthschaften. Dicht am Rande der Brandung errichten sie einen hohen Mastbaum, der in etwas schiefer Richtung sich über das Meer hinneigt. Er ist oben mit einer Art von Mastkorb versehen, und in dieser Specula sitzt immer Einer von ihnen, der nach den heranziehenden Fischen blickt und sogleich die nahenden Schaaren verkündet, damit die Fischer ihnen entgegen gehen. Oft dient dazu ein scharfblickender Griechenknabe; doch steigt auch dann und wann ein Anderer, der sonst nichts zu thun weiß, hinauf und schaut sich, sein Pfeifchen rauchend, die Oberfläche des Meeres an. — Es ist ein reizender Sitz. Denn wenn man nicht hinter sich schaut, so meint man, gerade wie ein Vogel mitten über dem Meere zu schweben. Bei ruhigem Wasser sieht man alle die Fische unter sich im grünen Krystalle scherzen. Es ist so täuschend, daß man zuweilen den Menschen dabei vergessen und wie eine Möve auf die hübschen Fische herabschießen könnte.

Die Fischer finden auf der für einen unwissenden Nichtfischer ganz einförmigen Meeresoberfläche unglaublich viel zu studiren und verkünden aus ihrem hohen Mastkorbe viele Dinge, von denen ein Anderer nichts sieht. Sie entdecken die nahenden Fischschaaren schon aus großer Ferne und wissen jedes Mal genau zu unterscheiden, welche Art von Fischen es ist. So lange sie die Thiere selbst noch nicht sehen, erkennen sie dieselben nur an der Art der Schattirung der Wasseroberfläche und an der Weise des Spieles, das sie auf dem Wasser treiben. Sie beobachten nicht nur den Wellenschlag des Meeres, der für die Richtungs = Veränderungen des Windes wichtig ist, son= dern auch insbesondere die Strömung des Wassers, die keinesweges immer dieselbe und natürlich für die Bewegung der Fische bestimmend ist. Die Strömung des Meeres nennen sie „titschenie“, und „titschenie“ ist immer ihr drittes Wort. Selbst die Ohren sind bei dem Speculanten nicht müßig, denn es rauschen bekanntlich zuweilen gewisse Töne über's Meer, welche eine in großer Ferne geschehene Veränderung in der Richtung des Luftzuges ver= künden. Nebenher gesagt, ist dieser Mastkorb aber auch fast der einzige Ort, wo der Russe das Wetterprophezeien etwas lernt, und diese Fischer sind die einzigen Russen, die nicht immer, wie alle anderen, auf jede Frage über die Zukunft antworten: „Gott im Himmel weiß es.“

Ganz eigenthümliche Namen haben diese Fischer für die Winde, die sie von den Griechen aufnahmen. So heißt der Nordwind bei ihnen „Tramu= dana“, als wenn er, wie in Griechenland und Italien, auch hier über Berge heranwehte. Den Südwind nennen sie „Notja“ oder auch „Anadolski“, (den anatolischen). Die Deutschen in und um Odessa nennen sonst auch den Südwind „die Luft von Konstantinopel.“ Sonst heißt bei allen russischen Schiffern des schwarzen Meeres der Nordwind „Kudräwoi“, d. h. „der Krause“, weil nämlich auf der Windrose bei der Pfeilspitze, die nach Norden zeigt, die ganze Zeichnung kraus, mit allerlei Schnörkeln verziert ist.

Natürlich rettet sich aus dem Inneren des Landes immer allerlei Volk an den Meeresstrand, und eben so verschlägt das Meer Mancherlei an's Ufer. Die Fischer sind daher, wie alle auf der Gränze Lebende, aus sehr verschiedenen Völkern gemischt. Am Dniestr und an der Donau sind es Moldauer, Polen, Großrussen. Man findet hier oft Leute zum friedlichen Geschäfte am Meeres= ufer vereinigt, die schon Vieles mitgemacht haben. Zuweilen werden gar Fischer von ganz entferntem Strande, z. B. von Anatolien, durch widrige Stürme herangetrieben, die dann wohl im fremden Lande bleiben, weil es ihnen an Gelegenheit zur Rückkehr fehlt. Auch Matrosen von gescheiterten Schiffen lassen sich unter die Fischer aufnehmen. Die allgemeine Conver= sationssprache ist aber die russische.

Die Haupteintheilung der Fische, welche die Russen machen, ist die in „rothe“ und „weiße Fische.“ „Rothe Fische“ nennen sie alle die großen schönen Störarten, die im schwarzen Meere und in seinen Flüssen so häufig sind, den Hausen, den Sterlet, auch den Wels u. s. w.; „weiße Fische“ aber mehre kleinere eßbare Fische, Häringe, Makrelen, Barsche, Sander, Karpfen u. s. w. Dazu kommen dann noch eine Menge anderer Fische, die weder in die eine, noch in die andere Klasse gehören: der Delphin, der Hai, der Rochen u. s. w.

Der wichtigste von allen diesen Fischen ist die Makrele, welche die Russen „Skumbria" nennen. Sie kommt gewöhnlich in großen Zügen und giebt den Fischern tägliches Brod und zuweilen auch, wenn sie recht glücklich sind, Reichthum. Diese Skumbrias, schöne, äußerst elegante und mit Stahlblau sehr anmuthig gezeichnete Fische, steigen im Frühlinge aus dem Meere auf, einen anderen kleinen Fisch, „Kapsa" genannt, verfolgend und ihrerseits wieder von dem größeren „Palamida" verfolgt. Wenn der Winter schwach war und der Frühling früh eintrat, so sind diese Fische nicht viel werth. Je stärker der Winter war, in desto dichteren Massen kommen sie, und desto vollkommener und fetter ist auch jeder einzelne Fisch. Die Fischer erklären dieß so: Bei gelindem Winter schwimmen die Makrelen überall herum, Nahrung suchend; zersplittern sich in eine Menge kleiner Parteien und werden dabei mager, bei harter Kälte aber ziehen sie sich mehr in die Tiefe des Meeres zurück und bewegen sich in kleineren Räumen, und da ihr Futter, die Kapsa, auch dasselbe thut, so haben sie dort in der Tiefe auch Nahrung genug und Ruhe und Gelegenheit, sich zu mästen. Immer jedoch sind sie im Anfange des Sommers bei Weitem nicht so fett als im Herbste, wo sie sich in den Baien und Buchten gemästet haben und dann mit fingerdickem Specke auf dem Rücken hervorkommen. Im Herbste kehren sie oft plötzlich, wie von panischem Schrecken ergriffen, in ungeheueren Haufen, die wie ein Sturm daher brausen, zurück. Wenn dann die Fischer recht aufpassen, so bringen sie oft einige Hunderttausende mit e i n e m Zuge auf's Trockene. Ein solcher plötzlicher Rückzug der Fische bedeutet den nahenden Winter, und man kann dann immer mit Sicherheit zwei Tage nachher die erste einfallende Kälte vermuthen. — Jedoch hat in der Bucht von Odessa die Menge der Skumbria sehr abgenommen, theils weil die Stadt selbst für ihren Markt natürlich mehr fischen läßt als früher, theils weil die große Schifffahrt in diesem Meerestheile die Fische verscheucht.

Was sie bis zum Juni fangen, ist unbedeutend und wird gleich frisch auf den Märkten verkauft. Mit dem Anfange des Juni aber melden sich die Fische in so großen Schaaren, daß die Umgegend nicht mehr Alles aufspeisen kann, und nun beginnt das Einsalzen für's Innere. Da die Makrelen äußerst zarte Fische sind und im Sommer in wenigen Stunden verderben, so haben die Leute bei'm Einsalzen ein möglichst kurzes Verfahren ersonnen. Sie sparen sogar das Aufschneiden der Fische und fahren blos durch die Kiemen-Oeffnung mit dem krummen Finger in den Leib, dessen ganzen Inhalt sie dann vorn mit e i n e m Rucke herausziehen. Natürlich muß sich Einer darauf verstehen, wenn der Fisch rein ausgenommen werden soll. Die, welche es nicht geschickt machen, verwunden sich auch leicht die Finger dabei. Die Eingeübten aber machen es so rasch, wie unsere jungen Bürgerstöchter das Erbsenaus= hülsen. Der Fisch ist nach seinem Tode so empfindlich und stürzt sich so rasch seinem Verderben entgegen, besonders bei Sonnenschein, daß sie Son= nenschein in der Regel ganz zu vermeiden suchen. Sie ziehen daher wo mög= lich erst am Abende das Netz und salzen die Nacht hindurch ein. Die Fische werden in großen Haufen an dem Ufer aufgeworfen, daneben werden Körbe gesetzt, und neben diese — Tonnen. Schnell machen sich einige Aus= weider über die Haufen her, überliefern die Fische den Körben, mit denen sie zum Auswaschen in's Meer getaucht werden, und befördern sie dann an die Einsalzer bei den Tonnen. Diese streuen alsdann die Tonnen mit Salz aus und legen die Fische einander parallel in der Stellung, in welcher sie im Meere schwimmen, schichtenweise ein, jedoch so, daß die der oberen Schicht jedes Mal die der zunächst unteren mit ihrer Richtung kreuzen. Die Fässer bleiben dann so ein paar Tage im Schatten stehen, und es sammelt sich oben eine dicke Fettsauce, welche sie abschöpfen und in eigenen Gefäßen zum besonderen Verkaufe sammeln. Die Fischer sagen, das „Salz beiße dem Fische das grobe Fett" heraus, das feine, schmackhafte bleibe darin. Eine eigene Er= scheinung dabei ist noch die, daß das Salz zuweilen nicht faßt, oder daß, wie die Fischer sagen, „die Makrelen das Salz verzehren." Sie bleiben dann fast völlig ungesalzen, und das Salz verschwindet Gott weiß durch welchen Proceß. Dann müssen sie Alles noch ein Mal umsalzen. Ist das dicke Fett abgeschöpft, so wird Alles noch mit einer groben Salzschicht bedeckt und geschlossen. Die Fässer werden in der Hütte aufgestapelt, bis dann im Herbste die Juden aus Polen, die Steppenkrüger und Fischhändler kommen, ihre Wintervorräthe einzukaufen. Von den Septemberfischen kostet das Tau= send 40 bis 50 Rubel, von den anderen 15 bis 20 Rubel. Eine Tonne hält 1000 bis 2000 Fische. Diese Makrelen werden bis nach Volhynien hinein, bis in die Mitte des Continents verfahren, wo ihnen von der Ostsee andere Salzfische entgegenkommen und die Gränze ihrer Verbreitung bestimmen. Sie sind der gewöhnliche Imbiß aller Leute dieser Gegenden zum Branntwein.

Die Leute verwechseln diese „Skumbria" auch wohl mit den „Häringen." Doch kommt der eigentliche „Häring des schwarzen Meeres" in großen Zügen nur bis zur Donau=Mündung, wo er von den dortigen Fischereien auf dieselbe Weise präparirt wird. Vielleicht, daß die große Masse süßen Wassers, die aus der Donau hervorbringt, ihn nicht weiter gehen läßt. Diese Häringe sind aber im Vergleiche zu den holländischen um so Vieles kleiner, als die schwedischen größer.

Nach den Makrelen und Häringen gehören die Steinbutten (Kambul), die in den Nordseeländern theuer bezahlt werden, zu den gemeinsten Fischen. Obgleich sie hier dasselbe Fleischgewebe haben wie in der Nordsee, so schmecken sie doch nicht halb so gut, weil sie so billig sind und ihre schielenden Physiognomieen Einen auf jedem Fischmarkte zu Hunderten angrinsen. Die Fischverkäufer in Südrußland schmücken gewöhnlich ihre Fischbuden mit ein paar solchen ausgetrockneten Steinbuttfratzen des schwarzen Meeres, als Aushängeschilden, da sie wissen, wie sehr überall den Menschen das Sonderbare und Barocke reizt.

Die Häringe und Makrelen sind nicht nur das tägliche Brod der Menschen in diesen Gegenden, sondern auch in der See macht fast Alles auf sie Jagd, was sie bezwingen kann, insbesondere die Delphine, die Haifische und die Palamidas, und dafür gehen diese Jäger denn auch häufig sammt ihrer Beute in's Netz.

Der Haifisch des schwarzen Meeres ist weder sehr groß noch böse, die größten sind nur eine Klafter lang. Sein Fleisch hat für unseren Gaumen einen widerlichen Geschmack, doch essen ihn die Griechen gern. Sie stellen ihm auch besonders seines rauhen Felles wegen nach, das die Pollrer und Tischler benutzen. Gelegentlich fangen sie ihn in Netzen, absichtlich aber an kupfernen Haken, an die sie Makrelen als Lockspeise befestigen. Die Schnur der Haken ist mit einem Kupferdrahte durchzogen, damit sie der Hai im Todeskrampfe nicht abbeiße. Sie wird von einem Korkholze oben erhalten und unten an einem Steine auf dem Meeresgrunde befestigt. Man fängt so. oft in einer Nacht 12 bis 20 Haifische. Das Fett des Haies wird den Pferden in den Steppen als Medicin eingegeben. Die Russen nennen ihn „Ssaback“ (Hund), und in der That hat er etwas durchaus Hündisches in seinem Wesen.

Ueberhaupt haben die Russen sehr viel Gabe, das Eigenthümliche äußerer Erscheinungen gleich richtig und bestimmt aufzufassen und dieß in dem beigelegten Namen anzudeuten. Den Delphin nennen sie „Swinja“ (Schwein), und wenn ein Delphin mit seinem gebogenen Rücken auftaucht und, sich drehend, kopfüber purzelt, sieht es wirklich nicht anders aus, als wenn ein Schwein mit den Wellen ringe. Früher waren die Delphine so häufig in dem Meerbusen von Odessa, daß bei schönem Wetter das Meer davon oft wie punctirt erschien. Die lebhafte Schifffahrt verjagte auch sie hier mehr und mehr. Die Delphine sind die größten Fische des schwarzen Meeres, oft bis zu zwei Klaftern lang.

Die delikatesten Fische des Pontus und die kostbarsten sind der „Kephal“ (der Kopf), der „Pätuch“ (der Hahn), und der „Lufar.“ Der zweite ist köstlicher als der erste, und der letzte der seltenste von allen. Sie waren alle drei auch schon bei den alten Griechen berühmt und beliebt, wie bei den Genuesern und wie bei allen Völkern, die einmal Herren der schwarzen Meeres-Fischereien waren. Man sagt wohl, die Geschmäcke sind verschieden, aber sie bleiben sich doch auch wieder in ganzen Jahrhunderten bedeutend gleich. Warum der Kephal so heißt, begreife ich nicht. Er hat allerdings einen Kopf, allein durchaus keinen so besonders überwiegenden, eher einen kleinen. Der Hahn hat seinen Namen von seinen prachtvoll mit Roth, Gelb und Blau bemalten, großen Brustflossen, die er im Schwimmen ausbreitet wie einen Pfauenschweif. Ob er sich auch wohl etwas darauf einbildet und damit coquettirt, wie der Pfau dieß zu thun scheint? —

Wenn die Fischer des schwarzen Meeres ihre Netze an's Land ziehen, so nehmen sie vor allen Dingen einen Stock zur Hand und tödten damit einen gewissen kleinen Fisch, den sie „Dracon“ (den Drachen) nennen und der sich häufig in ihren Netzen findet, weil sie sich vor den Stacheln seiner Flossen fürchten. Diese sind so spitz wie englische Nähnadeln, und ihr Stich veranlaßt eine gefährliche Geschwulst, weil sie, wie die Fischer sagen, hohl sind und ein arges Gift bergen.

Daß die „Drachen“ giftig sind, ist natürlich, aber daß die „Nadeln“ nicht stechen, von denen das schwarze Meer so voll ist wie eine Nadelbüchse, ist sonderbar. Es giebt die verschiedensten Arten von „Meernadeln“, im Pontus, kleine feine, wie englische Nähnadeln, und große dicke wie Aale oder Stopfnadeln, mit denen die Nereiden vielleicht ihre Strümpfe stopfen. Sie sind so schlank, lang und spitz, daß sie als Nadel und Zwirn zu gleicher Zeit dienen könnten. Neben allen diesen „Nadeln“, „Schweinen“, „Pferden“, „Köpfen“, „Hunden“ und „Pfauenschwänzen“ schwimmt sogar auch noch lebendiges Gold umher. Jedoch wird auch im Meere das Gold seltener. Denn der „Barbun“, so nennen die Russen den „Goldfisch“, der sonst in Odessa zu ganzen Kübeln verkauft wurde, kommt jetzt nur noch selten in die Netze.

Zu den wunderbarsten Fischen des schwarzen Meeres gehören noch eine Art von „Cyprinus“, von den Russen „Platwa“ genannt, und eine Art von „Meergründel“, russisch „Bitschki“; jener deswegen, weil sein Genuß alle Mal das Fieber erzeugt, weßhalb auch sein Verkauf polizeilich verboten ist, dieser aber wegen einer allerliebsten Kunstfertigkeit, die bei ihm ein weit gebildeteres Gemüth beurkundet, als sonst bei den Fischen gefunden wird. Er baut nämlich für seine Jungen, wie die Vögel, ein förmliches Nest. Weibchen und Männchen schleppen Schilfhalme und weiches Seegras in kleine Höhlen am Ufer zusammen; das Weibchen legt seine Eier nicht blos hinein, sondern bewacht sie auch sorgfältig, wie ein brütender Vogel. Wenn die Jungen aus-

schlüpfen, so bleiben sie noch lange mit der Mutter im Neste oder in seiner
Nähe, bis sie endlich groß genug sind, auf eigenen Flossen das Weite zu
suchen. Wie zart und hübsch bei Fischen, die doch sonst so tief unter den
Vögeln stehen! Dieser Fisch hat auch noch die Eigenthümlichkeit, daß er
sogleich, wie er aus dem Meere gezogen wird, die Farbe verändert und
zwar nicht zu seinem Nachtheile verbleicht oder verschießt, sondern zur Verschönerung sich schattirt und schmückt. Im Meere ist er nämlich einfach
dunkelgrün, fast schwarz, am Lande aber läuft das Pigment sogleich in eine
Menge kleiner, bunt sich kreuzender Adern und Strichelchen zusammen, die
seine Haut im Tode verschönern.

Die Fischer, welche uns aufnahmen, sagten, daß dieß Jahr trotz des
starken Winters eines der schlechtesten wäre, das sie seit lange gehabt. Wenn
es nicht im Herbste besser würde, so würden sie bei ihrer Fischerei stark zu-
setzen müssen. Dennoch waren diese armen Kerle alle so froh und launig,
so voll witziger Einfälle und Erzählungen, daß ich den Pinsel eines Ostade
oder Vernet handhaben müßte, um die vergnügte Soirée hier auf der sandigen
Dniestr-Nehrung zu malen, an der wir damals Theil nahmen. Uebrigens
kam mir in jener Fischerhütte die merkwürdigste Physiognomie vor, welche ich
je in meinem Leben gesehen habe, und die ich nur deswegen erwähnen will,
weil man unter den Russen häufig etwas Aehnliches, ich glaube aber, nie
etwas Gleiches findet. Es war ein ganz alter, weißhaariger Russe, der
in der Fischerhütte den Diener und Wasserträger der Anderen spielte, und
bei dessen Anblick ich inne wurde, wie sehr ich mich früher getäuscht hatte, als
ich glaubte, daß die Maler sich Uebertreibungen hingeben, wenn sie auf ihren
Bildern die Fluß- und Meergötter zuweilen mit so rohen, wilden, behaar-
ten und beschilften Physiognomieen darstellen; denn jener Wasserträger über-
traf noch Alles, was ich je auf einem Gemälde von Rubens an plumpen
Wald-, Fluß- und Schilfgottheiten, an dicker Fleischmasse, an starker
Behaarung u. s. w. gesehen hatte. Wechselsweise kamen mir dabei die Ge-
sichter der Ruben'schen Bauern auf der Münchener Galerie, in dem Augenblicke, wo sie in Frösche verwandelt werden, oder die Gestalten von Faunen,
so animalisch, wie sie jemals dargestellt wurden, vor die Seele. Bald glaubte
ich den leibhaftigen Caliban aus Shakespeare's Sturm vor mir zu sehen, bald
nur einen als Mensch maskirten und auf zwei Beinen wandelnden Delphin.
Die Nase war so feurig roth und dick aufgeschwollen wie das Maul eines
Ochsen, die Augen lagen so tief in ihren Höhlen wie Hamster, die Augen-
brauen, von denen dieses Wesen gutmüthig genug war mich ein genaues
Maß nehmen zu lassen, überschatteten sie in einer struppigen Länge von
zwei Zoll. Der weiße Bart hing in einem vollen Schweife sonder Gleichen

1½ Ellen lang auf die behaarte Brust herab *), und dabei fing er dicht unter den Augen auf dem Backenknochen an. Selbst die Nase war mit langen Borsten besetzt, wie ein mit einzelnen Tannen bepflanzter Hügel, und die Ohren waren aus dem Inneren heraus dermaßen bewollt, wie Ziegenohren. Ich übertreibe um kein Haar und gebe nur mit schwachen Zügen das erstaunlich Markirte, was ich fand. Solche Physiognomieen, die dem Reisenden hier und da aufstoßen, sind ihm zuweilen viel interessanter als alle hochberühmten Merkwürdigkeiten der Länder, die er durchreist, und leider gerade sind sie es, von denen man Anderen in der Regel am Wenigsten wiedererzählen kann. Ich bedauerte sehr, kein Maler zu sein, um diesen Mann auf's Papier zu tragen und ihn bei irgend einer Darstellung von Neptun anzubringen, als Tritonsbläser neben seinem Wagen herziehend. — Tröstend und angenehm war es mir indeß dabei, daß die Fischer von diesem Caliban sagten: „prekrasni tschelowek“ (es ist ein prächtiger Kerl), und er dient uns den ganzen Tag still, ohne ein Wort zu verlieren.

Leider kann ich nicht sagen, daß wir die Nacht in romantischem Mondscheine schliefen. Es war nur der Schein der kleinen Lampe des Heiligenbildes, der unsere Hütte erhellte. Denn draußen war ein finsteres und stürmisches Wetter, und da es am anderen Morgen noch eben so war, so gingen die Fischer gar nicht in See, und wir machten, daß wir noch zu rechter Mittagszeit nach Lustdorf zurückkamen. Unterwegs in der Steppe fesselte uns nichts, denn ist schon bei heller Sonne wenig darin zu sehen, so ist es im Regenwetter mit aller Landschaft gar aus.

Meine letzten Tage in Lustdorf vergingen mir alsdann unter allerlei gemischtem Umgang mit Kolonisten, Zigeunern, Schaf- und Pferdehirten, und auf der anderen Seite mit gebildeten Liefländern auf eine Weise, die ich in der Wirklichkeit vielleicht viel interessanter, angenehmer und lehrreicher fand, als sie der Leser in meiner Beschreibung finden würde. Da ich aber doch allmälig merkte, daß mir nach und nach die Quellen neuer Anschauungen und die Brunnen neuer Belehrung kärglicher zu fließen anfingen, so begann ich auf ein neues Land zu denken, packte meinen Schreibtisch ab, nahm von meinem trefflichen Schulzen Abschied, wünschte meiner Bäbele, daß ihr Feuerkopf ihr das Leben süß machen möchte, und verließ diese guten Leute, um mir das alte Taurien etwas anzusehen.

---

*) Die Kleinrussen rasiren sich nur ungefähr bis zu ihrem sechszigsten Jahre, wenn die Haare anfangen weiß zu werden. Dann aber lassen sie sich in ihrem Gesichte wachsen, was und wo es wachsen will, und die Haare scheinen dann nachholen zu wollen, um was sie früher gekürzt wurden.

Die Krim.

„Es säuseln die Winde,
„Es rührt sich der Schiffer
„Geschwinde, geschwinde!
„Es theilt sich die Welle,
„Es naht sich die Ferne;
„Schon seh' ich das Land!"

Fahrt auf dem Pontus.

„Di — di — di — dites-moi, est ce qu'il n'y a personne, qui parle „ici le français?" — „Oui Monsieur, c'est moi, qui —" „Mo — mo „— mo — Monsieur, on ne me veut pas accepter!" — „Mais où, „Monsieur?" — „Au ba-ba — bateau à vapeur!"

Die Polen scheinen alle nicht mehr so schlanke Redner zu sein, wie damals, wo sie die Familie Romanow entthronten. Es war ein junger Pole, der am schönen Odessaer Boulevard in die Canzlei des Grafen T...., des Gouverneurs dieser Stadt, stürzte. Die Polizei Peter's des Großen, des so getauften Dampfschiffs nämlich, das zwischen Odessa und der Krim fährt, hatte ihn nicht zulassen wollen, weil sie etwas an seinem Passe auszusetzen fand. Dasselbe war bei mir der Fall, und wir standen nun wie auf Kohlen in besagter Canzlei, den sorgenvollen Blick auf die Cabinetsthür des Gouverneurs geheftet und seinen Ausgang, wie der Sonne Aufgang, erwartend. Unser Platz auf dem Dampfschiffe war bezahlt, unsere Effecten an Bord. Draußen am Ufer braus'ten schon ungeduldig die wilden Dampfrosse, und unsere Uhren in der Tasche pickten bereits an dem letzten Viertel der zwölften Stunde, mit deren Ende der Peter unweigerlich in's Meer stechen wollte. Die gepriesene Krim lag wie das gelobte Land vor uns, das wir schon so lange gesucht hatten, und sie sollte uns nun noch, da wir sie schon sicher zu fassen glaubten, verloren gehen? Das Antichambriren ist überhaupt nur ein Lieblingsgeschäft der Hofleute. Aber unter solchen Umständen, wo der Verlust eines ganzen gelobten Landes bevorsteht, ist es eine Tantalusqual. Endlich erſchien doch noch unſer Retter, der gütige Graf, und fügte unſeren Päſſen einen kleinen Zauberſpruch hinzu, der uns denn auch noch eben zur rechten Zeit zu Cajüten = Paſſagieren des Dampfſchiffs machte und uns den Reiſe= gefährten Peter's des Großen beigeſellte.

Gemeinſames Unglück iſt die Mutter der Freundſchaft, und getheiltes Glück bekräftigt ſie. Ich freute mich daher nicht wenig, für die Tatarei einen doppelt mir verbundenen Freund gefunden zu haben. Wir fanden das Deck ſo voll von gepußten Herren und Damen, wie ein Londoner Drawingroom bei einer Rout. Wir begriffen gar nicht, wo das Alles Plaß finden wollte zum Eſſen, Schlafen und Seekrankſein, als uns die ertönende Glocke der Ab= fahrt Auffſchluß gab. Denn die Schiffspaſſagiere machten mit dem Ende den Anfang und nahmen Abſchied von einander. Alle die Eleganten waren nur begleitende Freunde geweſen, die nun auf den Hafenquai zurücktraten. Es ſon= derte ſich das Wahre vom Falſchen, und die ächten Schiffspaſſagiere blieben in ihren einfachen Reiſekleidern zurück, und als ſolche zeigten ſich ein paar polniſche Damen, ein ehemaliger Gouverneur einer ruſſiſchen Provinz, Gehei= merath und Senateur mit ſeiner Familie, deren Lehrer, Gouvernante und was ſonſt dazu gehört, ein paar ruſſiſche Offiziere und noch mehre Nebenperſonen, zu denen auch wir und ein paar Engländer gehörten. Der Peter drehte ſich noch eine geraume Zeit im Hafen an ſeinem Anker herum, und vieles Ver= ſpätete kam noch in kleinen Booten nachgeflogen, bis denn endlich die Ladung vollſtändig war und wir Angeſichts der Stadt Odeſſa in's Meer ſtachen.

Der Marſchall Marmont, den wir auch bei uns hatten, in ſchwarzer und weißer Uniform, nämlich gedruckt, lobpreiſt in ſeiner Reiſebeſchreibung mit vielem Redeaufwande die Lage von Odeſſa und den Anblick, den es vom Meere aus gewährt. Wir verſtanden nichts von ſeinen Phraſen. Denn wir begriffen nicht, wie man von dem Anblick einer S t a d t ſprechen kann, wo ſich nur eine einzige Reihe von Häuſern zeigt. Freilich gewährt Odeſſa mehr als Riga, das ſich ganz zwiſchen wogenden Sandhügeln verliert, auch mehr als Petersburg, welches im Sumpfe ſteckt, aus dem es erſt herauswächſt, wenn man mitten darin iſt, auch ſonſt mehr als irgend eine ruſſiſche Hafen= ſtadt, Sewaſtopol und Reval ausgenommen. Allein dennoch ſcheint es nicht den geringſten Anſpruch darauf zu machen, einen vielgereiſ'ten Marſchall von Frankreich in Begeiſterung zu ſetzen. Die Steppe iſt freilich hoch, aber platt wie der Tiſch, auf dem oben die Stadt in völliger Ebene liegt. Die Ufer ſind ſchroff, kahl, baumlos und unbebaut, dabei ziemlich geradlinig und durch keine einſchneidende Thäler oder Baien unterbrochen, die einen Blick in das Innere der Stadt geſtatteten. Es fehlt alſo vor allen Dingen der Stadt Odeſſa an der Hauptbedingung zur Darſtellung eines guten Gemäldes, näm=

lich am Vorhandensein. Denn das Gemälde, das der Beschauer nicht sieht, ist für ihn so gut als nicht vorhanden. Das Einzige, was man auf dem Meere von Odessa erblickt, ist die hübsche Reihe eleganter Häuser des Boulevards, die einförmigen Gebäude der Quarantäne und das hohe Ufer des Steppenplateaus. Von einer Einfassung und Umgebung der Stadt ist natürlich auch nicht die Rede, weder durch Berge, noch durch Bäume. Wir ließen sie daher ohne Bedauern im Rücken und schossen freudig in die wogende See hinaus, auf der sich die Morgennebel zerstreut hatten und die freundlichsten Sonnenstrahlen lachten.

Das Wetter war das schönste von der Welt, und Reiselust und Speiselust vereinigte bald Alles auf dem Deck zu einer angenehmen Mahlzeit, die wir, von den Haien und Delphinen beneidet, verzehrten. Die Fahrt von Odessa nach der Krim ist nämlich zum Vortheil des Speisewirths gerade auf zwei Mittagsmahlzeiten berechnet. Kurz vor Mittag fährt man ab, und den anderen Tag einige Stunden nach Mittag kommt man an. Die Leute verdienen gutes Geld dabei. Denn es wird auch jedes Couvert bezahlt, welches man nicht benutzt, dagegen aber nicht den Passagieren, wie auf englischen Dampfschiffen, die Revange gegeben, auch hier und da Einiges zu fordern, was man nicht besonders bezahlt. Auch die Ueberfahrtspreise der russischen Dampfschiffe sind ungemein hoch. Von Odessa bis Jalta, einem kleinen Hafen auf der Südküste der Krim, kaum 45 Meilen zahlt man 60 Rubel (18 preuß. Thaler). Die Kapitäne dieser Dampfschiffe sind Engländer, die Mannschaft Russen. Kenner loben sie nicht sehr. Doch ist der Peter der Große das beßte und genügt gewiß den Ansprüchen eines Passagiers, der den Luxus und die Vollkommenheit eines Great=Western nicht kennt. Die Verbindungen Odessa's mit der Krim werden durch ein alle 14 Tage abgehendes Schiff unterhalten, das verschiedene Punkte der Krim berührt, bis in den taurischen Bosporus vordringt, dann ebenso wieder zurückkehrt und überall Waaren und Passagiere absetzt und einnimmt. Für die letzteren ist aber der Haupthafen Jalta, welches gerade in der Mitte der gepriesenen Südküste liegt.

Von allen Damen erhielt sich trotz der gelinden Schaukelungen nur eine aufrecht, die Schwester des ehemaligen Gouverneurs. Sie saß gesunden und blühenden Antlizes, einen Strumpf strickend, wie eine Siegerin unter allen übrigen, die bereits mit gebrochenem Auge auf ihren respectiven Matrazen umherlagen und kaum noch so viel Stimme hatten, um von den Herren dieß und jenes zu verlangen. Ich beschäftigte mich mehr mit der Siegerin, hielt ihr — nicht den Lorbeerkranz — ihr Strickgarn, das sie abwickelte, und zwirnte mit ihr den ganzen Abend einen ganz angenehmen Faden der Conversation. Wie weit doch Civilisation und Thee jetzt gehen! Auf dem alten un=

gastlichen Pontus, mitten unter diesen wogenden Wellen und allen den unbe=
kannten Ungethümen der Tiefe, Theegespräche über Das, was man in Paris
und London denkt und thut.

Als endlich Alles sich niedergelegt hatte und ruhte, der Gouverneur, die
Sonne, die Offiziere, die Siegerin, und nur die Sterne und die Wolken noch
grelläugelten, nachtwandelte ich noch ein wenig auf dem Vordertheile des
Schiffs, blickte in das Geflimmer des spritzenden Kielschaums, sah im Schiffs=
bauche die feurige Maschine unermüdlich und riesenkräftig arbeiten und hörte
mit einem Worte nicht auf, mich unserer hübschen Reise, meines Daseins und
der kühnen Erfindungen unserer Zeit zu freuen. Der Lehrer des Gouverneurs,
ein Deutscher, war der Einzige, der diese herrliche Nacht mit mir theilte.
Er hatte sonderbare Schicksale gehabt, wie die meisten Lehrer in Rußland. Ei=
gentlich war er ein hannöver'scher Edelmann, war als Philhellene nach Grie=
chenland und von da über Konstantinopel nach Rußland gegangen, wo er als
Lehrer mehr Beute gemacht hatte denn in Griechenland als Offizier. Daher
beabsichtigte er denn auch jetzt, sich in der Krim anzukaufen. Er erzählte mir
viel von dem Bombardement von Missolonghi. Allein ich war doch am Ende
zu müde und schlummerte mitten unter dem besten Kanonendonner sanft und
ruhig ein.

Man sieht, von Odessa kommend, keineswegs den Anfang der krim'schen
Küste zunächst, sondern vielmehr die Mitte, deren hohe Berge am anderen
Tage im Nebel des dämmernden Morgens vor uns lagen. Der Sonnenball
schwebte blutroth über den Kaukasus hervor, als wäre es die Sonne des
russischen Kriegsgotts, der jene Völker blutig umdräut. Je höher sie von
Osten herauftauchte und je näher wir von Westen heraneilten, desto mehr
entwickelte sich das unbestimmte Gemälde der Krim, und der englische Kapitän
nannte uns die einzelnen Spitzen. Endlich, endlich trat auch ganz am Fuße
der Berge der herakleotische Chersones *) hervor, und auf seiner äußersten nie=
drigen Spitze der Leuchtthurm, den die Russen dort erbaut haben. Vom alten
Cherson blickt nichts herüber das, als was die schaffende Phantasie sich denkt.
Denn seine Ruinen liegen allzusehr darnieder, und von allen Millionen Fur=
chen, die seine Schiffe einst hier zogen, hat das Meer nicht eine Spur be=
wahrt. Das Meer ist so unhistorisch als möglich. Es mögen die wunder=
barsten Dinge auf ihm passiren, es bleibt doch nicht die geringste Spur davon
zurück, deren sich die Einbildungskraft bemächtigen könnte, um sich die Er=
eignisse zu vergegenwärtigen. Aber freilich thun die Menschen auch nichts
dazu. Könnte man denn nicht auch auf den Schlachtfeldern und anderen be=

---

*) Chersonesus Trachea.

rühmten Puncten des Meeres Monumente erbauen, wie auf denen des Lan=
des? Es ist sonderbar, daß dieß nie versucht worden ist. Wie ergreifend würde
sich ein solches Monument mitten auf den Wogen ausnehmen! Etwa z. B. auf
einer vor Anker gelegten Tonne oder einem Floße ein hoher Maſtbaum oder
eine columna rostrata, verziert mit den Flaggen der kämpfenden Na=
tionen.

Der Chersonesus Trachea iſt ein vollkommen flaches Land, das ſich
nach seiner Spitze zu gegen Weſten hin sehr allmählig wie eine schwach ge=
neigte Tafel bis zum Niveau des Meeres herabneigt. Erſt bei Balaklawa
fängt das hohe Bergufer an. Die Zugvögel, die von Kleinaſien im Früh=
linge herüberkommen, ziehen von dort aus auf die Krim, weil dieß die kürzeſte
Ueberfahrt über den Pontus iſt. Sie ſtoßen im Süden der Krim auf ein
hohes Gebirge, welches ſie umgehen. Ein Theil zieht nach Oſten herum
und gelangt durch die Defileen und tiefen Querthäler, die in der Mitte bei'm
Tschatir Dagh das Gebirge durchbrechen, in die Steppen, der andere Theil aber
geht nach Weſten über den niedrigen Chersones herum. Ihr Andrang iſt
hier im Frühlinge sehr groß, und ſie beleben dann dieß ſonſt ſo todte und öde
Tafelland ungemein. Das einsame Licht des Leuchtthurms mag auch viele
heranziehen, wenn ſie müde über das Meer hinflüchten, denn es iſt immer
von ihnen umflattert. Wie zuweilen auf die Schiffe, ſo fallen auch auf ihn
die matten Kraniche nieder oder ſtürmen auch geradezu mit ihren langen
Schnäbeln durch die Fensterscheiben hindurch zu den Lampen hinan, ſo daß
dieser Leuchtthurm wegen der vielen von den Zugvögeln zerbrochenen Fenster=
scheiben einer der koſtspieligſten wird.

Die Fahrt geht sehr nahe an ihm vorbei und dann immer dicht an der
Küſte der Krim hin. Doch wurde uns der Genuß derselben etwas verleidet.
Kaum hatten wir die Spitze des Chersones umſteuert, ſo ließ der Kapitän
die Hülfsſegel einreffen, und die Spitzen der Maſtbäume abnehmen. Denn
es erhob ſich ein gewaltiger Wind, der ſich sehr raſch in einen völligen Sturm
verwandelte. An allen Vorgebirgen und Landspitzen ſind die Winde, wie an
den Straßenecken der Häuser immer ſtärker. Die See ging ungemein hoch,
und die Wellen ſchlugen beſtändig über das Vordertheil des Schiffs herüber.
Es war ein ſogenannter weißer Sturm. Der Himmel war blau und die
Sonne heiter. Diese weißen Stürme ſind mir im Grunde des Herzens zu=
wider, wie die weißen Neger. Sie ſind ſo unäſthetiſch wie eine Phyſio=
gnomie, die auf der einen Seite eine freundliche, auf der anderen eine sauer=
töpfiſche Miene macht. Ein Sturm muß ſchwarz wie ein Mohr ſein und auf
donnernden Wolken einherfahren. Wenn man den Wolkenflug dabei sieht,
ſo weiß man doch, warum es ſtürmt. Aber ſo ein süßsauerer Sturm bei la=

chenbem Blau verbirbt in den unteren Regionen allen Genuß und giebt dafür
oben nichts, was die Phantasie unterhält.

Der weiße Sturm nun warf fast Alles noch Seegesunde zu Boden, auch
die kühne Strumpfstrickerin von gestern Abend, auch meinen stotternden Po=
len, auch den philhellenischen Pädagogen und vor Allen auch mich. Theils um
meine erbärmliche Physiognomie den Anderen zu entziehen, theils aber auch
um meine Wißbegierde, die einzige Leidenschaft, die auch selbst im Todes=
schiffbruche bei mir noch siegend bis zum letzten Augenblicke oben flattern wird,
zu befriedigen, hing ich meinen schwachen Leib über die Brustwehr des Mitteldecks
und blieb den ganzen Tag, an dem wir mit dem Sturme kämpften, in dieser Lage.
Ein Deutscher, welcher Gärtner auf einem Gute des Kaisers an der Südküste
war, lag bei mir und deutete mir die Bilder, die an uns vorüberflogen.

Die Südküste (russisch „juschnoi bereg") ist ein aus dem ganzen
übrigen Verbande der taurischen Halbinsel ganz und gar gesondertes Glied,
das für sich ein eigenthümliches Ganze bildet, in Bezug sowohl auf die kli=
matischen als auf die Populationsverhältnisse. Die Berge der Krim steigen
von Norden her nach Süden hin allmälig auf, fallen aber dann gegen das
Meer plötzlich und schnell hinab, so daß also die höchsten Erhebungen alle dicht
an die Küste kommen. Die geneigte Fläche nun vom niedrigen Ufersande
bis zum hohen Rande der Berge kommt dadurch in ganz eigenthümliche Ver=
hältnisse. Sie ist gegen alle rauhen Einflüsse von Norden her geschützt und
liegt dagegen allen milden Winden, die von Süden über's Meer heranwehen,
offen. Sie hat aus dieser Ursache ein besonders mildes Klima, welches das
Gedeihen des Weins, der Oliven, des Lorbeers, der Granaten, der Cypressen,
kurz aller der Pflanzen des mittelitalischen Himmelstrichs erlaubt. Diese
Verhältnisse haben daher auch diesen südlichen Küstenstrich von jeher zum
Schauplatze eines besonders thätigen Anbaues gemacht und vor Allem immer
die Fremden gelockt, so früher die Griechen und Genueser, so jetzt die Rus=
sen. Die schroffen Bergmauern mit ihren bis 4000 Fuß hohen Felsenspitzen
und langen begras'ten Erhebungsrücken schieden immer die Bevölkerung der
Südküste scharf ab von der des Inneren, und während auf der Südküste
Griechen, Italiener, Türken und Russen siedelten und sich mit der dortigen
Bevölkerung mischten, trieben oben die Urstämme des Inneren ihre Herden
bis nahe an den Rand des Gebirges hinan. Die Südküste trennte sich so
immer als besonderes geographisches Glied von der übrigen Krim, unter ei=
genem Namen und eigener Herrschaft. Gewöhnlich wurde sie von Cembalo
oder Cherson aus beherrscht, während das Innere bis zum Rande der Berge
unter Gothen, Alanen, Tataren u. s. w. stand. Die Griechen nannten sie
„Kastra," oder auch „ta kastra tohn klimatohn." Jetzt sagen die Russen

einfach „die Südküste." Doch hat das Wort einen ganz besonderen Gebrauch, der deutlich zeigt, wie genau auch die Russen die eigenthümlichen Verhältnisse dieses Landstrichs in's Auge gefaßt haben. Man spricht immer „juschnoi bereg," als wolle man damit ein ganz apartes Land bezeichnen. So sagt man z. B. im Innern Rußlands, in Moskau, der Ukraine u. s. w.: „diese Weine sind von der Südküste," ohne näher zu bezeichnen, daß man die krim'sche Südküste meine. Der Name ist nur auf einen sehr engen Raum beschränkt. Denn während man bei einem geographischen Ueberblicke der Krim, das ganze Ufer von Balaklawa bis zum Bosphorus Südküste nennen würde, wird von den Russen nur das kleine Stück von Balaklawa bis zum Desilee bei'm Tschatir=Dagh, bis Aluschta, damit bezeichnet. Nur dieß Stückchen hat alle die köstlichen Eigenschaften, die dem „juschnoi bereg" zugeschrieben werden. Weiter nach Sudak, dem alten berühmten Soldaja des Marco Polo und nach Feodosia wird schon Alles nördlicher, die Berge niedriger und die Verhältnisse ganz anders.

Das Erste, was man, vom chersonitischen Pharus kommend, nach dem Vorüberstreichen einer langen öden Küste erblickt, ist gleich Etwas, was auch wohl einen Seekranken ermuntern kann. Das Andenken an die holde Iphigenie nämlich, die wohlthätige Retterin der fremden Gäste, begrüßt hier den Fremdling. Ein russisches Kloster des heiligen Gregorius hat sich gerade da in den Felsen eingenistet, wo früher der Tempel der Diana stand, in dem Iphigenie den Dienst der Priesterin versah. Das Vorgebirge, nach dessen Umsegelung man das Kloster entdeckt, ist das alte „Vorgebirge der Jungfrau" (Parthenion) und auf ihm lag später der Tempel des Orestes (Oresteon). Ach welch' süße Erinnerungen aus der Jugendzeit! Wem sollte es einfallen, an der Wahrheit von dem Allen zu zweifeln! Darnach durchschneidet man die Bucht von Balaklawa, von dem nur die alten genuesischen Burgruinen sichtbar sind. Alsdann beginnen die hohen Berge und die gepriesene Südküste, die anfangs sehr wild ist und noch jetzt zuweilen durch nicht unbedeutende Bergstürze den Anbau an ihrem Abhange gefährdet. Im Großen und Ganzen genommen und aus der Ferne vom Schiffe aus betrachtet, ist der Anblick dieses Abhanges einförmig und nicht mit den Abhängen anderer Gebirgsmauern zu vergleichen, weder mit dem der Alpen nach Italien, noch auch mit dem der Pyrenäen nach Frankreich zu. Denn der Wall der krim'schen Berge ist dazu nicht großartig genug variirt und gebrochen, nicht mit bedeutenden Thälern und Schluchten und tief eindringenden Baien durchschnitten, nicht mit großen Waldmassen geschmückt, die grauen kahlen Felsenpartieen sind zu überwiegend. Im Winter freilich muß es anders sein, da dann noch die zierende Farbe des Schnees hinzukommt, der die Berge oben weiß randirt und dem Felsengrau einen Theil seines Gebietes nimmt. So ist es im Ganzen und Großen, wodurch denn freilich nicht ausgeschlossen wird, daß nicht den Spaziergänger an der Küste, der Alles nahe und en détail sieht, viele einzelne Partieen entzücken könnten.

Es folgt Simeis, das Alupka des Grafen Woronzow, das Miskhor der Narischkins, das obere Oreanda des Grafen Witt, das untere Oreanda des Kaisers, das Livadia des Grafen Potocki, lauter in verschiedenem Geschmack gebaute Landhäuser, die unter Cypressen-, Wallnuß- und Maulbeerbäumen nisten, mit Weingärten umgeben, und endlich dann nach vielem Schaukeln und Leiden — die ersehnte Bai von Jalta selbst.

Jalta.

Unter diesen
Lorbeerbüschen,
Auf den Wiesen,
An den frischen
Wasserfällen
Uns'res Lebens zu genießen.

Diese Bai macht die einzige Ausnahme von jener Einförmigkeit der Südküste im Großen. Denn sie zieht sich einigermaßen tief zurück und setzt sich dabei noch in's Innere des Landes durch zwei kleine reizende Thäler fort. In diesen Thälern und rund umher ist Alles stark bewaldet. Die Berge haben verschiedene Formen, die Thäler sind voll Anbau, tatarische, griechische Dörfer und Landhäuser ziehen sich bis tief in die Berge hinein, und ganz unten hart an der Meeresbrandung liegt der freundliche kleine Ort Jalta. Es ist entschieden der schönste Punct der Küste und dabei der einzige Platz, der schon von der Natur zur Anlage einer kleinen Stadt bestimmt war, die an allen übrigen Stellen der Küste unmöglich ist. Auch in alten Zeiten war daher hier schon ein Städtchen, das in allen barbarischen Perioden der Krim zerstört wurde und in den Jahrhunderten des blühenden Handels wieder auflebte unter den Namen Djialita, Jalita, Jalty, jetzt Jalta. Der Ort ist ganz mit Recht zur Hauptstation des Dampfschiffs und zum Centrum des ganzen Verkehrs der Südküste gemacht und daher auch im vorigen Sommer vom Grafen Woronzow zu dem Range einer Stadt erhoben worden. Es sind lauter neue Häuser, und das ganze Städtchen ist so appetitlich und dabei so klein und niedlich, daß man es einem Kinde am Weihnachtsabend zum Spielzeug schenken könnte. Drei Wirthshäuser, ein Zollhaus, ein paar hübsche Kaufläden, eine kleine Apotheke mit zwei Cypressen vor der Thür, vorn ein kleiner Quai, ein zwei Ellen langer Hafendamm und hinten sogar zwei Gäßchen, auf dem Berge ein Posthaus und ein Kirchlein. Voilà Jalta!

„Oui! voilà Ja — Ja — Ja — Jalta! C'est heureux! Mais quel
„malheur, qu'on ne peut pas aborder tout près! O Dieu! je mourirai, en
„passant le port", sagte mein kranker polnischer Freund. Wir erfuhren
nämlich zu unserem Verdruß, daß man mit dem Dampfschiffe nicht bis nahe
an's Ufer kommen könnte, weil eine hohe Bank den Hafen verbarricadirt.
Da mußte man nun noch im Angesichte des rettenden Landes eine ganze Weile
vor Anker liegen, vom Sturme, dem ekelhaften weißen Neger, geschaukelt,
bis die kleinen Boote ankamen. Nun die Reißerei um die Boote, die Schlep-
perei der lieben Reisesiebensachen, am Ende sogar noch die Artigkeiten, die
man, wie ein Betrunkener taumelnd, den Damen machen mußte, um sie
vor allen Dingen zuerst zu erlösen. Das war ein Leiden und eine Pein!
Endlich bekamen wir doch auch ein Boot fest. Unsere Effecten plumpten hinein und wir nach. Das Boot tanzte wie eine Meerjungfer im Oberon, und
die Schiffer hatten kein Erbarmen, aber noch tausenderlei Geschäfte. Wir
revoltirten endlich wie verzweifelnde Mohrensklaven, ergriffen die Ruder selber
und befahlen, an's Land zu fahren. Am Quai hörte man von allen Seiten her
nur Verwünschungen des Meeres, das uns diesen Streich gespielt, und Be-
theuerungen, sich nie wieder Peter dem Großen anzuvertrauen. Die Einen
beschlossen, ihre Equipage aus Odessa sich nachkommen zu lassen und durch
die Steppen zurückzukehren. Die Anderen wollten sogar lieber mit russischer
Extrapost sich 5 Tage zu Lande herumstoßen lassen, um nur dieß eintägige
Geschaukel zu vermeiden. Ich war gleich neugierig, ob wir unsere Versicher-
ungen besser in Erfüllung bringen würden als der Horazische Schiffer.

Ich hatte auf dem Dampfschiffe die Bekanntschaft zweier jungen Russen
aus Petersburg gemacht, mit denen mich ein Zufall auch in dasselbe Boot
warf und ebenso ein zweiter Zufall in dasselbe Wirthshaus. Wir nahmen dieß
für ein Zeichen des Schicksals, daß wir zusammen bleiben sollten, und da
unsere Pläne so ziemlich übereinstimmten und wir von beiden Seiten die
Rundreise in der Krim in 8 Tagen abzumachen wünschten, um mit dem vom
taurischen Bosporus rückkehrenden „Peter dem Großen" wieder nach Odessa
abzugehen, so associirten wir uns zu diesem Zwecke und beschlossen, am morgenden Tage mitsammen uns aufzumachen.

Ich für meinen Theil konnte aber mit der Tatarei nicht so lange warten,
und nachdem wir uns ein Bißchen im Wirthshause eingerichtet hatten,
schwang ich mich auf ein kleines Roß und begab mich auf die Tataren-Jagd.
Freilich giebt's auch in Jalta Tataren. Allein mich trieb's, sie in ihren Bergen selber aufzusuchen. Ich ritt so weit in's Thal hinein, als ich konnte,
voll Freude über das neue Land, das ich gefunden, und in der That, man bekommt durch alle Beschreibungen der Reisenden so schwache Vorstellungen

13

von den Ländern, daß der Anblick der Wirklichkeit immer gerade so über=
raschend ist wie eine neue Entdeckung. Der Weg führte durch Obstgärten,
in denen Quellen rieselten, durch hübsche Nußwälder und dann und wann
durch einen kleinen Bergfluß hin, der mir hier und da in die Quere kam.
Mit Freuden theilte ich an alle Männer, die mir begegneten, mein „Salem
Aleikum" aus, und mit Entzücken stieg ich ab, um einem kleinen Tataren=
mädchen ihre schweren Reisbündel auf den Rücken heben zu helfen, die sie einen
Berg hinan trug, und betastete mir dabei ihre Kleider. Die eleganten Landhäuser
der russischen Generale und Fürsten ließ ich zur Seite liegen und eilte einem
tatarischen Dörfchen zu, das sich an einem vorspringenden Berge höchst
malerisch in einer Menge von Terrassen hinauftempelte. Die Moschee des Dorfs
lag unten in Büschen und hohen Wallnußbäumen versteckt. Ich sah eine
Menge alter Tataren und auch ein paar junge um sie herumsitzen und re=
dete auf Russisch in den Haufen hinein, hoffend, daß irgendwo in einem
Ohre meine Rede Feuer fangen würde. Ich hatte mich nicht geirrt. Ein junger
hübscher Tatar trat hervor und fragte, was ich wünschte, er heiße Ismaël,
und da ich ihn bat, er möchte mich in sein Dorf und insbesondere in sein
Haus führen, hüpfte er gleich gefällig voran und zeigte mir den Weg. Diese
aufmerksame Gefälligkeit habe ich später durchweg bei den Tataren wieder=
gefunden. Sie springen überall hülfreich herbei, wo sie sehen, daß es nöthig
ist. So setzte ich mich später auf unserer Rundreise einmal auf das platte
Dach einer Tatarenwohnung, auf dem mehre Leute arbeiteten. Meine Reise=
gefährten waren zurückgeblieben, und sie erwartend, las ich mir die Dornen,
Blätter und Pflanzenstielchen ab, die bei'm Jagen durch die Gebüsche in den
Kleidern stecken geblieben. Gleich trat einer von den Tataren herzu und
half mir unter lauter freundlichen Pantomimen die Dornen ablesen, besah auch
meine Hände und schüttelte mit dem Kopfe, als wollte er sagen: „in den
„Händen stecken dir doch keine Dornen?" Ein ander Mal ritt ich unvorsich=
tig einen Berg ziemlich rasch hinan, ohne zu bemerken, daß ich gerade mit der
Nase auf einen dicken Baumast zuritt, der mir ohne Zweifel äußerst unbarm=
herzig über's ganze Gesicht hingefahren wäre, wenn mich nicht ein vorüber=
gehender Tatar bemerkt hätte, der noch gerade zur rechten Zeit meinem Pferde
rasch in den Zügel griff. Er schüttelte bedenklich mit dem Kopfe, als wollte er
sagen: „das hätte schlimm werden können." Ich dankte ihm für die Er=
haltung meiner Schönheit so freundlich, als ich es mit Pantomimen konnte.
Tausend kleiner Aufmerksamkeiten hat man sich im Tatarenlande zu erfreuen,
die aber gerade eben durch ihre Unbedeutenheit die Feinheit des Zartgefühls
dieses Volks beurkunden.

„Derikoi", so hieß das Dorf, das wir erklommen, ist sehr malerisch gelegen, und ich fand ſpäter alle Tatarendörfer ſo. Die Häuſer liegen zerſtreut durcheinander, aber doch nicht in ſehr weiten Entfernungen. Denn da ihre Dächer zum Theil die Stelle des Gehöftes vertreten, ſo iſt nicht viel Platz um die Häuſer herum nöthig. Sie ſind alle ſehr niedrig und ſtoßen auf der einen Seite mit dem Dache ganz in den Berg hinein, ſo daß man unmittelbar vom Wege auf das Dach hinauftritt. Dünne Baumſtämme, als Säulen, tragen das hervortretende Dach. Glasfenſter haben ſie nicht und daher vor den Fenſteröffnungen bloße Klappen. Das ſieht freilich unfreundlich aus; es iſt, als wenn die Augen fehlten. Nur zuweilen bohren ſie ein Loch in die Wand und kleben eine Glasſcherbe mit Lehm hinein.

Die Dächer ſind ſehr groß und völlig platt. Sie ſind mit Erde und kleinen Steinchen beworfen, welche man mit einem eigenen Inſtrumente, einer Art von Walze, die immer oben auf dem Dache liegt, ebnet und befeſtigt. Bei jedem Hauſe ſtehen ein paar alte Feigen=, Maulbeer= und Wallnußbäume, lauter Gewächſe, die vor den Obſtbäumen unſerer Dörfer den Vorzug haben, daß ſie unvergleichlich viel maleriſcher ſind, und vor den Eichen den, daß ſie Frucht tragen, welche letztere Eigenſchaft in den Augen eines ſo eßluſtigen Weſens, wie der Menſch iſt, einen eigenthümlichen Liebreiz über die Bäume verbreitet. Die Maulbeeren waren gerade reif, und als wir bei Ismaël's Hauſe anlangten, lud er mich gleich dazu ein, die Landesfrucht zu verſuchen; die mir denn auch köſtlich mundete, da ſie hier zu einer beſonderen Größe gedeiht. Welch Glück für die Kinder Deutſchlands, daß dieſe großen Bäume mit der ſüßen Blutfrucht dort nicht wachſen! Sie würden alle Tage etwas auf die Finger bekommen für beſchmutzte Hände und Flecke im Hemdskragen.

Vor dem Hauſe ſaß Ismaël's Schweſter, deren Namen ich vergeſſen. Sie webte auf einem höchſt einfachen Webſtuhle an einer „Mamara" oder Binde, welche die Frauen um den Kopf wickeln. Sie zog ſich gleich zurück, als wir kamen. Ich wollte ihr nachfolgen, um ein wenig das Innere des Hauſes zu beſehen. Allein das gab Ismaël nicht zu. Er ſagte, es wäre ganz ſchmuzig und häßlich darin, er wollte mich aber in ein beſſeres Zimmer, in ihre Gaſtſtube, führen, da wäre Alles fein, wenn nur ſein Bruder käme, der hätte den Schlüſſel dazu, und damit ſtieg er auf's Dach des Hauſes und guckte auf allen Dächern herum, ob nicht ſein Bruder auf einem ſäße. Die Dächer haben durch ihre Geſtalt bei den Tataren natürlich eine ganz andere Bedeutung gewonnen als bei uns. Vor allen Dingen dienen ſie als Trockenböden, und immer ſieht man Wäſche, Früchte, Backwerk oder Korn auf ihnen zum Trocknen ausgebreitet. Alsdann vereinigen ſich die Leute auf ihnen zu allerlei Arbeiten und Converſationen, und die Menſchen machen ſich daher in den tatariſchen Dörfern Viſiten auf dieſelbe Weiſe, wie bei uns die Katzen.

Nichts ist amüsanter, als von einem hochgelegenen Hause aus die verschiebenen Gruppen auf den Dächern zu betrachten.

Ich fand natürlich in Ismaëls Dorfe, in dieser ganz neuerdings erst acquirirten Domaine meiner Forschungen, so Vielerlei zu sehen und zu untersuchen, — was ich unmöglich Alles wiedererzählen kann, ohne meinen Lesern eben so viel Geduld zuzutrauen, als meiner Natur beiwohnt, — daß der späte Abend schon auf uns herabfiel und der letzte Ruf des Muezzin *) zu uns heraufstieg: „Haje allal salat we! haje allal seláh!" (Kommt, ihr Männer, zum Gebet! Kommt, ihr Männer, zum frommen Werke!) Nun stiegen die Männer überall von den Dächern und den Häusern herunter, und schlipp — schlapp — schlür ging es in gelben Pantoffeln zur Moschee hinab.

Auf dem Heimwege hörte ich in dem hinteren Gäßchen von Jalta, wo meistens Tataren wohnen, aus einem Krämerladen einen eigenthümlichen Gesang erschallen. Da derselbe von Tataren ausging, so band ich mein Pferd vor der Thüre an und trat hinein, um mich dem Sänger als Zuhörer anzubieten. Ich traf hier zwei Tataren, einen Armenier und einen sehr hübschen Kerl mit einem ziemlich schwarzen Schnauzbarte, beisammen. Alle trugen Bärte und sahen eher wie Krieger als wie Kaufleute aus. Ach wie sehen unsere kleinen, bestäubten, geblähten und gerunzelten Tütendreher gegen solche Krämer aus! Der hübsche junge Kerl war ein Tscherkesse aus der Kabarda. In seinem vierten Jahre war er mit seinen Aeltern von Russen eingefangen worden und seit der Zeit bei ihnen verblieben. Doch schien er sich an die Tataren als an das verwandtere Volk mehr anzuschließen. Ich bat sie, mir einige tatarische Lieder zu singen, und sie thaten es ohne Ziererei, nachdem sie noch einen anderen Tataren aus der Nachbarschaft geholt, von welchem sie sagten, daß er der beste Sänger unter ihnen sei. Ich erkundigte mich immer nach dem Inhalte der Lieder. Die meisten handelten natürlich von der Liebe. Amor ist und bleibt nun einmal überall der geschickteste Gehülfe Apollo's. Viele waren aber auch zu meiner großen Ueberraschung historischen Inhaltes, denn ich hatte nichts weniger vermuthet, als bei den Tataren eine poetische Tradirung ihrer Geschichte zu finden. Das eine handelte von Krim-Gerei, dem letzten ausgezeichneten Chane der Krim, dem Freunde des bekannten französischen Gesandten Baron de Tott, ein anderes von einem anderen Chane, Dewlet-Gerei, ein drittes von dem Uebergange der Krim an die Russen, ein viertes gar von der Einnahme Kasan's. Weniger entzückt konnte ich von den Melodieen der Lieder sein, denn für unser Ohr war sehr wenig Reizendes darin. Indeß mußte es für die Tataren hübsch klingen, nach der wohl-

---

*) Andere schreiben Muesbin.

gefälligen und affectirten Manier zu schließen, mit der sie die Sachen vortrugen und anhörten. Doch war für mich Alles zu interessant, um nicht bis spät in die Nacht auf meiner Aepfelkiste sitzen zu bleiben, auf der ich Posto gefaßt, mit diesen Leutchen tausenderlei Dinge abhandelnd und besprechend.

Früh Morgens um 7 Uhr sprengten wir des anderen Tages, die Rosse gerüstet, gesattelt, bepackt und aufgezäumt, in die Berge hinein, um unseren achttägigen Streifzug in die Krim zu beginnen. An den Fenstern und auf den Balcons sahen wir hier und da noch einige unserer Dampfschiffgefährten bei'm Morgenkaffee, die sich über unsere Raschheit wunderten, und unter ihren Glückwünschen galoppirten wir den Weg hinauf, der, immer in der Mitte der hohen Bergküste sich haltend, nach Osten zum alten genuesischen Aluschta führte, das wir uns zur heutigen Nachtstation ersehen hatten. Von da wollten wir über den Tschatir=Dagh, den mächtigsten Berg der Krim, nach Simpheropol, der jetzigen Hauptstadt, über Baktschisarai, der ehemaligen Residenz, nach Sewastopol, der heutigen Herrin des schwarzen Meeres, zu den Ruinen von Cherson, Sewastopol's alter Vorgängerin in der Seeherrschaft, nach dem „Cembalo" Marco Polo's, und an dem westlichen Theile der Südküste nach Jalta zurück. So war unser Plan.

Unsere Gesellschaft und unser Aufzug waren folgendermaßen gestaltet: meine beiden Petersburger Reisegefährten, ein angenehmes Brüderpaar, mit ihrem kleinen, blauäugigen Bedienten, der einstweilen noch als Gänschen mit den Gebietern seiner Seele *) in die Welt hinausflatterte, aber gewiß nicht als Gänserich einst wieder heimkehren wird, seine schlauen Augen bürgten dafür, — alsdann ein Grieche aus Sinope in Kleinasien, welcher in der für die Griechen so betrübten Zeit des Freiheitskrieges mit seiner Mutter auf russisches Gebiet herübergeflüchtet und sich längst aus einem Gänschen, wenn er es je gewesen war, in einen bedeutenden Fuchs verwandelt hatte, — ferner ein tatarischer Reitknecht, den man von Station zu Station mit bekommt, damit er die Pferde wieder zurückführe, — und endlich ein kleiner, höckeriger Schimmel mit meiner Wenigkeit.

Man kann allerdings stellenweise mit Wagen in der Krim reisen, denn die Russen arbeiten in mehren Richtungen an Chausseen, die hier und da schon fertig sind; so namentlich von Jalta bis Simpheropol. Allein da, wo es seitwärts etwas zu sehen giebt, zieht man doch das Reiten vor, womit man überall durchkommt, weil die tatarischen Pferde das Klettern verstehen wie die Ziegen. Es sind gewisse Dörfer zu Stationen bestimmt, wo Ar Onbaschi **) dem Vorzeiger eines in tatarischer Sprache geschriebenen Fer=

*) Bekanntlich nennt man die Leibeigenen in Rußland „Seelen."
**) Dorfschulze.

mans die darin benannte Anzahl von Pferden zu liefern verpflichtet ist. Man
bekommt allerlei kleine Krüppel, aus denen sich Jeder das Beste heraussucht,
darauf ein hölzernes Gestell von Sattel, auf das man so viele Kissen hinauf=
bindet, als man für seine Bequemlichkeit mit sich führt. Die ganze Equi=
page ist freilich nicht sehr brillant, doch bequemen sich auch die vornehmsten
russischen Damen dazu, die, wie es die Mode mit sich bringt, in den krim'=
schen Bergen herumirren wollen. Für die Effecten und ein wenig Proviant
muß man sich mit solchen Doppelsäcken versehen, wie sie die Tataren aus
einem groben Wollenzeuge recht hübsch und zweckmäßig verfertigen. Man
wirft sie dem Pferde über den Nacken und befestigt sie an dem Holzgestelle
des Sattels. Wer für die kleinen Säcke zu viele Effecten hat, der bindet sich
auch hinten noch ein Paquet auf. So sieht man denn ziemlich aus, als
wolle man einen Mülleresel mit Getreide zur Mühle führen; doch nur so
lange, als es Schritt geht. Denn wenn man mit den unermüdlichen Pferd=
chen bergauf und bergab galoppirt, vergißt man den Esel ganz und denkt eher an
Nachkommenschaft des Pegasus. Die kleinen, bunten Säcke greifen und fliegen
zu den Seiten auseinander, als wären sie die Ansätze der wachsenden Flügel.

Auf dem Wege nach Aluschta reiht sich nun ein reizendes Gut an das
andere, mit hübschen Gebäuden der Besitzer, mit Wein= und Obstgärten, mit
belaubten Bergabhängen, Felsenpartieen und Aussichten auf das Meer geziert.
Zuerst erblickt man im Thale von Jalta eine Menge minder namhafte, dann
weiterhin aber berühmte; das hoch in den Bergen liegende „Marsanda",
das die jetzt verstorbene Gräfin Brannicka, die reichste Polin dieser Tage,
an den jungen Grafen Woronzow schenkte, darauf „Magaratsch", ein
noch vor acht Jahren wüstes Thal, das aber von der Regierung, in eine
Menge kleiner Parzellen getheilt, an Liebhaber stückweise verkauft wurde und
nun mit vielen kleinen, malerischen Anlagen und Landhäusern besät ist.

„Nikita", ein vor 30 Jahren von der Krone angelegter Pflanzen=
garten, der alle möglichen Bäume und Gewächse, die auf der Küste gedeihen
und allenfalls hier eingeführt werden könnten, erzieht und verhandelt, Cypres=
sen, Oliven, Lorbeeren, über 300 Arten von Weinreben aus allen Weltgegenden,
Kapernsträucher, Erdbeerbäume und Blumen von den verschiedensten Spe=
cies. Der deutsche Gärtner, den wir dort trafen, erquickte uns mit ein
paar herrlichen Birnen und zeigte uns in der niedrigen Gegend des Gartens
am Meere eine kleine historische Merkwürdigkeit, eine Pflanzenruine. Es
waren die alten, vermoderten Stümpfe von Olivenbäumen, die zum Theil
kaum noch aus der Erde hervorguckten, wahrscheinlich ein Olivengarten, noch
von genuesischen Händen gepflanzt. Die Bäume standen alle in ziemlich
gleichen Entfernungen auseinander. Einige waren von ungemein großem

Umfange, einige trieben noch ein paar grüne Zweige, wie hier und da ein Greisenhaupt eine Locke. Die Olivenbäume werden bekanntlich sehr alt, und über diese konnte schon manches Zeitalter hinweggegangen sein.

„Artek", ein tatarisches Dorf, wie man versichert, das alte „Herz= trost" (Kardiatrikon) der Griechen.

Dann der „Ayou=Dagh" (der Bärenberg), der mit ganz rundlichem Rücken, dessen Höhe in richtigem Verhältnisse zur Länge steht, wie ein Bär in's Meer hinausläuft. Vor ihm liegen noch zwei große Felsstücke im Was= ser, als wären es seine Jungen. Die Umgebungen und kleinen Baien, welche diese Felsenbären bilden, sind reizend. In der Ecke auf seiner einen Lende liegt das Dorf Yursuff, mit einem äußerst elegant eingerichteten Gebäude eines russischen Herrn, an der anderen Seite das Dorf „Parthenit" oder, wie unser Grieche gewöhnlich sagte, „Parthenika", was wieder an eine griechische Jungfrau erinnert.

Ueberhaupt sind die meisten Namen an der Südküste tatarisirte griechi= sche oder italienische Wörter, so die der Berge „Ai Peti", „Ai Eli", „Ai Todor", Verstümmelungen des griechischen Wortes „hagios" (heilig), mit dem Beisatze Peter, oder Elias, oder Theodor, so die Besitzung des Grafen Woronzow „Ai Danil" (heiliger Daniel), so „Nikita", „Oreanda", „Li= vadia", „Parthenit" und andere Namen.

In „Yursuff" fanden wir wieder einen deutschen Gärtner, einen sehr ruhigen und heiteraugigen Mann, der den Garten so heimlich und freundlich gestaltet hatte, wie der Geschmack seines reichen Principals das Innere des Wohnhauses elegant und prächtig. Man hätte im Inneren des Hauses eher gedacht, sich in einem der ersten Hôtels von Petersburg zu befinden als in der Tatarei, und Alles war à quatre épingles bis auf die geringsten Zier= rathen vollkommen, obgleich die Herrschaft viele hundert Werste entfernt war. Diese Luxusgebäude an den krim'schen Küsten kosten den Großen ein enormes Geld. Einige verzehren einen jährlichen Zuschuß von 50,000 bis 100,000 Rubeln. Aber wie verschwenderisch verfahren sie dann auch! So dachte es sich der Besitzer von Yursuff recht hübsch, eine eigene Fischerei in seiner Bai zu haben. Er verschrieb sich dazu einen Fischer aus Malta, dem er natürlich einen ungeheueren Sold versprechen mußte. Allein er dachte, wie denn die Russen gutmüthig genug sind, allen Ausländern gleich Wunderdinge zu= zutrauen, der Malteser würde ihm das halbe Meer ausfischen und Gott weiß welche kostbare Braten herausbringen. Netze, elegante Boote wur= den verfertigt, Alles nach Angabe des Maltesers, der sich indeß redlich pflegte. Endlich wurden die Netze ausgeworfen. Aber kein Fisch ging hinein. Der Malteser sagte, es läge an den neuen Netzen, er müsse ein gewisses

Kraut haben, um die Netze mit deffen Safte zu beschmieren, der die Fische anlocke. Er konnte das Kraut aber nur auf Maltesisch nennen. Die ganze Haus = und Gartenmannschaft mußte seine Beschreibung dieses Krautes anhören, einstudiren, und die ganze Umgegend wurde durchsucht, um das Zauberkraut aufzufinden. Endlich fand man eins, welches der Fischer für's rechte hielt. Er bestrich die Netze, warf sie aus und zog sie gefüllt — mit Meergras wieder heraus. Er sagte, es müsse wohl eine andere Art von Kraut gewesen sein. „Um Gottes willen, so gieb doch nur ein paar Fische in den Topf, „damit wir doch sagen können, daß wir Fische aus unserer eigenen Bai „speis'ten." Endlich brachte der Malteser, der nichts von der krim'schen Fischerei verstand, ein paar junge Haifische, oder ich weiß nicht, welche andere widerliche Sorte, die den Gaumen seines Herrn so sehr revoltirte, daß derselbe ihm sogleich seinen Abschied gab, nachdem ihm der Spaß einige tausend Rubel gekostet hatte. — Wir fanden Jurfuff so reizend, daß es uns schwer wurde, wieder auf unsere Sattelkissen zu kommen.

Auf dem Haupte des hohen Elias soll es in gewissen Schluchten und Löchern den ganzen Sommer über Schnee geben. Diese Löcher sind die Brunnen der Tschabans (Schafhirten) auf den Bergalpen, aus denen sie den Schnee zum Trinken schöpfen.

Das war denn viel Abwechselung, viel Anmuth und Schönheit, aber auch viel Leiden und Plage. Denn die Sonne war unbarmherzig, und das beständige Auf = und Abtraben eine Plage, die unseren Leib bedeutend mitnahm. Wir milchten einen Maulbeerbaum nach dem anderen und aßen die Brombeersträuche unterweges wie die Raupen ab. In den tatarischen Dörfern aßen und tranken wir alles Saftige, Obst und Milch, durch einander, ganz uneingedenk aller Odessa'schen Warnungen, vor den Früchten der Krim auf der Hut zu sein, an denen das Gift des Fiebers klebe. Während wir oben lechzten und verbrannten, lag uns immer zur Seite der schöne Kühlungsbrunnen des blauen Meeres, der für so viele Millionen Wesen labende Frische enthielt. Konnten sich denn nicht aus ihm einige erquickliche Lüftchen für die Berge erheben! Aber unthätig und egoistisch lag er da, alle seine Labeschätze vergrabend, und keine Nereide erhob sich, mit kühlendem Kusse uns zu erfrischen. So sind doch die Güter überall ungleich vertheilt, und der Mensch muß im Schweiße seines Angesichtes nicht blos seinen Acker pflügen, sondern auch seine Freuden genießen — wenigstens der reisende Mensch.

In Parthenit thaten wir Gewalt und Unrecht. Da man uns erklärte, daß nicht Pferde genug auf der Station vorhanden seien, so wollten wir die mitgebrachten noch weiter nehmen. Dieß wollte aber der Tatarenbursche, der uns bis dahin begleitet hatte, nicht zugeben, weil er dazu keine Befugniß habe und die Pferde übermüde seien. Wir sagten aber, er sollte schweigen, und ritten vor. Da fiel er, Thränen vergießend, uns in die Zügel und hing sich schreiend an die Pferde. Sogleich sprang unser Grieche herbei und gebrauchte seinen Kantschu dermaßen, daß der Tatar — in ein lautes Gebrüll ausbrach? meint man, — nein, daß er ganz still wurde, die Thränen trocknete und zufrieden hinter uns hertrabte.

Dieser und anderer Aufenthalt war daran Schuld, daß uns die Nacht unterweges überraschte und wir Alu sch ta nicht mehr erreichten. Wir hatten schon in Jalta von dem gastfreien, alten General Borosdin gehört, der seit vielen Jahren hier an der krim'schen Küste lebt und sich ein Vergnügen daraus macht, die vorüberreisenden Gäste bei sich zu bewirthen. Sein Gut liegt etwas niedrig, in der Nähe des Ufers, und er soll untröstlicher als ein Gastwirth darüber sein, daß die neue Landstraße so hoch über seinem Hause wegführt, und ihm daher nicht mehr so viele Fremde zuströmen. Da uns die Tataren ein Landgut als das des Generals Borosdin bezeichneten, so ritten wir darauf zu, in der Hoffnung, dem alten, gastfreien Manne eine freudige Ueberraschung mit unserem Besuche zu bereiten. Allein wir kamen nicht in das rechte Quartier, sondern zu dem Bruder des Fremdenpflegers, auch einem General Borosdin, der nur zu Zeiten hier an der Küste wohnt und in dessen Häusern wir jetzt blos seine Verwalter, Gärtner, Architekten u. s. w. fanden. Da es zu spät war, wieder umzukehren, so beschlossen wir, auf irgend eine Weise uns hier einzuschmuggeln.

Wir ritten daher zu einem offenen Fenster hinan, aus dem Licht hervorschimmerte, und wünschten vom Pferde herab der alten Französin, die darin strickend neben ihrem Ehegemahle saß, ein „Bon soir, Madame!" — Ohne im Geringsten zu erschrecken, stand sie auf und beleuchtete uns mit ihrem Lichte zum Fenster hinaus mit den Worten: „Dieu! comment vous m'avez effrayé! „Bon soir, Messieurs!" — Wir stiegen ab und brachten unser Anliegen vor, zugleich unsere Papiere, damit sie sehen könnte, daß wir keine Landstreicher wären. Sie wollte nichts davon sehen, sie traue uns schon so. Ihr alter, harthöriger Mann nahm aber die Papiere in die Hand und fing an darin zu studiren. „Mais, Charles, Charles! Qu'est ce que tu fais? Ce „sont les passeports des Messieurs!" schrie sie ihm in's Ohr und riß sie ihm weg. „Entrez, entrez, Messieurs!" Die Frau vereinigte mit ihrer französischen, verbindlichen Artigkeit die russische Gastfreiheit und faßte gleich so viel Zutrauen zu uns, daß sie uns ein Zimmer anwies, in dem wir die Nacht recht leidlich zubrachten. Die Leutchen waren aus der Champagne und fabricirten hier für Rechnung des Gutsherrn das moussirende Getränk ihres Vaterlandes. Man findet solche französische Champagner-Fabrikanten

und Weinkeller = Inspectoren sehr häufig auf der Küste, denn im Weine be=
steht eine der Haupt = Revenueen der Güter, durch welche die großen Kosten
der Gartenanlagen und Häuser zum Theil gedeckt werden. Der krim'sche
Wein hat sich schon bedeutend in Südrußland verbreitet und wird bis Moskau
hin getrunken, wo man auch noch krim'sche Weinkeller trifft. Diese Wein=
keller in Moskau, Charkoff, Odessa u. s. w. werden oft von den Commissio=
nären der Gutsherren selber gehalten, und auf dem Schilde des Kellers steht
dann angeschrieben: „Südküsten = Weine aus den Gärten der Fürstin X.“
u. s. w. Wie die Keller, werden auch natürlich die Weine vor allen Dingen
getauft, und man kann alle Weine der Welt von der Südküste beziehen,
Portwein, Champagner, Burgunder, Muscat; ja sogar Madeira machen
sie hier. Für jede Sorte haben sie die Traube aus dem Lande selbst ver=
schrieben, und suchen ihr sowohl als dem Weine selbst eine adäquate Be=
handlung zu widmen. Natürlich haben dabei aber doch alle diese Weine einen
eigenthümlichen Geschmack vom Lande angenommen, den man den krim'schen
nennen kann. Dieser Gusto war nun bisher noch immer nicht eben die
duftigste Blume. Doch soll sie jährlich zusehends sich mehr und mehr in
Farbe und Duft entwickeln, wie es denn auch bei der beständig angewandten
Pflege und Aufmerksamkeit nicht anders sein kann, und es wird sich zeigen,
ob daraus ein eigenthümlich krim'sches Gewächs entstehen wird, das sich
seinen Brüdern anderer Länder an die Seite stellen kann.

Wir champagnirten den ganzen Abend mit unserer alten Französin,
„der Genossin unserer Nachtunterredung,
„die das öde Wachen uns würzte,“

wie Hareth Ben Hemman sagt. Doch floß kein anderer Wein dabei als der
der Champagner = Rede, die, nach dieser Alten zu schließen, eben so mous=
sirt wie das Champagner = Getränk. — Bald lüpfte sie den Kork einem
Scherze, bald einem Seufzer: „Hélas, la belle France! Ah, Messieurs,
„ce pays barbare!“ Dann wieder erzählte sie uns, daß sie früher den
Tod ganz ungemein gefürchtet habe, so daß sie ihn für das größte Uebel der
Erde gehalten. Als sie auf der taurischen Küste angekommen sei, habe ihr
aber geträumt, sie sterbe unter den angenehmsten und seligsten Gefühlen, und
eine ihrer Freundinnen, die an ihrem Todtenbette gesessen, habe ihr nun
ihre frühere alberne Furcht vorgeworfen. Seit der Zeit nun schiene ihr der
Tod das Schönste, was ihr begegnen könne, zu sein, und sie wünsche sich
ihn unter jeder Gestalt und in jedem Augenblicke. „Mais, Charles! Charles!
„tu dors, comme tu es impoli!“

Meine Gefährten schliefen auch schon, und ich gesellte mich zu ihnen.

Das Licht der rosenfingerigen Eos röthete kaum die Spitzen unserer

Sattelknöpfe, so saßen auch unsere Fußspitzen schon wieder im Steigbügel, freilich etwas sehr matte Fußspitzen; denn gewisse kleine Thierchen, welche in dem alten Taurien eben so häufig sind wie in Italien, hatten uns fast kein Auge zuthun lassen. Wir konnten unserer guten Französin nichts Besseres wünschen, als daß der Hauptwunsch ihres Lebens noch recht lange nicht in Erfüllung gehen möchte, und schrieen auch ihrem alten, tauben Manne ein Lebewohl in's Ohr.

Unser Weg bot die reizendsten und manchfachsten Abwechselungen dar und sprengte so wild und ausgelassen über Berg und Thal, als hätte ihn ein junger, übermüthiger Springinsfeld gebahnt, bald schwindelte er in die Höhe und führte über Felsrücken weg, ja streifte bis an die Region der Eichen und Pinus Taurica *), bald stieg er bis zum Meere hinab, wo an dem von der Sonne erhitzten Ufer der Kapernstrauch auf dürrem Erdreich kriecht, ließ dicht zur Linken hohe Felswände und zur Rechten das Meer, dessen äußerste Wellen die Hufe unserer Pferde bespülten, bald schlenderte er heiter in der Mitte hin, mit kurzen Drehungen und allerlei Windungen, stets neue Ansichten eröffnend und stets wiederum die Aufmerksamkeit spannend, was wohl um die Ecke herum kommen möchte.

Hart am Meere hielten wir bei einem „Arnautenposten" an, wo Griechen aus Balaklava die Küste bewachten. Unser Nikola fand dort Freunde, und wir beneideten die Leute um ihr so romantisch gelegenes Wachthaus. Sie hatten inwendig alle möglichen Waffen hängen, türkische und russische, Pistolen, Säbel und Flinten verschiedener Zeiten und Größen. Es ist zu bewundern, daß diese Truppe noch so wenig von den russischen Offizieren regularisirt ist.

Aluschta.

„So kann ich durch die Welt denn reisen.
Was ich bedarf ist überall zu haben."

Am Ende ziehen sich die Felsen immer mehr und mehr zurück, das Vorland der Küste verbreitert sich, und die bequeme und weite Umgegend Aluschta's stellt sich dem Auge dar. Eine höchst interessante geographische Position. Die bisher fast überall gleich hohe Mauer der krim'schen Berge wird hier auf eine merkwürdige Weise durch weite Querthäler vom Meere in Südosten bis zur Steppe in Nordwesten durchbrochen, und zwar der Art, daß, während bisher die Erhebung der Haupthöhenmasse fast durchweg 4000 Fuß betrug, sie hier auf ein Mal auf nur etwas mehr als 2000 Fuß herabsinkt, nach Osten

---

*) Die Pinus Taurica wächst an den Rändern der höchsten Berge.

hin aber wieder plötzlich zur vorigen Höhe ansteigt, und dann in der östlichen, ununterbrochenen Bergreihe eben so lange anhält. Mitten in dieser geringsten Erhebung der ganzen Masse liegt nun aber wieder der Tschatir=Dagh, das höchste isolirte Stück des Ganzen, das alles Uebrige an Höhe übertrifft und bis über 5000 Fuß hinaussteigt, so daß man auch hier wieder sagen könnte: „les extrêmes se touchent."

Der Tschatir=Dagh liegt vollkommen frei und aus der übrigen Kette der krim'schen Berge herausgelöst da, besonders gegen Norden und Süden, wo die Vertiefungen so geräumig und weit sind, daß man ihn in seiner ganzen Größe vollkommen überschauen kann. Er ist sehr lang und bildet oben nicht einen spitzen Gipfel, sondern einen etwa 4 bis 5 Werste (eine Lieue) langen, durchweg gleich hohen Rücken, der dann nach den Seiten hin plötzlich abfällt. Die Tataren verglichen ihn dieser Gestalt wegen mit einem Zelte und nannten ihn „Tschatir=Dagh" (Zeltberg). Die Russen haben dieß sehr passend gefunden und wörtlich in ihre Sprache übertragen: „Palata-Gora." Die alten Griechen verglichen ihn mit einem Tische und nannten ihn „Trapezus", doch soll er auch Berosus von ihnen genannt sein. Er gewährt ganz den Anblick, welchen den bildlichen Darstellungen zufolge der Tafelberg des Vorgebirges der guten Hoffnung bieten muß.

Uebrigens kann man annehmen, daß diese Zelt= oder Tischform die allgemeine aller krim'schen Berge sei, nur mit dem Unterschiede, daß sich dieselbe bei weniger vollkommen isolirten Stücken der Bergreihen nicht so deutlich zeigt. Selbst die kleinsten Erhebungsreihen der taurischen Gebirgszüge, die nach der Steppe zu liegen, erscheinen als lange, gleich hohe Mauern oder Rücken, die dann, wenn sie von durchsetzenden Querthälern zerstückt werden, ganz natürlich in Zelt= oder Tischfiguren zerfallen. Die alten Griechen wandten daher auch ihr Trapezus auf mehre Berge der Halbinsel an. Die Tataren nennen die obersten langen, geraden, mit Gras bewachsenen Rücken der Berge „Jaila", welches also ungefähr unseren „Alpen" entspricht, besonders wenn man dabei an's Juragebirge denkt, mit dessen Construction die krim'schen Tische sehr viele Aehnlichkeit haben. Ganz wie in der Schweiz sagen die Tataren: „Jaila heißen die Grasrücken der Berge bis dahin, wo es sich nicht mehr „lohnt und unmöglich ist, das Gras abzumähen, und wo es daher von un„seren Schafen abgeweidet wird." Wie die Sennhirten ziehen sie im Frühlinge auf die Jaila's hinauf und wandern den ganzen Sommer wie die Schweizer oben auf den Bergen herum, mit dem Unterschiede nur, daß diese taurischen Sennen fast lauter Schafhirten sind. Das Warum davon ist mir unbekannt geblieben. Man sagt, es sei oben ein sehr kurzes Gras, das vielleicht für die Schafe passender ist als für die Rinder.

Der Durchbruch, das Defilée oder die Querthäler, die auf den Zeltberg vom Meere und von der Steppe her führen, sind nicht blos in naturhistorischer, sondern auch in historischer und politischer Hinsicht sehr merkwürdig. Da hier der bequemste Durchgang durch das Gebirge stattfand, so benutzte ihn natürlich der menschliche Verkehr zwischen Steppe und Meer von alten Zeiten her, und Alles, was von Norden nach Süden und umgekehrt zielte, strömte durch diese bequemen Thalweitungen. Alle anderen Uebergänge von der Küste nach dem Norden sind der steilen Bergmauer wegen sehr unbequem. Es ist daher diese Gegend durch die angedeuteten Naturverhältnisse zugleich die klassischeste der Krim geworden. Daher hier die Handelsstraße, daher die vielen Schlachten in diesen Defiléen, daher die beiden nicht unbedeutenden Verkehrsplätze an ihren Eingängen, Simpheropol im Norden und Aluschta im Süden.

Aluschta war zur Zeit der Genueser ein nicht unbedeutender Punct und hatte eine große Bevölkerung, ebenso auch schon in byzantinischen Zeiten, wo es der Sitz eines eigenen Bischofs war, und der Kaiser Justinian hier eine große Festung baute. In den milesischen Jahrhunderten vor Christus wird es wohl nicht anders gewesen sein, da die Naturverhältnisse dieselben waren. Jetzt ist das freilich Alles verschwunden; doch wenn einmal die Krim wieder großartigeres Leben bekommen sollte, so muß auch Aluschta wieder zu seiner alten Bedeutung erwachen. Das Fort Justinian's ist ganz verfallen, und nur noch drei große, dicke Thürme stehen davon aufrecht. Mitten zwischen diesen Thürmen hat sich das tatarische Dorf Aluschta angesiedelt, wie jene arabischen Dörfer in den Ruinen der ägyptischen Tempel. Zur Seite des Dorfes liegt ein großes, in asiatischem Style gebautes Gasthaus, in dem man aber außer dickem Kaffee nichts haben kann als heißes Wasser zum Thee, den der Reisende selber bei sich führen muß. Doch nahmen wir, um uns den Aufenthalt in Aluschta zu versüßen, noch Salzwasser zu Hülfe. Wir badeten uns nämlich im Meere und erfreuten uns dann an dem schönen Sonnenscheine, in dem die ganze Umgegend lachte. Der Tschatir-Dagh fing gegen Mittag an „seine Haube aufzusetzen", um mich der tatarischen Redensart zu bedienen, denn merkwürdiger Weise gebrauchen die Tataren ganz dasselbe Bild wie die Schweizer, wenn sie sagen wollen, daß ein Berg sich bewölke.

Sehr sonderbar sind hier die Besitzer der umliegenden Güter und Gärten gemischt: der Russe Averkieff, — der Sultan (tatarische Edelmann) Kathe-Gherei, — Herr Feldmann, — der Malorossiane Petritschenko, — Dr. Arendt, — Sultan Hussein Aga, — Staatsrath von Steven, ein Finnländer.

Da der Weg bis Simpheropol ziemlich bequem ist, und es an ihm keine berüchtigten Naturschönheiten giebt, die der Reisende durchaus besehen müßte, so konnten wir uns in den Wagen setzen, was ich denn auch mit besonderem Vergnügen that, da ich mich von dem Reiten und der schlaflosen Nacht sehr angegriffen fühlte. Doch kommt man eigentlich dabei nur vom Regen in die Traufe. Denn es ist schwer zu entscheiden, was bequemer sei, ein tatarisches Pferd, oder ein russischer Postwagen.

Ein paar mit bis an die Augen und die Schnauze schmuzigen Büffeln bespannte Wagen, — eine Traube, die wir unterwegs in einem Weingarten erdrosselten, — ich meine wie Drosseln stibitzten, — ein Trunk Wassers aus dem Brunnen, bei dem ein Monument anzeigt, daß hier des Feldmarschalls Kutusow Blut einst floß, — ein Obelisk auf dem höchsten Puncte des Passes, wo der Kaiser Alexander auf seiner taurischen Rundreise einst ausruhte, — ein Aerger auf einer Poststation, wo wir nicht gleich Pferde bekommen konnten, weil eine vorüberreisende Gräfin sie alle fortgenommen hatte, — nebst tausend sehnsüchtigen Blicken, die ich den Schafhirten auf der Jaila des Zeltberges zuwarf, — das waren ungefähr die hauptsächlichsten Ereignisse und Gegenstände, die uns auf dem Wege bis zum Dorfe „S u l t a n M a h m u d", das ungefähr in der Mitte zwischen Simpheropol und Aluschta liegt, begegneten.

Der eine meiner werthen Reisegefährten und ich waren zu erhitzt und angegriffen, um die Besteigung des Zeltberges zu wagen, der dritte aber wollte sich mit Recht dieses Vergnügen nicht nehmen lassen, da zwischen Petersburg und dem Pontus sich ihm kein zweiter Berg von der Höhe bieten würde. Er theilte sich also Thee und Zucker, Citronen, Brod, einen Mantel u. s. w. ab und machte sich mit unserem Griechen Nikolai auf den Weg, die Nacht auf dem Zeltberge zuzubringen. Wir sollten sie den anderen Tag in Simpheropol erwarten.

Wir suchten uns indeß in M a h m u d durch einen interessanten Besuch bei dem durch seine Gastfreiheit überall bekannten Sultan „Mehemet Mirsa Krimtajeff" zu entschädigen. Er ist der reichste tatarische Edelmann der ganzen Umgegend, aus einer alten, tatarischen Familie, die auch am Hofe des Chans eine Rolle spielte, und besitzt sowohl im Gebirge als in der Steppe bedeutende Güter, bis nach Perekop, dem Isthmus, der die Krim mit dem Festlande verbindet. Er hat auf seinem Gehöfte ein großes Haus bauen lassen, das jeder Reisende benutzen kann, der Lust hat, darin zu übernachten. Es befinden sich in diesem Hause mehre geräumige Zimmer, die mit allem Nöthigen versehen sind, d. h. die für Tataren bestimmten mit Divans und Teppichen, und die für die Europäer außerdem auch noch mit Stühlen und

Tischen. Es wird daselbst von tatarischen Dienern für die ganze Pflege der
Reisenden, selbst für ihre Speisung gesorgt.

Der Alte selber war leider gerade abwesend auf einer Reise in die Steppe,
um seine Kameelherden zu besichtigen, doch fanden wir seinen ältesten Sohn,
einen feinen und sehr artigen Mann, der sich sogleich bereitwillig unserer annahm und uns die ganze Wirthschaft seines Vaters zeigte, zu der, das in
der Steppe Befindliche mitgerechnet, wie er uns sagte, nicht weniger als
15,000 Dissiatinen Land, 1500 Pferde und 4000 Schafe gehörten, nebst
einer bedeutenden Anzahl von Rindern. Er führte uns im ganzen Hause herum,
das nach tatarischer Weise sehr nett eingerichtet war, Teppiche und Divan-
kissen aus Konstantinopel, auch den nicht tatarischen Luxus einiger Tische aus
Simpheropol enthielt. Er erzählte uns, daß er in Petersburg in dem krim'schen
Gardebataillon *) gedient und die Stadt sehr liebgewonnen habe, auch sagte
er, daß der Kaiser bei seiner vorjährigen Anwesenheit sich seiner erinnert und sein
Pferd geritten habe. Wir mußten dieß aber Alles mehr aus ihm herausfragen,
als daß er es uns mit besonderer Geschwätzigkeit bekannt gemacht hätte. Er
war übrigens in seinem Sprechen vollkommen unbefangen und comme il
faut, sein Teint war sehr weiß, sein Haar kohlschwarz und seine Züge sehr
fein, besonders war das Spiel um seinen Mund hübsch. In seiner Haltung
war er sogar nobel. Er trug einen blautuchenen, eng anschließenden Kaftan
mit Silberbordirung à la Tscherkesse. Bei den vornehmen Tataren war die
Tscherkessen-Kleidung früher durchweg Mode.

Die Gebäude des Hofes waren rund umher mit sehr bedeutenden Obstgärten umgeben, deren in Petersburg und Moskau so beliebte Aepfel der
Familie Krimtajeff eine nicht unbedeutende Revenue abwerfen. Es war gerade
Obsternte, und ein Spaziergang im Garten daher sehr annehmlich. Ueberall
waren Leute mit dem Aepfelpflücken beschäftigt, und große Vorräthe dieser
lachenden Frucht lagen in mehren im Garten erbauten Hütten aufgeschichtet.
Auch sahen wir hier die Bereitung des bei den Tataren so beliebten Obst-
syrups, „Beckmess" genannt, den sie aus den schlechteren Aepfelsorten
kochen. Dieß geschieht nämlich gleich im Garten bei den Hütten, wo eine
große, runde und tiefe Pfanne beständig siedet, und wo die schlechten von den
guten Aepfeln gesondert werden. Jene werden in Stückchen geschnitten und
in die Pfanne geworfen. Hier zerkochen sie nun zu einem Brei, der umgerührt
und beständig vom Schaume und von den saftlosen Theilen gereinigt wird,
bis Alles zu einem dünnen Safte zerfließt, der anfangs hell ist und später
immer mehr sich dunkelt, bräunt und verdickt. So wird er alsdann auf

---

*) Die Tataren stellen nämlich bis jetzt noch keine Rekruten, und jenes Garde-
bataillon macht nur den vornehmen Tataren einige Mühe und Kosten.

Fässer gefüllt und verhandelt. Er schmeckt ganz wie unser Zuckersyrup und dient den tatarischen Hausfrauen statt des Zuckers. Auch erscheint gewöhnlich bei ihren Mahlzeiten ein Näpfchen Beckmeß, das sie alsdann mit Brod austippen. Es giebt hier tatarische Obstgärten, die jährlich für viele tausend Rubel Aepfel und Beckmeß verkaufen.

Durch den Garten ging es auf die Wiesen, die der Hauptfluß der taurischen Halbinsel, der Salgir, bewässert; hier ist er aber noch sehr unbedeutend. Wir sollten hier die Büffelherde besuchen, die 100 Stück stark ist. Allein die Alten waren auch hier ausgeflogen und blos die Söhne zu Hause, 30 bis 40 kleine Büffelkälber, bei deren Physiognomieen mir das Sprichwort einfiel: „so wie die Alten sungen, so zwitschern auch die Jungen." Denn sie hatten schon ganz den gemeinen, stupiden, indolenten und phlegmatischen Ausdruck der alten Büffel und pflegten auch schon der appetitlichen Sitte, sich im Koche zu wälzen. Wir fanden sie alle 40 wie die Frösche in einem tiefen Wiesengraben bis an den Hals verkrochen. In der That, gegen so einen Büffel gehalten, ist der Ochs ein Gentleman. Der Büffel ist des Ochsen Esel. Es giebt noch mehre solche Paare in der Natur, bei denen immer das Eine der fratzenhafte Pendant des Anderen zu sein scheint, so Geier und Adler, Gans und Schwan, Affe und Mensch.

Bei einer Tasse Kaffee und einer Pfeife, zu der der junge Mirsa Krimtajeff uns einlud, wurden noch manche krim'sche Angelegenheiten besprochen, namentlich die der tatarischen Sultans-Familien. Es giebt noch sehr begüterte unter ihnen, die alle auf dem Lande in ihren Dörfern leben und schwer zum Wohnen in der russischen Hauptstadt zu bewegen sind. Die Familie „Scherinsky" ist eine der reichsten der Umgegend. Die „Kirins", die der Baron de Tott aufführt, als die vornehmsten am Hofe der Chane, sollen ausgestorben sein. Viele tatarische Familien gingen bekanntlich in den großen russischen Adel über, so die berühmten Kotschubejs, die Dundukoffs, dem Reichshistoriographen Müller zufolge auch die Stroganoffs. Sehr merkwürdig ist das Schicksal des letzten Sprößlings der alten Chane. Derselbe heißt Kerim-Gerei. Er wurde, ich weiß nicht wie, vergessen, verließ sein Vaterland, reiste in Europa und namentlich in England und machte sich oct zum Protestanten, und zwar zu einem so eifrigen, daß er als protestantischer Missionär, mit einer Engländerin verheirathet, nach der Krim zurückkehrte, wo er jetzt in Simpheropol wohnt. Der Kaiser hat ihn bei seiner Anwesenheit in der Krim ausgezeichnet und seine Pension vergrößert. Auch ist nach den neuesten Nachrichten seine Tochter zum Hoffräulein in Petersburg creirt.

Da wir auf dem Wege bis nach Simpheropol noch einen Besuch machen wollten, so mußten wir uns selber entschließen, unseren verbindlichen Tataren mit unserem Post-Jämscheschik, der schon angekutscht kam, und die bequemen Divans mit unserem tanzenden Strohsacke auf der Pawoske *) zu vertauschen und für alle erwiesene Güte uns herzlich zu bedanken.

Wir hatten nämlich vom Postmeister in Jalta einen Brief an „Se. „Excellenz, den Herrn Geheimenrath Alexander Gregoriewitsch — ky“, ehemaligen Gouverneur von Taurien, erhalten, um ihn gefälligst im Vorbeifahren an seine Adresse zu befördern. Herr — ky wohnt einige Meilen von Simpheropol, im Ssalgirthale, auf einem schönen Landsitze. Der Brief war bedeutend groß, fast ein Packet. „Wahrscheinlich eine wichtige Depesche“, dachten wir. „Es ist wohl besser, daß wir sie selbst übergeben.“ Wir hielten daher bei dem Landgute des Herrn — ky an und baten, uns anzumelden. Es hieß, Se. Excellenz schlummere noch sein Mittagsschläfchen. Wir hielten es für unsere Pflicht, noch ein wenig zu warten, um den Brief ja nicht in andere Hände kommen zu lassen, und besahen uns unterdessen den artig gelegenen Garten, bis der Schlafende erwacht war und wir angemeldet wurden. Mit der einigermaßen wichtigen Miene von Couriers und in Erwartung einer sehr freundlichen Aufnahme überreichten wir unsere Depesche. Sie wurde geöffnet, und was fand sich? — Tuchflicken, die ein Schneider aus Odessa Sr. Excellenz zur Probe und gefälligen Auswahl überschickte. Es gab ein ziemliches Gelächter ab, und wir fanden uns so gewissermaßen etwas komisch eingeführt, verlängerten daher unseren Besuch nicht bedeutend. Doch war Herr — ky äußerst freundlich und gefällig, zeigte uns seine vortreffliche Bibliothek, welche die besten historischen Werke Europa's enthielt und an diesem Orte, mitten im Ssalgir-Thale, gewiß unschätzbar ist. Ueberhaupt überraschte uns das prächtige Kabinet des Gouverneurs, mit dem ganzen Luxus der Schreibmaterialien und Briefschaftenfülle eines Minister-Kabinets ausstaffirt. Briefe aus allen Ländern Europa's und für alle. Herr — ky wohnt hier Winter und Sommer und kann es allerdings auch mit Schick, da er von Allem, was Geist und Leib erfreuen kann, so reich umgeben ist. So hatten wir denn einen russischen und einen tatarischen Vornehmen dicht bei einander gesehen.

Unterweges bis Simpheropol wurde viel gelacht über unsere Schneider-Depesche, es wurden ein paar Worte gesprochen mit einem Wagen voll deutscher Kolonisten aus der Gegend von Simpheropol, die an der Küste einen Besuch bei Bekannten machen wollten, — zwei Tatarenmädchen gegrüßt, die im Schatten eines großen Wallnußbaumes am Ufer des Ssalgir spinnend und

---

*) Pawoske ist ein gewöhnlicher, gemeiner, russischer Wagen.

unverschleiert im Grase saßen, aber keinen Gruß zurückgaben; — einem Schafe mit vier Hörnern und zwei dicken Geschwülsten hinten à la mode Hottentotte begegnet, — bei einem alten, großen Gemäuer vorübergefahren, das früher ein Serail der Chane umschloß, — eine Menge von Steinen mit ausgemeißelten Turbanen am Wege gezählt, wie man sie auf den Gräbern der Tataren sieht, deren Bedeutung aber nicht mit Bestimmtheit in Erfahrung gebracht, — zwanzig Mal der kleine, seichte Fluß Ssalgir durchsetzt, der sich in unaufhörlichen Windungen durch's Thal zieht, — häufig zum Tschatir-Dagh zurückgeblickt, auf dessen Höhen nun unser Reisegefährte umherstrich, — ein Landhaus des Staatsrathes Stöven, — ein anderes des Grafen Woronzow, — schöne Gärten und wieder Gärten, — offenes Thal, — die Steppe, — endlich — die Stadt Simpheropol!

Simpheropol.

"Ein Volk, das still die Herden weidet,
Sich selbst genügt, nicht fremden Gut's begehrt."

Die Stadt Simpheropol ist ein Product der neuen Zeit. Freilich bestand hier schon unter den Chanen ein Ort Namens "Akmetschet", allein er war nicht bedeutend und nimmt jetzt als tatarisches Viertel nur noch einen kleinen Theil von Simpheropol ein. Die alte Hauptstadt der Chane war Baktschisarai, allein sie liegt auf einem kleinen Raume zusammengedrängt in einem Felsenthale. Die Russen, welche das Weitläufige und Weite lieben, ließen dieses Felsennest den Tataren und bauten sich in dem bequemen Simpheropol eine Hauptstadt nach ihrem Geschmacke aus, mit Straßen von unabsehbarer Breite und Länge, in denen man Wettrennen anstellen kann, ohne den gewöhnlichen Verkehr im Geringsten zu geniren. Da die Stadt dem Centrum der taurischen Halbinsel sehr nahe liegt, so paßt sie auch ganz vortrefflich zum Sitze des Gouvernements. Sie hat viele hübsche, mit grün angestrichenem Eisen gedeckte und mit vielen Säulen verzierte Häuser, wie alle neuen Städte der Russen. Die Städte der Krim, in denen die Russen auf dieselbe Weise viel neu gebaut haben, sind außer Simpheropol besonders noch Sewastopol und Kertsch, welche drei man völlig russische Schöpfungen nennen kann; die übrigen, wenn man noch allenfalls Feodosia, Perekop und Jalta ausnimmt, wo auch viel verändert ist, sind mehr in ihrem alten Zustande verblieben, so namentlich Baktschisarai, Eski Krim und Karasubasar, oder, um diese fremden Worte gleich deutsch zu übersetzen, "Gartenpalast", — "Alt-Krim" — und "Roth-wassermarkt." — Ich weiß nicht, woher der griechische Name Simpheropol

genommen iſt. Akmetſchet bedeutet „Weißkirchen". Wenn man ſich in frem=
den Ländern die Städtenamen überſetzen läßt, ſo gewinnt man gleich ein hö=
heres Intereſſe für ſie. Sie kommen uns dadurch näher.

Wir kehrten in dem herzlich ſchlechten Gaſthofe des Herrn Müller ein.
Dieſer gute alte Mann ſitzt den ganzen Tag in einem Hinterſtübchen ſeines
Hauſes bei Kaffee und Bier, ſchaukelt ſeine kleinen Enkel auf dem Schooße und
und läßt vorn ſeine ruſſiſchen Kellner und Caſſirer ihr Weſen ſo unordentlich und
ſchmuzig treiben, als ſie wollen. Wir trafen bei'm Billard eine Menge deutſcher
Landsleute, mit denen ich mich nach einem frugalen Vesperbrode in ein Ge=
ſpräch einließ. Es giebt jetzt in Simpheropol 40 bis 50 deutſche Familien,
die auch eine recht hübſche Kirche gebaut haben. Die meiſten ſind Hand=
werker, die ſich aus den umliegenden deutſchen Kolonieen in die Stadt
übergeſiedelt haben. Doch ſind auch ſogenannte Herrſchaften darunter, Aerzte,
Gutsbeſitzer u. ſ. w. Jedem Deutſchen, der nur ein wenig fleißig ſei, ſagten
ſie, ginge es hier wohl. Die Deutſchen ſind beſonders Tiſchler, Uhrmacher,
Drechsler, Maler u. ſ. w. Die Tataren in der Stadt haben die Handwerke
der Kupferſchmiede, Sattler, Riemer, Schuſter u. ſ. w. Die Großruſſen
haben den Promuiſchl, Handel und Wandel. Auch den deutſchen Kolonieen
der Umgegend geht es recht gut. Sie lehren den Tataren das Kartoffelpflan=
zen, und die, welche in der Nähe von Deutſchen wohnen, ſollen dieſe Frucht
ſchon recht lieb gewonnen haben.

Um meine etwas abgeſpannten Lebensgeiſter wieder zu reſtauriren, hatte
ich ein paar Gläschen alten Weins getrunken, und als wir nun nachher auf
unſer Schlafzimmer gingen, überfiel mich ein ſehr erquicklicher Schlummer,
der mich völlig wiederherſtellte und zu ſo friſchen Kräften kommen ließ, daß
es mich nun gewaltig zu wurmen anfing, nicht den Tſchatir=Dagh mit
unſerem dritten Gefährten beſtiegen zu haben. Die krim'ſchen Alpen, die
Jaila's, das Hirtenleben auf den Bergen nicht geſehen und den Ueberblick
der ganzen tauriſchen Halbinſel, den man auf der Höhe des Tſchatir=Dagh's
genießen ſoll, verſäumt zu haben, ſchien mir unerträglich, und ich glaubte,
ich würde mir für mein ganzes Leben einen Vorwurf daraus machen. Dieſe
trüben Vorſtellungen brachten mich endlich ſo weit, daß ich mich kurz und
gut entſchloß, das Verſäumte nach= und meinen vorangeeilten Gefährten
einzuholen. Ich ſprang aus dem Bette, kleidete mich an und ließ mir auf
der Stelle ein geſatteltes Pferd geben. Mein bei mir ſchlafender Freund be=
ſchwor mich und ſagte, ich ſei wohl toll. Alle Leute riethen mir, zu Hauſe zu
bleiben, es ſei ja ſchon ganz finſter, der Zeltberg 5 Meilen weit und ich
würde nie den Weg finden. Ich war unerſchütterlich und ſtieg zu Pferde.
„Leben Sie wohl", ſagte mein Freund, „ich werde Sie wohl nie wieder

„sehen. Denn wenn Sie auf Ihrem verrückten Einfalle bestehen, so können
„Sie nicht von mir verlangen, daß ich Sie hier erwarten soll, bis Sie sich
„aus den Irrwegen der Wildniß wieder zurecht gefunden haben, vielleicht gar
„erst nach mehren Tagen oder auch nie." Mir brannte der Kopf lichterloh von
den Gedanken an den Gipfel des Zeltberges, den ich erklimmen wollte, und
ich sprengte davon.

In Saus und Braus ging es durch das Thal des Ssalgir, wo bereits
der Mond schien. Ich weiß selbst nicht recht, wie ungemein rasch ich die fünf
Meilen zurücklegte. Da ich den Gipfel des Zeltberges immer scharf im Auge
hatte, so verfehlte ich den rechten Weg nicht und fand mich richtig durch die
Buchen= und Eichenregion, durch die Wälder der Pinus Taurica, die den
ganzen Berg gerade eben so umkränzen, wie bei den Tonsuren gewisser Mönche
der Haarkranz den glatten Scheitel. Alles war einsam und finster. Als ich
jedoch aus den letzten Fichten hervorsprengte, sah ich zu meiner Freude, daß
für die oberste Spitze des Berges die Sonne noch nicht völlig untergegangen
war und daß sie noch von ihren letzten Strahlen geröthet wurde. Ich eilte
über mehre terrassenförmige Absätze hinauf, die wir von unten her früher
gar nicht bemerkt hatten. In drei solchen Absätzen, auf deren jeden wieder eine
bedeutende und fast vollkommene ebene Fläche folgte, ging es bis auf die höchste
Ebene hinauf, die ungefähr 2 Werste lang und ⅓ Werst breit sein mochte,
vollkommen platt und lauter kurzer fester Rasen, zum Reiten sehr angenehm.

Ich traf hier unseren Sinoper Nikolai und meinen Reisefreund in einem
sehr komischen Streite begriffen. Sie hatten eben die Beschauung des Sonnen=
untergang's beendet, und zankten sich nun darüber, wo man das Nachtquartier
nehmen sollte. Der Principal war entschlossen, auf der Bergspitze selbst zu über=
nachten, weil er sonst den Sonnenaufgang am Morgen verpassen würde. Der
Diener aber erwiderte, es wäre Tollkühnheit, auf dem Gipfel die Nacht zu
bleiben, weil sie jeden Augenblick ein Unwetter fürchten müßten, das sie wie
ein Fischerboot auf dem Meere verwehen und verschlagen könnte. „Zu dem
„ist es hier grimmig kalt. Ihr habt einen wattirten Mantel, ich aber nichts.
„Womit soll ich mich schützen? Und wo soll ich hier die Pferde anbinden? Es
„giebt ja keinen Strauch und Baum! Etwa an meine Beine?" — Der Prin=
cipal, taub gegen diese Vorstellungen, befahl ihm, er solle schweigen und
Feuer anmachen, und breitete bereits seinen Mantel im Grase aus, um sich
niederzulegen. „Wenn Du nicht bleibst, so ziehe ich Dir meinen Theil an den
„25 Rubeln ab, die Dir von uns versprochen worden sind." — „Herr", schrie
der Grieche, „Ihr seid nicht klug! Meine Gesundheit und mein Leben sind
„mir lieber als Euere 25 Rubel. Ihr seid ein junger unverheiratheter Mann
„und könnt Euer Leben wagen, wo Ihr wollt. Ich habe aber eine Frau und

„drei kleine Kinder, die mich zu Hause erwarten. Lebt wohl, ich kann hier „nicht bleiben.“ Ich, den sie im Eifer ihres Streites bisher noch gar nicht bemerkt hatten, platzte mit einem lauten Gelächter dazwischen. Denn dieses Gezänk unter Gottes freiem Himmel, auf dem höchsten Puncte der Krim im Angesichte der ganzen taurischen Halbinsel und in solch wilder Einsamkeit, kam mir äußerst komisch vor. Dabei diese Beredtsamkeit des Griechen, mit der er seine kleinen Kinder und die bevorstehenden fürchterlichen Unwetter schilderte, und der eigensinnige Enthusiasmus seines Herrn, mit dem er sich auf seinem Mantel in den Rasen klemmte, um den Sonnenaufgang nicht zu versäumen! Ihre Freude und Ueberraschung über meine plötzliche Erscheinung war groß genug, um sie sogleich ihren Streit vergessen zu lassen. Ich wandte mich auf die Seite des Griechen, und wir beredeten dann unseren Freund, vom Gipfel des Zeltberges und Eigensinns abzustehen und sich mit uns in die Waldregion zurückzuziehen, um dort bei irgend einer Hirtenansiedelung zu übernachten.

Wir setzten uns darauf wieder zu Pferde und sprengten bei'm schönsten Mondenschein, das schwarze Meer auf der einen Seite und alle dunklen Häupter der taurischen Berge auf den drei anderen, über den ebenen Rücken des Tschatir-Dagh dahin, das vergnüglichste Wettrennen von der Welt, wie das der Zauberer auf dem Blocksberge. Am Rande ging es langsamer hinab, und wir blickten überall umher, ob wir nicht ein Hirtenfeuer entdecken könnten. Endlich sahen wir aus einer Thalschlucht des Abhanges eine freundliche Flamme winken. Nicht weniger als fünfzehn große Hunde sprangen uns entgegen, und wir waren in Gefahr, von ihnen wie Wölfe oder wilde Schweine, auf welche sie hier am Tschatir-Dagh häufig Jagd machen, zerrissen zu werden, als noch eben zur rechten Zeit die Tschabans *) heraneilten, um uns sicher in ihre Schlucht zu bergen.

Die Freude dieser alten ehrlichen Kerle über so unerwarteten Besuch war fast rührend, und nachdem wir ihnen durch unseren Dolmetscher unser Begehr vorgetragen hatten, richteten sie sogleich alles Mögliche zu, was in ihren Kräften stand, um es uns recht bequem zu machen. Sie brachten Schafmilch und Brinse **), schürten das Feuer und kochten Wasser für unseren Thee, breiteten ihre Burken ***) über dem Rasen aus zum bequemeren Ruhen und erzählten uns von ihrem Leben und Treiben.

Bei allen den verschiedenen Eroberungen, welche die Krim erlitt, hat

---

*) Schafhirten.
**) Ein Schafkäse, der auf allen krim'schen Jaila's und südrussischen Steppen bereitet wird.
***) Braune Wollmäntel.

sie in dem nördlichsten Theile, in den flachen Steppen und an den Küsten, die man leicht vom Meere aus besetzen konnte, natürlich am häufigsten gewechselt und dagegen die primitive Bevölkerung immer am reinsten in dem Inneren des südlichen gebirgigen Theils bewahrt. Während daher in den Steppen ein barbarisches Volk in kurzen Intervallen das andere verjagte, und während an den Küsten immer Italiener und Griechen, die zur See Gewaltigen, herrschten und wichen, blieben stets in dem Inneren Reste von den Urbevölkerungen zurück. So hielten sich hier lange die alten Kymmerier, so nachher die Gothen gegen die Hunnen und Chazaren, so später die Chazaren und Alanen gegen die Tataren. Insbesondere ungemischt blieben die Hirten auf den Jaila's und die menschlichen Ansiedelungen in den oberen Berggegenden. Bis in's fünfzehnte Jahrhundert hinein sollen hier noch Alanen geweidet haben, und Pallas wollte selbst jetzt noch bei den Bewohnern einiger Gebirgsdörfer entschieden den gothischen Typus erkennen. Freilich hat jetzt Alles längst den Namen „Tatar" angenommen, und selbst die Hirten auf dem Tschatir-Dagh sind Mohamedaner und tragen ihren Koran-, wie die Uebrigen, in einem Täschchen auf der linken Brust. Allein wenn man ihre Stammbäume untersuchen könnte, so würde man vielleicht noch mehr altes kymmerisches Blut in ihren Adern finden als tatarisches.

Wir natürlich nahmen sie geradezu für Kymmerier und loyale Unterthanen des alten Königs Thoas, was auch keine zu unnatürliche Annahme war. Denn sie wissen auf ihren Bergen, wo keine Polizei ist, von ihrer jetzigen, tief am Nordpol thronenden Regierung eben so viel oder wenig als von der des Thoas.

Die Hirten waren 9 Mann stark und hatten 15 Hunde und 1600 Schafe. Einer von den neunen war der „Ataman", Anführer. Sie sagten, es zögen 14 solcher Atamans mit ungefähr eben so starken Herden am Tschatir-Dagh herum. Des Tages treiben sie auf die Höhen des Berges, wo das beßte Gras ist. Des Nachts aber ziehen sie sich etwas weiter unten in die Schluchten und die Ränder der Waldregion zurück. In der Höhe giebt es gar keine Brunnen und Quellen. Zum Tränken der Schafe müssen sie daher zu Zeiten noch weiter in die Wälder hinabsteigen. Der Umständlichkeit wegen thun sie dieß aber nur alle drei Tage, so daß die Thiere immer drei volle Tage dürsten müssen. Für ihren eigenen Bedarf holen sich die Hirten aus den tiefen Löchern und Schluchten Schnee hervor, den sie an der Sonne zergehen lassen. Für die vielen hundert Schafe dasselbe zu thun, wäre aber zu umständlich. Die armen Leute haben natürlich viel von der Unbill des Wetters zu dulden. Sie kennen aber ihren Berg so genau, daß sie jede Miene, die er verzieht, sogleich zu deuten und daher gegen plötzliche Unfälle sich zu verwahren wissen. Sie prophezelten zu unserer Freude für den morgenden Tag einen heiteren Himmel. Wir schliefen sanft bei den guten freundlichen Leuten, in ihre Burken und unsere Mäntel gehüllt und waren alle sehr mit dem Nachtquartiere zufrieden.

Eine Stunde vor Sonnenaufgang saßen wir schon wieder zu Pferde, und in Begleitung einiger Hirten und Hunde erreichten wir noch zur rechten Zeit die Spitze des Tschatir = Dagh, wo sich die Mohamedaner unter uns mit Schneewasser wuschen und ihr Morgengebet verrichteten. Die Horen führten den schön geschmückten Gott eben aus den Wellen hervor, und er begann uns und die ganze taurische Halbinsel zu unseren Füßen mit seinem Purpur zu übergießen. Einen sehr großen Theil der Küste der Krim erblickten wir so deutlich wie auf einem Kartenbilde und unterschieden scharf das Meer und Land. Gegen Nordost verlor sich die Halbinsel Kertsch und der Bosporus in's Unbestimmte. Eine schwache Schattirung deutete hier das „faule" -und „asow'sche Meer" an. Gegen Norden verloren sich unsere Blicke in der Wüste der Steppe, und das „tobte Meer" war kaum zu unterscheiden. Freundlich zu uns herauf zog sich aber das Thal des Ssalgir. Gegen Westen war die ganze Umgegend von Sewastopol genau zu erkennen, jedoch die Stadt selber und der Chersonesus Trachea nicht, weil die vorliegenden Berge zu hoch sind. Nach Süden hin soll man sogar zuweilen über Aluschta weg die Umgegend von Sinope über dem Meere emporsteigen sehen, die 30 bis 35 Meilen entfernt ist. Da die Küste dort ebenfalls nicht unbedeutende Höhen hat, so liegt dieß gar nicht außer dem Bereiche der Möglichkeit. Jedoch soll es nur selten der Fall sein und nur unter besonderen Dispositionen der Atmosphäre, vielleicht mit Beihülfe von Luftspiegelungen. Wir hatten nicht das Glück, Kleinasien und die Geburtsstadt des Diogenes herüberwinken zu sehen. Denn als wir unsere Augen, noch beständig suchend, nach dieser Gegend richteten, stiegen Nebel auf, nahmen uns noch die ganze Krim dazu weg und umhüllten uns so dicht, daß wir jetzt kaum 10 Schritte weit den Rasen sehen konnten, da wo wir eben ferne Länder und Städte erblickt hatten. Unter der kundigen Anführung unserer Tschabans tappten wir zu unserer Schlafstelle zurück. Wir tranken noch eine Tässchen warmes Theewasser bei ihnen und merkten dann, als wir unseren Wirthen bei'm Abschiede danken wollten, daß hier oben Gastfreundschaft mehr gälte als Geld. Spornstreichs ging es nun davon, um Simpheropol so früh als möglich zu erreichen, und ohne mehr Aufenthalt, als ein einmaliges Pferdewechseln veranlaßt, ging es in scharfem Trabe auf die Stadt zu.

Noch vor 10 Uhr Morgens kamen daselbst bei'm Gastwirthe Müller unser Grieche Nikolai und sein Herr an. Was aber mich betrifft, so saß ich gerade mit meinem bei mir gebliebenen Reisegefährten daselbst bei'm Kaffee und erzählte ihm meinen Traum von der Besteigung des Tschatir-

Dagh, der mich die ganze Nacht hindurch beschäftigt hätte. Die anderen beiden Zurückgekehrten wunderten sich ebenfalls über meinen Traum, und besonders darüber, daß Alles so genau mit der Wirklichkeit zusammentrâfe, selbst bis auf den Streit und alle darin vorkommende Zahlen. Nur das Einzige sei unwahr daran, daß ich selber dabei gewesen.

Einen mir sehr interessanten Besuch machte ich noch in Simpheropol bei dem auch im Auslande als Naturforscher bekannten Staatsrathe Stöven. Früher war er lange Zeit Director des botanischen Gartens von Nikita und ist eigentlich als sein Begründer anzusehen. Jetzt ist er dem ganzen Seidenbauwesen in Südrußland vorgestellt und wohnt nicht weit von der taurischen Hauptstadt im Ssalgirthale in einem reizenden Garten. Er hat sehr Vieles über alle physikalischen, historischen und politischen Verhältnisse der Krim gesammelt, und war so gütig, mir mehre interessante Bemerkungen mitzutheilen. Unter Anderem zeigte er mir seine Tabellen über die Massen des gefallenen Niederschlags. Für die meisten Jahre zeigten sie nur 11, 14, 17 bis 18 Zoll, was denn ungemein wenig wäre und auf eine bedeutende Trockenheit der Krim schließen ließe. Merkwürdig war es, daß selbst im Jahre 1833, das in ganz Südrußland wegen seiner Trockenheit so verschrieen ist, auch 18 Zoll Regen gefallen waren, also die größte Masse, die in jenen Tabellen vorkam. Die Sache erklärte sich aber daraus, daß der Regen nicht zur rechten Zeit gefallen war. Er hätte im April, Mai und Juni erscheinen sollen, und kam erst im Juli und August, wo er denn auf die bereits verbrannten Felder und Steppen vergebens herabfiel.

Der Staatsrath Stöven erzählte mir auch, daß alle Cypressen an der krim'schen Südküste von zwei Cypressen herstammen, die der Fürst Potemkin dahin brachte und die noch jetzt im Garten von Alupka stehen. Die Citronen und Apfelsinen hält man in der Krim so wie in Oberitalien. In der Gegend von Simpheropol fehlt aber schon eine Menge von diesen südlichen Früchten wieder ganz. Von meinem gastfreien Tataren Krimtajeff in Mahmud, dessen Physiognomie und Aeußeres ich lobte, sagte er: „Ja, „Gott weiß, welchen Armenier man aus Konstantinopel einmal herschickte, „der sich Güter in der Krim erwarb und der Stammvater der Krimtajeffs „wurde. Die eigentliche ächte Tataren-Physiognomie findet man in der ganzen „Krim nicht mehr. Sie ist mit den Nogaizen davon gezogen."

Wir gingen dabei in dem reizenden Garten spazieren, unter Laubengängen schöner Muskatellertrauben. Die ganze Umgegend schien dazu arrangirt zu sein, um die Anlage mit einem schönen Panorama zu umstellen. Von der einen Seite blickte der Tschatir-Dagh herein, von der anderen ein felsiger Berg mit den Ruinen einer antiken Stadt, auf dem dritten eine reizende Aussicht durch das Ssalgirthal auf das moderne Simpheropol. „Von den Ruinen „jener Stadt weiß man", so sagte Herr von Stöven, „durchaus gar nichts „mehr. Ja es geht so mit den meisten Ruinen der Krim. So z. B. zieht „sich auch dort über's Gebirge hin eine lange Mauer, die man an vielen Stel= „len wieder findet und die von den Tataren „Kalanem=Baïre" genannt wird. „Auch von ihr weiß kein Mund und kein Papier etwas einigermaßen Gewisses „zu erzählen." Freilich hat kürzlich ein russischer Gelehrter, ein Herr von Köppen, alle alten Steine der Krim verzeichnet und beschrieben. Allein seine historischen Angaben beruhen fast nur auf Vermuthungen.

Ich bedauerte bei diesem Besuche nichts mehr als die Kürze der Zeit, die ich ihm widmen konnte.

Ein Besuch auf dem Markte von Simpheropol füllte meine letzten Au= genblicke mit Früchten, Gurken, Kartoffeln deutscher Kolonisten — denn die sind immer bei den Kartoffeln — Bergtataren, Steppentataren, — Sim= pheropoler Elegants, — Offizieren, — und einkaufenden Hausfrauen aus. Denn alle diese Dinge und Personen bieten sich in Simpheropol in Fülle dar. Meistens wird hier freilich mit russischem Gelde bezahlt. Doch cursiren auch noch türkische Münzen, besonders die kleinen, die Para's und andere. Auch haben die Geldwechsler von Simpheropol — durchweg karaitische Juden — immer noch eine Menge türkischer Goldmünzen, ganz winzig kleine und sehr bedeutend große, die jedoch nur mehr zum Schmucke der Weiber verkauft werden, als um dem Handel zu dienen.

Der Obstmarkt ist natürlich bedeutend. Sie haben die Aepfel und Nüsse, die Birnen, Trauben, Arbusen, Baklaschan u. s. w. in großen Buden bunt aufgestapelt, deren so viele sind, als würde eine Messe blos für das Obst ge= halten. In jeder Bude sitzen ein paar schmauchende Tataren.

Nachdem wir noch ein recht schlechtes Beefsteaks — wie konnte auch dieses e n g l i s c h e Gericht, unter r u s s i s c h e m Scepter im T a t a r e n l a n d e von d e u t s c h e n Händen bereitet, gut werden — genossen, sattelten wir wieder auf und fuhren auf zwei russischen Troiken der Stadt Baktschisarai zu.

Baktschisarai.

— „Und in Aphrasiab's hohen Hallen
„Hört man die Heermusik der Eulen schallen."

Der Weg zwischen der jetzigen Gouvernements=Hauptstadt der Krim, Simpheropol, und der ehemaligen Herrscherresidenz B a k t s c h i s a r a i führt am Fuße der nördlichsten Vorberge der südlichen Massenerhebung der Krim herum, hat zur Rechten nichts als die weite einförmige Steppe und auch zur Linken

nur unmalerische Reihen von niedrigen baumlosen Grashügeln. Wir, d. h.
der Grieche Nikolai und ich — waren daher sehr wenig zufrieden, daß unsere
Troika nicht so ganz in den gewöhnlichen russischen Galopptact kommen
wollte, weil sich eins der Pferde für marode erklärte und uns also nur mit einer
sehr schwachen Rapidität die langweilige Steppe zu durchlaufen erlaubte.
Wir beschlossen daher, den Marodeur auszuspannen und dem ersten besten
Wagen, der uns begegnen würde, zur Rückkehr nach Simpheropol anzubin-
den. Bald trafen wir unter einem großen Wallnußbaume einen Mann mit
seiner Frau im Grase gelagert, ein kleines Frühstück einnehmend, indem ihr
kleiner Einspänner dasselbe sich um sie herum vom Boden las. „Ei! pass-
„luischui tui!" (He! Hör' mal du!) rief ihm mein Grieche zu, machte
aber ein sehr langes Gesicht, als der Mann, uns den Rücken kehrend und auf-
lachend, kurz erwiderte: „Njet ja ne sluischu" (Nein! ich höre nicht) und
durch diese stolze Antwort uns deutlich zu verstehen gab, daß er keiner vom
tschornui narod (vom schwarzen Volke) sei, sondern wahrscheinlich ein kleiner malorossianischer Edelmann von 3½ Seelen im Vermögen oder ein Beamter bei irgend einer Registratur. „Iswinitje" (Entschuldigen Sie), sagte
ich ihm, indem ich höflich auf ihn zuging und ihn in dem Tone und der
Weise anredete, wie diese Menschen es verlangen. „Entschuldigen Sie unsere
„Dummheit, Wui wärno blagorodni tschelowek? (Sie sind gewiß ein
„wohlgeborener Mensch?) Wir haben hier ein Pferd, das nicht anziehen will
„und uns, da wir schnell fort müssen, sehr hinderlich ist. Würden Sie wohl
„die Gefälligkeit haben, dasselbe nach dem nahen Simpheropol wieder zurück-
„zunehmen? Wahrscheinlich ist das arme Thier seinem Ende nahe; denn
„außerdem ist mir in Ihrem Vaterlande noch kein marodes Pferd vorgekommen."
Der Mann erklärte sich nun sogleich bereitwillig und wurde ganz für mich eingenommen, da er sah, daß ich einen Mann von seinem Range und Ansehen zu
würdigen wußte. Ganz und gar aber wurde er mein Freund, als ich mich bei
ihm während des Umspannens nach dem Thun und Treiben der Gräfin N....
erkundigte, von der ich wußte, daß sie gerade in Baktschisarai war und von
der er mir nun erzählte, als wenn er einer aus ihrer Suite gewesen wäre.

Gegen Baktschisarai hin wird die Gegend wieder etwas belaubter und
hübscher, und das bisher verwischte und unübersehbare Bild der Landschaft
zieht sich allmälig wieder in nahe Linien und übersehbare Formen zusammen.
Die Hügel zur Linken haben etwas ausgebildetere Häupter. Auch zur Rechten zieht sich eine Decoration belaubter Berge vor die trostlose Steppen-
fläche, und der Weg läuft endlich in einem freilich nach innen ziemlich
weitläufigen, aber doch recht anmuthigen Thale dahin. In Baktschisarai
oder vielmehr in einem nahen Kloster war heute Morgen am 15ten August

gerade eine kirchliche Feier gehalten worden, die alle Jahre an diesem Tage die halbe Christenheit der Krim, viele tausend Menschen, dahin zusammenführt. Da man nun am Tage zuvor zu gleicher Zeit auch eine Messe in Baktschisarai abgehalten hatte, die größte tatarische, welche existirt, so war also die Straße sehr belebt. Uebrigens gehen diese beiden zusammenfallenden Feste einander so wenig an, daß, wie mir ein Karait versicherte, ebenso wenig auch nur ein einziger russischer Kaufmann die tatarische Messe besuche, als ein Tatar es sich einfallen lasse, das christliche Kloster zu betreten. Das Treiben auf der Landstraße war um so regsamer und munterer, da sich überall die stampfenden Rosse einmengten. Denn mühselige Fußgänger waren unter diesen rückkehrenden Pilgern und Kaufleuten nicht zu finden, vielmehr Alles zu Wagen und zu Pferde. Ganze Gesellschaften von Reitern, auf den kleinen tatarischen Bergpferden bockend, flogen an uns vorüber. Die russischen Troiken waren natürlich das Hauptgespann und schossen pfeilschnell an den schweren knarrenden tatarischen M a d s ch a r e n, die immer bescheiden auf die Seite wichen, vorbei. Diese Madscharen sind ganz schmale, oben und überall verdeckte Kasten, die sich auf vier beständig schreienden, nie geschmierten Riesenrädern *) bewegen. Vorn ist ein Loch zum Hineinkriechen, und man erblickt hier nur den Fuhrmann vorn im Lichte sitzen, ohne erspähen zu können, was er hinter sich hat. Diese Madscharen dienen den Tataren nur als Reisewagen, und ich glaube, ihre sonderbare und unbequeme Einrichtung erklärt sich, wenn man sie als ambulante Harems nimmt. Denn oft sah ich aus der Finsterniß hinter dem Fuhrmanne das neugierige Feuerauge einer Schönen hervorblicken. Entschieden das Hübscheste, was uns von Baktschisarai entgegenkam, waren die großen geräumigen und offenen Wagen der Bauern aus der griechischen Kolonie, die zwischen den beiden oft genannten Städten in der Mitte etwas seitwärts vom Wege im Gebirge liegt. Diese Wagen waren alle voll hübscher lachender und conversirender Menschen, und der eine wie der andere kam mir wie ein festlicher Brautwagen vor. Denn immer in der Mitte, hoch und sichtbar den Präsidentensitz einnehmend, saß alle Mal ein bildschönes Weib, von schöner weißer Gesichtsfarbe mit rabenschwarzem Haare und von oben bis unten in schwarze Seide gekleidet, auf welcher sich der überall verschwendete Goldschmuck ungemein prächtig ausnahm. Vor der Stirn trugen diese griechischen Frauen ein königliches und höchst elegantes

---

*) Die Tataren schmieren nie ihre Wagen, und wenn daher ein paar solcher Wagen durch's Gebirge fahren, so giebt dieß eine Musik, als wenn Orangoutangs ein Dutzend verstimmter Cellos im Walde strichen. Als ich einmal einen Tataren fragte, warum sie denn ihre Wagen nicht schmierten, da das ja so einen abscheulichen Lärm gäbe, antwortete er: „Ei, wozu schmieren? Wir sind ja keine Diebe, die Geräusch zu machen fürchten müßten."

Diadem, Goldstücke hingen im Ueberflusse auf die Brust herab, und eben so zierten ihren Arm goldene Spangen und aufgereihte Ducaten = Gewinde.

So oft uns ein solcher griechischer Wagen vorüberfuhr, wurden jedes Mal unsere Augen durch das Bild einer oder mehrer solcher gleich schönen und gleich prächtigen Frauen geschmeichelt. Fast alle lächelten festtäglich, wahrscheinlich weil das Lob ihrer Huld von den Lippen ihrer männlichen Begleiter ertönte. Mein Grieche Nikolai erzählte mir, daß diese Leutchen im Anfange der zwanziger Jahre aus Kleinasien, meistens aus der Gegend von Sinope, gekommen wären. Sie hätten sich damals in der Zeit des griechischen Aufstandes vor den barbarischen Händen der Türken auf barmherzige russische Schiffe geflüchtet. Diese hätten sie 150 an der Zahl nach der Krim gebracht, wo ihnen dann der Kaiser Ländereien in der bezeichneten Gegend angewiesen. Sie befänden sich hier auf der nördlichen Seite des Pontus, wie ich wohl aus den heiteren Gesichtern selbst schließen könnte, recht wohl. Doch die goldenen Spangen, Diademe und Colliers hätten sie noch von der südlichen Küste mit herüber gerettet. Seine Mutter wäre auch mit darunter gewesen und hätte auch ein Kästchen mitgenommen, dessen Inhalt, wenn er ihn jetzt hätte, ihn wohl überheben könnte, das hundsgemeine Geschäft eines allen Leuten dienenden Dollmetschers zu betreiben. Doch sei es ihnen durch üble Umstände leider nachher wieder verloren gegangen. — Mit großer Sehnsucht schaute ich nach dem Thale der schönen Griechinnen hinüber, das uns zur Seite lag und nach den auf der Landstraße erblickten Proben noch so manches Interessante und Hübsche enthalten mußte. Aber die Schnelligkeit, mit der mich die dringenden Umstände vorüberrissen, wollte mir keinen Besuch gestatten. Die Krim hat übrigens von jeher mit Kleinasiens Nordküste, mit der sie aus einem und demselben Wasserbecken gebadet wird, seit der Milesier und Mithridatischen Pontier Zeiten Bewohner bei allen bedeutenden politischen Bewegungen ausgetauscht. Beide empfingen zu gleicher Zeit im Alterthume wie im Mittelalter dieselben Kolonieen cultivirter Nationen. Barbaren gingen früher vielfach von den taurischen Küsten nach Kleinasien über, und jetzt umgekehrt, flüchten sich von Barbaren Verfolgte zu den Kindern jener nordischen Skythen und finden an den ungastlichen Küsten des Thoas gastlichen Schutz. — Diese krim'schen Bergkolonisten sind indeß nur ein kleiner Theil der in jener Zeit aus dem Türkenreiche gegangenen Griechen. Unter den in Odessa lebenden Handwerkern und Kaufleuten sind viele dieser Klasse aus Trapezunt, Sinope und anderen Städten Kleinasiens, und ebenso finden sich viele im russischen Heere.

Ich war eben auf dem besten Wege, auf der Leiter historischer Speculationen und Träume aus den so interessanten Gegenden der Krim mich in die

Gefilde früherer Jahrhunderte zu verlieren, als Nikolai mich daran erinnerte, daß wir B a k t s ch i s a r a i nahe seien. Der Weg wandte sich auch bald zur Linken und führte uns aus dem bisher verfolgten Längenthale in ein die Gebirgsreihen durchschneidendes Querthal, in welchem wir dann auch bald, von hohen Felsenwänden rings umgeben, die alte Chanenhauptstadt liegen sahen.

„Baktscha" bedeutet im Tatarischen so viel als „Garten," und „Baktschi = Sarai" das „Serail der Gärten." — Die Stadt war einige Jahrhunderte hindurch die Hauptstadt jenes merkwürdigen Staates, der als letzte bedeutende Trümmer des großen Mongolen = Reichs in Europa, auf der Krim, als seiner Hauptburg und Stütze, fußend, seinen unheilbringenden Einfluß weit hinaus über die Dniepr = und Dniestr = Länder und selbst tief in die Wolga = und Weichsel = Landschaften hinein erstreckte, bis Rußlands zauberisch wachsende Macht unter der starken Katharina ihn beseitigte und damit die sämmtlichen nordischen Pontus = Länder einer Cultur und Blüthe eröffnete, die, so lange Menschenfuß sie betrat, noch nie sie beglückte. Hier in Baktschisarai an der Grenze der Steppe und Gebirge, in einer engen Kalkschlucht residirten jene mächtigen Chans, vor denen die alte Czaarenstadt jeden Frühling erzitterte, und um deren Freundschaft zu e i n e r Zeit sich Polen, Russen und Türken gleich eifrig bewarben. Hier vor den Thoren der Gebirge sammelten sich jene wilden Reiterschaaren, welche, Diener der Barbarei, Jahrhunderte hindurch von vielen tausend Quadratmeilen fruchtbaren Bodens den heilbringenden Pflug fern hielten. Auch noch jetzt haben die Tataren, die seit der Vernichtung ihres Staats zu einem liebenswürdigen kleinen Bergvölkchen zusammengeschmolzen sind, eine große Vorliebe und Zuneigung für diese ihre ehemalige Capitale, und sie genießt noch immer einen Schatten ihres früheren Ansehens, das nun aber weniger Gefühle des Schreckens als der Liebe und des Mitleidens erweckt, da es das Ansehn eines jetzt Verblichenen, ehemals Glänzenden ist. Die Russen dulden gefällig diese Vorliebe bei einem Völkchen, das sie wohl nicht besonders mehr zu fürchten haben. Ja sie thun ihr sogar Vorschub, indem sie Baktschisarai den Tataren ganz und gar als ihren eigenthümlichen und ausschließlichen Wohnsitz angewiesen haben, so daß Russen und überhaupt Nicht = Tataren, außer den Beamten, welche das Gouvernement schickt, sich hier gar nicht niederlassen dürfen. Ueberhaupt ist die Vergeltung, welche Moskau an Baktschisarai geübt hat, eigenthümlich; denn während von dieser Stadt aus zur Verbrennung und Plünderung jener unzählige Male in's Feld gerückt wurde, und die Moskowiter nach dem Laufe der Dinge hundertfach sich hätten berechtigt glauben können, jenes feindselige Raubnest vom Erdboden verschwinden zu lassen, haben sie vielmehr im Gegentheil nicht nur die Stadt, wie gesagt, mit einer gewissen Art von

Privilegien geschmückt bestehen lassen, sondern sind sogar auch noch eifrig
bemüht, den Palast jener Moskowiten=Feinde zu erhalten und zu zieren.
Dieß ist doch ohne Zweifel die Rache der Großmuth und die Vergeltung der
Civilisation.

Die Stadt ist daher völlig ohne Trümmer, sehr stark bevölkert und so
voll Leben, Musik und Gesang, voll Cymbeln und Paukenschlag, über=
haupt noch so ganz tatarisch, als wenn der Chan noch auf seinem Throne
säße.   Sie bildet daher nicht nur einen sehr schlagenden Contrast mitten zwi=
schen den beiden modernisirenden Städten Sewastopol und Simpheropol,
sondern ist auch offenbar eine der merkwürdigsten Städte Europa's.   Ein
patriotischer Tatar und ein forschender Geschichtschreiber werden, wenn sie
sich in Baktschisarai niederlassen, kaum etwas vom siegenden Rußland ge=
wahr und können sich auf das Lebhafteste und Ungestörteste entschwundene
Zeiten in die Gegenwart hervorzaubern. — Man sollte bei jeder Eroberung
doch so menschenfreundlich sein, ein solches Asyl dem stilltrauernden Patrio=
tismus und den Wissenschaften zu Liebe intact zu erhalten und auf die Nach=
kommenschaft zu überliefern.

Da die Stadt, wie gesagt, in ein enges Kalkfelsenthal hineingeklemmt
ist, so hat sie sich bei geringer Breiten=Entwickelung besonders in die Länge
ausgedehnt und daher, ungefähr wie Heidelberg, nur in einer einzigen, sehr
langen Hauptstraße mit unbedeutenden Verästelungen von Nebenstraßen ihr
Leben concentrirt.   Diese Straße ist über zwei Werste lang und dabei äußerst
schmal.   In ihr entwickelt sich aller Handel und Wandel Baktschisarais und
zu ihren Seiten liegen die verschiedenartigsten Kauf = und Gewerbsläden,
die nicht blos für die Stadt selbst, sondern auch überhaupt für den ganzen
westlichen Theil des tatarischen Gebirgsländchens das Centrum des Kaufs
und Verkaufs bilden.   In den Kaufläden ist Alles reichlich aufgestapelt, was
tatarische und zum Theil auch türkische Kunst (denn Einiges beziehen sie noch
jetzt aus Konstantinopel, wie früher Vieles) vermag, und in den Gewerb=
buden nebenan sieht man sogleich, wie die Sachen verfertigt werden.   Hier
an der Gränze der Ebene und des Gebirges, wo deren natürlichster Markt=
platz sich entwickeln mußte, häuft sich nicht nur Alles an, was Gebirge und
Ebene gewähren können, sondern es wird auch hier Alles begehrt, was beide
wünschen.   Die russischen Städte sind so weitläufig und ihre Straßen so
endlos breit, daß sie dadurch völlig ungenießbar werden und sich in ihrem
Inneren eigentlich nirgends ein Bild auffassen läßt.   In dem tatarischen
Baktschisarai ist dagegen Alles mit der Hand zu langen und so dicht bei
einander, daß jeder Schritt das deutlichste und bestimmteste Bild gewährt.
Dabei ist Alles, was sich bei uns in die undurchdringlichsten Räume zurück=

zieht, so offen und durchsichtig zu Tage gelegt, daß dadurch die geheimsten
Dinge und Geschäfte straßenkundig werden. Die kleinen dicht aneinander
gedrängten Häuser sind freilich alle ohne Fenster, dagegen können sie aber
ihre ganze vordere Wand, die blos aus hölzernen Klappen besteht, herablassen. Dadurch gewinnen sie nun Licht genug und verrichten zugleich ihre
Arbeiten vor den Augen des ganzen Publicums. Die Klappen werden theils
zur Seite gestellt, theils lassen sie sich gleich vor dem Hause als Läden oder
Tische nieder. In dem einen Hause sieht man nun, wie die Bäcker ihren
Mehlteig bereiten und in den Ofen schieben, dessen Wärme man auf der
Straße verspürt. In dem anderen Hause übersieht man mit e i n e m Blicke
alle die Manipulationen, die man mit der B u s s a (einem türkischen Getränke)
vornehmen muß, um ihr den rechten Geschmack zu geben. Hier sitzt mitten
in seinem wie halb durchgeschnittenen Häuschen ein Schneider mit seinen Ge-
sellen und schneidert fort, unbekümmert um die neugierigen Gaffer. Dort
enthüllt sich der ganze Organismus einer Küche mit ihrem sämmtlichen Ge-
räthschaftsapparate. Da dampfen die Kohlkessel und sprudeln die Lammbra-
ten und hauchen ihre einladenden Wohlgerüche auf die Straße, die Hungrigen
noch mehr zu reizen. In solchen Küchen kann keine Giftmischerei stattfinden. Im Vorübergehen läßt man sich schnell einen Teller voll Suppe
aus dem den ganzen Tag kochenden Kessel geben, ißt ihn am Laden auf,
nimmt den warmen Braten mit unterwegs und hat zu Mittag gespeist. So
wie die Schneider sitzen in einem dritten Hause die Schuster, dann die
Mützenmacher, dann die Afialtschiks (Bettdeckennäher) u. s. w. Darauf
kommt ein Mal eine ganze Familie schmiedender Zigeuner. Der Vater selbst
schwingt den Hammer, die Mutter tritt den Blasebalg und die Kinder schleppen Kohlen, Zangen und Wasser herbei. In den Kaufbuden ist der ganze
Vorrath bis auf die letzte Büchse dem Käufer vor Augen ausgekramt, und er
kann mit einem Blicke Quantität und Qualität der Waaren überschauen.
Die eigenthümlichsten sind die Sattel- und Zügelwerk-Läden, mit den zierlich geflochtenen Kantschus, deren Stiele mit Silberdraht und rothem Saffian-
leder elegant geschmückt werden, dann die Tabaksbuden, in denen fein geschnit-
tene türkische Tabake thurmhoch locker aufgehäufelt liegen, und allerlei orientalische, sowie auch aus hübschen krim'schen Holzarten gefertigte Pfeifenröhren
zu kaufen sind, — ferner die Obsthändler, welche Arbusen und hundert Arten
von Kürbissen und Melonen und alles schöne Obst der krim'schen Bergthäler
und der Südküste feil bieten. Die Kaffeehäuser haben nach den Straßen
zu bedeckte Galerieen, auf denen den ganzen Tag schlürfende und rauchende
Kaffeetrinker sitzen. — Natürlich giebt diese Publicität aller häuslichen Verrichtungen einem Spaziergange in den Straßen ein Interesse, welches die

unsrigen nicht haben, wo die Wohnungen abgeschlossen und wie Festungen verriegelt und verdeckt sind und die Straßen weiter nichts als die verbindenden Canäle vorstellen, durch welche fremd die Geschäftigen hindurch eilen. Im Oriente gewinnen die Straßen eine ganz andere Bedeutung, da sie die großen Schaubühnen sind, auf welchen beständig Alle vor den Augen Aller wandeln und handeln. Auf unseren Straßen fühlt man sich oft sehr einsam und vom Ganzen isolirt. Dort fühlt man sich auf der Straße als ein Theil vom Ganzen und ist immer mitten drin, in der Gemeinde aller Uebrigen. Man begreift, daß unter solchen Umständen die Tataren keine Local = Tagesblätter nöthig haben, denn hinter den Coulissen passirt hier nichts. Jedes Neue läuft unmittelbar, wie es passirt ist, brühwarm von Mund zu Ohr herum, und um die Genüsse eines neugierigen diable boiteux zu haben, braucht man sich gar nicht die Mühe zu geben, es zu werden.

Die Straßenbevölkerung Baktschisarai's, durch das wir der ganzen Länge nach hinfuhren, bestand aus Tataren, die ihren Geschäften nachgingen, und aus Russen, die das schon erwähnte Fest im nahen Kloster herbeigeführt hatte und die um die Wirthshäuser schwärmten. Die braunen und plumpen Tataren der Ebene waren leicht zu erkennen, und eben so die gewandteren und edler gebildeten, die vom Gebirge herabgestiegen waren. Hier und da zeigte sich auch der weiße Turban eines Hadji, denn selbst von diesen nördlichen Gegenden aus wallfahrtet man noch zuweilen nach M e k k a. Einige wenige Türken waren kaum zu zählen. Mitunter eilte ein weißverschleiertes tatarisches Weib scheu durch das Gedränge, in welchem sich aber die von rothen, grünen, gelben und blauen Tüchern und Kleidern wie Papageien glänzenden russischen Weiber desto bemerklicher machten, da sie in der Regel mit ihrer bei den Russen so beliebten Corpulenz den Raum für zwei Personen von der engen Straße wegnahmen. Auch hübsche schwarzgoldene Griechinnen aus jener Kolonie fehlten nicht, und Karaïten waren überall geschäftig. Durch diese Menge ruderten wie gigantische Schwäne zuweilen einige mit Waaren beladene Schiffe der Wüste, geduldige Kameele mit mattem Auge, berittene Leute in Menge, und endlich kamen dann noch solche unruhig bimmelnde russische Troiken dazwischen, wie die unsrige, die immer in dieses stille orientalische Straßen= Gewirr gleich trübes Wasser bringen. Obgleich wir unseren Jämstschik mit Gewalt zurückhielten, verursachten wir doch, bald hier, bald dort anstoßend, durch das Schreien und Drohen unsers Kutschers auf dieser kleinen Tour in der Baktschisaraischen Straße mehr lautes und stilles Aergerniß als auf unserer ganzen krim'schen Reise. Es wäre hübsch, wenn einmal die Gebrüder G r o p i u s in Berlin ihre Zuschauer durch eine solche orienta= lische Straße mit allen ihren interessanten abwechselnden und bunten Bildern

in ihren ſchönen Panoramen-Buden hindurchfahren laſſen könnten, auf ähnliche Weiſe wie in ihrem Periplus im Buſen von Baja. Es würde das
unterhaltendſte Schauſpiel von der Welt abgeben.

Der ehemalige Pa la ſt des Chans iſt, wie geſagt, völlig von den Ruſſen
erhalten und wiederhergeſtellt worden. In einigen der zu ihm gehörigen Gebäude hat man die Zimmer zum Theil recht hübſch, zum Theil brillant im
orientaliſchen Geſchmacke mit Stoffen aus Konſtantinopel ausgeſchmückt und
meublirt und ſie für den Empfang hoher Gäſte bereitet. Aber auch anderen
Fremden, wenn ſie durch ein gewichtiges Schreiben oder durch ſonſt Etwas,
was Gewicht hat, ſich empfehlen, iſt es leicht, dort Quartier zu erhalten.
Meine mir vorausgeeilten Reiſegefährten hatten bereits von ein paar niedlichen Divanzimmern, mit Teppichen und Vorhängen reichlich verſehen,
Beſitz ergriffen und keiften mir ſchon aus den Fenſtern Sr. weiland chan-
ſchen Hoheit über mein langes Ausbleiben entgegen, als ich am Palaſtthore
hielt und mit dem Thurmwächter über meinen Einlaß parlementirte. Außer
den Zimmern, Teppichen und Polſtern wird den Fremden aber auch nichts
auf Rechnung der Chans verabfolgt, und für Bedienung, Speiſung u. ſ. w.
muß man ſelber ſorgen.

Ueber Lage und Plan des Palaſtes läßt ſich Folgendes bemerken. Er
liegt ungefähr in der Mitte des langen Baktſchiſarai und theilt daſſelbe mit
ſeinen Höfen, Gärten und Gebäuden in zwei nicht ganz gleiche Theile. Er
iſt in ſeinem ganzen Umfange durch hohe Mauern oder durch die gegen
die Außenſeite hin Fronte machenden Gebäude ſelbſt, die nur e i n großes
Eingangsthor haben, kloſterartig in ſich abgeſchloſſen. Von außen gewährt
er nirgends eine maleriſche Anſicht, eine deſto gefälligere aber gleich im erſten Hofe, in welchen man durch jenes Eingangsthor tritt. Dieſer Hof bildet ein großes Parallelogramm, und die Theile des Palaſtes liegen alsdann,
wenn man dem Thore den Rücken wendet, in folgender Ordnung. Zunächſt
erhebt ſich der Flügel, durch welchen das Thor ſelbſt gebrochen iſt; in ihm befinden ſich viele Zimmer für Gäſte und die Wohnungen der Schloßbeamten.
Wahrſcheinlich hatte er auch ehemals dieſelbe Beſtimmung. Zu den Zimmern ſeines zweiten Stocks führen breite, luftige Treppen und Galerieen,
von denen aus ſich das Ganze höchſt anmuthig überſchauen läßt. Zur Linken
liegt die Schloß-Metſched, zugleich die größte von Baktſchiſarai, und weiterhin einige große Mauſoleen, verſtorbenen Chans zu Ehren gebaut, und dabei der chan'ſche Todtengarten. Zur Rechten läuft der eigentliche Haupt-
körper des Palaſtes, mit den Zimmern des Chans ſelbſt, mit den Au-
dienz - und Gerichtsſälen u. ſ. w. Ein Theil dieſes Gebäudes enthält
zwar für den Empfang hoher Gäſte prächtig ausgeſchmückte Zimmer, je-

doch werden die interessantesten Räume nur erhalten und übrigens unbenutzt gelassen. Vor den Zimmern, die der Chan selber bewohnte, läuft eine liebliche Gartenterrasse hin, d. h. eine durch Aufschüttung und Ummauerung bewerkstelligte Erhöhung eines Theils des Hofes, die mit Weinlauben, Blumenbeeten und Fontainen geziert ist, und auf welcher die Chane selbst zuweilen den Gärtner spielten. Diese Gartenterrasse mit den zum Theil aus der Häuserfronte in ihr freundliches Grün hervortretenden Gartenzimmern bildet die lieblichste Partie des Palasthofes. Die in ziemlicher Entfernung der Eingangsseite gegenüber liegende Seite des Hofes ist blos von einer hohen Mauer begränzt, deren Mitte aber ein hübscher stets sprudelnder Brunnen ziert. Der bezeichnete corps de logis des Palastes zur Rechten hat wiederum zwei gewölbte Durchgänge. Sie führen in ein paar andere Höfe, in welchen ebenfalls Springbrunnen-Geplätscher in lieblichem Echo von den Wänden der Gebäude zurückschallt. Auch hier war jetzt Alles voll von russischen Festgästen. Wozu diese Höfe früher gedient haben mögen, weiß ich nicht. Endlich führen aus den Zimmern des Chans selbst Eingänge zu den Höfen, Gärten und hübschen Gefängnissen seiner Frauen.

Der Zudrang von Zuschauern war heute unglaublich groß, und alle Viertelstunden hatte sich eine Gesellschaft zusammengefunden, die Einlaß begehrte. Griechische Weiber und russische Tschinnowniks mit ihren Familien und Kaufleute mit ihren dicken Frauen, wie auch Offiziere mit ihren Geliebten, trabten nun scherzend und wohlgemuth herum, wo noch vor ein paar Menschenaltern so vielfaches Ungemach für ihre Großväter ausgebrütet wurde. Die Tour, welche man die Reisenden gewöhnlich in diesem Palaste machen läßt, ist diese: zunächst tritt man durch eine große eiserne Pforte in eine hohe Halle oder ein Vorhaus, von wo aus überallhin Thüren zu den wichtigsten Gemächern des Hauses selber gehen. In dem Vestibulum sprudelt natürlich wieder von allen Seiten aus schönen marmornen Becken und Postamenten in hübschen Fontainen das allen Mohamedanern so kostbare Element des Wassers. Jede Fontaine hat, wie auch fast jedes Thor und überhaupt jeder Theil des Palastes, eine arabische Inschrift, welche den Namen und Ruhm Dessen verkündet, dem er seinen Ursprung verdankt. Auch hat jede Fontaine, wie jedes Thor einen eigenen Namen, ein Zeichen, welches Gewicht die Mohamedaner auf Beides legten. — Die Russen haben die tatarischen Benennungen in ihre Sprache übertragen, und so nannten sie uns die eine Fontaine: „Solotoi Fontan" (Gold-Fontaine), dieselbe, welche zur mohamedaner Zeit „Selsebil" hieß. Die andere „Duduschni Fontan" (Flöten-Fontaine) und eine dritte „Slesni Fontan" (Thränenbrunn). Von den Inschriften bemerke ich nur wegen ihres orientalisch-poetischen Bombastes die, welche über der Gold = Fontaine steht: „Ruhm sei Gott, dem Höchsten!" heißt es, „das Angesicht von Baktschisarai ist geschmückt durch die heilbring= „ende Sorgfalt des erleuchteten Krim = Gerai = Chan. Denn er ist es, der „mit reichspendender Hand den Durst seines Landes stillte, indem er sich „vornahm, eine noch größere Wohlthat zu verbreiten, wenn Gott ihm dabei „helfen wird." (Vielleicht wird hier auf den Plan dieses Fürsten angespielt, sich völlig unabhängig von der Pforte zu machen.) „Sein feines Auge war „es, das diese köstliche Quelle krystallenen Wassers entdeckte. Wenn irgend „auf dem Erdenrunde eine andere dieser ähnliche Fontaine existirt, so möge sie „sich zeigen! — Die Städte von S ch a m (Syrien) und die von B a g d a d „haben wohl viele Wunder geschaut, aber sie haben nie eine so herrliche Fon= „taine erblickt." Dann heißt es weiter: „Der Autor dieser Inschrift nennt „sich K e g h i. Wie ein Mann, der gequält von Durst, wird man das „Geschriebene lesen durch das Wasser hindurch," (das Wasser fällt nämlich vor der Inschrift herab), „welches durch Röhrchen quillt, so fein wie der „kleine Finger. Was aber verkündet die Inschrift? Was will sie dich leh= „ren? — Komme heran, zu trinken von diesem schönen Wasser, welches „aus dem reinsten der Brunnen quillt, denn es verleiht dir Gesundheit." — Die Inschrift über der eisernen Thüre ist wegen des Titels, auf den die Chane Ansprüche machten, merkwürdig. Sie lautet: „Die Errichtung die= „ser Pforte ist befohlen worden von dem Herrn der beiden Meere (wahrschein= „lich des asow'schen und schwarzen) und dem Gebieter der zwölf Provinzen, „Khadgi = Gerai = Chan, dem Sohne von Mengli = Gerai, dem Sultane „und Sultanssohne, im Jahre 953. Möge Gott der Herr ihnen beiden „ihre Sünden vergeben und sie der ewigen Seligkeit würdig finden."

Die sonderbarste von allen Fontainen ist die „Thränenquelle." Es kommt das Wasser hoch aus dem Marmor des Brunnens hervor und läuft in ein Marmorbecken. Unter diesem befinden sich zwei kleinere, in welche es getheilt überfließt. Unter diesen beiden befinden sich wiederum mehre kleine Schüssel= chen, und so bis unten hin noch andere, wo denn das spärlich fließende Was= ser zuletzt nur in einzelne Tropfen oder Thränen aus einem in's andere über= geht. „Bei Gelegenheit dieser Thränen und damit wir das verständen," sagte unser Cicerone, „müsse er uns eine recht hübsche, aber wegen der Thränen „natürlich auch traurige Geschichte erzählen, wenn etwa nicht schon alle die „Herrschaften die Geschichten der M a r i e P o t o ck a aus dem berühmten „Gedichte Puschkin's: Baktschisaraiski Fontan (die Quelle von Baktschi= „sarai) kennten." Obgleich dieß bei dem größten Theile der Russen al= lerdings der Fall war — denn die Sache fängt nun an so berühmt zu wer= den, daß man sie nicht mehr ignoriren darf, und schon vorher hatten mir

15 *

auf dem Hofe ein paar Tataren und Russen Manches von Marie Potocka
erzählt und so vertraulich von dieser längstentschlafenen Schönen gesprochen,
als wenn sie sie noch gekannt hätten — so zog man sich doch unserer Unwis=
senheit wegen ein wenig in das Gartenzimmer der Chane zurück, um die Ge=
schichte noch ein Mal anzuhören, wie sie jetzt mit Hülfe der Dichter und
des Volks gleich einer griechischen Mythe ausgeschmückt ist.   Dieß Garten=
zimmer ist achteckig, tritt fast ganz in den Garten hinaus, hat auf allen Sei=
ten ein buntbemaltes Gitterwerk von kleinen dünnen, kreuzweise übereinander
geschlagenen Holzlatten, an den Wänden rund herum bequeme Divans und in
der Mitte eine aus hundert kleinen Canälen hervorperlende Fontaine, die
das Wasser dicht vor unseren Füßen auf den Marmorboden hinplätschern ließ.
In dem Zimmer herrschte die duftreichste Kühle, und unsere ganze Gesellschaft
erlabte sich derselben, in recht malerischen Attituden auf den Divan = Polstern
ruhend.   Ich kam glücklicherweise an der Seite eines hübschen kleinen rosenwang=
igen russischen Blauauges von höchstens 16 Jahren zu liegen, das alle kleinen
Complimente, die man ihm machte, immer mit dem beifälligsten Gelächter
aufnahm.   Bei jedem Zimmer, das sich uns eröffnete, und wenn es auch
die steinkahlsten Wände hatte, rief sie sogleich, noch kaum in die Thür ge=
treten: „ah kak etto milo! kak charascho.“   „Ach, wie ist das niedlich!
„wie lieb und hübsch!“   Während der rührenden Erzählung, die nun gleich
der russisch = tatarische Cicerone begann, neckte sie immer mit allerlei Stör=
ungen, hielt ihr feines Füßchen vom Divan aus unter den Wasserfall, und
als sie einmal zu bemerken glaubte, daß ich bei der traurigen Erzählung ge=
rührt werden wollte, drehte sie einen der krummen Hähne an der Fontaine,
mit denen man das Wasser nach allen Richtungen leiten konnte, so um, daß
mir der ganze Strahl in's Gesicht ging.   „Sie wolle meinen Thränen nach=
„helfen,“ sagte sie. — Weiber spotten immer über die Thränen, die man um
Andere ihres Geschlechts vergießt. — Nun also, Gräfin Marie Potocka
wurde auf einem der vielen Schlösser geboren, welche ihr reicher Vater so
zahlreich zerstreut im weiten Polenlande besaß, und wuchs zur Freude ih=
rer Aeltern und der Göttinnen der Schönheit als ein herrliches und tugend=
haftes Mädchen empor.   In ihrem achtzehnten Jahre aber, als eben die
Rose sich der schönsten Entwickelung ihrer Blüthe näherte, brach ein ver=
nichtender Sturm in ihren Garten herein.   Der wilde und kriegerische
Chan der Tataren Mengli = Gerai that einen unverhofften Einfall in das Ge=
biet der Polen, seiner bisherigen Freunde, legte rund umher Alles in Thrä=
nen und Asche und unter Anderem auch das alte und reiche Schloß der
berühmten Grafen Potocka, auf dem die schöne Maria lebte.   Der Vater
der Maria wurde getödtet, die Mutter verjagt, und das Schloß seiner

Kostbarkeiten beraubt, unter denen allen aber dem Mengli-Gerai keine so
köstlich schien als die schöne Tochter des Hauses, die man ihm als seine
herrlichste Sklavin vorführte. Das Herz des jungen Chans wurde bei'm
Anblicke der edlen Polin wie vom Blitze getroffen und erglühte alsbald von
einer Liebe zu ihr, die ganz anderer Art war als die Zuneigung, die ihn mit
seinen Harems-Damen verband. Er empfand wahre Liebe für sie und zugleich alle Schmerzen, mit welchen Eros die Seele quält, so lange nicht sein
ersehnter Anteros erscheint. Das Herz des bisher wilden Herrschers wurde
gebändigt, und er selbst der nachgiebigste Sklave seiner schönen, aber vom
Schmerze geknickten Gefangenen. Er machte dem Kriege sogleich ein Ende
und kehrte nach Hause zurück, indem er die ihm so süße Polin zu seiner und
seines ganzen Heeres Herrin machte. In Baktschisarai gab er ihr nicht im
Harem, sondern in seinem eigenen Palaste Zimmer, die er ihr von europäischen Künstlern einrichten ließ, und that überhaupt alles Erdenkliche, um
ihre Liebe zu gewinnen. Ein anderes Zimmer seines Palastes befahl er zu
einer christlichen Kapelle für sie auszuschmücken und gab gefangene Priester
los, ihren Gottesdienst zu besorgen. Die Gärten ließ er für die Angebetete
freundlich bauen und gab ihr Sklavinnen in Fülle, ihre schöne Person zu
bedienen. Mit einem Worte Alles, Alles gab er ihr, nur ein Einziges nicht,
— denn es hing sein ganzes Glück und Heil daran — Eines nicht, wonach
die Trauernde allein verlangte, die Freiheit und die Rückkehr in's theuere
Vaterland. Marie war gut und konnte den Chan nicht schelten, war auch
freundlich gegen ihn und dankte ihm für seine Wohlthaten, nur Eins, verweigerte sie ihm, — denn es hing ihr ganzes Heil und Glück daran — das
Eine, wonach dem Betrübten allein verlangte, die Liebe und einen zusagen-
den Blick. — Der Chan verfiel in tiefe Melancholie und litt große Schmerzen im stürmischen Toben seiner Leidenschaft. Die Polin badete sich täglich
in Thränen und verzehrte sich in Gram. Beide rangen nun vergebens nach
Rettung aus ihrem Jammer, der Eine nach einem Besitze sich sehnend,
der ihm so fern war wie die Sterne, die Andere einen Verlust bewei-
nend, zu dem sie durch alle die umliegenden Wüsten hin keinen Weg erblickte. — Es ist nicht bekannt, wie lange sie unter diesen Verhältnissen beisammen gelebt haben mögen, und wie lange die Furien an dem Gifte brau-
ten, das dazu dienen sollte, diesen unlösbaren Knoten orientalisch-tragisch
zu lösen. Das Ende drohte, wie man leicht erwarten konnte, von jenen
Gartenhäusern her, in denen die Frauen des Chans lebten. Unter diesen
zeichnete sich besonders eine schöne Grusinerin aus, die der Chan vor seinem
Zuge in's Polenland Allen vorgezogen und von den Weibern seines Harems
am meisten geehrt hatte. Die orientalischen Weiber leben nur für ihren

Herrn, und all' ihr Glück und Unglück, alle ihre Freude und Trauer wird
blos durch die Gunst bedingt, in der sie bei ihm stehen.   Wenn eine euro=
päische Frau das Unglück hat, die Liebe ihres Gemahls zu verlieren, so hat sie
doch tausend andere Mittel, sich das Leben zu erheitern und ihm auf andere
Weise einen Werth zu geben, die Orientalin hat keines.   Mit der Gunst ih=
res Gebieters entsinkt ihrem Leben der Inhalt.   Daher sind denn auch, wie
weltbekannt, die orientalischen Harems der Sitz beständiger Intriguen und
Verschwörungen.   Es läßt sich darnach ahnen, wie die Stimmung gegen
die schöne Fremde, die den Herrn und Chan so umgewandt und die bisher
herrschenden Reize so gedemüthigt und annullirt hatte, im Harem sein mochte.
— Die Grusinerin, die um so eifersüchtiger, rachgieriger und unerbittlicher
war, je mehr sie sich großer Reize und Schönheit bewußt war, beschloß den
Untergang ihrer unschuldigen Nebenbuhlerin, die dieß doch so ganz wider
Willen war, und verschwor sich zu dem Ende mit einigen ihrer vertrauten
Frauen, indem sie hofften, wenn nur jene Sonne vernichtet, den Chan wie=
der zur Anbetung seiner alten Sterne zurückzuführen.   Sie schlossen sich da=
her, ihre feindseligen Pläne unter der feinsten Maske der Freundschaft berg=
end, liebreich an die Fremde an, besuchten sie fleißig, schmeichelten ihr und
trockneten ihre Thränen.   Alsdann luden sie sie zu Zeiten in ihr Harem ein
und gaben ihr dort glänzende Feste mit Tanz und Musik.   Die heuchlerische
Grusinerin gewann so die Freundschaft der unglücklichen Maria Potocka, die
sich gern in ihrer rettungslosen Lage einem weiblichen Wesen hingab und
mit der kaukasischen Schönheit, der es auch nicht an Geist gebrach, ver=
traut die Abende verbrachte, bis denn endlich an einem schlimmen Tage,
wo sie auch so scheinbar traulichen Gespräches pflegten, die Barbarin, die
Alles vorbereitet hatte, die Maske abwarf, das edle Polenkind erdolchte, mit
Hülfe ihrer Begleiterinnen völlig um's Leben brachte und im Garten ver=
grub.   So gewandt und leicht die Sache ausgeführt war, so schwer war sie
zu verbergen.   Der vom Schmerze überwältigte Chan ahnete bald, wo die
Höhle der Räuber seines Kleinods zu suchen.   Der ganze Hergang der Mord=
that wurde ihm entdeckt.   Seine Rache war schrecklich.   Die Helferinnen
ließ er einfach tödten, aber die Grusinerin, die einstens ihm so Theuere, er=
greifen, an die Schwänze seiner Pferde binden und ihren schönen Leib zer=
reißen.   Seiner geliebten Polin aber ließ er ein hohes Mausoleum bauen,
worin sie begraben liegt.   Alsdann baute er jenen Thränenbrunnen, der, als
ein Monument seines und seiner Potocka nie versiegenden Schmerzes,
nun schon seit so vielen Jahren Tag und Nacht Thränen in Fülle vergießt.
Er soll sie nicht haben vergessen können und sich bald wieder in große Kriege
und Schlachten gestürzt haben, bis ihn endlich seine Leute aus einem dieser

Kämpfe todt nach Hause brachten. — „Ich bitte Sie nun, meine Herren und „Damen, mir zu folgen," setzte unser Cicerone hinzu, „um sich in dem „Palaste selber zu überzeugen, daß ich nichts Unwahres gesagt habe. Die „Thränenquelle haben Sie schon gesehen. Das Mausoleum bitte ich dort über „dem Hofe sich anzuschauen, die Zimmer und die Kapelle unserer unglückli= „chen Potocka werde ich Ihnen zeigen, und auch das Harem der tigerwilden „Grusinerin kann ich Ihnen öffnen, wenn Sie es wünschen. Sie werden „dann sehen, daß sich Alles bis auf's Härchen so verhielt, wie ich's sagte."

Als während der Erzählung meine schöne Nachbarin mir die Fontaine in's Gesicht leitete, fiel mir ein anderes Geschichtchen ein, das der Baron de Tott, welcher vor 100 Jahren hier in Baktschisarai am Hofe des Chans Maksud Gerai eine Zeit lang lebte und die tatarischen Herren viel mit Feuerwerk und Elektricität amüsirte, in seinen Memoiren erzählt. Der Baron hatte nämlich einen Hund, Namens Diamant, den er seiner Possen wegen liebte, der aber sonst weiter keine vorzüglichen Eigenschaften besaß und insbesondere auf der Jagd gar nichts taugte. Weil er ihn aber immer sorg= sam zu Hause hielt, so hatten die Tataren sich eingebildet, es müsse etwas ganz Absonderliches dahinter sein, und dem Chan davon erzählt. Dieser faßte nun die Meinung, daß der Hund gewiß ein ganz ausgezeichneter Jäger sei und ihm bei den Jagden trefflich dienen könne. Er lag daher dem Baron trotz dessen Gegenvorstellungen so lange mit Bitten an, bis er ihn eines Abends holen ließ. Diamant, der etwas tölpisch war, burzelte gleich bei'm Eintritt in's Zimmer in das Marmorbecken, in welches die Fontaine fiel, und sprang dann so pudelnaß auf seinen Herrn zu, den er, sich schüttelnd, über= all bespritzte. Da der Chan den Baron darüber herzlich auslachte, so nahm der Hund dieß für eine ihm zugedachte Freundlichkeit, sprang Seiner Hoheit selber auf den Schooß, ihn auf gleiche Weise bepatschend und den Bart leckend, und brachte ihn dadurch sehr aus seiner türkischen Contenance. Allein, sagt der Baron, in der ersten Gluth der Gunst wird dem Günst= linge mancher Fehler verziehen, und erst am folgenden Tage, wo der Hund auf der Jagd bald den Lieblingsfalken des Chans mit sammt dem herabge= stoßenen Wilde aufgefressen hätte, überzeugte man sich, daß es besser wäre, wenn der Baron den Diamant wieder bei sich auf dem Zimmer behielte. „Wenn Sie mich nun noch ein Mal so pudelnaß machen, wie Diamant „seinen Baron," sagte ich zu meinem Blauauge, „so werde ich Ihnen auch, „wie dieser dem Chan, auf den Schooß springen und nicht eher wieder herunter „gehen, als bis Sie mich abgetrocknet haben." — „So so! und dann werde „ich nicht erst wie der allzugeduldige Chan den morgenden Tag abwarten, um „Sie als unnütz auf Ihr Zimmer zu schicken," sagte die Kleine ganz schnippisch.

rief aber gleich darauf wieder, in die Hände klatschend: „Ach wie hübsch, ach
„wie niedlich!" Denn wir waren weiter gegangen, und es hatte uns ein
anderes Zimmer seine Pforten geöffnet, welches uns der Führer als den großen
Gerichtssaal des Chans bezeichnete.

Wie die meisten mohamedanischen Herrscher, saßen nämlich auch die
alten Tatarenfürsten selber täglich zu gewissen Stunden zu Gericht und
sprachen promptes Recht. Die Einrichtung war dieselbe wie in dem Serail
zu Konstantinopel und auch an anderen Orten der orientalischen Welt. Das
Gerichtszimmer selbst war groß und geräumig und mit seiner jetzigen, neuen
Vergoldung und Ausmalung sogar prächtig. Aber auch ohne sie gab es in
Größe und architektonischen Proportionen ähnlichen Sälen des westlichen
Europa's aus dem vorigen Jahrhunderte nichts nach. Jedenfalls war es
vorzüglicher als der alte, schiefwinkelige Römersaal der deutschen Kaiser in
Frankfurt, oder der Saal Karl's des V. in Augsburg, oder der Krönungssaal
der Zaaren in Moskau. Die Angeklagten wurden durch eine Mittelthür
eingeführt und gingen, je nachdem ein Schuldig oder Unschuldig über sie aus=
gesprochen war, entweder links ab, um in's Freie zu hüpfen, oder rechts,
um in einem dunkeln, kleinen Neben=Appartement sogleich ihre Schuld mit
schnell applicirter, wohlverdienter Strafe zu büßen, sei es mit dem Haupte,
oder mit einigem Fußsohlenkitzel, oder sonst auf andere Weise, Alles ganz
so, wie bei Rhadamanthus in der Unterwelt, bei dem auch kein langweiliger,
schriftlicher Proceß geführt wurde, und von dem aus ebenfalls gleich die Wege
rechts in die elysäischen Gefilde und links in den Tartarus führten. Ob die
Tataren übrigens bei dem Tausche einer freilich oft übereilten, meistens jedoch
wohl das Rechte treffenden, immer aber wenigstens schnell das Uebel des
Haders und Streites beseitigenden Rechtspflege mit einer freilich nie zu
raschen, doch aber auch oft irrenden und stets den Hader und die Ungewiß=
heit verewigenden Justiz, die Europa ihnen gebracht hat, viel gewonnen
haben, darüber muß man sie selber nicht fragen, denn sie sind durchaus so
blinde Anhänger der alten Weise, daß sie gern alle ihre Processe darnach ent=
schieden hätten.

Im Garten der Chane fanden wir unter anderen einen sehr alten, starken,
breitverzweigten Weinstock, der offenbar noch von den Chanen selber gepflanzt
sein mußte und doch noch die herrlichsten Trauben trug. Wir ruhten einen
Augenblick unter der schönen Weinlaube, erquickten uns mit ihren herrlichen
Früchten und lobten, uns an dem Anblicke des freundlichen Palasthofes wei=
bend, die Chane, daß sie statt der im Norden verwüsteten Tannenwälder doch
hier fruchtreiche Weinstöcke gepflanzt. Alsdann eilten wir in die Zimmer
der Maria Potocka und träumten uns auf ihren Divans, bei ihrem Kamine,

über dem noch das steinerne Kreuzchen, das ihre christlichen Steinmetzen darüber angebracht hatten, zu sehen war, einen Augenblick in die schöne, stets von Trauerelegieen erklingende Seele dieser wunderreizenden Gefangenen hinein. Die Konstantinopolitanische Kommode war auch noch da, aus der das liebe Mädchen alle Morgen die seidenen Kleider nahm, um ihre zierlichen Glieder in Trauergewand zu schmücken. — Nach den Zimmern dieser neueren Iphigenie folgte eine Reihe von Gemächern, die schon gleich nach der Eroberung der Krim von Potjomkin für den Empfang Katharinens prächtig ausgeschmückt und jetzt noch eleganter à la Turque mit Vorhängen (statt der Thüren), Teppichen, Sultanen, Divans und sonstigem Polsterwerk möblirt waren, da im vorigen Jahre die jetzige Kaiserin Rußlands, seit Katharina die zweite, welche die Krim besuchte, sie bewohnt hatte. Auch die meisten dieser Zimmer hatten statt der Fenster jenes von außen mit Blumen und Festons bemalte Holzgitter. — Dann gingen wir die kleine Treppe hinab, die zum Harem führte, und wo ehemals wohl so manche hübschgeschmückte Tscherkessin mit pochendem Herzen zu den Gemächern ihres Gebieters hinaufgestiegen sein mochte. Der Harem war übrigens sehr klein und höchstens auf vier Frauen eingerichtet. In der That sollen auch die Chane außer den Sklavinnen der Frauen nie mehr darin gehabt haben als diese dem Koran gemäße Zahl. Vor einem der Frauengemächer stand mit Kreide angeschrieben: „Der Oberst Juriewitsch und der Generaladjutant Sr. Majestät, Kawelin." Diese beiden Herren hatten nämlich bei der vorjährigen Anwesenheit des Kaisers zu ihrer Wohnung den Harem angewiesen erhalten und mochten es sehr bedauern, alle Vögelchen, die hier früher nisteten, so rein ausgeflogen zu finden und von keiner tscherkessischen Prinzessin eine freundliche Einladung zu erhalten. Dagegen war es wieder ein Glück für sie, daß alle die alten Chane so ruhig auf ihrem Friedhofe schliefen, da bei den Tataren nirgends wie bei den abergläubigen Christen die Todten in ihren irdischen Wohnungen unruhig umgehen. Die Gartenkioske, in denen sich die Chane mit ihren Frauen zu unterhalten pflegten, waren auch noch da, alle mit hübschen Springbrunnen versehen, eben so der Kiosk, in dem sie ihre Jagdfalken fütterten, auch der hoch ummauerte Grasplatz, auf dem die Damen spielten, so wie die alten Wallnußbäume, die sie im Herbste unter Scherz und Spiel ihrer Früchte beraubten. Wie gesagt, es fehlte hier nichts von Allem, was ein orientalischer Fürstenpalast zu bieten vermag, als ein so artiger fürstlicher Wirth, wie der Baron von Tott hier noch vor 100 Jahren in dem Chane Maksud-Gerai fand.

Wir bestiegen einen der Thürme des Harems, der wahrscheinlich für die ehemaligen Bewohnerinnen desselben errichtet war, um sie doch dann und

wann ein Mal über die hohen Mauern ihres Klosters in die übrige Welt hin=
ausblicken zu lassen. Man übersah von hier aus die ganze eigenthümliche
Stadt mit ihren vielen Minarets und Metscheds (sie soll deren noch jetzt über
dreißig haben, freilich lauter kleine) und mit ihren unzähligen, unglaublich
langen, mit den Minarets und hohen Pappeln um die Wette zackig aufstreben=
den Schornsteinen. Da die Häuser dabei äußerst niedrig sind, so sieht die
Stadt, von gewissen Standpuncten aus betrachtet, wie ein Wald von Thürm=
chen, Schornsteinen und Pappeln aus. Sie erscheint von dieser Höhe aus
durchaus wie in einem sehr regelmäßig gebildeten, runden Kessel liegend, da
die Länge des Thales perspectivisch verschwindet und sein oberer und unterer
Ausgang durch Krümmungen verdeckt ist. Häuser, Bäume und Gärten
gehen noch ein wenig an diesen Wänden hinauf, aber der obere, steile Rand
der Felsen ist eine ganz kahle, weißgrauliche Kalkwand. An diesem Rande liegen
rund umher einige ungeheuere, anderswo losgetrennte und hier deponirte Fels=
stücke, deren wunderliche Gestalt um so mehr auffällt, da sonst der Felsen=
rand sehr regelmäßig ausgerundet und geglättet ist. Diese Felsstücke haben
die Baktschisaraischen Bürger mit verschiedenen Namen belegt, die ihre Form
erläutern. Der eine heißt „die Moschee", der andere „das Kameel", der
dritte „die Mütze" u. s. w. Unsere anmuthige Begleiterin, die freundliche
„Ach wie hübsch", pflückte uns noch einige Blumen aus dem Garten der
Harems=Damen, und wir bestiegen dann, mit diesem hübschen Talismane
gegen Unglück geschützt, unsere kleinen Bergpferdchen, die schon lange im
Schloßhofe harrend stampften. Wir eilten zu einer kleinen Ausflucht in die
Umgegend von Baktschisarai. Das Ziel unseres Rittes war Djuffut=
Kalé, der Felsensitz jener merkwürdigen Secte der Juden, der Karaiten.
Der Weg führte durch den oberen Theil der Stadt, alsdann bei der Zigeuner=
stadt vorbei, durch das sich sehr verengende Felsenthal, ferner in eine der
oberen Verzweigungen dieses Thales hinein, bei dem Kloster des wunderthäti=
gen Bildes der Mutter Maria vorüber, endlich in den obersten Thalwinkel zu
dem Felsen Djuffut=Kalé's selber hin.

Die Baktschisaraische Vorstadt der Zigeuner ist das merkwürdigste Stück
von menschlichem Schmuze, Elende und Dürftigkeit, was man sehen kann,
und ein amerikanischer Whigwham muß ihr darin entschieden den Vorrang
lassen. Diese elenden und armseligen Menschen von schmuziger, dunkel=
brauner Hautfarbe, mit stets zottigem und struppigem Haare, bis zu den
Jahren der Mannbarkeit Mädchen wie Knaben vollkommen nackt wie die
Statuen wandelnd, und von da an sich in Lumpen dürftig hüllend, wohnen
hier wie die Schakals in den Höhlen, welche das Wasser in dem weichen
Kalkfelsen ausgearbeitet hat. Die, welche nicht in den Höhlen Raum finden,

haben sich aus Lehm, Strauch und Schilf ein dürftiges Obdach an die Felsen gelehnt und verleben darin Tage, von denen Keiner, wenn er nicht ein Zigeuner ist, begreifen kann, wie ihre ekle Last sie nicht erdrückt. Außer Schweinigeln, die sie mit Begierde essen, außer einigen Blättern schlechten Tabacks, den die Männer wie die Weiber fortwährend rauchen, und freilich auch außer einigen Goldstücken, welche die Mädchen auf ihren rothen Feß nähen, erscheint ihnen so Weniges wünschenswerth, daß sie sich dieß mit dem Hammer (die meisten sind Schmiede) mit Leichtigkeit und ohne viele Mühe erschwingen. Viele treiben auch das bei allen Zigeunern beliebte Geschäft des Pferdehandels, und außerdem sind sie — kein Ohr, das sie gehört, wird dieß je vergessen — die Musiker der Krim. — Kaum waren wir in das enge Defilé ihrer Felsen eingetreten, so bombardirten sie uns mit einer Musik, die uns schneller davon jagte, als wenn die Violinbogen sausende Degenklingen, die Töne der Pickelpfeifen zischende Kugeln und die zahlreich geschlagenen Handtrommeln schweres Geschütz gewesen wären.

Das Kloster der wunderthätigen Maria bei Baktschisarai (das Uspenski monastir) ist in die Mitte der hohen Felsenwand des Thales der Art an dem Steine befestigt, daß man nur zu Fuße auf Leitern und angesetzten hölzernen Treppen dazu gelangen kann. Es befindet sich hier ein Spalt nebst einer kleinen Höhle im Steine. Dieser Felsenmund, den die Tataren eben für weiter nichts Besonderes hielten, soll nun nach der Christen Aussage schon lange mit jenem kostbaren Schatze, ich meine mit jenem alten, häßlichen Bilde der so schönen Mutter Maria, schwanger gegangen sein, aber so lange die Chane, die den christlichen Aberglauben nicht aufsprießen ließen, herrschten, nicht recht gewagt haben, damit herauszurücken. Nachdem die Chane gestürzt, soll er dann auf ein Mal damit hervorgetreten, die Mutter Maria dort oben erschienen sein und zu ihrer Anbetung aufgefordert haben. Es siedelten sich hier alsbald einige fromme Geistliche an. Wohlhabende russische Kaufleute leisteten Vorschub. Der Eine schmückte die zur Kirche eingerichtete Höhle mit Altargeschenken, der Andere ließ ein Haus dabei aufführen, das künstlich auf aus den Felsen hervorstrebende Balken gestellt ist, ein Dritter führte in einem Aquaducte klares Wasser herzu, das nun ihm und der Felsenmaria zu Ehren dort sprudelt und jeden herankletternden Pilgrim erquickt. Da die Krim noch wenig Wunder dieser Art zählt, so ist das jährlich hier gefeierte Fest von unzähligen Christen besucht, die nicht nur aus der Insel Krim, sondern auch von dem Continente aus Neurußland und selbst der Ukraine herbeiströmen, denn das Fest der Felsenmutter hat in allen diesen Ländern in der letzten Zeit immer mehr an Ruf gewonnen, und sein Name scheint einer der berühmtesten im ganzen Süden Rußlands werden zu wollen.

Es sollen in den letzten Jahren an 15,000 Besucher dagewesen sein. Vor der Höhle der Kirche ist ein kleiner, balconartiger Ausbau, von dem aus man ein gigantisches Portrait der Mutter Maria betrachten kann, das über der Höhle auf den Felsen gemalt ist. An dem Felsen selbst haben eine Menge Fremde ihre Namen eingeschrieben, und unter anderen auch der Kaiser von Rußland mit seiner ganzen kaiserlichen Familie. Unter allen Namen zeichnet sich der des Kaisers durch seine kalligraphische Schönheit aus. Ich glaube, von den übrigen europäischen Königen würde wohl mancher Anstand genommen haben, sich so unter das Bänke und Wände bekritzelnde Publicum zu mischen.

Der Weg nach Djuffut = Kalé hinauf wird vom Kloster aus nun immer schmäler und steiniger. Die Karaiten aus dem Orte haben ihre Handels-buden in der Stadt, überlassen deren Aufsicht während der Nacht aber den Tataren und reiten alle Abende zu ihrem Felsen mit ihrem Erwerbe zurück, von dem sie des Morgens mit leeren Taschen zum Handel herabkamen. Früher zur Zeit der Chane mußten dieß alle thun, weil ihnen verboten war, die Nacht in Baktschisarai zuzubringen. Jetzt thun es noch die meisten aus Gewohnheit. Der Ort Djuffut=Kalé gleicht noch jetzt, weil er eben so dauerhaft gebaut ist, wie die Sitten und Gewohnheiten seiner Bewohner, vollkommen dem, was er vor Jahrhunderten war, und ähnelt in gar nichts irgend einer Stadt, einem Dorfe oder einer sonstigen Nieder-lassung, die man im übrigen Europa noch jetzt sehen kann. Wenn die Biber aus Stein und auf den Felsenhöhen bauten, so würde ich mir eine Biberstadt etwa so denken. Auch die Cyklopen müssen ungefähr solche Städte gebaut haben, wenn die nur nicht wieder zu groß wären. — Der Weg wird kurz vor dem Thore der Stadt so steil, daß die Pferde mit Mühe auf den äußersten Spitzen der Füße hinaufkletterten. Das Thor ist wie das Thor einer alten Burg des Mittelalters. Zu beiden Seiten desselben, über= und nebeneinander, gähnen den Ankömmling eine Menge finsterer Höhlen an, ganz wie die Höhlen der gottlosen Einaugen des Odysseus, die nicht Jupiter und der Menschen Rechte kannten. Sie dienen den Karaiten zur Bergung ihres Viehes während der Nacht und des Unwetters. Die Wohnhäuser sind klein, niedrig, ohne Fenster, mit platten Dächern, alle aus großen Stein-stücken aufgeführt. Da die Straßen dabei zwischen diesen Steinhäusern ganz schmal eingeengt sind, und man immer auf dem nackt hervorguckenden Felsen reitet, da ferner auch die Höfe mit großen Mauern eingefaßt sind, in welche man durch enge Steinthüren hineinschlüpft, so sieht Alles so aus, als wären es nur mit Kunst nachgebildete und auf der Oberfläche des Felsens zusammengesetzte Höhlen. Kein Baum, nicht einmal ein Strauch, ja nicht ein einziger Grashalm wächst in den Straßen oder Höfen dieses graulichen Felsennestes, um mit seinem grünen Lichte die graue Steinfarbe ein wenig anmuthig zu nuanciren. Die kleinen Straßen, eng, tief und krumm, wie sie sind, irren planlos hier und dort herum und verzweigen sich, als wenn Bäche über den Kopf des Felsens hinweggegangen wären und sie als ihre Betten zurückgelassen hätten.

In den Felsenthoren von Djuffut=Kalé empfing uns wiederum ein ähnliches Kleingewehrfeuer von Zigeuner=Violinen, Pfeifen und Trommeln, ein ganzes Corps von Musikanten, und begleitete uns auf unserem Zuge durch den ganzen Ort. Da sie sich nicht zurückweisen ließen, — denn bevor wir ihnen Geld gaben, spielten sie, um es zu bekommen, und nachher aus Dankbarkeit — so ließen wir sie gewähren, um so mehr, weil wir dachten, daß es doch wohl eine alte, ehrwürdige Sitte Djuffut=Kalé's sein möchte, seine Gäste so aufzunehmen. Djuffut=Kalé hat auf seinem steilen Felsen nicht ein Tröpfchen quillenden Wassers, und die Brunnen der Karaiten liegen tief unten im Thale. Einige von ihnen beschäftigen sich damit, als Wasser= träger die frische Welle auf dem Rücken der Pferde heraufzuschaffen und den Durstenden zu verkaufen. Die Eimer, in denen sie es bringen, sind, um Verschüttung zu vermeiden, ganz bis auf eine kleine Klappe verschlossen, durch welche sie das Wasser mittels eines Röhrenhebers hervorziehen. Auch uns Schmachtenden wurde gegen eine kleine Vergütung gestattet, durch eine Röhre aus dem Fasse eines vorübertreibenden Wasserträgers die Kühlung her= aufzusaugen.

Wir statteten mehre Besuche in der Karaiten=Residenz ab, zunächst und vor allen Dingen ihrer Synagoge, welche sie, die in aller Welt (wenigstens in der ganzen südrussischen Welt) Zerstreuten, mit besonderer Vorliebe schmück= ten. Wir fanden sie voll silberner Lampen aller Größen und von den wunder= lichsten Formen. Die alten Testamente, welche fromme Juden hierher ge= schenkt, waren schön geschrieben und mit prächtigen Hüllen versehen. — Als= dann gingen wir zur Tochter des Toktamüsch, jenes einst mächtigen Chans der kleinen Tatarei. Wir fanden dieser Prinzessin zu Ehren ein recht hübsches, in edlem Style gebautes, aber jetzt zerfallendes und mitten zwischen den kleinen Höhlenhäusern der Karaiten eingeklemmtes Mausoleum. Keiner aus unserer Umgebung aber, so sehr wir auch die Hände nach Belehrung rangen, konnte uns eine Aufklärung über dieses Monument geben oder uns eine anmuthige Volkssage dabei erzählen. So viel nur, sagten sie, wüßten sie gewiß, daß die Prinzessin wunderbar schön gewesen sei, und daß ihr Vater Toktamüsch selber ihr dieß Denkmal habe setzen lassen. Wie aber kam es, daß die schöne Tochter dem alten Vater voraneilte? Welche treffliche Eigen=

schaften, welche schöne Thaten mochten ihr ein so seltenes Monument: „dem geliebten Kinde der Vater" verdienen? Welche sonderbaren Ereignisse und eigenthümlichen Verhältnisse mochten den Chan bewegen, hier, mitten unter dem verhaßten Dschuffut, der Prinzessin ein solches Mausoleum zu bauen, das so einzig und einsam unter diesen Hütten dasteht? — Keine Inschrift, kein Cicerone, keine Chronik antwortete uns, und wir standen fragend auf dem Grabe der schönen Dame, die auch stumm blieb, so reizend ihr Mund einst auch geredet haben mochte.

Desto geschwätziger war Tschausch Awram, der reiche Karait, bei dem wir darnach unsere Pferde anhielten, und der uns um Einlaß Bittende mit hundert Danksagungen und tausend Complimenten, wie sie den sonst etwas ernsten und steifen Karaiten gewöhnlich nicht eigen sind, durch seinen Hof und in sein Haus geleitete, das sich vor den übrigen durch seine Größe und seine hölzernen Galerieen rund umher auszeichnete. Es stand hart am Rande des hohen Felsenplateaus und gewährte eine interessante Aussicht in die wild zerschnittenen, tiefen Felsenthäler der Umgegend, insbesondere auf das tief unten liegende Thal Josaphat, in welchem die Karaiten sich zu ihren Vätern versammeln. Tschausch Awram, der sein ganzes Leben bald hier, bald dort gehandelt hatte und nun in seinem Alter in das Haus seiner Kindheit in der Felseneinöde zurückgekehrt war, wies auf die von unten heraufschimmernden Grabsteine hin und sagte lächelnd, daß er nun wohl nicht lange mehr so hoch thronen würde, und schon einen solchen Grabstein hübsch fein habe zurechtmeißeln lassen. Wir konnten es dem guten Alten nicht abschlagen, mit ihm ein Pfeifchen zu rauchen und ein paar Nüsse zu knacken, deren er so große bringen ließ, wie man ihrer nur in der Krim sieht. Allmälig kam auch Obst heran und das bei den Tataren so beliebte Confect Alwa und das Zuckerwerk Ragat al kum nebst Liqueuren. Bald stand der niedrige, runde Tisch zu unseren Füßen so voll, daß wir diesen Imbiß ein recht angenehmes Vesperbrod nennen konnten, und mit dem gastfreundlichen Awram gewiß noch spät in die Nacht hinein gezecht hätten, wenn wir nicht durch die Todten an die enteilende Stunde des Tages gemahnt worden wären. Ich meine, durch die Todten im Thale Josaphat, das wir auch noch besichtigen wollten. Vorher besuchten wir noch, natürlich stets unter Begleitung der Janitscharenmusik unserer Zigeuner, die immer sogleich wieder zu unserem größten Amusement ihr Concert begannen, wenn wir unsere Pferde wieder bestiegen, des Gegensatzes willen einen recht armen Karaiten, dessen Wohnung von außen wie ein Haufen Feldsteine aussah. Wir fanden auch bei ihm wie bei jenem Reichen bis in die kleinsten Details der Hauswirthschaft und Geräthe Alles ganz auf tatarischem Fuße, und das Innere

der Zimmer weit reinlicher und wohnlicher, als das Aeußere es versprach.
— Die Sonne ging eben auf der anderen Seite der Berge unter, als auch
die letzten Töne und Schläge der Tambours und Cymbeln unserer Zigeuner
im westlichen Thore von Dschuffut Kalé verklangen, aus dem wir in's Freie
hervorsprengten und bald in's Thal der Ruhe und Gräber gelangten. Das
Thal Josaphat der Karaiten ist eine kleine Seitenvertiefung des größeren Thales, auf dessen Rändern eben Dschuffet = Kalé wurzelt. Die Karaiten haben
ihre Todten schon seit den ersten Zeiten ihrer Ansiedelung hier begraben, und
das kleine Thalbecken ist bereits bis zu seinem Rande und bis in seine äußerste
Spitze so voll von Todtengebeinen und Grabmonumenten, wie das Füllhorn
des Ueberflusses von Blumen und Früchten. Die neuesten Gräber sind daher schon über den großen Weg, der im Hauptthale hinführt, hinübergeschrit-
ten, und es fängt nun auch schon dieses an, mit Todten und Grabsteinen
sich zu beleben. Es sind diese Grabsteine durchweg von weißem Marmor
und stehen so dicht im Thale bei einander, wie die Aehren im Felde. Durchweg war das ganze Becken mit Eichen und anderen hübschen Laubbäumen besetzt, in deren Schatten die Todten ruhten, da die Lebenden oben auf ihren
nackten Felsen nie dieses Glücks theilhaftig wurden. Hübsche kleine Fuß-
steige führten überall durch die verschiedenen Gruppen der Gräber hin. Meine
lebenslustigen Gefährten, die, wenn auch nichts weniger als ihr Lebens-
werk, doch ihr heutiges Tagwerk zu beschließen trachteten, fanden keinen Geschmack an den Kirchhöfen. Ich aber, der ich der Todten so leicht in diesem
Leben nicht überdrüssig werde, verließ mich auf die Schnelligkeit meines guten
Pferdes, mit dem ich sie leicht einholen konnte, und genoß es noch einige
Augenblicke, auf jenen kleinen Fußsteigen als einziger Lebender zwischen
solcher Fülle Abgeschiedener herumzugaloppiren, wobei mir der eben sich
geltend machende Mondschein ganz vortreffliche und romantische Dienste
leistete.

Mit vollendeter Nacht zogen wir wieder in Baktschisarai ein, das, unbekümmert um die schönen Gestirne, die über seinen Bergen glänzten, in
Dampf gehüllt da lag. In den Höhlen der Zigeunerstadt brannten überall
Feuer, an denen die Zigeuner jetzt ihre Schweinigel, Ratzen, Krähen und
sonstigen Leckerbissen brieten. So schmuzig sie uns am Tage erschienen war,
so wild = malerisch und romantisch erschien sie uns jetzt. Die Felsenpartieen
waren zum Theil prächtig erleuchtet, und die finsteren Gründe der Höhlen,
die hell erleuchteten Vorsprünge der Felsen und die das Feuer geschäftig um-
wandelnden Schatten schenkten unseren Augen hundert Salvator Rosa's
mit einem Blicke.

In der Stadt selbst riefen eben die Muezzins alle Gläubigen zum fünf-

ten und Schlußgebete des Tages (zum vierten rufen sie nämlich gerade bei
Sonnenuntergang und zum letzten einige Stunden später). Die Stimmen
von den zahlreichen Minarets waren alle natürlich verschieden, obgleich alle
auf dieselbe Weise ernst und melancholisch. Da das Stimmengewirr von oben
kam und doch die Rufer nicht gesehen wurden, so machte es auf uns einen
tief ergreifenden Eindruck, und es schien uns, als ob die Geister der oberen
Luft wie in allgemeiner Aufregung selber zum Gebete riefen, als wenn die
Berge und Felsen es den Bergen zuschrieen, und dieser Geisterruf zog uns un=
widerstehlicher in die Tempel Gottes als ein christliches Glockengeläute, na=
mentlich ein russisch=christliches Glockengebimmel. Wir schickten daher un=
seren Griechen in's Schloß, für die Rückkunft das Ssamowar in Bereitschaft
zu halten, und galoppirten zur nächsten Metscheb, wo wir den Mullah schon
auf den Knieen liegend in eifrigem Gebete versunken fanden. Es stellten sich
nach und nach einige baarfüßige Gläubige ein, andächtig in ihren Mienen,
still in ihren Bewegungen, und warfen sich mit ihm vor ihrem Schöpfer nieder.
Bei der Einleitung zum Gebete, die der Mullah sprach, und von der die Ge=
meinde gewisse Worte wiederholte, kamen manche Ceremonieen vor, die auf
uns sehr sonderbar und fast komisch wirkten, besonders eine oft wiederholte
und rasch ausgeführte Bewegung der Zeigefinger beider Hände zu den Ohren.
Wir vermutheten, daß dieß eine symbolische Handlung sei, wodurch sie aus=
drücken konnten, daß sie ihre Ohren und überhaupt ihre Sinne dem Eingange
alles Weltlichen verstopfen wollten. Nach dieser Einleitung versanken sie aber
alle in ein ganz langes und stilles, nur inneres Gebet, bei dem auch der
Mullah ruhig auf den Knieen lag. Die Fenster und Thüren waren offen, und
es drang hier nichts Störendes herein als der stille Glanz des Mondes und
seiner Schäfchen, dazu die erquicklichste Nachtluft. Sehr lange lag die ganze
kleine Gemeinde in der Anbetung Gottes versunken. Kein Lüftchen regte sich,
und die weichen Teppiche zerstörten den Lärm jedes knirschenden Sandkorns.
Ich muß gestehen, daß dieser stille Gottesdienst einen mächtigen Eindruck auf
uns machte, und wir unwillkürlich zur Anbetung Dessen mit hingerissen wur=
den, den keine Reden der Weisen, keine Glockenstimmen und Engelsharfen
würdig genug preisen, und der nur im Geiste, in der Wahrheit und in tiefer
Stille angebetet sein will. All' unser Predigen und Singen ist doch nur
Stammeln und Stottern. Freilich genügt der bloße stumme Gottesdienst
allein auch wieder nicht. Denn wir können mit dem Verstummen nicht den
Anfang der Erkenntniß machen, es kann dasselbe vielmehr nur die Krone dieser
Erkenntniß sein. Daher, denke ich, beginnen die Mahomedaner mit Predigt,
Nachdenken und Lobgesang, verfallen aber dann in stilles Gebet und in stum=
mes Gottschauen, im tiefsten Gefühle ihrer Unwürdigkeit und in der ergrei=

ſendſten Erkenntniß ſeiner Höhe und Größe. Der Anblick einer Menge von
der Idee des Höchſten beſeelter und ſtumm vor ihm niedergebeugter Menſchen
hat etwas ſo mächtig zur Andacht Reizendes, daß ich nicht begreife, wie
Religionsſtifter und Anordner des Gottesdienſtes nicht häufiger ſich deſſelben
als eines Mittels bedienen, die Frömmigkeit der Menſchen zu erwecken, und
warum beſonders bei den meiſten chriſtlichen Secten die Ruhe der Anbetenden
ſo ſehr mangelt. Das bloße ſtumme, völlig lautloſe Beieinanderſein vieler
Menſchen hat ſchon an und für ſich etwas — je nach Umſtänden Geiſter=
haftes oder Geiſtigerregendes. — Am Ende ſchlichen dann die Tataren,
alle ſtill, wie beruhigt und erquickt, davon, ohne daß noch eine beſondere
Schlußceremonie den Eindruck der Ruhe geſtört hätte. Wir empfanden dabei
tief, wie wichtig die Teppiche und das Ausziehen der Beſchuhung in den Got=
teshäuſern ſei. Das bedeckte Haupt der Mohamedaner ſtört freilich wieder
die Chriſten etwas. Doch muß man nur den mohamedaniſchen Geſichtspunct
auffaſſen. Sie haben alle geſchorene Köpfe, und ihre Turbans und Mützen
ſind ihnen daher eigentlich nur künſtliche Perrücken, ſtatt der natürlichen. Sie
würden es daher eben ſo lächerlich finden, jene abzunehmen, wie unſere Väter
im vorigen Jahrhunderte, die Perrücke zu rücken.

Es war übrigens keineswegs überall ſo ſtill erbaulich in Baktſchiſarai wie
in der von uns betretenen Moſchee, vielmehr waren einige Theile der Stadt
äußerſt lebhaft. Von der Galerie eines Kaffeehauſes hörten wir es namentlich
recht luſtig herunterlärmen, lachen und reden. Da wir dort einen der bei den
Tataren ſo beliebten Erzähler oder Mimiker vermutheten, die bei ihren Dar=
ſtellungen eine große Puppe agiren laſſen, ſo ſtiegen wir hinauf und ver=
langten Einlaß, fanden aber zu unſerem Erſtaunen die Thüre verſchloſſen.
Als wir pochten, wurde Alles ſtill, und Einer trat heran, uns um unſer Be=
gehr zu fragen. Da wir aber ruſſiſch antworteten, ſo blieb die Thüre ver=
ſchloſſen, und der Lärm ging ſogleich wieder los, ohne daß man ſich um uns
kümmerte. Alle unſere Unterhandlungen, die wir mittels eines tatariſch ſpre=
chenden Ruſſen anſtellten, führten auch zu nichts, und wir lernten, daß die
Tataren doch noch manches Eigenthümliche den Ruſſen zu verbergen haben
und nicht überall ihre fremden Herren zulaſſen.

Unſere Pferdchen waren freilich ſchon ziemlich müde, doch galt es, wie
geſagt, die ganze Krim in einem Streifzuge von 8 Tagen zu erobern, und wir
beſuchten noch einige der in Baktſchiſarai zahlreich vorhandenen Chans oder Kara=
vanſarais. Es ſind dieß hier wie überall im Oriente große Gehöfte, in deren
Mitte immer ein ſchöner Brunnen ſprudelnden Waſſers ſteht, um die Pferde
und Menſchen zu tränken, und die dabei rund umher mit Stallungen, Woh=
nungen und Waarenmagazinen umbaut ſind. Die ankommenden Kaufleute

miethen hier ein paar kleine finstere Räume, die sie von oben bis unten mit
Waaren anfüllen, und in denen sie dann auch selber noch wohnen und schlafen.
Die Käufer kommen zu ihnen und handeln mit ihnen auf dem Hofe des
Chans. Natürlich ist dieß dann nur Handel en gros; denn für den Detail=
handel dürften sie ihre Waaren nicht so verstecken. Wir fanden recht freundliche
Leute in diesen Handelsmännern. Sie führten uns überall herum, und einer
von ihnen zeigte uns mit großer Gefälligkeit sein ganzes orientalisches Manu=
facturwaaren=Lager bei'm Scheine der Kerze in Detail, ließ uns jedes Stück
Zeug, das unsere europäische Neugierde erregte, herabnehmen und offen vor
Augen legen. Wir sahen aus der Eleganz seiner Artikel, daß doch noch ein
gewisser, nicht unbedeutender Kleiderluxus unter den Tataren existire. Er hatte
eine Menge orientalischer Seidenzeuge, unter anderen selbst einige Stücke schö=
nen persischen Termalamas, und ich wunderte mich, daß die russischen billigen
Baumwollenzeuge hier noch so unbedeutenden Eingang gefunden zu haben
schienen. Die Tataren, Männer wie Frauen, tragen in jedem Falle, wenn
sie nur irgend können, lieber Seide, und freilich stehen dann die russischen Pro=
ductionen in diesem Stoffe den orientalischen etwas bedeutend nach. Als vor
Allem luxuriös und prunkend fielen uns die vielen Chulans (Gürtel) für die
tatarischen Weiber auf, die mit Goldstücken besetzt waren und an denen
die Häkchen zum Schließen durch alle hinzugefügten Zierathen zu einem
wahrhaft gigantischen Schmucke aufgeschwollen waren, als gälte es nicht den
Leib einer Frau, sondern eine Festung zu verriegeln. Sie waren meistens
aus Silber oder Gold zierlich gearbeitet und zum Theil mit Steinen und
Perlen besetzt. Daß indeß der tatarische Kleiderluxus im Abnehmen (viele
ihrer Vornehmen fangen an sich russisch zu tragen), zeigte sich auch hier darin,
daß der Kaufmann neben allen seinen neuen Sachen auch viele — prächtige
freilich, aber alte Kleider feilbot, schöne rothseidene und mit Goldblumen
durchwirkte Frauengewänder, schon anderswo getragene, übrigens elegante
pelzverbrämte Kaftans aus Konstantinopel u. s. w. — ohne Zweifel aus den
verschleuderten Garderoben ehemals reicher oder jetzt modernisirter Tataren.

Den Chanen=Palast fanden wir bei unserer Heimkehr zu Ehren der Gräfin
N...., die, wie gesagt, den einen Flügel bewohnte, illuminirt. Die Illu=
mination war eben gerade nicht so blendend brillant, aber jedes Lichtchen macht
in der Finsterniß schon immer bedeutend viel malerischen Lärm, besonders in
einer so dicken Finsterniß, in welcher für gewöhnlich der ausgestorbene Palast
der Chane zu schlafen pflegt. Die Galerieen des Thorflügels, die Garten=
terrasse, das Mausoleum der Maria Potocka, die Gartenzimmer des Chans,
dieß Alles machte die hübscheste Miene in dem hellen Geflimmer der Lichter.
Das Harem und die Moschee hatten nichts bekommen und blickten nur von

ferne aus dem Helldunkel, wie schüchterne erstaunte Zuschauer in das helle Flämmchengewirr.

Dem Palais der Chane gerade gegenüber lag das größte Kaffeehaus von Baktschisarai, und wir konnten aus unseren nahen Fenstern Alles sehen, was dort vorging. Es ging uns zu lärmend her, als daß wir uns schon dem Schlafe hätten überlassen können und nicht vielmehr den lebhaften Wunsch gefühlt hätten, die Vorgänge etwas näher zu belauschen. Wir überließen unserem Diener unseren russischen Thee und Ssamowar, stopften unsere Pfeifen und zogen es vor, à la Tatare um Mitternacht Kaffee zu trinken. Das Kaffeehaus, wie alle tatarischen und überhaupt wohl alle türkischen, ist folgendermaßen eingerichtet. Ein großes Zimmer, das zur Aufnahme der Gäste bestimmt ist, ist durch hölzerne Balustraden in mehre Partieen getheilt. Diese hölzernen Umzäunungen umschließen eine Erhöhung des Zimmerbodens, auf welche man mittels einiger Stufen durch einen Eingang der Balustrade hinauftritt, und die rund herum mit Polstern belegt ist. Diese Erhöhung nun besteigen die Gäste und lassen sich dort auf die Polster nieder. Zwischen den Balustraden der verschiedenen Tribunen führen enge Gänge herum für die Bedienung. In der Mitte dieser Gänge hat der Wirth sein Polster und sein verschlossenes Bureau, in dem er beständig mit Kupfer- und Silbergeld kramt, empfangend und auswechselnd. In der einen Ecke des Zimmers ist ein kleiner Herd in die Wand gemauert, wo die Kaffeeköche den ganzen Tag mit Bereitung dieses köstlichen und zu jeder Tageszeit von Morgens früh bis spät in die Nacht hinein begehrten Tranks beschäftigt sind. Wir fanden ihr Getränk herrlich und weit aromatischer, als wir es sonst irgendwo in Europa getrunken, und assistirten selbst bei der Bereitung der zweiten Tasse, um wo möglich einige ihrer Kunstgriffe zu lernen. Die Hauptsache scheint mir die, daß sie jedes Täschen, welches bestellt wird, besonders und erst dann bereiten, wenn es getrunken werden soll. Sie haben zu dem Behufe eine Menge ganz kleiner eiserner Gefäßchen, die sie an langen Stielen in's Feuer bringen und wieder herausziehen. In diese Kesselchen schütten sie nun, nachdem sie dieselben zuvor ein wenig erhitzt, die zermahlenen Bohnen, deren sie immer eine kleine Quantität in wohlverschlossenen Kästchen bereit halten, gießen darauf laues Wasser, das den ganzen Tag in einer großen kupfernen Kanne hoch über dem Feuer dampft, und lassen das Gemisch ein Mal rasch aufkochen. Es handelt sich besonders um Erhaltung des lieblichen Duftes der schönen Mokkabohne. Alle Behälter, in denen sie vor der Tasse weilen muß, werden daher so viel als möglich verschlossen gehalten, und eben deßhalb nur immer sehr kleine Portionen gebrannt und gemahlen. Man servirt den Kaffee ohne Sahne, mit sammt dem dicken äußerst fein gemahlenen Satze, der übrigens nie den Genuß

16 *

verdirbt, in sehr dünnwandigen kleinen Tassen ohne Löffel und Unterschälchen.
Die Tassen stehen immer in einem kleinen, hübsch gearbeiteten, metallenen
Futterale, an dem man sie, da sie auch ohne Henkel sind, zierlich mit zwei
Fingern ergreift und zum Munde führt. Kleine runde Tischchen oder Schemel
werden allen Gästen hingesetzt, um die Tassen darauf ruhen zu lassen. Wir fan=
den das Kaffeehaus, obgleich es schon spät Abends war, sehr besetzt, und so findet
man sie gewöhnlich in der ganzen Krim zu jeder Tageszeit, da die Tataren
einen großen Theil des Tages darin zubringen. Im Zimmer selber saßen die
Ruhigen auf ihren Polstern, flüsterten sich nur dann und wann etwas in's
Ohr und stießen *) zu Zeiten ihre Pfeife aus, um sie wieder von Neuem zu
stopfen. Auf der Galerie aber außerhalb des Zimmers saßen die Lärmmacher,
unter denen natürlich Europäer waren; denn die Tataren haben im Ganzen
etwas Stilles in ihrem Wesen, besonders jetzt, wo sie seit dem Verluste ihrer
Freiheit sogar eine gewisse Schüchternheit angenommen haben, die sich uns
überall bemerklich machte. Einige der draußen Zechenden drehten dem Fenster
den Rücken zu, und wir steckten unsere Köpfe hinaus, die Gruppe zu be=
trachten. Es war ein alter Grieche in europäischer Kleidung, dessen gerun=
zeltes Gesicht und starker Knebelbart uns verriethen, daß er wahrscheinlich
schon viel im Leben auf nasser Woge des Meeres wie auf trockner Scholle des
Festlandes erfahren habe. Er trug einen Orden im Knopfloche und eine Me=
daille am Halse, die uns bestätigten, was der Kaffeehausdiener sagte, daß es
einer der von der Regierung bestellten Vorsteher der Tatarenschaft von Bak=
tschisarai sei. Er hatte einen jungen eleganten Russen, seinen Schwiegersohn,
zur Seite. Zur Linken saßen ein paar Tataren, die uns als reiche Bürger des
Orts bezeichnet wurden, und am Fenster noch ein Tatar und ein Türke aus
Konstantinopel, von etwa 40 Jahren, mit einem Barte, um den die ganze kleine
Tatarei, einem Gesichtsteint, um den die ganze schöne Hälfte von Petersburg,
und Gesichtsformen, um die selbst die griechischen Statuen ihn hätten beneiden
können. Sie hatten in der Mitte ihres Kreises eine kleine Batterie von Flaschen
und Tassen errichtet, aus denen der alte Grieche beständig der Gesellschaft zucre=
denzte und besonders den beiden oben bezeichneten Tataren, denen eigentlich
die kleine Festivität galt und zu der die Uebrigen nur so des größeren Glanzes

---

*) Die türkischen Pfeifen werden nämlich nicht mit einem bei uns gebräuchlichen
sogenannten Pfeifenausräumer von der Asche gereinigt, sondern nur mittels An=
stoßens gegen ein Holz. In einem Kasten, in den die Asche fällt, ist zu diesem
Zwecke ein Holzblock befestigt, gegen den man stößt. Da diese Operation sehr oft
wiederholt wird, so hört man daher in den türkischen Kaffeehäusern ein beständiges
Klopfen und Pochen, das wir uns anfangs nicht zu erklären wußten. Man muß
aber doch auch dieses Klopfen verstehen. Uns zersprangen mehre Pfeifenköpfe, mit
denen wir es den Tataren nachthun wollten.

wegen mit eingeladen waren. Zur Seite der Gruppe hatten sie einen Orgeldreher
aufgestellt, der beständig musiciren mußte. Ein paar Buben schlugen das
Tambourin und die Becken, und ein hübscher junger Knabe — als solcher er=
schien er wenigstens nach der Kleidung — sang dazu mit hoher Stimme lu=
stige Lieder. Den Knaben hatten sie auf Polstern mitten zwischen die beiden
gefeierten Tataren gesetzt, die, wie alle gefeierten Leute, bei ihren Caressen,
die sie ihm zu Theil werden ließen, eine etwas linkische Rolle spielten. Er war
in purpurrothes Zeug gekleidet, das mit Gold gestickt war, wie ein Page vom
Hofe. Trotz seiner Verkleidung flößte mir sein Gesicht und sein ganzes We=
sen bald einigen Verdacht gegen seine Knabenschaft ein, und es fand sich auch
Gelegenheit, mich darin zu bestärken. Zu meiner Verwunderung merkte
ich an seiner russischen Aussprache, daß er und die anderen Concertgeber
Deutsche waren. Sie riefen sich auch bald allerlei auf Deutsch zu und ahnten
wohl nicht, daß sie hier noch Einer verstehe. Sie sangen bald deutsche, bald
russische Lieder. Besonders oft verlangten die Tataren die beiden hübschen
russischen Lieder „Krasnoi ssarafan“ (der rothe Ssarafan) und „wa wsö
derewie Káthinka“ (im ganzen Dorfe war Kathinka), die ihren Ohren sehr
zu schmeicheln schienen. Auch gefiel ihnen das deutsche Lied: „Es ritten drei
„Reiter zum Thore hinaus.“ Der Grieche hatte mich längst hinter dem
Rücken des Türken bemerkt und fragte mich in einer Pause, sich zu mir wen=
dend, „ob ich nicht eine Tasse Kaffee von ihm annehmen wollte“, und dar=
auf sagte der Schwiegersohn, „er bäte, daß ich von ihm auch eine annähme“,
und die Tataren rund herum sagten auch: „von uns doch auch!“ Ich dachte
mir gleich, daß es wohl Sitte bei ihnen sein müßte, Fremden Kaffee anzu=
bieten, und erwiderte ihnen daher, ohne zu lächeln, „ich dankte ihnen recht sehr
„für ihre freundlichen Offerten, aber ich hätte schon zwei Tassen getrunken
„und möchte so spät in der Nacht nicht gern meine arme Seele noch mehr er=
„hitzen, die, weil ich ein geplagter Reisender sei, der Ruhe bedürfe.“ —
„Ruhe zum Schlafen?“ sagte der Grieche, „o das ist schön! dann dürfen
„Sie mir diese Tasse Krambamboli nicht ausschlagen, die hilft trefflich zum
„Schlafe!“ — Das Wort Krambamboli elektrisirte mich etwas, denn seit der
Universität hatte ich es nie und nirgends mehr nennen hören und fand es nun
mitten in der kleinen Tatarei wieder. Ich hatte mir bisher immer gedacht,
daß dieses Wort irgend eine kraftvoll=fantastische Lautzusammensetzung deut=
scher Studenten sei, um irgend ein pikantes idealisches Getränk zu bezeichnen,
und nun fand ich hier wirklichen flüssigen, trinkbaren „Krambamboli.“ Un=
willkürlich nahm ich die Tasse in die Hand und fragte: „Nennen Sie das
„Krambamboli?“ — „Ja,“ wiederholte der Grieche, „das ist Krambamboli
„und zwar feiner, in Nikolajew gemacht.“ Ich trank davon und fand einen

rosenrothen honigsüßen schwachen Liqueur. So freundlich der Grieche auch gegen mich war, so spielte er doch eigentlich den Hauptfuchs bei der ganzen Geschichte, der jenen gutmüthigen tatarischen Bären diesen Honig um den Mund schmierte, um ihnen das Fell ein Bißchen zu kämmen. Der Kaffee= hausdiener erzählte mir eine lange und breite Geschichte, die ich seines schlechten Russisch wegen nicht ganz verstand, woraus aber doch so viel zu ersehen war, daß der Grieche von dem hier in den tatarischen Seelen, Ohren und Magen niedergelegten Capitale von Freundschaft, Musik und Krambamboli gewiß seine gehörigen Zinsen einzuziehen wissen werde.

Am anderen Morgen jagte uns die Lust, in Baktschisarai zu sein, schon früh wieder heraus. Wir bestiegen einige Minarets und schwärmten in einigen Kaffeehäusern umher, bis der Mullah der Schloßmoschee sich erhoben und die Schlüssel zum alten Chanen=Kirchhofe gefunden hatte. Ich muß gestehen, daß, wenn ich schon im Palaste und seinem Garten hier und da Gelegenheit fand, mich über manche Sachen zu wundern, die ich in der Residenz der so sehr als barbarisch verschrienen tatarischen Fürsten durchaus nicht zu finden geglaubt hätte, jetzt auf dem Kirchhofe der Chane mein Erstaunen auf's Höchste stieg. Ich fand auch hier so viele Spuren von Humanität und Frömmigkeit, daß ich recht lebhaft empfand, wie sehr die Geschichte nur allzuhäufig die Rolle einer bloßen Schreierin macht, die alle unerhörten, Eclat machenden Dinge ausposaunt und so selten die versteckteren Begebenheiten an's Tageslicht bringt. Sie stößt beständig in die Posaune und kann auf diesem Instrumente dann nicht die feinen Melodieen hervorbringen, die nöthig sind, das Zarte und Kleine zu feiern und zu besingen. Jede Nation hat zwei Seiten, eine rauhe und eine zarte. Jene kehrt sie ihren Feinden und Nachbarn zu, diese birgt sie tief im Inneren ihres Busens; jene kennt alle Welt, diese kennt sie nur selber am besten. Daher kommt es denn auch, daß die Nationen sich gegenseitig nicht leiden können, und jede sich selber im Grunde des Herzens für die beste, liebenswürdigste und edelste hält, indem sie bei ihren Nachbarn auf so viele Härten und Schroffheiten stößt, bei sich zu Hause aber so viele Theilnahme, Liebe und Edelmuth findet. Die Geschichte hat es sich zum Hauptgeschäfte gemacht, die Effecte des Zusammenstoßens jener rauhen Außenseiten der Na= tionen zu verkünden, läßt aber so oft ihr liebenswürdiges Innere unberührt. Jeder Reisende daher, der in die Krim kommt, ist gewiß sehr wohl unterrichtet über die abscheulichen Plünder= und Mordbrennerzüge der Tataren und kann aufzählen, wie oft sie Moskau verbrannten, Kiew zerstörten und War= schau und Wilna bedrohten. Er geräth dann nicht wenig in Verwunderung, wenn er das kleine Ländchen dieser Leute sieht, unter ihnen, die er sich ungefähr so dachte, wie die Römer die Hunnen beschreiben, wie mit dem Beile

zugehauen, lebendige Schanzpfähle mit einem darauf gemalten Gesichte, so hüb=
sche, artige, zuvorkommende Männerchen zu finden, von ihren Lippen Lehren
der Weisheit zu vernehmen und bei ihnen vor Verbrechen aller Art so sicher
zu sein wie in keinem civilisirten Lande Europas *). Denn hörte er auch
nur, wenn er nicht etwa zufälliger Weise des aufgeklärten Barons de Tott
veraltete Memoiren las, ein sterbendes Wörtchen davon, daß dieselben
Chane, welche Moskau versengten, zu Hause Weinreben pflanzten, Gerech=
tigkeit übten und an Lehren der Weisheit Freude fanden? Hielt er, bevor er
Maria Potocka's Mausoleum sah, einen Tataren=Chan wohl einer so treuen
und tiefen Liebe fähig? Und glaubte er, bevor ihm de Tott des Chan Krim=
Gerais Tod erzählte, es möglich, daß ein Chan so menschlich fühlen konnte,
um vor Gram und tiefem Kummer zu sterben. Was unsere Reitergesellschaft
wenigstens betrifft, so wußten wir alle miteinander nichts davon, daß ein
Chan auch fromm sterben und ein christliches Begräbniß haben könne, bevor
uns der Mullah den Begräbnißplatz dieser Fürsten eröffnete. Wenn man ein
Ding mit eigenen Augen gesehen hat, so werden durch die e i n e gewonnene
richtige Vorstellung alle früheren falschen so sehr verdrängt, verwischt und in
den Hintergrund geschoben, daß es schwer fällt, nachher zu sagen, wie man
früher darüber gedacht. Jedoch glaube ich, daß meine Ideen über die Begräb=
nisse der Chane ungefähr folgende sein mochten: „Die schwarzen Knochen
„dieser Schanzpfähle mit Maulwurfsaugen, die das ganze Jahr in aller Welt
„herumreiten, um Alles zu verbrennen und zu verwüsten, und die den ganzen
„Tag über den Leib voll Pferdefleisch haben, bleichen Gott weiß in welcher
„Fuchshöhle der Wüste.“ Es ist ein Zeichen unserer noch argen Barbarei,
daß wir über manche, nicht wie wir gebildete Nationen so äußerst verächtlich
denken.

Die Chane der Tataren sind nicht nur selbst alle vollzählig auf dem für
sie bestimmten Gottesacker des Schlosses zu Baktschisarai zu ihren Vätern
versammelt, sondern auch die meisten ihrer jüngeren Söhne, Töchter und
Mütter sind hier, wenn nicht mit Pracht, doch mit augenscheinlicher Sorgfalt
und Liebe begraben. Es ist ein charakteristischer Zug der russischen Nation,
die eine große Zukunft vor sich hat und sich um sentimentale Andenken nicht
kümmern kann, daß sie nur respectirt, was sich lebend geltend macht und ihre
Todten vergißt. Eben so charakteristisch ist es für die Tataren, daß sie ihre
Verstorbenen hoch ehren. Während wir daher in Moskau den Zaaren Denk=
mäler errichtet sahen, die einen Mann von Geschmack wieder aus dem Grabe

---

*) Diese große Sicherheit unter den Tataren erwähnt schon Baron de T o t t,
der noch zur Zeit ihrer Unabhängigkeit unter ihnen reiste.

erstehen lassen könnten, um diese rohe Steinlast von der Brust zu werfen,
fanden wir bei den Tataren einen so freundlichen Gottesacker, mit so
hübschen Monumenten und überhaupt so lachenden Angesichts, daß auch ein
Lebender wohl versucht werden könnte, ihn zur Ruhestätte zu wählen. Ich
muß gestehen, nach der hübschen Insel, auf welcher die gothaischen Herzöge
ruhen, möchte ich nirgends so gern das jüngste Gericht — und da dieß lange
hin ist, so lohnt sich's doch wohl, die Stelle gut zu wählen, — erwarten
als auf diesem Kirchhofe der Chane. Zweien oder Dreien von ihnen sind eigene Dürbä's (Mausoleen) errichtet. Einige liegen nebst mehren Sultanen
(Prinzessinnen), so Phera Sultane, Fatma Sultane u. s. w., vereinigt in
einem größeren Gebäude. Die meisten aber liegen im Garten selbst unter freiem
Himmel, von Bäumen und Weinlaub beschattet. Die Monumente, welche
diese letzteren haben, sind alle aus Marmor. Es sind große Marmorplatten, zu
der Form eines Sarkophages zusammengestellt. Diese offenen Marmorkasten
sind mit Erde aufgefüllt und darauf hübsche Blumenbeete angepflanzt. Auf
dem einen Ende der Sarkophage ist die sie abschließende Marmorplatte höher
als auf dem anderen. Auf der höheren Platte steht die Inschrift und oben darauf, wenn es ein Mann war, ein großer Turban, wenn ein Weib, eine persische Frauenmütze. Der Marmor ist immer sehr schön weiß, und die Gräber
sind auf's Beßte erhalten. Die Bildhauerarbeit ist an allen Monumenten nichts
weniger als roh, Alles sehr sauber und mit Fleiß gemacht. Die Schrift scheint
von arabischen Kalligraphen eingemeißelt zu sein, und wenn man sich es auch
wohl erklären kann, woher die Chane solche Künstler bezogen, so ist es doch
bemerkenswerth, daß sie es der Mühe werth fanden, sie in Thätigkeit zu
setzen. Die Räume zwischen den verschiedenen Grabmälern füllen Blumenbeete und Gebüsch aus, und über ihnen ziehen sich schattige Laubengänge von
Weinstöcken und Tikwas (Kürbissen) hin, an welchen letzteren jetzt sehr sonderbar gestaltete Früchte herabhingen, die bei einem Zoll im Durchmesser ellen-
lang waren. Die Geschichte vom Tode und vom Begräbnisse jedes Chans
war sehr interessant. Jede hatte etwas Besonderes, und nach Dem, was wir
mittels unseres Dollmetschers darüber aus dem nicht russisch sprechenden
Mullah herausbrachten, waren wir nahe daran, zu glauben, daß wir uns auf
einem Kirchhofe von lauter Selbstdenkern und originellen Philosophen befänden. Jeder hatte sich sein Grab auf eine besondere Art stellen lassen und
dabei eine besondere, ihn leitende Idee vor Augen gehabt. So hatte z. B.
Dewlet-Gerai-Chan sich zwar ein Dürbä bauen lassen, aber ein offenes,
ohne Dach, „weil," wie er sagte, „er den Himmel so schön und erhaben
„fände, daß er beständig aus seinem Grabe nur ihn, die Wohnung Gottes,
„zu sehen wünsche." Ein anderer Chan hatte sich dagegen das Mauso-

leum rings vermauern laſſen, „weil,“ wie die Inſchrift lautete, „er ſich „nicht werth fände, auch nur vom kleinſten Strahle der Sonne Gottes „beſchienen zu werden.“ — „Jener Weinſtock,“ ſagte der Mullah durch den Mund unſeres Dollmetſchers weiter, „wächſt auf dem Grabe von „Toktamuiſch-Chan. Dieſer Fürſt ließ denſelben über ſeinem Kopfe pflanzen, „damit er doch wenigſtens im Tode Früchte bringe, an denen ſein Leben „ſo arm ſei. Hier unter der Regentraufe des hohen Daches der Moſchee „ließ ſich Selim-Gerai-Chan begraben. Er wählte dieſe Stelle, wo der Regen „ſtets auf ihn herabträufelt, weil, wie er hoffte, dieß Himmelswaſſer ihn mit „der Zeit rein waſchen könnte vom Schmuze ſeiner Sünden, deren er ſo viele „zu haben wähnte, wie Tropfen aus einer Wolke fallen.“ — Welche Selbſt- kenntniß gehört dazu, ſich ſo ſündhaft zu finden, wie dieſer Selim! Und welche erhabene innere Seelenbildung, um des Himmels Schönheit ſo tief zu em- pfinden, wie jener Dewlet! — Die Moſchee des Palaſtes iſt die größte in Baktſchiſarai. Sie iſt von Sehlamet-Gerai-Chan erbaut zur Ehre Gottes, und um für ſich und ſeinen Vater Gottes Gnade zu erlangen. Die Inſchrift, welche dieß verkündet und nicht wie unſere europäiſchen Inſchriften im höl- zernen Lapidarſtyle, ſondern wie alle orientaliſchen im Schwunge einer Dithy- rambe abgefaßt iſt, lautet, wie folgt: „Wer war Hadſchi-Selim-Gerai? „Hadſchi-Selim war der ausgezeichnetſte aller Chane. Er war Gottes Heros! „Möge Gott ihm die Güter des ewigen Lebens verleihen zur Belohnung für „dieſe Moſchee, die ſein Sohn erbaute.“

„Hadſchi-Selim-Gerai-Chan in ſeinem Weſen iſt vergleichbar dem Ro- „ſenſtrauche. Der Sohn, welcher von ihm gezeugt wurde, iſt eine Roſe. „Beide, Roſenſtrauch und Roſe, wurden zu ihrer Zeit mit Ehren gekrönt im „Palaſte.“

„Selim-Chan's einzige friſche Roſe iſt der Löwe des Padiſcha (türkiſchen „Kaiſers) geworden, der Chan der Tatarei Sehlamet-Gerai.“

„Mit dieſer Inſchrift hat Gott meine Wünſche in Erfüllung gehen laſſen. „Gott dem Herrn allein zu Ehren hat dieſe Moſchee erbauen laſſen Sehlamet- „Gerai.“

Die Moſchee ſelbſt iſt ſo einfach wie das Gotteshaus einer Gemeinde von Reformirten, und man kann es ſich erklären, wie die Mohamedaner, die an ſolche leere Räume gewöhnt ſind, uns Chriſten für Götzenanbeter halten können. Der Boden der Moſchee war mit ſchönen ägyptiſchen Teppichen be- deckt, und auch hier fühlten wir wiederum, wie ſehr die Andacht durch ſie und das Stiefelausziehen befördert wurde, und wie wunderbar — welche Senſation kein Chriſt in ſeinen Kirchen mit ſeinen lärmenden Füßen je erfährt — fromme Gefühle aus den Fußzehen in das Herz ſtrömen. Statt der in

unferen chriftlichen Kirchen fo häufigen, oft fowohl Auge als Herz beleidigen=
ben Darftellungen aus bem Marterleben von Heiligen und aus der Vertilg=
ungsgefchichte von Ketzern, ftatt der Märtyrergerippe und der zahllofen lächer=
lichen Reliquien fanden wir, wie bei den Proteftanten, nur finnreiche Sprüche
an die Wand gefchrieben, die meiften über den Fenfteröffnungen. Solche
Sprüche waren z. B.: „Gott allein und kein Anderer kann Allen den Weg
„der Wahrheit anzeigen."

„Hienieben, wie im anderen Leben, erlangt man das Heil nur durch ge=
„rechte Gedanken."

„Ein Jeder hienieden und in der anderen Welt wird Ruhe und Glück nur
„in der Einfamkeit finden."

„Gottes Wille gefchehe überall."

Einige waren freilich mehr mohamebanifch:

„Durch deine Einficht, Prophet, ift die Welt erleuchtet."

„O Herr! Schatz der Gnade und Milde, befreie uns von den fieben
„fchrecklichen Uebeln der Hölle."

„Mein fehr geliebter Prophet! Ich habe dich in die Welt gefchickt zum
„Heil aller Völker."

Ueber dem Teppiche, wo der Priefter mit nach Mekka gewendetem Ge=
fichte zu knieen pflegt, ftanden die Worte gefchrieben, welche für die Quint=
effenz der mohamebanifchen Lehre gehalten werden: „Gott ift Gott und Mo=
„hamed fein Prophet." Der Mullah bictirte fie uns fo in die Feber: „La il=
„lahe illalla Mahomet reffu lulla." Darunter war auf einem kleinen Perga=
mente innerhalb eines Kreifes gefchrieben das Lob der ganzen inneren und
äußeren Schönheit des Propheten, feines Herzens, feines Geiftes, feines
Muthes, feiner Augen, feiner Lippen, ja auch feiner Zähne — wie man denn
auch in den Häufern der Mohamebaner oft folche mit diefem Lobe befchriebene
Zettelchen aufgehängt findet. Nicht weit davon war ein merkwürdiges Bild
auf langem Papiere angenagelt. Wir meinten anfangs, es fei vielleicht ein
Panorama der Felfen, die Baktfchifarai umgeben, doch unterrichtete man uns,
es fei die getreue Darftellung der beiden heiligen Städte Mekka und Medina.
Von Reliquien fand fich nur, ebenfalls übrigens einfach an die Wand genagelt,
ein fchwarzer Flicken, den fromme Pilgrimme von Mekka als ein Stück der
fchwarzen Decke der Kaaba mitgebracht hatten.

Ueber beiden Infchriften hingen hoch, der ganzen Mofchee fichtbar, drei
Straußeneier. Sie waren an grünfeidene Schnüre aufgehängt, und grün=
feidene Quaften fielen aus ihnen hervor. Der Mullah, den wir fragten, was
fie zu bedeuten hätten, erklärte uns, daß die Gläubigen dadurch zu fteter
Spannung ihrer Aufmerkfamkeit aufgefordert werden follten. Wenn der Strauß

nämlich nicht beſtändig auf ſeine Eier hinblickte und ſie in Acht nähme, ſo
würde der Keim des Lebens in ſeinen Eiern getödtet und ſie brächten keine
lebendigen Früchte. Eben ſo nun ſollten auch die Gläubigen beſtändig auf
Das, was ſie vor hätten, ſchauen und Acht haben, damit ihr ganzes Leben
nicht ein hohles Ei bleibe. — Dieſe Deutung ſchien uns freilich ein wenig
weit hergeholt zu ſein, doch bekamen wir ſpäter auch noch in anderen Metſcheds,
wo wir ebenfalls ſolche Eier fanden, dieſelbe Erklärung. „Taube Straußeneier“ mag indeß bei den Arabern ein bekanntes Sprichwort ſein, das vielleicht
durch irgend eine Erzählung oder Deutung im Koran geheiligt iſt.

Bis ſo weit fanden wir nun freilich Alles, was wir von dem mohamedaniſchen Gottesdienſte geſehen hatten, recht anſprechend und zum Theil ſogar
hoher Bedeutung voll. Jedoch ſollten wir nun auch noch einen recht häßlichen und abſcheulichen Auswuchs dieſes Gottesdienſtes kennen lernen. Wir
hatten nämlich den Geſang und Tanz der Derwiſche gewünſcht. Gewöhnlich und
gratis wird dieſes Schauſpiel nur am Freitage gegeben, für Geld und gute
Worte kann man es aber auch außer der Zeit anſchauen. Als wir die Be-
ſichtigung der Moſchee beendigt hatten, waren nun ihrer acht zuſammen-
gekommen, an die ſich während der Action noch zwei anſchloſſen. Sie waren
alle von verſchiedenem Metier, der eine ein Schuſter, der andere ein Zim-
mermann, der britte ein Garkoch. Sie hatten auf den Ruf des Oberhauptes
der Derwiſche ihre Werkſtätten ſo eben verlaſſen, von denen noch ein jeder
einige Kennzeichen an ſich trug. Nur ihr Oberhaupt, das auch bei'm Tanze und
Geſange als Vorſänger präſidirte, hatte prieſterliches Gewand und Turban.
Sie ſtellten ſich im Kreiſe umher, ſteckten die Köpfe dicht zuſammen und
fingen damit an, zuerſt ganz vernünftig und leiblich wohllautend ihr „la
„illahe illalla Mahomed reſſu lulla“ zu ſingen. Indem ſie aber dieſe Worte
beſtändig und immer ſchneller wiederholten, ſchmolz dieſe ganze, doch ziemlich
lange Redensart zuletzt in einen einzigen unarticulirten Laut zuſammen. Der
Geſang wurde endlich ein bloßes Schluchzen und Ruckſen und klang eine Zeit lang
ganz und gar dem Arbeiten von einem Dutzend Holzſägen nicht ähnlich, ſondern
vollkommen gleich. Da die Sänger jedoch aus einem Grade ihres ſonderbaren Enthuſiasmus immer in einen noch höheren übergingen, ſo änderten
ſich die Töne beſtändig. Wir begriffen zuletzt gar nicht mehr, mit welchen
Organen ſie ſolche Laute hervorbringen, denn Zunge, Lippe, Gaumen und
Kehle konnten kaum dazu ausreichen. Wir hätten ohne Zweifel das Concert
einer Herde Schweine, Löwen, Wölfe und Ochſen weit menſchlicher gefunden. Da ſie bei jedem der ſich ſchnell folgenden Laute allemal den Mund
weit auffperrten und mit dem Körper beſtändig wie die Sägemänner ſägend
zuſchnappten, ſo geriethen ſie dabei zuletzt ganz in Schweiß, und Einigen

stand buchstäblich der Schaum vor dem Munde. Die einzige Stimme, an welcher das arme, gefolterte Ohr, wie an einem im Wellensturme oben schwimmenden Brete, einen Haltpunct, eine Erholung und Rettung fand, war die des Derwischvorstehers. Er behielt seine ganze mitgebrachte Würde bei, und seine Stimme schwamm beständig in verständlichen Melodieen oben über dem chaotischen Gewirre der übrigen. Ich kam dieser Stimme wegen auf den Gedanken, daß die Leute mit ihrer dramatischen Darstellung etwa das Toben der bösen Geister der Unterwelt oder der menschlichen Leidenschaften und die darüber herrschende und beruhigend waltende Idee der Gottheit ver= sinnlichen wollten. Als sie auf die besagte Weise den Gesang jener Redensart zum gräulichsten Tonungethüme verunstaltet hatten, hörten sie plötzlich eine Weile auf und nahmen dann eine andere Redensart auf, die sie ganz auf ähnliche Weise wie die vorige behandelten und durchführten. Als nun zuletzt noch diese guten, ehrlichen Bärte, die wir bei ihrem Eintritte für ehrbare und stille Bürger halten mußten, gar in die abscheulichsten Ver= zuckungen ihrer Glieder verfielen, sich auf ein Bein stellten und mit der Schnelligkeit von Kreiseln um die eigene Achse ihres Leibes drehten, da war es uns, die wir anfangs in das ärgste Lachen hatten ausbrechen wollen, nicht mehr möglich, uns zu halten, und wir riefen mit dem Schrei des Schmerzes und fast der Verzweiflung dazwischen, sie sollten dem tollen Wahnsinne ein Ende machen. Etwas Furcht war auch mit dabei, denn wir dachten nicht anders, als daß einige von ihnen auf der Stelle ihren Geist aufgeben müßten, und wir dann die Schuld tragen würden, aus bloßer Neugier den Tod eines unserer Mitmenschen veranlaßt zu haben. — Bei'm trübseligen Anblicke dieser abscheulichen Ceremonie des Derwischtanzes ge= wannen denn doch wieder bedeutend alle Ceremonieen unserer christlichen Kir= chen, die doch nirgends eine solche Mißgeburt zu Tage gebracht haben. Es erscheint dieselbe um so mehr als Mißgeburt, da die Mutter — ich meine den mohamedanischen Gottesdienst — doch immer sonst so anständig und würdevoll einherschreitet.

Die Mauern Baktschisarai's umschlossen außer dem Beschriebenen noch sonst wohl Manches, was unsere Wißbegierde hätte fesseln können, doch war es uns nicht beschieden, mehr von diesen Dingen zu naschen. Unser Drei= gespann — denn bis Sewastopol geht es noch immer auf ebenen Wegen mit dem Wagen — stampfte schon ungeduldig im Palasthofe. Wir setzten uns auf unseren hohen Polsterthron, denn auf russischen Postwagen muß man sich immer einen solchen von Heu, Kissen und Polstern geschickt bauen lassen, wenn man einigermaßen seine Bequemlichkeit liebt, und jagten, dem mit zwei gro= ßen, pfundschweren Medaillen um den Hals geschmückten, tatarischen Onbaschi

(Vorgeſetzten) des Schloſſes unſeren Dank ſagend, davon, indem wir im
Vorbeifahren noch ein Mal alle die belebten Scenen, welche Baktſchiſaraï's
Straßen boten, uns beſchauten und dann unſere Gedanken dem alten
Cherſoneſus und dem neuen Sewaſtopol zuwandten, denen wir uns nun
mit raſchen Schritten näherten.

Sewaſtopol.

„Wer ſich ſelbſt und And're kennt,
„Wird auch hier erkennen,
„Orient und Occident
„Sind nicht mehr zu trennen.“

Der Weg von Baktſchiſaraï nach Sewaſtopol führt zwiſchen den
nördlichen Vorbergen der ſüdlichen hohen Gebirge hin. Eigentlich ſind es
nicht ſowohl aneinander gereihte Bergkegel als vielmehr nur lange einförmige
Mauern, die in nicht ſehr hohem Grade zertrümmert wurden. Sie ſtreichen
alle parallel mit der ſüdlichen Hauptkette, von Weſten nach Oſten, bilden
ziemlich einförmige Längenthäler, und werden hin und wieder von kleinen
Flüſſen in Querthälern durchſetzt.

Wir fuhren lange Zeit in einem jener Längenthäler hin, welches ſo
wie das darin niſtende Dorf „Duwankoi“ hieß. Das Dorf iſt eben ſo
lang wie das Thal und unter den obſtbauenden Orten der Krim einer
der vornehmſten. Die Häuſerchen liegen alle unter großen Obſtbäumen vergraben, und überall waren die Leutchen beſchäftigt, die ſchönen rothen Früchte
einzuernten, die hier für Petersburger Liebhaber zeitigen. Da meine Reiſegefährten auf der Poſtſtation des Orts ein Sſamowar fanden und ihre Seele
an den heißen Quellen deſſelben mit Muße badeten, ſo gewann ich Zeit, einen Spaziergang durch das Dorf zu machen.

Als ich auf den kleinen Fußſteigen, die unter den Obſtbäumen von
Haus zu Haus führten, hinſchlenderte, traf ich auf einen alten Ruſſen, der
mich anredete und fragte, ob ich etwa ein Liebchen unter den Tatarenmädchen
hätte, da ich auf ſolchen Schleichwegen ginge. Ich möchte mich in Acht
nehmen, denn in dieſem Puncte wären die Tataren böſe. Er ſelbſt wäre
ſchon alt und lange im Ort, doch wage ſogar er es nicht, überall hinzugehen.
Ich bat ihn, er möchte ſich mit mir zuſammenthun, ſo wären wir beide
ſtärker, und ſo wanderten wir denn auf allerliebſten Obſtbaum=Fußſteigen
zum „Ismael Chaltſcha,“ einem ſeiner Gaſtfreunde, der uns freundlich empfing und mit Aepfeln bewirthete. Wir fanden Alles recht nett und
reinlich bei ihm und bekamen auch Erlaubniß, in ſeine Küche zu gehen, wo

ſeine Weiber kochten. Sie machten „Kebob," wie man ſie auch in den
tatariſchen Garküchen bekommt. Es ſind dieß kleine zarte Lammfleiſchſtück=
chen, die, auf krumme Haken geſpießt, der Reihe nach im Ofen aufge=
hängt und ſo gebraten werden. Man nimmt eine Portion davon in die
Hand und ißt ſie wie Kaſtanien. Wir mußten auch einige Kebobs nehmen
und wurden dann mit freundlichen Glückwünſchen entlaſſen. Ich dankte
dem Ruſſen mit „proschtschaitje" und dem Tataren mit Handküſſen und
flog in raſcher Troika meinen vorangeeilten Gefährten nach.

Auf das Obſtthal Duwankoi folgte das Fruchtthal „Belbeck," das
uns aber nur mit ſeinem Namen an Syrien erinnerte. Denn ſonſt war
hier weder eine Spur berühmter Ruinen, noch auch ein Stäubchen be=
rüchtigten Sandes, vielmehr Alles lebendig und apfelbaumgrün.

So ging es fort bis dahin, wo die graue Woge des Meeres wieder anfing,
ſich in unſere Ausſicht zu miſchen. In der Nähe der Küſte wird Alles baum=
los und kahl. Um nach Sewaſtopol zu gelangen, wendet man ſich links
an der Küſte hin nach Süden bis zu einer Meeresbucht, über welche man ſich
in großen Booten überſetzen läßt, da ſie mit ſchroffen Ufern ſehr tief in's
Land hineingeht und ihre Umgehung alſo einen bedeutenden Umweg veran=
laſſen würde. Dieſſeits der Bucht kommt man noch an eine Feſtung mit
hohen Erdwällen vorbei, deren Beſtimmung ſchwer zu errathen iſt, weil ſie
weder eine auf irgend eine Weiſe feſte Poſition gewählt hat, noch mit ihren
Kanonen irgend etwas Anderes als Steppe beſtreichen kann.

Zwiſchen dieſer Feſtung und der Bucht war ein Lager von Truppen
aufgeſchlagen, die zum Bau der Feſtungswerke von Sewaſtopol verwendet
wurden. Wir paſſirten die Kriegsmänner in Frieden und fuhren am Ufer
hinab zur Fähre, und da enthüllte uns denn die mächtige Sewaſtopolis,
die heutige Königin des ſchwarzen Meeres, ihr mit gewaltigen Batterieen
umhelmtes Antlitz.

Der Anblick von Weitem iſt herrlich. Die Stadt mit allen ihren am
hohen Ufer aufgetempelten Gebäuden ganz neu und jung, die hübſche Admi=
ralität, das friſche Arſenal, die ſchmucken Mauern und Kirchen, die ſich
hart am Meere auf Vorſprüngen und an Abhängen drängen. Draußen das
wogende ſtets dräuende Meer, drinnen die ſchönen ſtets ſicheren Buchten, in
die ſich die kryſtallenen Wellen retten und zu nie geſtörter Ruhe in großen
Felſenbetten niederlegen. — Zu dieſer Ruhe der Natur die Geſchäfte und
Regſamkeit von 40,000 bis 50,000 Menſchen *), die auf dem Lande und

---

*) Es iſt mehr als lächerlich, wenn man in unſeren Statiſtiken (z. B. noch
in der neueren von Schnitzler) lieſet, daß Sewaſtopol nur 5,000 Einwohner habe.

Wasser wimmeln. Das Alles bezaubert, wenn man aus den friedlichen Obstdörfern der hinvegetirenden Tataren plötzlich auf eine so kriegerisch belebte Bühne der aufstrebenden Russen tritt.

Die Meer = Verengung, welche hier landeinwärts geht, spaltet sich in mehre Buchten, auch von den Russen „Bukta" genannt, „die Quarantäne= Bucht," „die südliche," „die Schiffs =" und die „Artillerie = Bucht." Die „korabelnaja Bukta" (Schiffsbucht) ist aber die schönste und größte. Sie war jetzt voll von Schiffen. Denn gerade vor ein paar Tagen war die Flotte vom Kaukasus zurückgekehrt, wo ihr die Stürme und Tscherkessen einen so üblen Streich gespielt hatten. Wir segelten bei einer schönen Fregatte vorbei, die in Quarantäne lag. Die ganze Mannschaft hatte ihre 800 Jacken und Hosen an den Raaen aufgehängt, um ihnen die Pest aus= zutreiben. Ganz dicht streiften wir bei den Kanonen der kleinen Brigg Mer= cur vorüber, die sich im letzten Türkenkriege unter Anführung des Kapitáns Kasarski so tapfer gegen drei große osmanische Schiffe schlug. Aus der Ferne dämmerte das ungeheuere Linienschiff Warschau herüber, das mit hun= dert Mal schwererem Kriegsgeräthe auf den scherzenden Wellen tanzte, als das trojanische Pferd auf ächzenden Rädern wälzte.

Die meisten und besten Befestigungswerke von Sewastopol rühren aus der Regierungszeit des jetzigen Kaisers her, so die Redoute oder das Fort „Ale= xander" am Eingange der Bucht nach dem Meere hin, ebenso die Befestig= ung oder Bastion „Nicolai," welche unmittelbar die Stadt umgürtet und noch nicht völlig beendigt ist. Das Material zu diesen Befestigungen ist ein weicher Kalkstein, den man in der Nähe der Stadt bricht. Der Stein ist dem Muschelkalke, aus welchem Odessa gebaut ist, sehr ähnlich und so äu= ßerst nachgiebig und mürbe, daß die Mauern von den feindlichen Kugeln, die darin wie in Sand stecken bleiben werden, wenig zu fürchten hat, desto mehr aber wahrscheinlich vom Zahne der Zeit, der sie wie Zunder zerreiben wird. Man sieht dieß an den Häusern von Odessa, die alle von selbst wieder übereinanderfallen. — Für jetzt freilich steht Alles recht glatt und geradlinig da, und es kann auch eine Zeit lang noch so stehen und den russischen Schif= fen, wenn sie ein Mal in den Dardanellen vor englischem Salpeter zurück= weichen sollten, eine sichere Zuflucht gewähren. — Auch haben sich schon jetzt einige Leute die Stirn daran wund gerannt, nämlich ein paar „Pobrädschiks"

Bleibende Einwohner hat die Stadt 10,000. Dazu kommen aber noch die be= ständig an den Festungsbauten beschäftigten Landtruppen, deren jetzt nahe an 30,000 die Stadt umlagern, ferner die große Mannschaft der zahlreichen Kriegs= schiffe, die hier ihre regelmäßige Station haben.

(Bau = Unternehmer), die mit dem Gelde zu kurz ſchoſſen und nun im Ge=
fängniſſe ſitzen.

Der „Sieur Cabalzar" erblickte im Canton Wallis das Licht der
Schweizer Welt und trieb ſich hier und da in verſchiedenen Landen umher,
bis endlich der Strudel der Ereigniſſe ihn vor zehn Jahren nach Sewaſtopol
führte, wo er nun einer Wirthſchaft vorſteht, in der auch wir uns heute
auf eine frugale Suppe zu Gaſte luden.

Da wir nicht Zeit genug hatten, alles Alte und Neue der Stadt und
Umgebung zu beſichtigen, ſo theilte ich mich mit meinen Reiſegefährten in
die Welt ſo, daß ich die Vorwelt und ſie die Jetztwelt nahmen. Sie beſich=
tigten die neuen Waſſerleitungen von Inkerman, und ich flüchtete mich
zu den Ruinen des alten griechiſchen Cherſon. Der Sieur Cabalzar
zäumte ſeinen Einſpänner auf und hatte die Güte, mich auf meiner Ausflucht
zu begleiten. — Wir kutſchten die Straßen von Sewaſtopol bergauf und
bergab zwiſchen allen den vielen kleinen Häuſern hin, die hier wie Pilze aus
dem Boden ſchießen, aber wie Kirſchbäume Frucht tragen, denn die Miethe
der Häuſer iſt hier wegen der vielen aus = und einwandernden Offiziere hoch,
und wer nur ſo viel Capital hat, um ſich ein kleines Dach und Fach zuſammen=
zuzimmern, der kann ſich mit Gemächlichkeit einer kleinen Revenue erfreuen.

Die Umgegend von Sewaſtopol iſt ſo kahl wie ein raſirter Türken=
ſchädel. Nicht ein einziges Bäumchen ſchmückt dieſe öde Gegend. Ebenſo
wüſt iſt die ganze cherſoneſiſche Halbinſel, die ſich in der ſüdweſtlichen Ecke
der Krim wie eine Naſe nach Weſten herumdreht. Es iſt dieſelbe ein flaches
einförmiges Plateau, das alle charakteriſtiſchen Merkmale der Steppen an
ſich trägt. — Der Mittag war unbarmherzig heiß, und wir konnten nicht
umhin, uns bei einem Brunnen am Meere ein wenig zu erfriſchen. Dieſer
Brunnen war mit einer hohen Mauer umgeben und mit einer Thür nach
dem Lande und einer nach dem Meere verſehen. Es können nämlich auch
die in Quarantäne Liegenden ihren Durſt daraus ſchöpfen. So lange ſie
darin ſind, wird die Landthür zugehalten, und wenn die Landleute darin
ſind, ſo müſſen die Seeleute warten. Bei ſolchem Wechſel mag es doch
ſchwer ſein, wohl jedes Peſtſtoff = Stäubchen zu beaufſichtigen.

Das alte Cherſon lag im Weſten ſeiner Nachfolgerin, des heutigen Se=
waſtopol, an der ſogenannten Quarantäne = Bucht. Da dieſe Bucht ſehr
klein und unbedeutend iſt, und die, an denen Sewaſtopol liegt, in jeder
Hinſicht vorzüglicher und faſt dem goldenen Horn von Konſtantinopel ver=
gleichbar, ſo begreife ich gar nicht, warum die Cherſoniten dieſe Situation
wählten. Eine Blindheit bei ihnen zu ſupponiren, wie ſie den Nachbarn

von **Byzanz** Schuld gegeben wird, ist nicht statthaft, weil die Baien allzu-
nahe sind. Es muß sich die Sache aus anderen Verhältnissen erklären.

Von Ruinen Chersons kann man gar nicht sprechen, höchstens nur
von Trümmern. Das Einzige, was noch von dieser einst so mächtigen Republik aufrecht steht, sind ein paar Stücke ihrer Mauern und in dem einen
derselben eine Art von Durchgang oder Thor. Sowohl Thor als Mauern
geben übrigens keinen sehr vortheilhaften Begriff von den Architekten des alten Cherson, denn sie sind ohne alle Zierde und Accuratesse gebaut, weiter
nichts als eine Menge über einander gehäufter Steine verschiedener Größe
und Form mit dazwischen geworfenem Kalke. Und dennoch ging ich nicht
ohne Wollust durch dieses so einsam trauernde Thor ein und weilte unter
seinen niedrigen Bogen. Denn jede Ruine hat etwas unbeschreiblich Rüh-
rendes, besonders aber ein Stadtthor, zu dem die Fremdlinge einzogen, die
Todten hinauswanderten, bei dem die Heimkehrenden freudig begrüßt, die
Abschiednehmenden beweint wurden. Dasselbe ist's bei einem Hause; wenn
das ganze Hinterhaus auch noch steht, so kann das die fehlende Thürschwelle
nicht ersetzen. Sie allein macht mehr Effect als alles Uebrige.

„Mais entrez donc Monsieur! entrez!" rief mir endlich ungeduldig
der Sieur Cabalzar zu, „sehen Sie doch diese Zerstörung! Ach es ist erschreck-
„lich, was hier für Menschheit muß umgekommen sein! Et tout cela a
„fait la guerre! Ah! Monsieur, la guerre c'est la chose la plus dete-
„stable!" — In der That, die Zerstörung Chersons ist so groß, daß sie
kaum mehr grausig ist. Eine Leiche, die in Staub gefallen ist, ergreift uns
nicht mehr. Das alte Cherson war wohl aus demselben mürben Steine gebaut, aus dem das heutige Sewastopol gemauert ist. Man sieht daher
nirgends Etwas, was noch eine bestimmte und interessante Form behalten
hätte, keine Säulen, keine Capitäler, keine Thürme u. s. w. nur eine ungeheuere Menge unordentlich durcheinander geworfener, von Unkraut durchwach-
sener Steine, an denen die Naturkräfte bereits alle Spuren von Menschen-
hand verwischt haben. Manche dieser Steinhaufen liegen in vier parallelo-
grammartig zusammengesetzten Reihen an einander und bezeichnen so noch
die Mauern der Häuser oder Einfassungen der Gehöfte. Auch erkennt man
noch hier und da den Lauf der alten Straßen, zu deren Seiten die Steine in
langen Reihen etwas höher liegen. Unter der Erde conservirt sich natürlich
Alles immer besser als oben, weshalb man denn auch noch einen Brunnen
findet und ein ziemlich gut erhaltenes Souterrain einer Kirche, in welches man
durch eine runde Oeffnung im Gewölbe hineinblicken kann. Es ist drinnen
Alles voll Grus und Schutt, auf dem obenauf ein marmorner Säulenknauf
liegt. Auf der Oberfläche der Erde sieht man noch einige Ueberreste der

Mauern der alten Kirche nebſt einer umgeworfenen Säule, in die ein
Kreuz eingehauen iſt.

Man hat jetzt ausgemacht, daß dieſe letztgenannten Gemäuer die Trüm=
mer der alten, denkwürdigen Kirche ſind, in welcher Wladimir der Große
den ihm von Konſtantinopel kommenden chriſtlichen Glauben annahm, und
von der auch jene alten erzenen, cherſoneſiſchen oder korſun'ſchen Thüren
herſtammen, die man noch heutiges Tages in der Sophienkirche in Novgorod
bewundert. Ich weiß nicht, worauf ſich dieſe Behauptung ſtützt, doch kom=
men mir jener Säulenknauf und der mit dem Kreuze bezeichnete Stein ſehr
verdächtig vor. Allein die Sache iſt richtig gemacht und bereits Befehl ge=
geben, die Kirche zum Andenken an jenes Ereigniß wieder aufzubauen. Auch
der Kaiſer von Rußland hat die Ruinen von Cherſon bei ſeiner Anweſenheit
in der Krim beſucht.

„Mais regardez donc, Monsieur, tout, ce qu'a fait la guerre!" rief mir
mein Sieur von einem kleinen Hügel zu, den er erſtiegen hatte und der mitten
in der ganzen großen Trümmerwüſte lag. Er hatte ſelbſt Schutt und Steine
auf ſeinem Gipfel und mochte früher Tempel oder andere öffentliche Gebäude
der Stadt getragen haben. Man überſah von da aus die ganze Trümmer=
fülle der Umgegend, die ſich bis an's Meer und weit in die Landſchaft hinein
erſtreckt. Am Fuße dieſes Hügels, hart an einer kleinen Meeresbucht, liegt
jetzt ein großer Sſalgan (Talgſiederei), wo auch faſt alles Vieh für die Flotte
geſchlachtet wird. Man könnte auch ſagen, es ſei eine Fiſchmaſtung, denn
alles Blut und alle Eingeweide der Ochſen gehen in's Meer für die Fiſche,
von denen die Bai wimmelt.

Unſer kleiner Einſpänner hatte, indeß wir ſo die Bühne der Vorzeit
durchſchweiften, ruhig die Gegenwart bei'm Schopfe ergriffen, und wir fanden
ihn noch vor dem Thore der Cherſoniten, gemüthlich Kräuter ſuchend. Heim=
kehrend erlabten auch wir unſer Leibliches mit einem Gläschen Cypernwein
bei'm Griechen Kukuli, der einen großen Weinkeller für die Sewaſtopol'ſchen
Offiziere hält. Man trinkt hier ungefähr wohl noch dieſelben Weine, wie
zu Anakreon's Zeit in Cherſon, lauter Inſelgewächſe, Cypern, Santoriner,
auch Malvaſier. Doch den Chier verlangte ich vergebens. Mir trug dieſer
Beſuch noch die Bekanntſchaft des deutſchen Klempners Müller ein, der für
alle Leuchtthürme des ſchwarzen Meeres die Lampen verfertigt. Er gehört zu
den bei der Flotte Angeſtellten und hat dafür den ſonderbaren Titel „Tſcher-
„nomorski Lampist" (der Lampiſt des ſchwarzen Meeres). Ich begleitete ihn
in ſeine Werkſtatt, wo Alles recht ſolid und deutſch und mit blinkerblanken
Meer=Erleuchtungs=Apparaten erfüllt war. Es giebt jetzt an den ruſſiſchen
Küſten des ſchwarzen Meeres bereits zwölf Majaks (Leuchtthürme), zwei bei

Sewaſtopol, welche die Schiffer in e in e Linie zu bekommen ſuchen müſſen, um richtig in den Hafen zu treffen, zwei in der Nähe von Odeſſa, zwei im Kimmeriſchen Bosporus, und noch einige andere an anderen Puncten. Auch werden noch einige neue Bauten projectirt, und ſo kann denn das „ſchwarze Meer" bald wieder umgetauft werden in „helles Meer", wie es ja ſchon früher einmal aus einem „Axinus" ein „Euxinus" wurde.

Die Stadt S e w a ſ t o p o l iſt eine rein ruſſiſche mit einer kleinen Bei= miſchung von Griechiſch. Von dem ehemaligen tatariſchen „Aktiar", das hier ſtand, iſt nicht eine Spur mehr vorhanden, und ſelbſt alle tatariſche Bevölkerung aus der Stadt verbannt, in der ebenſo den Juden und Zigeunern zuweilen der Aufenthalt verboten iſt. Die Griechen ſind hier hauptſächlich die Weinſchenken und Kaufleute, und dann hat die Flotte des ſchwarzen Meeres eine Menge griechiſcher Offiziere. Die Bevölkerung iſt daher ſehr wenig ge= miſcht und erſcheint, wo ſie ſich zeigt, ſehr langweilig und einförmig. Faſt lauter graugekleidete, ruſſiſche Matroſen füllen beſtändig die Straßen, zwiſchen deren Nachtvögelgeſchwirre die Tagfalter, die brillanten Marineoffiziere, ein= herflattern. Die ruſſiſchen Matroſen haben keine Spur von der kräftigen Derbheit und der übermüthigen Laune, welche die Neptunskinder anderer Nationen auf dem Meere gewinnen. Sie ſind in dem dicken, maſſiven Feſt= landende von Europa geboren und erſcheinen nur auf dem Feſtlande heiter und heimiſch. Auf der See ſind ſie flau und thun's eben nur, weil ſie müſſen. Ein Ruſſe träumt auf der See ſo viel vom Feſtlande, wie ein Engländer auf der unbeweglichen Scholle von den lebendigen Wogen.

Ein Flottenoffizier hatte die Güte, mich in ſeiner hübſchen Jölle noch zu einer großen Merkwürdigkeit von Sewaſtopol zu führen, zu den wundervollen und noch im Baue begriffenen Docks der Marine. Die Hauptſache bei dieſem Rieſenwerke hat freilich die Natur gethan, denn ſie hat hier eine kleine, von allen Seiten geſchützte, lange, tiefe, gerade Bucht dazu gegeben, wie ſelbſt dieſe Künſtlerin ſie nur an wenigen Erdſtellen mit ſolcher Vollkommenheit vor= bildete. Dennoch blieb auch dem Menſchen noch genug zu thun, nachzugraben, zu glätten, zu reguliren, um auch ſeine Arbeit eine Rieſenarbeit zu nennen, obgleich es eigentlich bloßes Nachpoliren und Ausfeilen Deſſen iſt, was die Natur in den Hauptzügen bereits fertig gab. Alles, was mir der Offizier von den Docks erzählte, ging in die Tauſende und Millionen. Tauſende von Arbeitern waren ſeit fünf Jahren dabei beſchäftigt, hatten dabei ſchon, ich weiß nicht wie viele Millionen von Rubeln verzehrt, und werden im kommenden Jahrzehnde noch Billionen von Schweißtropfen dabei vergießen. Solche Waſſerbauten muß man ſehen, ſo lange ſie noch im Werke ſind, um einen

Begriff von ihrer Großartigkeit zu erhalten, denn nachher entzieht gewöhnlich wieder das zugelaſſene Waſſer den größten Theil des Vollendeten dem Auge.

Der Stein, aus dem dieſe Docks gebaut werden, iſt ein ſchöner, faſt ſchneeweißer Kalk, der äußerſt elegant ausſieht, ſo lange er noch neu iſt. Jeder Quader iſt ſo groß, daß vierzig Leute zu thun haben, ihn auf einem Karren heranzubringen. Nur hier und da ſind die Einfaſſungen und Schleuſenpfeiler von Granit. Das Auge eines Mathematikers muß ſich hier mit Entzücken weiden an allen dieſen glatten Flächen, dieſen rechten Winkeln und allen den bis auf's Härchen genau gemeſſenen und berechneten Steinzuſammenſtellungen. Bloße Nebenſachen und Kleinigkeiten ſetzen ſchon in Erſtaunen, ſo die Maſchinerie zum Auspumpen des Waſſers, die Trockenlegung und Befeſtigung eines kleinen, benachbarten, niedrigen Uferſtrichs u. ſ. w., und nun gar die ungeheueren Parallelepipeda der Baſſins ſelbſt, in denen ſolche Schwäne, wie dieſe rieſigen Fregatten ſind, ſchwimmen ſollen. In der Nähe der Docks liegen alte, abgetakelte Linienſchiffe, die den Arbeitern zur Wohnung dienen. In einem derſelben, ſagte mir der Offizier, campirten allein 2000 Mann. Das mag ein Geſumme in den engen Räumen ſein! Leider konnte ich mir ihre Wirthſchaft nicht mehr anſehen, denn ſchon ſtieg die Sonne in's Meer hinab, und wir wollten noch mit dem auftauchenden Mondſcheine weiter reiſen.

Meine Reiſegefährten traf ich in ſehr übler Stimmung. Sie hatten conträren Wind gehabt und waren lange vergebens herumgekreuzt, ohne Inkerman und ſeine Aquaducte erreichen zu können. Zu dieſem vergeblichen Streite mit den Elementen kam nun noch der noch ärgerlichere mit den Menſchen. Wir hatten nämlich zwei Wagen mit zwei Pferden beſtellt und dafür einen ziemlich hohen Preis bezahlt. Man ſchickte uns auch zwei Wagen, vor jedem aber nur ein Pferd, ſo daß es zuſammen nur zwei ausmachte, und verſicherte, man hätte uns ſo verſtanden. Ich rieth zum Frieden und zu ſchleuniger Abreiſe mit den ſo verſtandenen zwei Pferden. Auf der anderen Seite lud uns der Sieur Cabalzar freundlichſt zum Bleiben in ſeinem Nachtquartiere ein, da die Mönche des Georgiew'ſchen Kloſters, deren Gaſtfreundſchaft wir dieſe Nacht noch in Anſpruch zu nehmen gedachten, doch wohl ſchon ſchlafen möchten. Allein wir wurden Beide überſtimmt und mußten die Kriegsflamme gegen die Kutſcher ſchüren helfen. Dieſe beſchworen uns und ſagten, ſie wären nichts als Knechte, thäten den Willen ihrer Herren und führen eben ſo gern mit zwei Pferden als mit einem. Wir ſuchten alſo die Schelme in ihrer eigenen Höhle auf, die am äußerſten Ende der Stadt lag. Es ging in der Finſterniß bergauf und bergab, um verſchiedene Buchten herum, und wir wurden nun erſt die Weitläufigkeit der Stadt auf dem Communicationsweg des Festlandes recht inne. Mittels der Fähren über die Baien läßt sich Manches abkürzen. Auf dem großen Hofe der Jämschtschiks erklärten uns alle zwölf Kerls, die wir dort fanden, sie wären Knechte und dürften uns kein zweites Pferd verabfolgen. Der Herren in der Wirthschaft seien sechs, aber keiner sei zu Hause. Die Russen bilden immer zu allen Entreprisen solche saubere Cliquen. Als wir darauf, in Zorn gebracht, eine ganze Sauce unschmeichelhafter Redensarten über sie ausgossen und nicht undeutliche Miene machten, dieselbe mit der Peitsche noch ein wenig zu würzen, hoben sie die Hände zum Himmel empor und schrieen: „Thut, was Euch beliebt, „wir sind unschuldig! *) Wir arbeiten den ganzen Tag, und in der Nacht „müssen wir schlafen." — Darauf hüllten sie sich in ihre Pelze, und wir mußten einspännig abtrollen, indem unsere schelmischen Kutscher dabei in's Fäustchen lachten.

Es war schon sehr spät geworden, und es sollte noch später werden, bevor wir unser Nachtquartier erreichten. Der Weg zum Georgiew'schen Kloster zieht über jene kahle, chersonitische Steppenhalbinsel hin und ist am Tage schon ein bloßer Grasweg zum Verirren, viel mehr noch in so später Nacht, wo auch der Halbmond am Ende noch seine beiden Hörner wie eine Schnecke hinter dichte Wolken zurückzog. Das kleine Lichtlein des Leuchtthurmes, der auf der Spitze der besagten Halbinsel steht, sollte uns eigentlich immer zur Rechten bleiben, doch wurde es wider unseren Willen größer und größer, und endlich hielten unsere Fuhrleute dicht bei'm Leuchtthurme still und erklärten, sie hätten sich verirrt, und hier sei die Krim am Ende. Wir bemerkten zu spät, daß wir den ganzen Herakleotischen Chersones der Länge nach durchfahren waren, statt ihn quer zu durchschneiden, und daß wir ungefähr wieder eben so weit als bei'm Anfange in Sewastopol waren. Ich half natürlich die Leute tüchtig mit ausschelten, doch that es nur mein Mund, und meine Seele saß in innigem Behagen dahinter und freute sich, unter so besonderen Umständen auf dem alten, berühmten Chersonesus herumzukreuzen. Ueberall zur Rechten und Linken Spuren und Reste des alten Cherson, oben die uralte Ruine des Halbmondes, die unter den Trümmern der schwarzen Wolken fackelte. O, es war ein wohlthuender Genuß,

> „der Fremdlings = Reiseschritt,
> „den über Gräber
> „alter Vergangenheit
> „wir wandelten,"

---

*) Dieß ist die gewöhnliche Redensart des gemeinen Russen, wenn ihm ein Vornehmer scharf zu Leibe geht. Es heißt auf russisch: „Wasche wole! mui ne wuinowat."

und der uns denn endlich, erst eine Stunde nach Mitternacht, zu den Thoren des Klosters führte, auf das wir zielten.

Alles war schon in tiefsten Schlummer verfallen. Ob die Mönche wohl von Iphigenie träumten? Da Goethe's Iphigenie schon in's Russische über= setzt worden ist, so war es nicht unmöglich. Wir traten daher leise auf, um ihnen nicht so freundliche Bilder zu verscheuchen, tappten dem Thorwächter durch einen langen Gang nach und nahmen Besitz von der uns angewiesenen Zelle, Zimmer, Höhle oder was es sonst war. Denn wir konnten es nicht er= kennen, da Alles stockfinster war, und der Wächter uns versicherte, er könne kein Licht machen. Dienstfertig schleppte er uns ein paar große Woilok= lappen *) herbei, in die wir uns wickelten und in denen wir auf dem harten Boden um kein Haar bequemer schliefen als Orest und Pylades vor dritte= halb Jahrtausenden.

Freilich hätte uns für diese Unannehmlichkeit auch, wie jene, eine Iphigenie wecken sollen. Das geschah aber nicht, und statt ihrer kam ein alter, langbärtiger Skythenmönch, der uns freundlich fragte, ob wir ein Ssamowar wünschten. Wir ließen uns den Thee auf der Galerie des Hauses vortrefflich schmecken und überschauten die Umgebung. Das Kloster besteht, wie in der Regel alle russischen Klöster, aus einer Menge kleiner Häuser und Kir= chen, die an dem oberen Abhange des hier wenigstens 500 bis 600 Fuß hohen Meeresufers aufgebaut sind. Die Hauptkirche ist neu und, wie alle russischen Kirchen, hübsch mit Säulen verziert. Das beßte der kleinen Gebäude wird von einem in dem Griechenaufstande aus der Türkei vertriebenen griechischen Me= tropoliten bewohnt, dem der Kaiser von Rußland hier ein Asyl im Kloster gegeben hat, zu dessen Archimandriten er ihn machte. Welcher Contrast mit der Zeit Iphigeniens, in der man hier die Hellenen schlachtete, wo sie jetzt ein Asyl finden! Die anderen kleinen Häuser werden von zwanzig bis fünf= undzwanzig Mönchen bewohnt, die jetzt eben größtentheils mit der Flotte aus dem Kaukasus zurückgekehrt waren. Denn das Kloster ist ein „Flotsky monastir" (ein Flottenkloster), dessen Mönche auf den Kriegsschiffen den Gottesdienst verrichten. In acht Tagen, sagten sie, müßten sie sich schon wieder zu einer neuen Excursion bereit halten.

Von diesen hübsch gruppirten Häusern, die nur wenig Hofraum um sich haben, geht es nun ziemlich steil zu einem Brunnen, und weiter beständig unter dem Schatten von Bäumen zum Meeresufer hinab. Rechts springt

---

*) „Woilok" ist ein dicker Filz von Kuhhaar, der zu verschiedenen Zwecken dient, in Rußland auch als Unter= und Ueberbett. Jeder in der Steppe Herum= ziehende führt solche Woilokdecken zum Schlafen mit sich.

die Küste weit in's Meer hinaus bis zu einer Spitze, die von den Italienern
Cap Fioraventi *) genannt wurde. Links tritt die Küste weniger aus der
geraden Linie hervor, und die Bai ist unvollständiger. Mit einem Worte,
das Ganze ist so durchaus und vollkommen die Bühne zu dem Schauspiele
„Iphigenie auf Tauris", daß ich gar nicht begreifen kann, wie man nur noch
daran zweifeln mag, daß h i e r der Tempel der Diana gestanden, oder gar
glauben will, daß die ganze schöne Iphigenie nie existirt habe und nur eine schöne
Idee der Mythendichter gewesen sei. Wie wäre es nur möglich, so naturgetreu
zu dichten, daß selbst Alles fast bis in die geringsten Kleinigkeiten mit der Wirklichkeit stimmt! Dort hinter dem Cap Fioraventi die Felsen, bei denen Orest
und Pylades sich versteckten und von den Skythen entdeckt wurden, hier zum
Meere hinab der Hain der Diana — freilich könnten die Bäume für einen
Dianenhain etwas höher sein, — alsdann der Weg am Brunnen vorbei,
den Iphigenie wandelte, um der Göttin Bild an's Meer zu tragen, hinten
der Weg aus der Steppe, den Arkas und Thoas aus der Gegend von
Baktschisarai und Simpheropol kamen. — In der That, die Täuschung
war so groß, und die Gegenwart glich noch so sehr der fernen Vergangenheit,
daß ich in beständiger Spannung an den bewaldeten Abhängen umhereilte
und mich sehr wenig gewundert hätte, wenn die holde Jungfrau, die Priesterin,

„die Werthe, Vielgeehrte,"

selber aus einem der Häuser hervorgetreten wäre.

Meine Gefährten waren nach dem Thee in die Kirche gegangen, um
einer Frühmesse beizuwohnen, und der Gesang der Chorknaben klang wunder-
lieblich aus der offenen Kirchenthür hervor und trug nicht wenig dazu bei,
meine Stimmung noch zu erhöhen. Nur hätte ich gewünscht, daß es Non-
nen statt der Mönche gewesen wären. War die Aebtissin dann noch dazu
jung und hübsch, so waren alle Bedingungen einer vollkommenen Täuschung
erfüllt. Hellenenblut und ein dem Opfertode Entronnener war ja in der
That schon Vorsteher des Klosters. Ich trat indeß hinaus in die Schatten,
die regen Wipfel

„des alten heil'gen, dichtbelaubten Haines."

Mit Entzücken wandelte ich hinab an's Ufer, wo sie lange Tage stand,

„das Land der Griechen mit der Seele suchend."

Ich konnte mich der Thränen nicht enthalten, als mir all' das Schöne wieder
einfiel, das ich in der Jugend gelernt und das so oft meine kindischen Gedanken in das ferne Land der Taurier geführt hatte, in dem ich nun wirklich

---

*) Man behauptet, es sei das Cap Parthenon der Griechen.

ftand. Und paßte nicht Alles auch auf mich so treffend und so schmerzlich
wahr? Ach, auch gegen meine Seufzer brachte stets die Welle

„Nur dumpfe Töne braufend mir herüber.
„Weh' Dem, der fern von Aeltern und Geschwistern
„Ein einsam Leben führt.
„Ihm schwärmen abwärts immer die Gedanken
„Nach seines Vaters Halle, wo die Sonne
„Zuerst den Himmel vor ihm aufschloß."

Ach, was bedrängt nicht Alles eines armen Menschen Busen! Und Heil der
Poesie, die uns in der Irre pilgernden Oresten zu Zeiten die Bande löset,
daß die Last unseres Kummers in Thränen verthauet.

„Doch die Gefährten nah'ten und baten dringend,
„Der Abfahrt Stunde zu beschleunigen."

Es drohe Gewitter in der Ferne, und es wäre zu wünschen, daß wir noch
vor dem Regen Balaklawa erreichten.

Leider konnten wir nun auch den alten griechischen Metropoliten nicht
mehr sprechen, der noch in der Kirche beschäftigt war, sonst hätten wir
wohl noch Einiges über die Lage des alten Tempels der Diana erfahren,
denn er hat der Regierung darüber ein Memoire übergeben, in welchem er
seine Kenntnisse über diesen Punct niederlegte. Auch ist er im Besitze einer
Chronik des Georgiew'schen Klosters von seinem Ursprunge bis zum heutigen
Tage. Es ist schon sehr alt und blühte bereits zur Zeit des alten Cherson.
Von der dortigen christlichen Gemeinde wurde es gestiftet und an die Stelle
des alten, heidnischen Götzentempels gesetzt.

Wir arrangirten uns nun wieder in unseren kleinen Einspännern so, wie
wir bisher immer gesessen hatten, meine beiden Reisegefährten und ihr Bedienter in der einen, und ich mit dem Griechen in der anderen Pawoske. Die
Wege waren für einen an russisches Fuhrwerk nicht gewöhnten Magen grau-
sam und unbarmherzig, und ich lobte mir daher den Einspänner. Denn
wäre es ein flüchtiges Dreigespann, wie gewöhnlich, gewesen, so wäre auf
diesen Felsen = Knüppelwegen an unseren Gliedern zuverlässig nicht viel Kunst=
gerechtes geblieben.

Balaklawa.

Balaklawa liegt ungefähr 9 Werste vom Tempel der Iphigenie, oder
vielmehr vom Kloster Sr. Eminenz des Metropoliten Agathangel entfernt.
Es ist eine alte und berühmte Stadt, die in allen verschiedenen Zeitaltern
eine Rolle gespielt hat, jedoch gewöhnlich nur als der Trabant von Cherson.
Zur Griechenzeit hieß die Stadt „Symbolon", daraus machten die Italiener
„Cembalo", und jetzt heißt sie „Balaklawa." Den letzten Namen leiten einige

Gelehrte aus dem Italienischen her und behaupten, das „Bala" wäre ein verdorbenes „bella", Andere aus dem Griechischen von palaios, wieder Andere aus dem Tatarischen. Da jede Partei ihre Behauptung gleich wahrscheinlich macht, so behält man denn die Wahl und spart, da die ganze Sache doch unbedeutend ist, die Qual.

Balaklawa verdankt seine Existenz einer kleinen, ganz schmalen Bai, die, wie ein Haken gekrümmt, hier in's Land hineingeht. Sie correspondirt mit den größeren Baien von Sewastopol auf der nördlichen Seite des Herakleotischen Chersonesus, ist auf der ganzen, sonst ziemlich ununterbrochenen Südküste einzig in ihrer Art, hat alle Erfordernisse eines guten Hafens, ist tief, klippenlos und ohne Sandbänke vor ihrer Mündung. Die Berge und Felsen, welche sie umgeben, sind vier bis fünf Mal höher als die schroffen Ufer der Sewastopolitanischen Buchten, und da sie sich ganz hinter ihnen versteckt, so ist jedes Schiff, das diesen Hafen erreicht, so sicher wie ein Schatz, der in die Erde vergraben wird. Dazu genießt dieser Erdfleck auch dieselben Vortheile der geographischen Position mit Sewastopol. Daß er aber dennoch immer jenen nördlichen Häfen nachstand, erklärt sich daraus, daß die Balaklawa'sche Bucht nicht geräumig genug ist und nur für wenige Schiffe Platz hat, so wie daraus, daß auch die Umgegend so außerordentlich beengt, und für eine ordentliche Stadt kaum Terrain genug vorhanden ist, es müßten denn alle Handelsleute solche gepanzerte Ritter = Kaufleute sein, wie die Genueser, deren Comptoirs und Factoreien gewöhnlich Citadellen und Bergschlösser waren, in denen die Kaufleute ein mönchisch = militärisches Leben führten.

So sehr indeß die nördlichen Buchten stets dieser südlichen vorangingen, so haben sie doch nie das Leben an ihr völlig vernichten können, vielmehr sie immer als einen Nebenhafen benutzen und gelten lassen müssen. Es beruht dieß, so zu sagen, auf einem kleinen Pfiffe, auf der kleinen Landnase nämlich, dem Herakleotischen Chersones, den zu umsegeln man wenigstens dreierlei Winde braucht. Da diese nun aber nicht immer so umspringen, wie der Schiffer es wünscht, so hat man oft ein paar Tage und mehr nöthig, um von Osten her nach Westen, nach Norden und endlich nach Osten zurück in den Hafen von Sewastopol zu gelangen. Die Schiffe, die aus dem asow'schen Meere u. s. w. kommen, zogen es daher seit alten Zeiten vor, in den Hafen von Symbolon, Cembalo oder Balaklawa einzulaufen und ihre Waaren die kleine Strecke von einer Meile bis Cherson zu Lande weiter gehen zu lassen *).

—————

*) Ein Blick auf die Karte wird dieß Alles deutlich machen.

Bekanntlich wurde Balaklawa sammt einem nicht unbedeutenden Rayon der Umgegend von Katharina der Großen an Griechen abgegeben und ist nun wieder, wie vor Alters Symbolon, ausschließlich von Hellenen bewohnt. Die Moden wie die Ereignisse kehren wieder. Die Leute beschäftigen sich mehr mit dem Ackerbaue als mit städtischen Gewerben und haben daher auch ein großes Dorf, Kabikoi, auf ihre Felder hinausgebaut. In der Stadt treiben sie Krämerei, unbedeutenden Handel im Auftrage von Sewastopol und auch Fischerei. Die junge Mannschaft dient in einem aus ihr gebildeten Bataillone, das alle Posten an der ganzen südlichen Küste der Krim besetzt. Ihre Bucht ist sehr fischreich und zuweilen so voll davon, wie ein Netz. Wenn es draußen stürmt, so kommen auch ganze Scharen von Delphinen in den Hafen geflüchtet, wo die Leute sie dann mit Flinten erschießen. Wie Mancher ist doch im Sturme sicherer als im trügerischen Frieden des Hafens!

Wir kehrten bei einem Wirthe ein, der aus Mangel an Raum sein Billard in seiner Scheune aufgestellt hatte. Er tractirte uns mit Kephal und Petuch, zwei delicaten Fischarten des schwarzen Meeres, derentwegen Balaklawa berühmt ist. Sie waren aber schlecht und versalzen, und es ging uns hier wie anderen Reisenden in Bordeaux, wo man keiner guten Flasche Bordeauxwein habhaft werden kann, oder wie in Prag, das alle ausgezeichneten Sängerinnen für Wien hervorbringt, und wo man an Ort und Stelle keine vernimmt. — Wir machten diese Salzfische flott mit elendem Santorino, welches in ganz Südrußland der verbreitetste aller griechischen Weine ist, und gewannen so, gesalzen und getränkt, frische Kräfte zum Erklettern der Ruinen des alten Cembalo.

Schade, daß der Signore Millione, der in seinen Erzählungen auch dem alten Cembalo einige Millionen zufließen ließ *), nicht bei uns war, er hätte diese Ruine uns gewiß mit allerlei Anekdoten gewürzt. Allein wir fanden nicht einmal einen gewöhnlichen Cicerone. Denn die Griechen sind hier Neulinge und geben sich mehr mit den Preisen der Fische als mit dem Preisen der Ruinen ab, und es war keine Spur irgend einer aus alten Zeiten herüberklingenden Tradition zu finden. Uebrigens sind die Ruinen bedeutend genug, große, noch stehende Thürme und Mauern, halbe Kirchen u. s. w. Manche Steine mögen noch von den Milesiern, den Genuesern des Alterthums, übereinander gelegt worden sein. Die Russen und Neugriechen haben noch keine Anstalt gemacht, hier Ruinen zu bauen, denn ihre elenden Hütten wird der erste beste politische Sturm spurlos verwehen. Auf dem Berge genießt man

---

*) Marco Polo wurde bekanntlich von seinen Landsleuten „der Herr Millionen" genannt, weil er bei seinen Reiseberichten sich stets so großer Summen bediente.

eine weite Aussicht auf's Meer, von dem man in Balaklawa selbst nichts merkt, weil sich die Stadt ganz in's Innere der Bai verkriecht.

In Balaklawa giebt es wieder Postpferde bis in's Baidarthal, in dem wir in der folgenden Nacht unsere Träume abzuspielen gedachten. Als wir in den Wagen stiegen, hatten die uns schon im Kloster drohenden Donner und Blitze eben ihre Suppe fertig gekocht, und ein segensreicher Regen stieg auf unsere Mäntel und Mützen hernieder, und zwar mit solcher auffallenden Heftigkeit, daß wir unterwegs beständig mit theilnehmender Freude an die krim'schen Enten dachten, die so selten von solchem Naß erfreut werden. Doch waren wir auch zufrieden, als uns der nun von Balaklawa aus berg-an steigende Weg immer höher in die Regionen der kleineren Tropfen und endlich auf die Berge brachte, die das schöne Baidarthal umkränzen, wo sich Alles in Nebel und Wolkenduft auflös'te. Leider waren die Berge nicht hoch genug, um uns ganz über diese Regentropfenfabrik hinauszuheben.

Die Wege waren zum Erbarmen felsig, und ich fühlte jeden Stoß durch Mark und Bein. Wahrlich, ein paar Mal über diese Berge mit einer russi-schen Troika in scharfem Trabe hin= und zurückgeführt zu werden, wäre eine Tortur, die auch die verborgensten Geheimnisse aus der Brust auf die Lippen bringen würde.

Die Berge sind hier durchweg mit Laubwaldungen besetzt, besonders mit Eichbäumen, und die ganze Gegend, so wie ein großer Theil des Baidar-thales selbst, gehört dem Senateur und Admiral — w — in Petersburg, der bedeutende Quantitäten Eichenholz in die Marine von Sewastopol liefert. Wir sahen unterwegs eine Menge gefällter Bäume, die diesen Weg wandern sollten, allein sie waren alle sehr klein und konnten den Schiffen nur bei sehr unbedeutenden Verrichtungen dienen. Dazu kommt noch, daß das krim'sche Eichenholz nur von sehr geringer Qualität und Dauer ist. Das beßte Eichen-holz für die Marine kommt den Dniepr herunter.

Das Baidarthal gilt für eins der reizendsten in der Krim und ist in der That auch so anmuthig, daß es überall dafür gelten würde. Es ist ein großer und sehr regelmäßig ausgehöhlter Kessel oder vielmehr ein ovales, elegant geformtes Becken, rund umher, selbst gegen das Meer hin abgeschlos-sen. Die Berge sind mit Laub gekrönt, und auf dem Boden des Thales selbst mischen sich in den freundlichsten Gruppirungen zwölf von Obstbäumen umschattete Dörfer, mit stets vom Naß der Berge befeuchteten, immer grünen Wiesen. Als wir von den Höhen herabstiegen und den Schleier der Wolken durchbrachen, gewährte das Ganze einen höchst eigenthümlichen Anblick. Die ganze Thalschüssel mit allen ihren lieblichen Gerichten war von einer ganz platten Wolkenschicht, die alle Bergenden verhüllte, wie von einem Deckel

überdeckt. Wir fuhren oben am Rande dieses Deckels hin und erblickten nun
unten die ganze liebliche Ueberraschung aller der darunter verhüllten Wiesen,
Herden und Obstgärten. Wenn wir gerade jetzt Engel gewesen wären, so würde
es uns einen unendlichen Spaß gemacht haben, durch diesen luftigen Schleier
auf= und niederzufliegen, oben hinauf zu den sonnenklaren Räumen, und
wieder durch die grauen Wolken hindurch in das grüne Thalbassin.

Allein wir waren leider sehr flügellahm, reisemüde und durchnäßt bis
auf die Knochen und freuten uns nicht wenig, als wir gegen Abend endlich
das Hauptdorf Baidar selbst erreichten, wo wir auch ohne Schwierigkeiten
bald einen wohlhabenden Tataren, Namens Ali Mustapha Oglu, bewogen,
uns für die Nacht in seinem Hause Quartier zu geben. Er räumte uns das
beste Zimmer in seinem Hause ein und ließ bald darin ein liebliches Feuer
auflodern, das uns mit neuer Lebenswärme durchströmte. Als wir unsere
nassen Kleider ablegten und uns trockneten, fühlten wir innig, wie wahr
Sokrates, als er die Ketten ablegte, sprach, daß nichts das Leben mehr
würze und seine Freuden erhöhe als die Leiden, und dem größten Schmerze
gewöhnlich das angenehmste Behagen auf dem Fuße folge. In der That,
nichts geht über den Genuß eines frischen, warmen, trockenen Hembdes,
wenn man so durchfroren und durchnäßt, wie wir, aus den Wolkennebeln
zu den Kamin=Flammen des Thales herabstieg. Alle Genüsse, die Braten und Pasteten gewähren können, sind dagegen nichts. Ich begreife gar
nicht, warum Die, welche auf Lebensgenüsse raffiniren, sich nicht zu Zeiten
auf 24 Stunden in Banden legen lassen, oder auch dann und wann in voller
Uniform in's Wasser springen, um dann die kettenlose und freie Bewegung
und das Erwärmen und Abtrocknen zu genießen.

Keine Wohnung konnte uns zu diesen Genüssen lieber sein als eine tatarische mit ihrem ganzen wollüstigen Polster= und Teppichwesen. Das ganze
Zimmer war wie ein großes weiches Lager, auf dem sich die geplagten Glie-
der mit der schönsten Freiheit strecken und lustwandeln konnten. Was ist doch
so ein europäischer Stuhl für ein Ziegenbock gegen diese orientalischen Divans!
Das Feuer machen die Tataren immer in der einen Ecke des Zimmers auf dem
platten Boden an, wo ihm nur etwas fest angeschlagener Lehm als Heerd dient.
Sie haben dazu weder ein Kamin, noch einen Ofen, noch ein Brasero. Der
Rauchfang läßt sich wie ein Trichter über das Feuer herab und trichtert alle
Dünste leicht in die Höhe. Wir ließen draußen noch ein apartes Feuer anmachen
für unsere Mützen, Mäntel, Röcke, kurz für unser ganzes Gefieder, und legten
uns unbefiedert und rauchend um die liebliche Zimmerflamme herum.

Es war kürzlich die Hochzeit einer Schwester unseres Wirths im Hause
gefeiert worden. Von den Balken des Zimmerplafonds hingen daher noch viele

mit Silberdraht gesteppte Tücher herunter, welche die Tataren „Dschigess"
nennen. Diese Tücher haben die Form von großen Handtüchern, sind weiß,
aber an beiden Enden und an den Rändern reich mit Silberfäden nach allerlei
Mustern durchwirkt. Die Mädchen machen sich eine Menge solcher Tücher
für den Hochzeitstag. Auch lassen sie sich deren von ihren Freundinnen dazu
schenken und drapiren dann das Festgemach auf eine ungemein reiche Weise
damit. Bei den Kleinrussen findet man ebenfalls diese Tücher; nur sind sie
bei ihnen mit rothen Fäden und Figürchen gesteppt. Dieser von Silber flim=
mernde Plafond oben, die Divans und Teppiche unten, das Feuer und das
Gefühl des Wohlbehagens in unseren Nerven, dieß Alles gab unserem Zimmer=
chen im Baidarthale mehr Reize, als sie ein europäisches Gasthaus hätte bieten
können. Auch an Bedienung hatten wir Ueberfluß; denn außer unserer eige=
nen mitgebrachten, die sich auch selber noch ein wenig pflegen mußte, stand
beständig unser Wirth mit seinen beiden Söhnen an der Thür, die sogleich
allen unseren Wünschen sechs bereitwillige Ohren und Beine liehen. Der
Wirth blieb den ganzen Abend bei der Thüre stehen. So erforderte es die
Sitte. Nur sein Schwager, ein Onbaschi (Schulze) aus dem Dorfe Baga,
gesellte sich zu unserem Kreise. Er sprach ziemlich gut Russisch und unterhielt
sich sehr lebhaft mit uns. Wir fragten ihn, wie viele Frauen er habe. Er
sagte: „Natürlich nur eine. Alle Tataren haben nur eine Frau, blos die
„Schelme haben mehre." Auf diese Weise äußerten sich ungefähr alle Ta=
taren, die wir über diesen Punct befragten. Es scheint also, daß sie wenig
Gebrauch von der Erlaubniß Mohamed's in Bezug auf die 4 Weiber machen.

Nicht viel mehr Gebrauch als von dieser Erlaubniß machen die Ta=
taren von der Vorschrift Mohamed's, nach Mekka zu pilgern. Bei der
völligen Isolirung des krim'schen Mohamedanismus durch Meere und überall
anstoßende christliche Völker und seiner großen Entfernung ist dieß auch nicht
zu verwundern. Vielmehr ist es beachtenswerth, daß es überhaupt hier noch
Mekkapilgrimme oder „Hadschis" giebt. Wir sahen in Baktschisarai mehre
weiße Turbans, durch welche die Hadschis sich auszeichnen. In den zwölf
Dörfern des Baidar giebt es vier Hadschis. Die Reise geht natürlich über
Konstantinopel und von da gewöhnlich nach einem syrischen Hafen. Sie kostet
von der Krim aus hin und zurück 1200 Rubel (etwa 400 Thlr.) und dauert
1½ Jahr. Außer diesen Hadschis und den Mullahs trägt kein Tatar einen
Turban. Sie haben alle ein cylindrige Schafspelzmütze, wie die Kleinrussen.
Den Thee nennen sie „Ssini", welches Wort an „China" erinnert. Lesen
können alle Tataren durch die Bank. Ein jeder trägt auch seine Hauptlecture,
den Koran, immer bei sich. Sie haben ihn in einer eigenen kleinen Tasche, die
ich anfangs immer für eine Patrontasche hielt, vorn auf der linken Seite an

einem Bande herabhängen, und er kommt ihnen hier nie von der Seite, we=
der bei'm Schlafen, noch bei'm Arbeiten, noch auf der Reise. Schreiben kön=
nen nur wenige. Einige meinten: von 300 etwa 20; Andere sagten etwas
mehr: von 100, 10. Diese Schriftgelehrten tragen dann in der Regel ihr
langgestieltes Tintenfaß, das eigentlich ein Pennal, mit Tintenfaß verbunden,
ist, im Gürtel bei sich, ganz so wie alle anderen Orientalen. Die Frauen
können fast alle nicht schreiben, lernen aber alle das Lesen. Sie müßten auch
ohne diese Kunst sehr schlechte Mohamedanerinnen sein. Denn da sie nicht in
die Moscheen kommen dürfen, so wäre ihnen ja dann auch das Lesen des
Korans im Hause unmöglich, worin ihre einzige Religionsübung besteht.

Nachdem wir noch manches Gläschen Sfini getrunken, trugen unseres
Wirthes Söhne einen großen runden Tischdeckel herein und setzten ihn auf
einen niedrigen Schemel. Es war eine vollständige tatarische Abendmahlzeit
darauf servirt. In der Mitte ein großer Thurm von Pillaw und rund herum
eine ganze Mosaik kleiner und großer Schüsseln mit Früchten und allerlei
warmen und kalten Gerichten: „Eth" (Schaffleisch), „Penir" (Schafkäse),
„Buiber" (Pfeffer in großen rothen Schoten von sehr pikantem Geschmacke),
dann „Beckmess" (Obstsyrup), „Chatisch" (sauere Milch), „Alwa" (ein
bei den Tataren sehr beliebtes Confect) und noch andere Gerichte. Mustapha
Oglu sagte, er wolle uns nun zeigen, wie man diese tatarischen Speisen auf
Tatarisch essen müßte, und fing nun an, das so gemischt Servirte auch eben
so gemischt zu verspeisen. Bald tunkte er ein Stück Brod in den Syrup und
biß eine Pfefferschote dazu, bald drehte er sich eine Reißkugel und mischte
Confect hinein, und dann wieder langte er zum Käse und schickte ihm gekochte
Früchte nach. Wir sahen ihm mit Verwunderung zu und begriffen nicht,
welche Art von Stimmung in den Nerven eines Tatarengaumens sein müßte,
daß eine solche Scharivari=Mahlzeit keine Mißstimmung darin hervorbrachte.
Leider verdarb er uns völlig den Appetit zu allen den leckeren Flüssigkeiten,
und wir mußten uns an's Trockene halten. Nach dem Souper brachten uns
die Frauen des Hauses ihr Selam Aleikum. Wie doch die Sitten an den
verschiedenen Weltenden so verschieden sind! Bei den Engländern gehen die
Frauen mit dem Tischtuche weg, und bei den Tataren kommen sie gerade dann,
wenn man das „Confect der Ruhe" *) zwischen Gaumen und Zunge zer=
drückt und die Nachmittagspfeife dazu anbrennt. Man muß die tatarische
Sitte entschieden vorziehen; denn wer möchte bei Tisch die kauenden Frauen
leiden! Nach Tische aber auf den Divans mit ihnen zu kosen, ist durchaus
nicht unangenehm. Es waren die Frau und die Tochter des Wirths. Die Erste

---

*) „Ragat al Kum" heißt dieß Confect.

hieß „Mausch" und die Zweite „Odscha," und beide waren nicht viel reizender als ihre Namen. Da sie auch noch dazu kein Russisch verstanden, so blieb es zwischen uns nur bei „Selam aleikum" (guten Tag) und „Tochta!" (Adieu). Doch mußten wir ihren „Chulan" (Gürtel) und das silberne „Kuschak" (Schloß), das aus Stambul wäre, bewundern.

Bei der Pfeife erzählte uns Mustapha von einem Processe mit einem Russen, der seit langer Zeit schon die Sorge und den Kummer seines Dorfes und der benachbarten Dörfer ausmache. Dieser vornehme Russe habe von Katharinen etwa 700 Morgen Landes in ihrem Thale geschenkt bekommen, habe aber seit der Zeit so weit von diesem kleinen Terrain aus um sich gegriffen und so viele Nachbarwälder und Wiesen sich zugeeignet, daß er jetzt bereits 20,000 Morgen besäße. Die Schenkung sei wohl nicht ganz deutlich abgefaßt und daher deute man sie immer noch weiter, bald auf diesen, bald auf jenen Wald, so daß die Leute des Thales schon beinahe ganz auf ihre Häuser und Gärten reducirt wären, und auch diese, ja selbst ihre Person seien nicht sicher, denn es wurde behauptet, die Schenkung sei auch auf gewisse von den Bauern zu leistende Arbeiten ausgestellt. Sie hätten darüber einen Proceß in Petersburg anhängig gemacht, aber es sei ihnen noch nichts Entschiedenes von dort zugekommen. Er brachte uns viele Papiere über die Sache herbei und bat uns, wir möchten uns doch seiner in der Residenz annehmen, wohin er auch selber nächsten Winter im Auftrage seines Dorfes zu reisen gedächte. Meine Gefährten notirten sich seinen Namen und seine Angelegenheit und versprachen, ihr Möglichstes zu thun. Großer Gott! wie weit doch das Recht geht, das diese Stadt spricht, und das Unrecht, das sie thut! Selbst bis in diese abgelegenen Thäler reichen die Verhandlungen, die man dort in den Salons an der Ostsee abmacht. Könnte man nicht weinen um das Unrecht, das solche arme schutzlose Tataren leiden! O, der Ohnmacht, die blos Thränen hat!

Früh sattelte am anderen Morgen Apollo, doch waren unsere kleinen Rossinanten auch eben so früh bei der Hand. Wir dankten Mann und Weib, Herr und Diener für alle die freundliche Bewirthung und trabten die östlichen Höhen des Baidarthales hinauf auf kleinen, krummen und felsigen Wegen, die nur mit krim'schen Bergpferden passirbar sind. Unterwegs stürzte der kleine dicke russische Diener, blieb freilich selbst noch glücklich in einem Busche am Abhange stecken, sein Pferd aber lief davon. Unser Grieche, Nikolai, der abgestiegen war, um ihm zu helfen, ließ auch unvorsichtig sein eigenes Pferd los, und beide kletterten nun grasrupfend den Berg hinan. Wir anderen Cavaleristen setzten uns gleich in Bewegung, ihnen zu folgen und sie zu umgehen. Eins haschten wir auch wieder, das andere verkletterte sich aber wie eine Gemse in den Felsen und verschwand endlich in den Wolken. Der tatarische Postillon ließ gleich ganz bereitwillig sein eigenes Pferd an die Stelle des verlaufenen treten und trabte zu Fuß neben her. Er war auch nicht im Mindesten um das verlaufene Pferd besorgt und meinte, es würde sich schon wieder nach Hause finden. Ich dachte an deutsche Postillone und fragte mich im Stillen, ob sie wohl so friedlich und zufrieden bei dem Vorfalle sich benommen haben würden, oder ob da nicht einiges recht unchristliches Fluchen und Pochen auf Recht und Billigkeit zum Vorschein gekommen wäre. Pocher, Lärmer, Streiter, Rechthaber sind überhaupt die Tataren durchaus nicht, und fluchen hört man sie nie. Ob sie wie die Türken bei'm Barte des Propheten schwören, habe ich nicht erfahren.

Nach einigem anmuthigen Bergab und Bergauf auf den Höhen des Gebirges erreichten wir bald den östlichen Abhang desselben, der nach dem Meere abfällt. Dieser ist so ungemein steil, eine so vollkommen perpendiculäre Felsenmauer, daß man nicht begreift, wie es möglich ist, daran hinab oder hinauf zu kommen. Es hat sich aber doch an einer Stelle, wo zwei ungeheuere Felsen aneinander stoßen und einen Winkel bilden, in der Ecke ein kleiner schmaler Weg ausgebildet, der sich in ganz kurzen und alle vier Schritte umspringenden Windungen an den Felsen herabläßt. Dieser Felsenweg heißt die „Scala" und ist eins der sieben Wunder der Krim, das man gesehen haben muß, denn man wird hundert Mal nachher gefragt: „Sie ritten doch die „Scala herab?" — Der Weg ist allerdings merkwürdig genug, denn zu beiden Seiten fallen ganz platte Felsenwände ohne Absätze und Risse vollkommen lothrecht hinab, und man reitet zwischen ihnen wie auf einer Wendeltreppe. Kleine Sträucher, die in der Nähe des Weges in den Felsen wurzeln, dienen statt des Geländers. Dabei hat man die schönste Aussicht auf's Meer, das unten den Fuß der Felsen bespült. Die Tataren nennen die Scala „Merdwen."

So kritisch diese Passage war, so über alle Kritik erhaben fanden wir den Weg unten in den „Klimata's." Es war eine neu geebnete Straße, die einige hundert Fuß hoch über dem Meere und einige tausend unter dem Gipfel der Felsen in der Mitte der Berge hinführt. Da unser gefälliger Tatar einen anderen nicht ungefälligeren Landsmann getroffen hatte, der ihn wieder beritten machte, so galoppirte hier unsere ganze Gesellschaft mit Sack und Pack, Grieche, Russe, Deutscher, Malorossiane und Tatar, die 2½ Meile bis Alupka in ununterbrochener Carriere. Zur Linken hatten wir immer die schroffen Felsen, zur Rechten das weite Meer, hart an seinem Ufer hier und da tatarische Dörfer.

Es war ein prächtiger Ritt an diesem äußersten Saume Europa's. Unsere Pferdchen wiegten sich so unermüdlich, als wäre es ihnen eine so leichte Gewohnheit wie den Schaukelpferden. Mein Grieche Nikolai kam mir weder im Galopp, noch im Trabe von der Seite, und wir schrieen uns beständig ethnographische und geographische Fragen und Antworten zu: „Nikolai, wie heißt „der Chuter dort?" — „Mtschetka, er gehört dem Obersten ....!" — Ich konnte bei dem Pferdegetrappel den Namen nicht verstehen. „Und wie der hohe Berggipfel?" — „Ai-Petri! Er liegt gerade über Alupka." — „Und was ist das für ein Dorf?" — „Meket! Da ist kürzlich ein Mord passirt. „Ein Russe verführte ein junges Tatarenmädchen. Um den der Familie „angethanen Schimpf zu sühnen, lauerten ihm dafür der Vater, die Brüder „und Schwäger des Mädchens, sieben Mann an der Zahl, auf, erschossen, „erdolchten und erwürgten ihn und warfen seinen Leichnam in den Abgrund „hinter jenen Felsen. Die Sache ist aber verrathen worden, und jetzt kommen „sie alle sieben nach Sibirien, und das Glück von wenigstens vier bis fünf „Familien ist zerstört."

Das Merkwürdigste, was wir im Vorbeireiten sahen, war ein großer, weiter, höhlenartiger Felsenriß, der sich über uns in der Mitte einer schroffen Felsenwand zeigte. In ihm soll seit undenklichen Zeiten eine ungeheuere Kolonie wilder Bienen hausen. Der ganze weite Spalt soll mit ihren alten und jungen Wachsgehäusen angefüllt sein. Von unten aus ist es durchaus unmöglich, hinan zu kommen, von oben her ist es zwar ausführbar, aber außerordentlich schwierig, weil die oberen Felsen etwas vorstehen, und der Mann, der sich am Stricke etwa herunterläßt, immer in einiger Entfernung von der Höhle hängen bleibt. Dennoch gelingt es den Tataren zuweilen, hineinzukommen, und ihr Gewinn ist dann groß, denn sie schaffen alsdann den kostbarsten Honig centnerweise daraus hervor. Allein die Millionen und aber Millionen wüthender Bienen, die über sie herfallen und sie fast zu ersticken drohen, machen ihnen das Geschäft, selbst wenn sie auch gut maskirt sind, sehr schwer. Zu Zeiten verunglückt auch ein Mal Einer dabei, dann bleibt die Sache wieder ein paar Jahre ruhen, und die Bienen häufen Schatz auf Schatz, bis denn der Schreck ein wenig vergessen ist, und die reiche Ernte neue Schatzgräber herbeilockt. — Wenn es sehr heiß ist, und die Felsen umher erglühen, so schmelzen oft die Bienenzellen weg, und man sieht den Honig aus der Höhle hervor an dem Felsen herabfließen. Da wäre ja denn in der That ein Land, wo Honig quillt und fließt. Die Quelle ist jedoch stark intermittirend, und wir trafen gerade eine Zeit, wo sie stockte, sonst hätten wir nicht unterlassen, an ihrem Ufer ein wenig auszuruhen. Was muß doch die Nymphe von einem solchen Honigbache für ein süßes Geschöpf sein!

Alupka.

Alupka ist ein tatarisches Dorf und eine Besitzung des Grafen W . . . ., der sich hier auf der Südspitze der Krim ein weithin berühmtes Schloß gebaut hat. Man kennt in ganz Rußland den Namen Alupka und denkt sich dabei und bei dem das Schloß umgebenden Garten das Höchste aller architektonischen und hesperidischen Pracht. Die bloße Anfertigung des Plans zu diesem Schlosse soll 60,000 Rubel gekostet haben, denn der Graf ließ zur Besichtigung der Localität englische Architekten aus London kommen, die darüber nach London mit Zeichnungen und Beschreibungen zurückberichteten und dann erst von dort aus den von einer Gesellschaft Baukundiger angefertigten Plan bekamen. Das Ganze kostet schon mehre Millionen, und wenn es fertig ist, soll es 7,000,000 Rubel kosten. So ist der Anschlag. Doch wird man damit nicht reichen. Der englische Baumeister, der das Ganze leitet, soll sich jährlich auf 20,000 Rubel stehen. Als voriges Jahr die Kaiserin hier erwartet wurde, ließ der Graf das Ganze in vorläufigen Stand setzen, mit vorläufigen Thüren versehen, vorläufig bedielen und vorläufig meubliren. Man schickte Arbeiter von Odessa und spannte an, was auch noch sonst in der Umgegend von arbeitenden Händen zu bekommen war. Vier Wochen hindurch kostete jeder Tag 8000 Rubel extra.

Bei solchen Summen und Erzählungen konnte man denn allerdings etwas Absonderliches erwarten. Wir waren daher kaum vom Pferde gestiegen, so bestellten wir uns in der Eile ein Rubelsüppchen bei'm italienischen Wirthe „zu den beiden Cypressen," eilten zum Parke und Schlosse Alupka und fanden unsere Erwartungen ziemlich — getäuscht. Das Schloß ist im gothischen Style aus einem grünlichen Marmor, der in den Felsen hinter demselben gebrochen wird, gebaut. Diese Farbe macht schon, daß sich das Gebäude in seinen Formen nicht sehr deutlich und klar aus der Landschaft heraushebt. Der Baustyl ist freilich edel, er muß es ja wohl sein, da er aus London kommt, wo man sich auf Gothisches versteht. Doch sind die großen Fenster im Widerspruche mit dem Gothenthume, noch weit mehr aber die Zimmer im Inneren, die fast so hoch als breit und daher sehr unheimlich sind, während man in einem ächt gothischen Zimmer sich doch immer so heimisch wie in einem Neste fühlt. Der Speisesaal ist freilich großartig und von gigantischen Dimensionen, allein ich möchte nur darin essen, wenn ich ein König oder Heros wäre. Was an Gemälden, Büchern u. s. w. da ist, stellt nichts Besonderes vor. Den allergrößten Anstoß aber nahmen wir an der Situation des Schlosses und an der Wahl des Platzes, den man für würdig gefunden hatte, an ihm alle diese Millionen aufzustapeln. In Bezug auf ihn erschien uns Alles, Geld und Mühe,

weggeworfen zu sein. Man hätte hundert Puncte an der Südküste finden kön=
nen, die hundert Mal mehr Vorzüge gewährt hätten. Man hat aber einen
gewählt, an dem es uns unmöglich war, irgend einen Vorzug zu entdecken,
und wir suchten vorn und hinten und zu den Seiten vergebens das Schöne,
das die Wahl eines solchen Bauplatzes rechtfertigen könnte. Hinter dem
Schlosse und Dorfe steigt der Ai=Petri zu einer Höhe von 4000 Fuß hin=
an. Dieser Berg ist eine ziemlich kahle und unästhetische Felsenpartie. Das
einzige Hübsche, welches er hat, oder vielmehr h a t t e, aber auch nur v i e l=
l e i c h t hatte, ist sein alter griechischer Name. Es soll nämlich dieser Ai=
Petri der alte berühmte „K r i u m e t o p o n" der Griechen sein. Hinter dem
Schlosse also nichts Erquickliches als ein antiker Name, der in der Wirklich=
keit ein graues Riesengestein ist. Der Platz u m das Schloß herum schien
uns für seine Größe zu eng; vor ihm ist nichts als das graue wüste Meer,
denn der Abhang, der von ihm bis zur See hin noch etwa 400 bis 500
Fuß, mit Gartenanlagen geziert, hinabsteigt, ist zu steil, als daß man etwas
mehr von ihm denn Baumgipfel übersehen könnte. Dabei ist er aber doch
auch nicht steil genug, um das Schloß mit seinem Felsengrunde kühn in's
Meer hervortreten zu lassen, so daß man sagen könnte:

„Ein meerumbrauftes Schloß,
„Kühn auf des Felsengipfels Stirn erhöht."

Zu den Seiten ist ebenfalls kein Trost zu holen, denn die Ufer umschließen
es auch nicht und fangen es nicht in dem friedlichen Busen einer Bai, son=
dern laufen ziemlich gerade und felsig weg. Kurz, das Schloß hält die nichts=
sagende Mittelstraße, tritt weder kühn vor, noch zieht es sich heimlich zurück.

Der Park theilt die Fehler der Lage und den Mangel an schöner Aussicht,
hat aber außerdem noch seine besonderen unangenehmen Seiten. Von einem
englischen Parke hat er keine Spur, denn alle seine Gänge und Anlagen krüm=
men sich beständig zwischen Felsen hin. Diese Felsen sind vom Ai=Petri
herabgefallene Brocken, die das Terrain rund herum bedecken, und die weder
groß genug sind, um etwas vorstellen, noch klein genug, um übersehen werden
zu können. Die Grotten, Höhlengänge, Brücken u. s. w., die sie bauen,
sind alle in einem ganz kleinlichen Style. Freilich giebt es wieder berühmte
Namen im Parke, L o r b e r n, O l i v e n, G r a n a t e n, doch sind diese Na=
men nur für die im Norden wohnende Phantasie schön. Das zum Süden
hinabgereiste Auge findet wenig Labung daran. Zu den berühmten Stücken
des Parkes gehört noch ein Laubengang, der von mehren hundert Sorten der
schönsten Rosen gebildet wird. Doch führt auch er in einem engen Felsen=
wege hin.

Am Ende des Parkes liegt unter alten hohen Wallnußbäumen das Tatarendörfchen Alupka. Hier fühlten wir uns wieder recht heimlich. Die Häuser sind recht malerisch auf und zwischen den Felsen umhergesiedelt, auch ist die Aussicht dort etwas mehrsagender als unten bei'm Schlosse, und all' das wilde Gesträuch und Buschgeranke ist nicht weggerafft wie unten. Einen der Felsen ziert eine hübsche neue Moschee, die der Graf W....... seinen Tataren gebaut hat. Wir aßen hier eine Wassermelone, und Einer von uns lüftete einer vorübergehenden tief verhüllten Tatarin ein klein wenig den Schleier; indem er ihr in's Gesicht blickte, wäre er aber bei diesem ethnographisch-psychologischen Experimente bald gesteinigt worden, denn das Mädchen griff ganz erbittert nach einem großen Steine, dessen Wurf er nur mit einem raschen Seitensprunge vermied. Wir machten ihm Vorwürfe über seine Indelicatesse, nahmen aber die Lehre, die in dem Vorfalle steckte, mit Dank an.

Den deutschen Gärtner von Alupka, Herrn Keba, welcher der unterrichteste an der ganzen Südküste sein soll, fanden wir leider nicht zu Hause. Er hätte uns sonst vielleicht noch einige Schönheiten des Parkes erschlossen. Da nun auch in der Nudelsuppe unter „den beiden Cypressen" wenig Gold zu fischen, aber viel Silber dafür zu zahlen war, so verließen wir Alupka ziemlich verstimmt. Von Alupka bis nach Jalta führt eine schöne fahrbare Straße ungefähr 400 bis 600 Fuß über dem Meere und ein paar tausend Fuß unter dem Felsrande der Jaila *) hin. In einiger Entfernung von Alupka wird diese Straße äußerst reizend. Wallnuß- und Maulbeerbäume beschatten sie. Es reiht sich auf dem Abhange nach dem Meere hin Weingarten an Weingarten. Zuweilen kommt man durch ein säuliges, luftiges tatarisches Dorf. Zu beiden Seiten des Weges liegen viele schöne Landhäuser russischer Großen, Miskhor der Narischkins, Koreis des Fürsten Gallitzin, Oreanda der Kaiserin, Livadia des Grafen Potocki, das eine reizender als das andere. Meer, Laub, Felsen und Gebäude stellten bei jedem Schritte ein liebliches Gemälde dar. Wir besahen die meisten von ihnen und fanden nur Ursache, bei einem jeden die Besitzer zu beneiden. Auch der Kaiser und die kaiserliche Familie hatten sie im vorigen Jahre alle besucht. In dem einen derselben, in Koreis, fanden wir noch ein Souvenir, das ungemein schmeichelhaft für den Besitzer, den alten Fürsten Gallitzin, war und zugleich die freundliche Gesinnung des Kaisers gegen ihn sehr hübsch bezeichnete. Der Kaiser hatte neben dem Portrait des alten Fürsten, der in seinen Amtsgeschäften abwesend war, sich dieß Koreis aber zu einem dulcis secessus aus-

*) Siehe oben.

erlesen haben soll, folgende Worte geschrieben: „Recht erfreut sind wir, das
„Portrait hier zu sehen, und eben so froh, das Original noch fern zu wis=
„sen." „Nicolai." „Ist's nicht so?" „Ja so ist's!" folgte dann mit den
Unterschriften der Kaiserin und der Großfürstinnen. Leider werden sich die
flüchtigen Bleistiftzüge auf dem zerbrechlichen Kalke nicht lange conserviren.

Oreanda hat äußerst pittoreske Umgebungen. Der Kaiser kaufte es
vom Grafen Witt, und da die Kaiserin es reizend fand, so schenkte er es
ihr. Freilich ist es ein eben so kostspieliges Geschenk für den Empfänger als
für den Geber, denn es ist hier Alles noch so ziemlich rohe Natur, und die
Kunst braucht jährlich 24,000 Rubel, um jener ein Bißchen nachhelfen zu
können. Auf einem hohen prächtigen, von drei Seiten an 500 Fuß abfallen=
den Felsen soll ein neues Schloß gebaut werden.

Wir sahen von Weitem das Dampfschiff auf der Rhede vor Jalta lie=
gen und waren unendlich froh, unsere Zeit so gut abgepaßt und doch dabei
in dem kurzen Zeitraume von 6 Tagen unser Möglichstes gethan zu haben.
Munter rollten wir in den niedlichen kleinen Hafen von Jalta ein und waren
für unsere dortigen Bekannten voll Beredtsamkeit und Erzählungen von allem
Geschauten und Gehörten, tranken ein sorgenloses Gläschen Wein und ahn=
ten nichts davon, welcher Verdruß uns den morgenden Tag trüben sollte.

Wir hatten schon auf dem Comptoir des Dampfschiffs, wo wir unsere
Plätze belegten, gehört, daß der Kapitän den anderen Tag, statt zur festgesetz=
ten Zeit um zwölf Uhr Mittags, um fünf Uhr abreisen wollte, weil er in
Sewastopol anlegen müsse, um eine Schauspielertruppe aufzunehmen, die
nach Odessa zurückreise. Meine Reisegefährten riethen nun, noch denselben
Abend an Bord zu gehen, um die fünfte Stunde nicht zu verschlafen.
Dieß war auch allerdings das Vernünftigste. Als sie mit diesem Vorschlage
kamen, war ich aber leider schon halb entkleidet und im Begriffe, in ein fri=
sches, schönes Bett zu steigen. Draußen brüllte die Brandung des Meeres, und
das Dampfschiff lag etwas weit hinaus auf der Rhede. Da überlistete mich der
böse Geist der Bequemlichkeit, und ich erklärte mich für's Schlafen am Lande,
indem ich meinte, wir hätten so lange nicht ordentlich geschlafen, und nun soll=
ten wir uns schon wieder auf der See krank schaukeln lassen, und ohnedieß wäre
ich für meinen Theil ganz sicher, daß ich es nicht verschlafen würde. Glückli=
cherweise setzte ich aber noch hinzu, daß sie indeß thun möchten, was sie für's
Beßte hielten. Ich würde ihnen noch vor fünf Uhr nachkommen. Der
Wirth versicherte auch, es habe nichts zu sagen, er wolle uns schon wecken,
und als sie mich nun in's Bett steigen sahen, und die Brandung noch einmal
so recht stark dazwischen brauste, da wurde auch ihnen das Herz weich, und sie
zogen sich auf ihre Zimmer zurück.

Wir schliefen sanft. Am anderen Morgen erwacht, blickte ich auf die Uhr. Es war erst 4 Uhr. Gleich darauf stürzte aber der Wirth herein und schrie: „Der verdammte Engländer ist fort und davon!" — „Wie? was? es ist ja erst 4 Uhr." — „Ja, er ist diese Nacht betrunken an Bord ge= kommen und hat gleich heizen lassen." — Voll Verzweiflung stürzten wir hinaus an's Meer und trauten unseren Augen nicht. Doch so sehr wir sie auch anstrengten, die Rhede war rein wie ein Spiegel, und der schwarze Schornstein Peter's des Großen nirgends zu finden. Das hieß denn doch das Publicum anführen! An dem Quai lagen noch viele Waaren, von denen nun auch einige verderbliche so gut wie gestrandet waren, und mehre Passagiere rannten verzweifelt auf dem Hafendamme hin und her und rangen die Hände. Es waren einige Beamten darunter, deren Urlaub keine längere Abwesenheit gestattete. Auch eine schwangere Frau, sagte man, sei dabei ge= wesen, die ihre Niederkunft in Odessa hätte abwarten wollen, und die nun wahrscheinlich genöthigt wäre, unter allerlei unbequemen und unvortheilhaften Umständen in der kleinen Tatarei ihr Kind zur Welt zu bringen. — Wie kann ein Engländer auf seine eigene Hand hin es wagen, das Publicum auf diese Weise zu betrügen? — „Ach, der thut Alles, was ihm einfällt", sagte der Wirth. — Hat er das in England gelernt? — Was würde ihm in sei= nem Vaterlande bei einem solchen Stückchen für ein Proceß gemacht werden! Hier fanden die Passagiere mit ihren Klagen im Ganzen wenig Anklang. — Es ist bemerkenswerth, daß gerade die Ausländer sich in Rußland zuweilen mehr Willkür herausnehmen als irgend ein Russe. Gut war es für uns, daß einige der Passagiere noch mehr fluchten und lamentirten als wir selber, denn wenn Andere es übernehmen, den Schmerz laut werden zu lassen, so tragen wir unseren eigenen Aerger um so stiller. — Die Sache war übrigens ärgerlich genug. Vor ein paar Stunden hatten wir bis Odessa nur noch eine Tagereise, und nun waren wir weiter als der Kaukasus und Trapezunt davon verschlagen, denn wir konnten nun zu Lande nur in fünf Tagen hingelangen.

Meine beiden Gefährten, deren Geschäfte keinen Aufschub gestatteten, entschlossen sich, sogleich zu Pferde über die Gebirge nachzureisen, um den schelmischen Kapitän entweder noch in Sewastopol einzuholen, oder dann ihre Reise zu Lande weiter fortzusetzen. Ich befand mich zu einem solchen Parforce=Ritte über die taurischen Felsengebirge nicht wohl genug und hielt es für besser, in den sauren Apfel des Bleibens zu beißen und die nach vierzehn Tagen stattfindende Zurückkunft des Dampfbootes abzuwarten. Ich be= gleitete sie bis auf die nächste Station und schied dann von diesen mir werth gewordenen, liebenswürdigen Menschen, denen es nicht im Geringsten einfiel, mir irgend eine Schuld an ihrem jetzigen Ungemache beizumessen, da doch sonst gewöhnlich auch Der, der nur die unschuldige Veranlassung zu einem Unglücke ist, etwas von den Vorwürfen der Anderen zu leiden hat. Ich habe sie nachher nie wieder gesehen, jedoch hörte ich später, daß sie das Dampfboot noch glücklich in Sewastopol erreicht hatten, weil nämlich auch die Schauspielertruppe aus Simpheropol wortbrüchig geworden war, und der Kapitän einen ganzen Tag vergebens auf sie gewartet hatte.

Ich hätte meinen so unwillkürlich um vierzehn Tage verlängerten Aufenthalt in der Krim nun noch vortrefflich zu einigen anderen Excursionen anwenden können, allein es befiel mich eine Krankheit und warf mich acht ganze Tage auf's Lager, die nun eben gerade nicht zu den angenehmsten meines Lebens gehören. Mein Haupttrost in dieser Zeit waren ein deutscher Apotheker, Goethe und ein gebildeter Russe. Der Apotheker hatte die Güte, mir mit großer und theilnehmender Gastfreundschaft ein Zimmer in seinem Hause einzuräumen, wo ich eine bessere Pflege fand als in dem Wirthshause, das ein Jude hielt. Goethe richtete mich mit seiner Iphigenie, seiner Lebensgeschichte und seinem Faust auf, die ich in der Bibliothek des Apothekers fand, und der Russe kam Abends ein Stündchen zu mir, um mir vom Kaukasus und anderen fernen Ländern zu erzählen, in denen er als russischer Beamter lange geweilt hatte. Diese Stunden waren für mich alle Mal völlig gesunde, denn mein Geist umkreis't fortwährend die Erde und träumt und blickt beständig nach fernen Ländern, wohin ihm der kranke Leib nicht folgen kann, und keine Wissenschaft hat mehr Trost für ihn als die Erdkunde, es sei denn die Himmelskunde, ich meine die Religion, doch von dieser, versteht es sich, stillschweigends. Was mir mein mildthätiger Russe über den Kaukasus mittheilte, schrieb ich immer am anderen Morgen nieder und machte mir so eine kleine Nachrichten=Sammlung über einige dortige Dinge, die auch für Andere Interesse haben kann, weil sie von einem kundigen Augenzeugen herrührt, und die ich daher hier an die Stelle meiner Krankheitsgeschichte einschiebe.

Conversationsfrüchte über den Kaukasus.

"Chi va lontan della sua patria, vede
"Cose, da quel che gia credea lontane
"Che narrandoli poi non se gli crede."

Mein Krankenpfleger und Wohlthäter hatte acht Jahre im Kaukasus gedient und fast alle seine den Russen zugänglichen Partieen desselben vom schwarzen bis zum kaspischen Meere kennen gelernt. Sogar die Steppe Mugan, die am äußersten Ende des Kurthales liegt und ihrer eigenthümlichen Verhältnisse wegen schon aus den ältesten Zeiten der Geschichte her

berühmt ist *), hatte er mehre Male durchkreuzt. Kein Erdfleck erdulbet so con-
trastirende, alljährlich wiederkehrende Verwandlungen wie diese Steppe, die im
Sommer die ärgste und wildeste Wüste der Welt und im Winter die blumigste
Bühne des lustigsten Menschen= und Thierlebens ist. Im Winter, ungefähr vom Anfange Octobers bis zum Anfange Aprils grünt in dieser Steppe
das Gras und blühen in ihr die schönsten Blumen, Hyacinthen, Tulpen,
Krokos und tausend andere Gewächse. Es irren dann mehre kleine Flüsse
durch sie hin, die sich zum Theil in den Kur, zum Theil in's kaspische Meer
ergießen. Alsdann steigen verschiedene nomadische Stämme von den umliegenden Bergen des Karabaghs und von Lankoran her, in denen es dann
zu kalt wird, herab in die Steppe. Tatarische Stämme, Zigeuner, Truch-
menen, ja sogar Kurden kommen aus Persien, und Araber, welche letztere,
ich weiß nicht, unter welchem Kalifen, hierher versprengt wurden. Alle diese
Völker schlagen nun ihre Zeltdörfer in der Steppe auf, und sie und ihre großen Herden erfüllen dann Alles mit Leben. Zur allgemeinen Sprache aller
dieser unter einander vermischten Stämme hat sich die tatarische erhoben. Sie
sollen alle zusammen etwa 60,000 Männer zählen. Die Zigeuner bilden die
Vermittler unter ihnen, indem sie, zwischen den Rührigen die Unruhigsten,
überall als Zwischenhändler, Mäkler, Wahrsager und aushelfende Handwerker herumziehen. In dieser selben guten Zeit zieht sich auch eine nicht unbedeutende Handelsstraße durch die Steppe, aus dem Kurthale her nach Lankoran
und Persien. Im Anfang Aprils wird aber die Hitze schon so bedeutend,
daß die Bäche und Flüßchen zu versiegen anfangen. Die Wolken geben keinen
Regen mehr, das Gras beginnt zu verdorren, und die Nomaden ziehen sich
allmälig alle wieder in die armenischen und karabagh'schen Berge zurück, so
daß in der Mitte Aprils im Mugan Alles todt und ausgestorben ist. Wenn
der Boden nun von der Maisonne recht erglüht, so fängt es urplötzlich an, sich
in seinem Busen auf andere Weise zu regen und zu bewegen, und es steigen
Millionen gräulicher Schlangen aus ihm hervor, die in solcher Unzahl im
Grase schleichen, daß es nicht einmal möglich ist, die Steppe zu passiren.
Die Verkehrsstraße, die im Winter durch sie hinführte, muß verlegt werden
und mit einem großen Umwege nahe an der Küste des kaspischen Meeres hin
ihr Ziel erstreben. Man behauptet, daß kein lebendiges Wesen, das sich um
diese Zeit etwa in die Steppe verirrte, den Ausweg finde, weil es von den
gräulichen Schlangen sogleich angefallen und verzehrt werde. Man hat im
Herbste nicht blos Gerippe von verlaufenen Rindern, sondern auch selbst von

---

*) Ritter hat in seinem trefflichen Werke bereits die interessantesten historischen
und geographischen Verhältnisse dieser Steppe entwickelt, doch enthält mein Augen-
zeugenbericht dennoch einige neue Beiträge.

Hyänen und Leoparden in der Steppe gefunden, deren Tod man den Schlangen
Schuld giebt. Wenn diese Behauptung — wie zu vermuthen steht — ge=
gründet ist, und die Thiere nicht blos durch den Durst oder auf andere Weise
umkamen und dann erst später von den Schlangen skelettirt wurden, so müßte
der Kampf eines Leoparden mit einigen tausend Schlangen ein merkwürdiges
Schauspiel abgeben; — wie die tausend Mäuler auf ihn loszischen, — wie
das edle *), geängstigte Thier in verzweifelten Sätzen durch die Steppe springt
und überall wieder auf neue tausend und aber tausend schnappende Feinde
trifft, gegen welche Stärke und Tapferkeit nichts helfen, — wie sich die Un=
gethüme gleich den Furien an seine Fersen hängen, — wie die sich ringelnden
und schleichenden Kränze um seinen Hals sich ballen und mehren, — und wie
es dann endlich, aus allen Flecken seines getigerten Felles blutend, zum Fraße
hinstürzt für das Gewimmel der glatten Bäuche. Von Salian aus, einem
kleinen Städtchen in der Nähe der Steppe, haben sich Russen ihrem Rande
genähert und, durch Perspective hineinblickend, große Haufen von Schlangen
darin liegen sehen, die, zu scheußlichen Klumpen wie Ameisenhaufen geballt,
sich sonnten. Es ist bekannt, daß schon die Römer unter Pompejus hier
am weiteren Vordringen durch die Schlangen gehindert wurden, und seit
Jahrtausenden hat sich das noch wenig verändert. Gegen den October hin,
wenn die Herbstregen beginnen, verschwinden die Schlangen völlig. Wahr=
scheinlich verkriechen sie sich in die Erde. Dann kommen die Nomaden zurück
und nehmen auf die Winterszeit wiederum Besitz vom Boden.

Es giebt noch andere Schlangenfelder ähnlicher Beschaffenheit im Kur=
thale, so z. B. eines bei Katschai am Kur, welches auch sehr bedeut=
end sein soll. Die Steppe „Karaja“ hat freilich keine Schlangen, kann
aber doch durchaus nicht bewohnt werden, weder im Winter noch im Sommer,
weil sie zu keiner Zeit Wasser hat. Nur an ihrem Rande, wo sie an wasser=
reiche Gegenden stößt, ergrünt sie im Winter und wird dann von Nomaden
— „Katschewije narodi,“ sagen die Russen — durchschweift. Die Steppe
„Upadar“ dagegen ist immer bewohnt, Winter und Sommer, weil sie
bergig und stets bewässert ist. Ueberall, wo der Kur fließt, hören diese Step=
pen auf, denn zu beiden Seiten des Flusses ziehen sich große Wälder hin,
die voll Leoparden und Hyänen sind, Bären kommen nur auf den Bergen
vor. Von allen Nomaden im unteren Kurthale bis gegen den Punct hinauf,
wo sich der Alasan mit dem Kur verbindet, gilt, was wir von den Mugan'=
schen bemerkten, daß Tatarisch bei ihnen die Hauptsprache ist, so wie die
meisten Völker auch selber tatarischen Stammes sind, den Timur hier zurück=

---

*) Gegen eine Schlange ist ein Leopard immer noch edel zu nennen.

ließ. Das Tatarische dieser Gegenden, das im Schirwan herrscht und sich dann an der Küste des schwarzen Meeres bis zur Mündung des Terek durch Daghestan herumzieht, ist aber ein anderer Dialekt als der krim'sche. Man rechnet alle Tataren der Kaukasus-Länder auf eine halbe Million männlicher Seelen. Es existiren unter ihnen noch viele kleine Fürsten, die sich aus Dschingis-Chan's Blute zu stammen rühmen und früher souverain waren, jetzt aber zum Theil unter russischem Schutze stehen, zum Theil außer Landes weilen. So lebt der schirwan'sche Fürst in Tiflis, der baku'sche ist nach Persien entflohen, der karabagh'sche wohnt in Petersburg und genießt eine Pension von 10,000 Rubeln, reis't aber zuweilen in sein väterliches Erbe, um seine Güter zu inspiciren, wie ein russischer Gutsbesitzer. Sein Sohn dient in der Garde. Der tarku'sche residirt noch in Tarku unter dem Schutze der russischen Festung. Außerdem giebt es noch einen von Derbent und einen von Schamachie.

Ueberhaupt ist der ganze Kaukasus eben so voll kleiner unabhängiger, halb unabhängiger und ganz abhängiger Fürsten, wie Deutschland im Mittelalter. Einer der merkwürdigsten Halbsouveraine ist der König oder Fürst von Mingrelien. Er stammt aus einer alten grusinischen Fürstenfamilie Dabian, wird aber auch von den Russen schlechtweg „der Dadian" genannt, als wenn dieß sein Name oder Titel wäre. Er thut noch so ziemlich in seinem Lande, was er will, und regiert nach Gutdünken seine Unterthanen, weil die Russen es einstweilen noch dulden. Er bezieht von seinen eigenen Besitzungen in Gelde nicht mehr als 20,000 Rubel und bekommt ungefähr noch halb so viel von den Russen für die Abtretung von Redut-Kalé, Suchum-Kalé und Anaklia, Ortschaften am schwarzen Meere, die eigentlich ihm gehören, aber von russischen Truppen besetzt sind. Er selber bekommt aber wenig von dem Gelde in die Hände, weil er unter dem Pantoffel seiner Frau steht. Die Russen boten ihm einmal 10,000 Rubel Silber jährlich, wenn er ihnen die Regierung des ganzen Landes freiwillig abtreten wollte. Er war auch damit sehr zufrieden, weil er dann doch einmal selber Geld zu haben hoffte, allein seine Frau, die aus der vornehmsten Familie des Landes stammt und eine verzweigtere Verwandtschaft hat als der Fürst selbst, wollte nicht einstimmen, und die Unterhandlungen zerschlugen sich.

Dieser Dadian hat sich die Raubritter des Mittelalters als Muster im Regieren genommen. Er verübt Ungerechtigkeiten so viel, als er dienlich hält, wo er nicht einen Stärkeren zu fürchten hat. Gewöhnlich residirt er in Sugbidi, Sommerszeiten auf einem Schlosse, Namens Letschkum, in den Vorbergen des Elborus. Aber auch sonst zieht er viel im Lande umher, und wo er hinkommt, muß ihn der Ort, den er beehrt, mit allem Nöthigen versehen. Gewöhnlich wird dabei so aufgeräumt, daß nichts übrig bleibt. Vor ein paar Jahren hatte er einen Deutschen aus Petersburg, einen gewissen Dr. S..... zum Leibarzte und noch einen zweiten Deutschen, Namens Thiele, einen Schneider aus Moskau, in seinen Diensten. Der Letzte, ein gewandtes Kerlchen, war sein Haushofmeister und Factotum, sein Cassirer, Rathgeber und Oberküchenmeister. Dieser Thiele befand sich recht wohl bei ihm, der Doctor aber gar nicht. Letzterer, der sich zum Sterben am Fuße des Elborus langweilte, erzählte meinem Freunde allerlei kleine, interessante Geschichtchen vom Dadian. Wenn er Geld haben will, so muß er immer seine Frau fußfällig darum bitten. Sie flieht vor ihm, und er rutscht ihr dann durch eine Reihe von Zimmern auf den Knieen nach. Ihrer großen Verwandtschaft wegen muß er sie gut und immer aufmerksam behandeln. Bei ihrer Nachmittagsruhe steht er Wache, damit Niemand sie störe. Dieß hindert ihn aber doch nicht, allerlei kleine und kurze Liebschaften mit den Frauenzimmern der Nachbarschaft zu unterhalten. Denn er ist eben so lüstern als lecker. Zuweilen aber entdeckt seine Frau so etwas, und er hat dann allerlei Strafe dafür zu dulden. Einmal machte er auch einen solchen verdächtigen Besuch auf einem Schlosse in der Nähe von Sugdibi, wo ihn aber die unerwartet angekommenen Männer des Hauses störten. Er sprang ohne Inexpressibles zum Fenster hinaus und lief so zu seiner Residenz eiligst zurück, wo er erzählte, er sei unterwegs ausgeplündert und seiner rothen Hosen beraubt worden, und fügte hinzu, er wolle gleich den anderen Tag gegen die Räuber ausrücken. Dieser angedrohte Feldzug wurde aber unnöthig gemacht. Denn am folgenden Morgen kamen die Männer des Schlosses, aus dem man ihn verjagt hatte, mit seinen rothen Hosen angezogen, die sie ihm auf einer langen Stange zutrugen. Da mußte er wieder vor seiner Frau Buße thun.

Da mein Freund ihm vorgestellt wurde, fragte er ihn, was er wäre und als dieser ihm antwortete, er sei ein Professor, machte er ein ganz saueres Gesicht und fragte, ob der Klaproth, der einmal bei ihm gewesen, nicht auch ein solcher „Propesser" wäre (die Mingrelier verwandeln das „f" in „p"), und als mein Freund ihm dieß bejahte, schrie er: „Ah pinta propesser! Ach, „das ist ein jämmerlich Ding, ein Professor. Mein Sohn hat mir erzählt, „daß der Klaproth ein Buch über mein Land geschrieben hat, worin er allerlei „Lügen von mir erzählt, daß ich meine Unterthanen ausraube, daß ich mein „Land schlecht regiere, und andere Unwahrheiten. Ah pinta propesser, pinta „propesser!"

Der vorige Generalgouverneur des Kaukasus, der Baron Rosen oder, wie er im Kaukasus kurz genannt wurde, „der Baron" hatte dem Dadian schon lange einen Besuch versprochen, kam denn endlich einmal wirklich und blieb mehre Tage bei ihm in Sugdidi. Da setzte nun der Dabian sein halbes Königreich in Contribution, um eine so hohe Person würdig aufzunehmen. Alles Vornehme und Repräsentable wurde zum Feste und Gastmahle des zweiten Tages eingeladen. Mein Freund war auch unter den Begleitern des Generals Rosen. Das ganze Fest gehörte in jeder Beziehung zu den eigenthümlichsten, die man sehen konnte. Alle mingrelischen Fürsten und Edelleute erschienen dabei in den reichsten Nationaltrachten, von oben bis unten in Silber und Gold gekleidet und mit den prächtigsten Waffen versehen. Die Tische brachen unter der Last der Speisen. Man trank den Wein aus großen, ellenlangen, mit Silber beschlagenen Ochsenhörnern, die überhaupt im ganzen Kaukasus das allgemein verbreitete Trinkgefäß sind. Einige dieser Becher faßten drei bis vier Flaschen Weins und wurden auf das Wohl „des Barons" von diesen mingrelischen Rittern geleert. Das Bankett wurde mit Tournieren geschlossen, bei denen Alle die merkwürdigste Geschicklichkeit im Reiten und Fechten offenbarten.

Die interessantesten der geladenen Gäste waren die beiden vornehmsten Anführer der „Zebeldiner", der eine aus der Familie „Marschani", der andere ein „Margani". Diese Zebeldiner sind nämlich ein kleiner mingrelischer oder abchasischer Stamm, der in einem der obersten Thalkessel des Landes, „Zebelda" genannt, wohnt und der Schrecken der ganzen Umgegend ist, Feinde des Dabian und Hauptfeinde der Russen. Die Marschani und Margani sind unter den Tapferen die Tapfersten. Sie waren auf besondere Bitte des Generalgouverneurs eingeladen worden. Es ist gar nichts Seltenes, daß sich im Kaukasus die erbittertsten Feinde unter Umständen sehr freundschaftlich begegnen, besonders zum gemeinschaftlichen Begehen von Festivitäten temporären Waffenstillstand schließen und mit einander zechen, während, wenn sie nachher wieder in der Wildniß auf einander treffen, sie sich nur mit Flintenschüssen begrüßen. Der General Rosen hatte die Absicht, bei dieser Gelegenheit die Zebeldiner auf irgend eine Weise für die russische Partei zu gewinnen, entweder durch Drohung oder durch Ueberredung. Man wußte dieß allgemein und war auf den Ausgang gespannt. Als nun die Tourniere beendigt waren, ließ der General die beiden Zebeldiner zu sich bitten, die dann auch hervortraten, indem sich die ganze Versammlung neugierig um sie herumdrängte. Der General hielt mittels eines Dolmetschers eine Anrede an sie, die ungefähr sagte, daß er sich besonders freue, auch sie bei'm Feste zu sehen, weil er hoffe, mit ihnen ein Wort des Friedens reden zu können. Er wolle sie bitten, doch ihre feindliche Gesinnung gegen die Russen aufzugeben und nicht beständig Leute zu berauben und zu tödten, die ihnen durchaus nichts Böses thäten. Der Kaiser von Rußland wolle ihnen wohl und böte ihnen den Frieden unter den vor-

theilhafteſten Bedingungen an. Bei dieſer Rede verfinſterten ſich die Mienen
der beiden Krieger, die, in ihre Kettenpanzer gehüllt, bis an die Zähne be=
waffnet, da ſtanden, der Eine, der Marſchani, ein Rieſe von Größe und
ein Hercules von Muskelbau, der Andere, der Margani, ein kleiner unter=
ſetzter Kerl mit gedrungenen Gliedern, aber ein David an Energie und Ge=
wandtheit. Lange ſchwiegen ſie. Dann nahm Marſchani das Wort und
ſprach mit einer Bärenſtimme: „Du haſt uns geladen, mit Dir zu eſſen und
„zu trinken, aber dazu haſt Du uns nicht eingeladen", und weiter antwortete
er nichts. Der General Roſen und ſein Dolmetſcher nahmen wieder das
Wort: „Der Kaiſer will Euch, wenn Ihr Euch ſeinem Schutze anvertraut,
„Euer Land ſchenken, Euch zu Fürſten in Euerem Volke machen, und weder
„an Gelde, noch ſonſt etwas ſoll es euch fehlen. Ihr ſeid jetzt arm, müßt die
„Feindſchaft aller Euerer Nachbarn fürchten und lebt wie ſtets bedrohte Räuber
„in einer Höhle. Haltet Frieden mit den Ruſſen, und Ihr werdet reich ſein
„und wie Könige leben! Tretet heran, und laßt uns den Frieden gleich hier
„abſchließen." — Wieder eine Pauſe. Darauf ſprach der kleine Margani eben
ſo wie der vorige: „Du haſt uns geladen, mit Dir zu eſſen und zu trinken,
„aber dazu haſt Du uns nicht geladen", und kein Wort weiter kam aus ihrem
Munde. Da wurde der General ärgerlich über ihre karge Beredtſamkeit und
ihren ſtarren Sinn und fing an zu drohen. „Nun ſo antwortet doch, Mar=
„ſchani und Margani, Ihr Mörder und Räuber! Stellt mir hier Rede und
„Antwort über Euer Thun und Treiben, und thut Ihr es nicht, ſo werde ich
„Euch auf der Stelle mit meiner ganzen Armee verfolgen und in Euerem Berg=
„keſſel nicht einen Stein über dem anderen und keinen Baum mit der Wurzel
„im Boden laſſen." Darauf ſchrieen Beide: „Du haſt uns geladen, zu eſſen
„und zu trinken, aber dazu haſt Du uns nicht geladen!" machten dann auf
der Stelle Kehrt und riefen nach ihren Pferden. Nur mit Mühe hielt man
ſie noch den Abend zurück. Den anderen Morgen fand man ſie aber doch nicht
mehr. Sie hatten ſich in der Nacht nach ihren Bergen aufgemacht. Das
Jahr darauf ließ der General Roſen ſein Wort in Erfüllung gehen und unter=
nahm eine große Expedition gegen die Zebeldiner, deren Raubneſt auch zer=
ſtört wurde. Allein die Marſchani und Margani, ſo wie die meiſten anderen
Hauptanführer, entkamen und pflanzten ihre Fahne in einem anderen, noch
höher gelegenen Thale auf, wo ſie ein neues Zebelda gründeten. — In Mingre=
lien endigen ſich die meiſten Namen auf „ane", ſo wie in Imerethi die meiſten
auf „aze" und „ize", z. B. „Nagaschize", „Abaschize", „Schirwas=
size". Zweige der Familie Dadian ſind ſchon früher in den ruſſiſchen Adel
übergegangen. So giebt es Fürſten „Simbirski=Dadian". Auch der Sohn
des jetzigen Fürſten, Namens „David Dadian", iſt mit einer ruſſiſchen Fa=

milie verschwägert. Die Mutter des jetzigen Fürsten lebt auch noch und heißt
Fürstin „Zaratelli Dedopal", Letzteres bedeutet „Königsmutter".

Sehr weitläufig ist die Art der Begrüßung und des Empfangs in Min=
grelien, wenn ein Vornehmer den anderen besucht. Sie verneigen sich schon
aus weiter Ferne, stellen sich dann einander gegenüber und fragen: „Wie
„geht es Dir? Wie hast Du bisher gelebt? Wie geht es Deiner Mutter?
„Wie geht es Deiner Frau? Wie Deiner Amme? Wie Deinem Haushof=
„meister?" So werden alle Hausgenossen bis auf die Knechte und Mägde
herab durchgefragt, dann kommt man zu den Thieren: „Was machen Deine
„Herden? Wie befindet sich Dein Lieblingspferd und wie hat es bisher ge=
„lebt? Wie geht es Deinen Ochsen und waren sie nicht krank?" — Bei rei=
chen Leuten von großer Verwandtschaft dauert eine solche Ceremonie oft stunden=
lang. Während die Herrschaften sich so durchfragen, machen es die Begleiter
und Diener ebenso, nur mit dem Unterschiede, daß es bei den Geringeren und
Aermeren dann nicht so viel zu fragen giebt. Eigenthümlich ist noch die große
Hochachtung, in der die Ammen bei ihnen stehen. Diese bleiben gewöhnlich ihr
ganzes Leben lang im Hause und Gefolge ihrer Säuglinge und geben die ge=
wöhnlichen Rathgeber derselben ab. Eine vornehme Mingrelierin führt oft ein
Dutzend Ammen mit sich herum, ihre eigene Amme, die ihrer Kinder, die
Ammen verstorbener Schwestern u. s. w., und dazu kommt dann oft noch die
unversorgte Verwandtschaft jeder Amme.

Ein sehr berühmtes Kloster im Mingrelierlande ist das Kloster „Mort=
wili". Es liegt hoch im Gebirge und hat einen kostbaren Schatz, das heiligste
Bild des Kaukasus, ein von der Hand des Apostels Lukas selbst gemaltes
Portrait der Maria. Als der Dadian einmal unartig gewesen war und von
Rußland Strafe befürchtete — es war noch zur Zeit der Regierung Alexan=
der's — beschloß er, um sich einzuschmeicheln und seinen Fehler gut zu
machen, dieses Bild nach Petersburg zu schicken. Obgleich Herr im Lande,
so fürchtete er doch die Priester und das Volk und zog selber an der Spitze eines
bewaffneten Trupps in das Kloster hinauf, raubte das Bild, packte es ein
und schickte es nach Petersburg, von wo aus man gütig genug war, es ihm
wieder zurückzuschicken. Die Priester des Klosters Mortwili müssen glauben,
daß dasselbe zu gleicher Zeit mit dem Paradiese aus den Händen des Schöpfers
hervorgegangen ist. Denn als mein Freund sie fragte, wie lange das Kloster
stände, lachten sie ihm geradezu in's Gesicht und sagten, so eine Frage hätte
noch Niemand gethan. Es sei bekannt, daß das Kloster seit dem Anfange der
Welt stehe.

Das tägliche Hauptgericht der Mingrelier ist das „Gomi", eine Art
von Hirsegrütze, womit sie bei Festlichkeiten ganze Schafe und Ochsen

verbinden. Die kirchlichen Feste feiern sie gewöhnlich so, daß sie sich ben Abend vor dem Festtage in den Höfen der Kirchen versammeln, Ochsen und Schafe schlachten, essen und trinken, und davon dann am eigentlichen Feiertage so müde sind, daß sie ihn gewöhnlich verschlafen.

Noch betrübter steht es mit der Religion der Nachbarn der Mingrelier, der Abchasen, von denen es sich gar nicht ausmachen läßt, ob sie Christen, Heiden oder Mohamedaner sind. Wenn man sie fragt: „Seid Ihr Christen?" — so antworten sie: „nein, pfui! die Christen sind schlecht!" — „Seid Ihr denn „Mohamedaner?" — „Nein, pfui! die Mohamedaner sind auch schlecht, „aber doch noch besser als die Christen." — „Aber woran glaubt Ihr denn?" — „An die Fasten und Feste." — Man lud sie einmal ein, sich taufen zu lassen, und schenkte Denen, die kamen, ein silbernes Kreuz und ein neues Gewand. Darauf stellten sie sich in Menge zur Taufe ein und empfingen alle ein silbernes Kreuz und ein Gewand. Das gefiel ihnen, und als man die Getauften wieder zu einer Kirche einlud, um ihnen etwas vom Gottesdienste zu lehren, kamen sie in großen Haufen in der Meinung, es solle wieder auf die vorige Weise getauft werden. Als sie aber sahen, daß das Ganze nur auf mühsame und ihnen langweilige Ceremonieen hinauslief, blieben sie später ganz weg.

Die Abchasen sind auch vom grusinischen Volksstamme, wie eben so die Mingrelier und Imerethier. Doch haben die eigentlichen Grusinier in Iberien weit mehr persische und tatarische Sitten, weil alle die großen Eroberer — Nadir Schach, Nuschirwan, Dschingis, Tamerlan — das Kurthal freilich immer leicht überschwemmten, keiner von ihnen aber sich zum Herrn des Gebirges machen konnte. Alle verschiedenen Eroberer des Kurthales haben Etwas von ihren Sitten und ihrer Sprache im Volke gelassen, was seit Jahrhunderten darin stecken geblieben ist, sogar die Römer. Denn es giebt noch viele Worte und Namen in Grusien, die ganz römisch sind, so z. B. eine Stadt, die „Urbani" heißt. „Schiff" nennen sie „navi", „Licht" „candelli". Von den Russen bekommen sie jetzt Möbeln und mit ihnen die russischen Namen für dieselben, so „stol," Tisch, „stul," Stuhl.

Die Abchasen sind das schlimmste Volk im Westen des Kaukasus, im Osten sind es die Lesghier. Von ihnen sagen die russischen Gefangenen, die das Glück haben, von da zurückzukehren, gräßliche Dinge aus. Sie sollen zum Theil noch die Kochkunst nicht verstehen und fast Alles, selbst das Fleisch, roh verschlingen. Sie peinigen ihre Gefangenen am meisten, schneiden ihnen oft die Sehnen an den Fersen ab, oder reißen ihnen die Haut der Fußsohlen auf und streuen in die Wunde gehacktes Pferdehaar, damit sie immer offen bleiben und das Entlaufen verhindern. Die gewichtigeren Gefangenen, von denen sie eine gute Auslösungssumme erwarten, sperren sie in Thürme ein

und lassen sie hungern und dursten, um die Auslösung zu beschleunigen, be=
handeln sie dabei aber so rauh, daß sie oft in der Gefangenschaft schnell hin=
sterben. Auf diese Weise starb der Naturforscher Gmelin, der ihnen mit
seiner ganzen wissenschaftlichen Expedition in die Hände fiel. Er erkrankte
bald bei dem ihm gereichten faulen Wasser und Brode und starb nach vier
Monaten. Viele von seinen Begleitern überlebten noch die Qualen und wur=
den ausgelöst. Wenn die Lesghier sehen, daß das verlangte Geld nicht an=
kommt, so quälen sie auch wohl ihren Gefangenen, der sich so lange für nichts
und wieder nichts füttern ließ, aus Rache zu Tode, und es versammelt sich zu
dieser Folter das ganze Dorf, wie bei den canabischen Wilden. Sie gehören
übrigens hinsichtlich der Körperbildung mit zu den schönsten Bewohnern des Kau=
kasus, sind schlank von Wuchs und haben regelmäßige Gesichtszüge. Sie sind an
Gerechtsamen alle unter einander gleich und haben keine Sklaven, wie die Gru=
sinier. Wer die stärkste Familie hat, der ist das angesehenste Haupt. Zuweilen
zeichnen sich Einige unter ihnen durch Glück und Kühnheit besonders aus
und machen sich zu berühmten Anführern. Ein solcher war der bekannte
„Kasi Mula“, „der Rothbart“ genannt. Wie auffallend, daß die Rothbärte
immer eine so bedeutende Rolle spielen! Die Geschichte kennt in Afrika, Asien
und Europa feuerköpfige Rothbärte. Kasi Mula wurde so genannt, weil er
von Natur einen rothen Bart hatte. Sonst färben sich die Alten unter den
Lesghiern auch künstlich den Bart roth. So lange sie nämlich jung sind, hal=
ten sie viel auf einen rabenschwarzen Bart und helfen überall, so lange es
irgend angeht, mit schwarzer Farbe nach. Erscheinen aber zu viele weiße
Haare, so färben sie Alles feuerroth. Die Sprache der Lesghier, wie auch noch
anderer kaukasischer Völker, ist die halsbrechendste, die man sich denken kann,
und es ist mit dem Aufwande der größten Anstrengung europäischer Sprach=
organen oft nicht möglich, ihnen einige Redensarten nachzusprechen. Es
kommen so sonderbare Töne darin vor, daß man Mühe hat, zu glauben, daß
blos Zunge, Gaumen, Zähne und Lippen zu ihrer Hervorbringung ange=
wendet wurden.

Der bekannte „Morlinsky“, der auch oft in deutschen Blättern er=
wähnt ist, hat die Sitten und das Leben der Lesghier am besten beschrieben.
Er hieß eigentlich „Bestuscheff“ und wurde, als mit in der Verschwörung
nach dem Tode Alexander's verwickelt, nach Sibirien transportirt. Von hier=
aus bat er den Kaiser um die Gnade, ihn als gemeinen Soldaten nach dem
Kaukasus zu versetzen, was ihm denn auch bewilligt wurde. Der Kaukasus
ist gewissermaßen ein zweites Sibirien, indem eine Degradation mit Versetzung
nach dem Kaukasus eine verstärkte Strafe ist. Morlinsky stand hier lange
Zeit in Derbent am caspischen Meere und focht gegen die Lesghier und Kasi

Mula mit ausgezeichneter Tapferkeit. Er focht und schrieb seine Powesti (Novellen) aus dem Kaukasus. Als fünfunddreißigjähriger Mann fand er endlich seinen Tod, den er suchte, in einer Schlacht gegen die Abchasen.

Herr Gmelin ist nicht der einzige unserer deutschen Landsleute, der auf dem Kaukasus in Gefangenschaft schmachtete. Ich lernte in Charkoff einen deutschen Zeichenlehrer aus Landsberg an der Warthe kennen, einen kleinen unansehnlichen Mann, der nur durch seine Gewandtheit dem Schicksale jenes Naturforschers entkommen war. Auf einer Reise in den Kaukasus hatte er sich bei der Aufnahme einer malerischen Situation zu weit in die Berge hinein gewagt und ward mit sammt seinen Begleitern von Osseten, die sie überrumpelten, weggefangen. Man theilte sich sogleich in ihre Gesellschaft, wie man Beute zu vertheilen pflegt, und er wurde von seinen Begleitern getrennt, von denen er nie wieder etwas hörte. Ein ossetischer Anführer band ihn an sein Pferd und sprengte mit ihm davon, wobei er, da er, wie gesagt, ein kleiner Mann war, sehr viel zu leiden hatte. In der Wohnung des Osseten wurde ihm ein jämmerliches Nachtlager zu Theil und anfangs eine sehr schlechte Nahrung und harte Behandlung. Doch gewannen sie ihn allmählig lieb, faßten Vertrauen zu ihm, behandelten ihn besser und stellten ihn am Ende als Pferdehirten in ihrer Hauswirthschaft an. Er mußte alle Tage die Pferde auf den Bergen hüten, wobei er die schrecklichste Noth hatte, die wilden Thiere zusammenzuhalten. Denn man hatte ihm eine harte Strafe zugesagt, wenn ihm eins der Pferde abhanden käme. Seine Zeichnungen, besonders die von ihren Pferden und ihrer eigenen Person, gefielen den Osseten sehr, und sie ließen ihn damit alle Wände und Mauern anfüllen und brachten ihm oft eine Kohle, damit er ihnen etwas vorzeichne. Ein ganzes Jahr lang seufzte so der arme, Pferde hütende Maler vergebens nach Auslösung oder Gelegenheit zu seiner Befreiung. Endlich schlug aber doch die Stunde der Rettung. Eines Tages gingen seine Gebieter im Vereine mit mehren Nachbarn, acht Reiter an der Zahl, auf die Jagd. Sie nahmen ihn mit als ihren Stallknecht. Man ritt weit von der Wohnung weg in die Berge hinein, weil man die Absicht hatte, einige von den dort hausenden Mouflons zu schießen. Auf dem Jagdplatze angekommen, stiegen die Herren ab, übergaben ihm die Pferde zur Bewachung und begannen ihre Jagd zu Fuße. Als sie sich ein wenig in die Felsenschluchten hinein verloren hatten, und der unglückliche Sklave nun so da stand, die acht Zügel der Pferde in der Hand, und an sein trauriges Schicksal mit Verzweiflung dachte, da kam ihm auf ein Mal der Gedanke, sich auf eines der Pferde zu schwingen und sein Heil zu versuchen. Gedacht gethan. Er bestieg das Pferd, das ihm das schönste und beste zu sein schien, blickte sich vorsichtig rund um, hieb muthig ein und sprengte davon. Sehr überlegt behielt er aber auch die Zügel aller anderen Pferde in der Hand und entführte sie ebenfalls, damit den Herren Jägern das Verfolgen nicht zu leicht werden möchte. Natürlich war es aber doch schwer, mit acht solchen unbändigen Thieren in derselben Richtung rasch fortzukommen, und als er sich weit genug von seinem Herrn entfernt dünkte, entließ er allmählig eins nach dem anderen in die Berge, bis er denn endlich mit seinem eigenen schönen Renner allein war und seine Flucht nun wie die eines Vogels weiter ging. Er kam gleich den ersten Tag ein gutes Stück weit, verkroch sich die Nacht in einem Walde, setzte am anderen Tage seine Reise fort, vermied die große Straße, hielt sich versteckt, wo er etwas Lebendiges nahen sah, machte überall weite Umwege, wo Rauch aufstieg, nährte sich selber von den Resten seines Brodes und tränkte und fütterte sein Pferd hier und da am Rande eines Baches. Er hielt immer die Richtung nach Norden zu, verritt sich einige Male, fand sich wieder zurecht und war endlich so glücklich, am dritten Tage ein friedliches Kalmückenlager zu finden, wo man ihn pflegte und restaurirte, so gut als kalmückische Restaurationen es können, und ihn dann weiter spedirte. Das hübsche Pferd hat ihm noch eine Zeit lang in Charkoff gedient, und das elegante Sattel- und Zügelwerk, das ihm bei der Flucht behülflich war, wird noch auf seine Kinder zum Andenken an diese glückliche Rettung weiter erben — Der Fürst, an dem er nun so zum Diebe geworden war, und dem er sich selbst und das Pferd entführt hatte, hieß Knäs Krabjabin.

Ein ander Mal kam mir in Charkoff auch ein ganz origineller Deutscher vor. Er schnitt sehr geschickt Pörtraits in schwarzem Papiere aus, war aber eigentlich ein Maschinenbauer und hatte sich lange in Tiflis aufgehalten. Von da war er nach Tebris in Persien gegangen und hatte dort von Abbas Mirza mit einem Gehalte von 200 Ducaten eine Anstellung als Bergwerksmeister in einer öden Gegend von Aderbidschan bekommen. Diese Provinz steht zu dem kurdischen Gebirge und ihren wilden Bewohnern in ganz ähnlichen Verhältnissen, wie Grusien zu den Kaukasiern. Die Kurden nannte mein Bergmann, der nur noch das gebrochenste Deutsch sprach, das mir je vorgekommen, „die Wilden". Er sagte, „die Wilden" wären eben so schlimm wie die Kaukasier, und sie wären alle Tage vor ihnen in Furcht gewesen. Wenn sie ein Bißchen Gold aus ihrer Grube hervorgeschafft, so hätten sie es gleich so schnell als möglich nach Tebris spediren müssen, damit es nur den Wilden nicht in die Hände falle. Sie hätten freilich eine kleine Besatzung von Soldaten zu ihrem Schutze bei sich gehabt, allein diese hätten trotz ihrer Waffen eben so viel Furcht gehabt als ihre Schützlinge. So wie sie den Staub der Wilden aus der Ferne gesehen hätten, wären sogleich Alle zusammengelaufen, und Jeder hätte von dem Seinigen zusammengerafft, was er gekonnt, um sich

in die Berge zu flüchten, an deren Fuße das Bergwerk gelegen. Hier in dem
Berge sei eine sichere Schlucht gewesen, in der sie sich verschanzt hätten.
Die Wilden hätten nun unten Alles zerstört und geplündert, hätten es aber
nie gewagt, sie da oben anzugreifen. Nach dem Abmarsch der Kurden
seien sie selber aus ihrer Schlucht wieder hervorgekommen und hätten unten
wieder Alles in Stand setzen und einrichten müssen, um dann ihren Bergbau
von Neuem zu beginnen. Einmal aber hätten die Räuber sie so plötzlich überrascht,
daß sie alle Bergleute und Soldaten gefangen genommen hätten. Sie hätten
aber nur die S o l d a t e n als Sklaven mit fortgeschleppt, die A n d e r e n blos
nackt ausgezogen und laufen lassen. Dieß sei ihm nun zu arg gewesen, und er
sei so nach Tebris zum Abbas Mirza, den er immer „den König" nannte, gelaufen, um ihm seinen Dienst als Bergwerks-Inspector aufzukündigen. Allein er habe denselben in noch schlimmeren Umständen gefunden, als seine eigenen gewesen, — nämlich todt. Es sei Schade um diesen König, denn er
wäre ein manierlicher und gerechter Mann gewesen. Alle Morgen hätte man
ihn auf dem Markte sitzen sehen können, wo er den Leuten Recht gesprochen.
Die Guten hätte er auf der Stelle frei gelassen, aber bei den Bösen habe es
geheißen: „gleich Kopf herunter". Er selber sei nun in sehr üble Umstände
gerathen, habe sich nach Tiflis hinübergebettelt und von daher durch die russischen Städte sich mit seiner Kunst, Silhouetten zu schneiden, durchgeschlagen.
Er wolle nun sehen, in der Ukraine wieder irgendwo bei einem Edelmanne als
Maschinenbauer unterzukommen. In dem auf allen gebahnten Wegen traben-
den Deutschland erleiden die Menschen nicht halb so viele Schicksale und
Wandel als in Rußland.

Besonders stecken die kaukasischen Provinzen voll Glücksritter von allerlei Art, die aus Asien hervortauchen, wo sie eine Zeit lang eine große
Rolle spielten, um dann bei den russischen Behörden Zuflucht und Anstellung
zu suchen, wenn sie dort zuletzt in die Ungnade des Glücks fielen. Bald ist
es ein Hamburger M....., der General bei Rundschit Sing war, von ihm
abgesetzt und bei'm General — e — in Tiflis zum Adjutanten und Major
ernannt wurde, dort aber am Gallenfieber starb, bald ist es eines Halber-
städter Bürgers Sohn, der an verschiedenen Höfen Asiens als englischer Gesandter mit einem Gefolge von 20 Personen, alle eben solche Gauner wie er,
durch Teheran incognito ging und sich in Tiflis für einen preußischen Baron
ausgab. Auch die Gelegenheit, sich hervorzuthun, die im Kaukasus geboten
wird, führt sowohl im Militär- als Civilfache allerlei Geniales und Unter-
nehmendes nach Tiflis, so daß es der Gesellschaft hier nicht an Unterhaltung
und Reiz fehlt.

Der Erheiterer meiner kranken Stunden erzählte mir auch eine sehr merkwürdige Sage, die bei den Russen an der Wolga im Saratow'schen und selbst bis Wladimir hin in Bezug auf den Kaukasus umginge. Wenn in diesen Gegenden, sagte er, ein Bauer Sonntags den Seinigen aus der Bibel vorläse und dann zu den Worten Gog und Magog käme, so pflegte er dabei folgende Geschichte zu erzählen: Unter Gog und Magog seien zwei Riesenvölker zu verstehen, die früher die ganze Erde überschwemmt und Alles geraubt und gemordet hätten, bis Alexander Makedonsky (der Macedonier) aufgestanden wäre, der sie besiegt und in den Kaukasus gejagt hätte, wo sie sich in den Thälern und Schluchten der Berge versteckten. Alexander Makedonsky habe sie hier nun freilich nicht vertreiben können. Er habe aber zwölf ungeheuer große Trompeten verfertigen lassen und dieselben vor den Eingängen des Kaukasus so aufgestellt, daß, wenn der Wind hindurch bliese, sie einen starken Ton von sich gäben. Die Gog und Magog nun im Kaukasus, wenn sie den Ton hörten, hielten sich immer verborgen, in der Meinung, es seien die Schlachttrompeten des Alexander Makedonsky, und wagten sich nicht weit hervor. Im Laufe der Jahrhunderte seien aber schon einige von den Trompeten umgestürzt, und es würden in Zukunft alle umfallen. Dann würden Gog und Magog wieder hervorbrechen, die Erde überschwemmen und Alles wieder zu unterst und zu oberst kehren.

Die Osseten.

Unter den vielen räthselhaften Völkern des Kaukasus — so hob mein Ebu Seid oder meine Scheherasade mit dem Schnurrbarte, wie ich meinen beredten Berichterstatter zu nennen pflegte, wiederum eines Abends an — unter den Völkern des ungastlichen Kaukasus sind die Osseten eines der merkwürdigsten. Sie bewohnen das Stück jener großen Bergkette, welches zwischen dem Elborus und dem Kasibek oder „Kreuzberge" liegt, und haben sich hier in den Thälern und Bergschluchten zu beiden Seiten des Gebirgs verbreitet. Ihre Hauptthäler sind die des oberen Terek, des Fiag, Aridon und Uruch, und der größte ihrer von Höhen rings umschlossenen Bergkessel heißt Magrandwaleth. Sie gränzen im Süden an die Grusinier und gehen hier gerade so weit in's Kurthal vor, als die Wälder und Vorberge reichen, im Westen an Mingrelien und im Osten und Norden an die Tscherkessen.

Die Reisenden, welche über dieses Volk berichteten, sind noch sehr wenig zahlreich. Klaproth bereiste flüchtig ihr Land, dabei sind seine Erzählungen sehr unzuverlässig. Der Akademiker Sjögren ist hier der neueste Reisende, und er hat einige Nachrichten von den Osseten in den Memoiren der Petersburger Akademie publicirt. Indeß beschäftigte er sich meistens nur mit der Sprache des Volks.

Ein dritter Reisender, der fast alle Thäler der Offeten durchstreifte, war ich. Nach meinen Angaben und Rissen, die ich über die Lage der offetinischen Thäler und Berge aufnahm, sind die neuesten Specialkarten dieser Gegend in Petersburg verfertigt. Auch stammt von mir die Abhandlung über die Offeten in einem größeren officiellen russischen Werke über den Kaukasus her. Darin sind jedoch nur solche Dinge aufgenommen, welche die Administrativbehörden näher interessiren konnten, nicht aber die vielen kleinen Beobachtungen, die der Reisende über die Sitten und die Lebensweise des Volkes zu machen Gelegenheit hat. Auch sonst wurden diese noch nirgends öffentlich besprochen. Einiges von dem, was ich Ihnen erzählen kann, ist neu, Anderes wird zur Bestätigung des Bekannten dienen.

Das Jahr meiner Reise war 1828. Paskewitsch gab mir dazu den Auftrag, und die Umstände, auf denen die Möglichkeit der Ausführung beruhte, waren diese: Als Unterbeamten von Paskewitsch war es mir gelungen, einige der berüchtigsten Anführer der Offeten gefangen zu nehmen, die ich aber nicht als Gefangene behandelte, sondern, indem ich meinem Zwecke vorbaute, als die werthesten Gastfreunde aufnahm. Die offetinischen Herren waren von mir sehr eingenommen und schlossen Freundschaft mit mir. Ich entließ sie sogar endlich aus der Gefangenschaft und sagte ihnen, daß ich dieß nur ihnen zu Gefallen und auf meine eigene Hand thäte, und daß ich mich vielleicht gar darüber mit meiner Regierung brouilliren könnte. Die Offeten luden mich dafür freundlichst ein, sie einmal in ihrem Lande zu besuchen. Sie wollten Alles für mich thun, was in ihren Kräften stände. Ich versicherte ihnen, daß ich allerdings gern einmal ihr Land besuchen möchte, und nahm ihnen, für den Fall, daß ich kommen würde, das Versprechen ihres Schutzes und ihrer Gastfreundschaft ab. Als ich zur Abreise fertig war, gab ich dann meinen Gastfreunden Nachricht. Diese erwarteten mich am Rande ihrer Berge und geleiteten, zehn Männer an der Zahl, mich und meinen armenischen Dolmetscher überall hin, wohin ich wünschte. Durch ihre Vermittelung wurde ich denn nun auch fast an allen Orten gut aufgenommen. Nur hier und da machten sie einige Exceptionen, wenn sie den Bewohnern der einen oder anderen Thalschlucht nicht recht traueten. Gefahr war dennoch allerdings an manchen Orten, besonders da zuweilen in der Seele der Gastfreunde einige Zweifel an der Lauterkeit der Freundschaft ihres Schützlings aufstiegen. Allein ich dachte nicht an Gefahr, so lange ich in den Bergen war, und es fiel mir erst später ein, wie glücklich ich hier und da mit Hülfe meines Schutzengels durchgekommen war.

Die Offeten sind ein uraltes Wurzelvolk, das von allen umwohnenden Stämmen völlig verschieden ist. Sie gehören weder, wie die Abchasen,

Mingrelier und Imerethier, zu dem grusinischen, noch, wie viele östliche
Kaukasusvölker, zu dem lesghischen Stamme, noch sind sie, wie die Tscherkessen, ein gemischtes Volk, sondern vielmehr ein reiner, ungetrübter und un-
gemischter Urstamm, der in gerader Linie von einem Sohne Japhet's ab-
stammt. Dieser Sohn hieß „Oß", und sie nennen sich daher selbst „Ossi".
Ihre Sprache, die sie noch heutiges Tages reden, ist eine der ältesten der
Welt und enthält Wurzelworte für alle Sprachen Europa's (vielleicht nur die
finnische ausgenommen). Sie sprechen langsam, wie die Deutschen. Ueberhaupt haben sie in dem Vortrage und Klange der Sprache so viel Germani-
sches, daß ich immer meinte, sie müßten es verstehen, wenn ich sie deutsch
anredete. Dazu kommt, daß sie auch blonde Haare und blaue Augen haben,
während die grusinischen Stämme dunkelaugig und schwarzhaarig sind.

Die Osseten waren in den ersten sieben Jahrhunderten nach Christus
mächtig, und alle, unter e i n e m Oberhaupte vereinigt, beherrschten einen großen
Theil des Kaukasus und selbst alle die ebenen Steppengegenden bis zum Don
und der Wolga. Nach Süden hin kriegten sie beständig mit dem grusinischen
Königreiche, ja selbst mit den Armeniern. Noch jetzt heißt eines ihrer Thäler
zur Erinnerung an diese Zeit „das armenische Defilée". Die grusinischen
Chroniken sind voll von diesen beständigen Kriegen mit den Ossen, für deren
Geschichte überhaupt s i e die vorzüglichste und fast einzige Quelle sind. Später wurden sie von den Chazaren besiegt, die am Ende des siebenten Jahrhunderts auftraten und ihre im russischen Süden weit gehende Herrschaft gründeten. Die Ossen wurden nun in ihre Berge zurückgewiesen und den Chazaren
sogar tributpflichtig. Alle Jahre mußten sie einen Tribut in Ochsen zahlen,
der „Begar" hieß, und alle zwei Jahre eine in andern Dingen bestehende
Abgabe, die „Schtschukar" genannt wurde. Seit dieser Zeit gerieth ihre
ganze Staatsgesellschaft in Verfall, und selbst das Christenthum, das von
Grusien aus unter ihnen Wurzel geschlagen hatte, zerfiel wieder in völligen
Ruin. Sie haben jetzt k e i n gemeinschaftliches Oberhaupt und hängen nur
noch durch Sprache, Sitten, Stamm= und Familienverwandtschaft zusammen. Gegen uns Russen haben sie ihre Unabhängigkeit der Hauptsache nach
bisher noch fast vollkommen erhalten.

Das Christenthum befindet sich bei den Osseten jetzt in folgendem höchst
merkwürdigen Zustande des Verfalls und der Verkommenheit, indem es so
wenig dem uns'rigen gleicht, wie ein Schutthaufen einer Kirche. Sie haben
keine Priester irgend einer Art, auch nicht einmal heilig gehaltene und hoch
geachtete Einsiedler, wie andere Kaukasier. Sie haben auch keine Kirchen
und halten durchaus keine sonntäglichen Versammlungen zur Uebung des Got-
tesdienstes. Nur hier und da finden sich die Ruinen einiger alten Kirchen.

Diese Ruinen haben zweierlei Werth bei ihnen. Vor den gewöhnlichen nehmen sie im Vorbeigehen blos den Hut ab, bei den heiligeren aber steigen sie vom Pferde und gehen zu Fuße daran vorüber. Wenn man sie nach der Ursache dieses Verfahrens fragt, so wissen sie nichts darauf zu antworten als: „es gehöre sich so" und „ihre Väter hätten es ihnen gelehrt." — Den siebenten Tag ehren sie damit, daß sie barhaupt gehen. Darauf halten sie aber sehr streng; es mag schneien oder wettern, sie mögen zu Hause oder auf der Reise sein, sie gehen immer ohne Kopfbedeckung. Sonst aber unterscheidet sich ihr Sonntag in gar nichts von den anderen Wochentagen. Eigentlich nehmen sie schon am Sonnabend, den sie „Schabate" nennen *), den Hut ab und setzen ihn erst am Montag Morgen wieder auf. Sie haben durchaus kein heiliges Buch irgend einer Art. Das Zeichen des Kreuzes machen sie nie, auch findet sich sonst weder in ihren Häusern, noch an den Wegen ein Kreuz oder irgend ein Heiligenbild. Allein sie haben auch keine Götzenbilder. Sie feiern freilich einige kirchliche Feste, so z. B. das des heiligen Elias, welches nach griechischem Style auf den 20. Julius fällt, dann auch Weihnachten, doch besteht die ganze Feier darin, daß sie gewisse Speisen kochen, selber recht viel davon essen und einen Theil in ein einsames Zimmer stellen, damit der Hausgeist davon speise. Sie sind sehr unglücklich, wenn er es nicht thut, freuen sich aber alle Mal, wenn etwas an den Speisen fehlt.

Die Quintessenz ihrer ganzen Religion ist in einem merkwürdigen Gebete enthalten, welches sie vor der festlichen Mahlzeit an solchen Feiertagen sprechen. Es stellt sich dabei der Aelteste der Versammlung in die Nähe der Kessel, in denen das Oel kocht, nimmt ein Stück Fleisch und einen großen Knochen aus dem Kessel hervor und spricht die Worte, den Knochen in der einen, das Fleisch in der anderen Hand und mit dem Gesichte nach Süden gewendet, laut hervor. Das Merkwürdigste in diesem Gebete ist, daß nichts von der heiligen Dreieinigkeit darin vorkommt, ferner, daß gleich nach Gott der heilige Georgius angerufen wird, dann die Mutter Gottes, dann die Erzengel, dann auf ein Mal der Prophet Elias, und am allerletzten Ende erst Christus, endlich, daß sie darin auch die Berggipfel, von denen sie glauben, daß die Heiligen darauf wohnen, und die Bergkirchen ganz eben so um Erbarmung anflehen wie die Engel und Heiligen selbst. — Ich theile Ihnen dieß Gebet sowohl in ossetischer als russischer Sprache mit. Es lautet so:

Gebet der Osseten.

Chtschaw tabudon, chtschawna chtscho fod da chorsach nen rad!

Wasch Kirgi chtschonda fod, da chorsach nen rad!

Deda Chtisa tabudon da chorsach nen rad!

Michael, Gabriel tabudon da chorsach nen rad!

Ilia tabudon, chtschonda fod da chorsach nen rad!

Chochodschuar da chorsach nen rad!

Naruasch Kirgi, tabudon da chorsach nen rad!

Brussabseli tchisadta tschidawgita bidiss udonima chtschonde fod da chorsach nen rad tabudawen!

Kuwenniki aguriss Monachtscho fod Gurschistani, tschi Djworta iss chtschonde fod chorsachne radtut u adami chorsachne rad tut!

Restmehenech chtschan namitanenen ssrestmake tabudon!

Gott, wir bitten dich um deine Gnade für uns. Erbarme dich unser!

Heiliger Georgius, wir bitten dich, hilf uns und erbarme dich unser!

Gottes Mutter, wir bitten dich, erbarme dich unser!

Michael, Gabriel, wir bitten euch, erbarmt euch unser!

Elias, wir bitten dich, hilf uns und erbarme dich unser!

Ihr Bergkirchen, erbarmt euch unser!

Du narischer*), heiliger Georg, hilf uns!

Ihr Brussabseli**) und alle ihr Apostel und Engel, die ihr auf ihnen sitzt! Wir grüßen euch und bitten: Helft und erbarmt euch Derer, die euch grüßen und suchen!

Alle ihr grusinischen Kirchen, wir bitten euch, erbarmt euch unser, um daß auch alle die Völker, die um euch wohnen, sich unser erbarmen***). — Christus, wir bitten dich, erbarme dich unser!

Allgüte Gottes, hilf uns nach deiner Gerechtigkeit!

In einigen Gemeinden, wo man etwas russisch gesinnt war und mir schmeicheln wollte, setzten sie auch noch diese Worte hinzu: „Ruskane „Djwarten tabudon, Russkane chorsachne radtut christian chtscho fod „tabudon da chorsach nen rad", die so viel bedeuten als: „russische Kir-„chen, wir bitten euch, verschafft uns die Gnade des christlichen, russischen „Kaisers."

Obgleich von einem ordentlichen Staatsorganismus sich unter den Osseten noch weniger Spuren finden als von einer geordneten, religiösen Verfassung, so gilt doch das Familienhaupt. Und da nun jedes Familien- haupt um so wichtiger ist, je größer und zahlreicher seine Familie, so giebt

---

*) Nara ist ein Defilée, an dem früher eine Kirche des heiligen Georg ge- standen hat.

**) Brussabseli heißen die höchsten Berge im Lande der Osseten. Sie finden sich unter diesem Namen auch auf den russischen Specialkarten. Das Wort bedeu- tet auf Deutsch so viel als „Scheunenberge."

***) Diese Bitte deutet bestimmt genug auf die Wiege des ossetischen Christen- thums hin.

es auch in jeder Gegend und in jedem Thale einen oder ein paar besonders ein=
flußreiche Alte, deren Ansehen jedoch nie der Gewalt und Herrschaft eines
arabischen Scheiks gleichkommt. Es ist hier Alles weit demokratisch oder
vielmehr anarchisch wilder. Für das Familienhaupt giebt es in jedem Hause
einen Stuhl mit Rücken= und Armlehne, einen förmlichen Lehnstuhl oder
Thron, der ihm allein und ausschließlich als Ehrenplatz bestimmt ist. Diese
Familienväter werden denn auch bei Privatstreitigkeiten zu Schiedsrichtern
gewählt.

Bei Privatstreitigkeiten geht es gewöhnlich so zu. Wenn eine Partei
ihr Unrecht fühlt, so unterwirft sie sich keinem Schiedsgerichte und sucht
durch ihren großen Anhang und Einfluß das Recht zu suppliren. Wenn aber,
wie es doch meistens der Fall ist, beide Theile Recht zu haben glauben, so
wählt ein jeder von ihnen zu Schiedsrichtern drei Familienhäupter, die nicht
zu ihrer nächsten Verwandtschaft gehören. Diese sechs versammeln sich als=
dann zusammen in einem Walde, auf einem Berge, oder an einem sonst be=
stimmten Orte, überlegen sich den Fall und entscheiden theils nach Billigkeit,
theils nach einigen alten, herkömmlichen Gewohnheiten. Da criminelle Fälle
weit häufiger vorkommen als privatrechtliche, so sind denn die criminalrecht=
lichen Gewohnheiten besonders genau ausgeprägt. Jeder Mann ist nach
seinem Werthe taxirt, und eben so jedes Glied des Körpers *), und zwar
Alles in der bei ihnen allein gangbaren Münze, den Ochsen und Kühen **).
Der Todtschlag an dem Haupte einer großen Familie kostet achtzehn Mal acht=
zehn Ochsen. Der Ochse ist ungefähr zu fünf Rubeln Silber (5⅓ preußischen
Thalern) anzunehmen. Ein weniger bedeutender Familienvater gilt nur neun
Mal neun Ochsen, und so geht es herab bis auf einen gewöhnlichen Mann
zu achtzehn Ochsen. Wie die Weiber taxirt sind, habe ich leider nicht er=
fahren. Da bei jedem Falle indeß außerordentlich viele Rücksichten zu nehmen
sind, so erleiden diese Taxen immer eine Menge von Abänderungen und werden
ermäßigt oder erhöht. Können die Schiedsrichter nicht einig werden, so wird
ein neues Gericht berufen, oder der Krieg bricht aus. Werden sie aber über
die Strafe einig, so beobachten sie über ihren Ausspruch, um ihn keiner
Kritik der Parteien zu exponiren und keine Widersetzlichkeit von einer Seite
hervorzurufen, das tiefste Stillschweigen und lassen ihn nur nach und nach
an's Licht treten. Sie legen z. B. vorläufig dem Beleidiger nur auf, der
beleidigten Familie so und so viele Ochsen zu verabfolgen; das Uebrige, sagen
sie, werde sich finden. Dieß vergraben sie denn in ihrer Brust bis zum näch=

---

*) Eben so wie bei den germanischen und anderen barbarischen Völkern.
**) Eben so wie bei den alten Italienern, wo ja das spätere Geld selbst noch
nach dem Viehe benannt wurde.

ften Jahre, wo sie wieder einen gewissen Theil der Herden des Beleidigers zum Vortheile der anderen Partei mit Beschlag belegen. Im dritten Jahre sprechen sie: „Jetzt zahle so viel Schafe, das Uebrige wird sich finden." — Dieß geht so fort, bis endlich ein Jahr kommt, wo sie nach einer nochmaligen Forderung die Sache für beendigt erklären und die Parteien zum Schweigen verweisen. Auf diese Weise verschmerzt der Beleidiger leichter seine Verluste, von denen er jedes Jahr nur einen kleinen zu erdulden hat, und auch die Beleidigten haben Zeit, ihren Zorn und ihre übermäßigen Forderungen herabzuspannen. Sagte man gleich die Summe, so lange der Streit und die Erbitterung noch glühen, so würden jedes Mal die Einen sie zu hoch, und die Anderen zu niedrig finden. Verweigert eine Partei aber doch die Erfüllung des ihr Auf= gelegten, so zieht sie sich sowohl die Feindschaft der Richter als auch die ihrer Bürgen zu. Denn auch Gewährsmänner muß eine jede Partei stellen, und zwar ebenfalls drei.

Ich hatte Gelegenheit, mehren solchen Gerichten beizuwohnen, und eines veranlaßte ich einmal selbst. Da der Fall auch in vielen anderen Be= ziehungen für die Osseten charakteristisch ist, so will ich ihn Ihnen erzählen.

Ich ritt eines Tages ein wenig meinen Begleitern voraus und befand mich ganz allein auf dem Wege, als von der Seite sich ein etwas ältlicher Ossete erhob und auf mich zuschritt. Da ich mir nichts Gutes von ihm versah, so griff ich sogleich zu meiner Flinte und befahl dem Osseten, still zu stehen. Dieser jedoch warf zum Zeichen des Friedens gleich alle seine Waffen von sich, näherte sich mir als Hülfeflehender und erzählte, als dann der armenische Dol= metscher auch herangekommen war, die Geschichte seines Unglücks und sein Anliegen dem mächtigen und angesehenen Russen, von dem er so viel Gutes gehört. Er selber, jetzt ein Bettler, sei vor einem Jahre noch ein ge= achtetes Familienhaupt gewesen. Er habe sechs Söhne gehabt, von denen bereits drei verheirathet, und seine ganze Familie habe aus sechzehn männ= lichen Köpfen bestanden. Seine Söhne aber hätten immer mit denen einer mächtigeren Familie der Nachbarschaft Streit gehabt, und eines Tages hätten die Letzteren seinen ältesten Sohn, den sie im Walde getroffen, be= schuldigt, er habe auf dem Grabe ihrer Väter einen Hund geschlachtet *), worauf sie ihn denn im erfolgenden Streite niedergeschossen. Von tiefem Schmerze über den Tod seines Sohnes ergriffen, habe er darauf selber seine Flinte zur Hand genommen und nicht eher geruht, als bis sich die Gelegen= heit geboten, den besten und edelsten unter seines Sohnes Mördern zu über=

*) Der größte und schmählichste Schimpf, den ein Ossete dem anderen an= thun kann.

raschen, ben er bann erschossen habe. Damit hätte nun die Sache als beendigt angesehen werden können, ba so viel Blut auf ber einen als auf ber anderen Seite vergossen worden. Allein seine Feinde hätten auch sein aufblühendes Hauswesen beneidet unb sich allesammt zu seinem völligen Ruine verbunden. Sie hätten in einer schlimmen Nacht sein Haus mit zahlreicher Mannschaft umstellt unb ihn mit dem Kriegs= unb Rachegeschrei geweckt. Freilich hätten er unb seine vierzehn Söhne unb Leute sich tapfer vertheidigt, allein bie Feinde hätten sein Haus mit Gesträuch umgeben, bieses sammt dem Hause angezündet unb sie so gezwungen, in's Freie herabzukommen. Alle seine Leute, seine Söhne unb Frauen hätten sie getödtet unb nur ihn allein mit einem so ungeheueren Schmerze über solche Verluste entkommen lassen. Er könne sich jetzt weder Rache noch Gericht verschaffen. Zu dem Einen wäre er burch Kummer unb Noth, die er seit ber Zeit ausgestanden, zu schwach geworden, unb das Andere verweigere man ihm. Er bäte nun ben einflußreichen Russen, baß er ihm gerichtliche Rache verschaffe. — Ich begab mich sogleich mit meinem ganzen Gefolge offetischer Gastfreunde an Ort unb Stelle, veranlaßte eine Versammlung ber Hauptfeinde des Alten unb hielt ihnen ihr Benehmen vor. Besonders machte ich ihnen einen Vorwurf daraus, baß sie vierzehn für Einen getödtet hätten. Sie antworteten, baß ihr Einer besser gewesen sei als alle vierzehn ihres Feindes unb seine Herden unb ganze Wirthschaft dazu. Ich verlangte, baß sie meinem Schützlinge ben Schaden ersetzen sollten. Darauf antworteten sie aber ganz kaltblütig: „Nein." — Ich wandte mich bann an alle anwesende Unparteiische unb fragte sie, ob jene sich nicht einem Schiedsgerichte unterwerfen müßten. Diese bejahten es. Jene verweigerten es aber hartnäckig. Ich vergaß mich darauf in meinem Eifer so weit, baß ich alle Umstehenden aufforderte, bie Leute zu ergreifen. In bemselben Augenblicke waren aber auch die sämmtlichen zehn Flinten ber an bas Arretiren wenig gewöhnten Offeten auf mich angeschlagen, unb ich hatte vor meinem letzten Athemzuge eben noch Zeit genug, „Halt" zu rufen unb meinen Befehl zurückzunehmen, unb indem ich mich in das mir abgetretene Haus zurückzog, begnügte ich mich, ihnen blos damit zu drohen, baß ich ihnen nicht nur die russische Armee, sondern auch meine ganze, nicht geringe offetische Freundschaft auf ben Hals schicken würde, unb baß sie bann ihr Unrecht noch ärger büßen sollten, als wenn sie sich einem Gerichte unterwürfen. Da die Stimmung aller übrigen Offeten auch stark gegen das Uebermaß von Rache war, bas jene genommen, so mochten sie boch Schlimmes befürchten unb erklärten sich am anderen Morgen bereit, sich einem Gerichte zu unterwerfen. Dieses trat benn nun auch auf bie übliche, oben beschriebene Weise zusammen. Sein Beschluß blieb aber ber Sitte gemäß allen Uebri=

gen unbekannt und ist vielleicht noch in diesem Augenblicke zum Theil ein Geheimniß.

Bei solchen Auftritten wird man es wohl schwer glauben, daß die Offeten dennoch ein sehr zartes Gefühl für Recht und Billigkeit haben, und daß, wenn sie sich bewußt sind, einem Anderen ein offenbares Unrecht gethan zu haben, das Bewußtsein ihrer Schuld sie so peinigt, daß sie dieselbe auf alle mögliche Weise zu tilgen suchen. Es steht dieß auch nicht mit den Erschei= nungen bei obigem Vorfalle in Widerspruch, denn jene Mordbrenner waren vielleicht wirklich davon überzeugt, daß der eine ihnen getödtete Mann so viel werth sei als jene vierzehn. — Ein Beispiel, das jene Behauptung bestätigt und zugleich auch wieder in mancher anderen Hinsicht charakteristisch ist, ent= hält folgender Vorfall.

Unter den vielen Leuten, die alle Morgen zu mir kamen und hunderterlei Anliegen an mich, den sie gewissermaßen für ein höheres Wesen hielten, hatten, war auch ein Offete, der mir folgenden Fall vortrug: „Als vor „einem Jahre Euer Feldherr (Paskewitsch) nach Persien zog, war Zugvieh „zum Transporte nöthig, und ein Jude aus Zchinwalli *) miethete im Auf= „trage der Regierung viele Ochsen in der Umgegend, unter anderen auch „drei Paare, die mir und meinem Bruder gehörten, für dreißig Rubel Sil= „ber. Letzterer zog als Fuhrmann mit den Ochsen nach Persien. Er er= „krankte aber daselbst und starb auf der Heimkehr in Zchinwalli. Der Jude „gab mir die drei Paar Ochsen richtig zurück, verweigerte aber die dreißig Ru= „bel, weil er sie schon an meinen verstorbenen Bruder ausgezahlt zu haben „behauptete. Ich nahm dieß sogleich für eine leere Ausflucht und schändliche „Lüge, beredete mich mit einigen Freunden und plünderte das Haus des Ju= „den in Gemeinschaft mit ihnen. Wir schleppten so viel fort, als wir konn= „ten, und theilten den Raub. — Später nun habe ich aber erfahren, daß der „Jude doch wahr gesprochen und das Geld meinem Bruder richtig ausgezahlt, „dieser aber es auf andere Weise verthan hat. — Es drückt mich nun die Last „eines verübten Unrechts. Ich habe dem Juden schon mehrmals meinen An= „theil am Raube zurückgeben wollen, allein er will ihn nicht annehmen, weil „er auch das wieder haben will, was meine Freunde geraubt. Ich bitte Dich, „Herr, zwinge ihn, daß er mein Anerbieten annimmt und mir meine Schuld „quittirt.“ — Ich versprach, mein Möglichstes zu thun, und ging bei meiner Rückkehr in Grusien zu dem Juden in Zchinwalli, dem ich zuredete, doch den Theil der Schuld anzunehmen, wenn er das Ganze nicht bekommen

---

*) Ein grusinischer Flecken nahe an der ossetischen Gränze, im Norden von Gori und nordwestlich von Tiflis.

könne. Dieser sagte aber, daß er sicher sei, Alles zu bekommen, denn das böse Gewissen und die Furcht vor Unglück im Unrechte würden den Osseten, so lange er ihn nicht von seiner Schuld lossprechte, bewegen, auch von seinen vier Genossen die Raubdividende auf irgend eine Weise wieder einzutreiben und ihm Alles zurückzuerstatten.

Die meisten Raubzüge der Osseten haben eine solche Veranlassung, wie die in der letzten Geschichte vorgekommene. Gewöhnlich rächen sie nur damit irgend ein Unrecht, das sie von den Bewohnern der Ebene erlitten zu haben glauben. Doch kommen allerdings auch freiwillige, durch nichts veranlaßte Raubunternehmungen vor. Diese gehen gewöhnlich von den Bewohnern der höchsten Berge aus, die eben so die ossetischen Thalbewohner an Wildheit übertreffen, wie diese darin den Grusiniern und Russen vorgehen. Nicht blos der größere Uebermuth und die größere Wildheit, sondern auch die auf den höheren Bergregionen größere Noth veranlaßt bei ihnen solche Unternehmungen. Besonders giebt es in den „Scheunenbergen" (Brussabseli) mehre solcher Puncte, von denen die Anlässe zu Raubzügen nach Mingrelien, Grusien u. s. w. ausgehen. Um Mannschaften für solche Expeditionen zu werben, schicken sie Boten in alle Thäler und Dörfer herum, welche den Plan, die Anführer u. s. w. bekannt machen und die jungen Leute zur Theilnahme einladen. — Die schlimmsten von allen Osseten sind die „Keschelzi", ein kleiner Stamm, der in den höchsten Brussabseli auf der Gränze zwischen Ossetien, Grusien und Imerethi wohnt, in dem Sattel eines hohen Berges, da, wo sich die die Imerethi umschließenden moschischen Berge von dem Hauptstocke des Kaukasus absondern. — Diese Osseten sind fast immer auf Raubzügen beschäftigt, oder, wenn sie ruhen, darauf bedacht.

Ueberhaupt ist ein großer Unterschied zwischen den Bewohnern der waldigeren und der fruchtbareren Thäler und denen der oberen, kahlen Berge. Auch leben sie natürlich hier ganz anders als dort. In den Thälern bauen sie die Häuser von Holz, in den Bergen von Stein; jene sind einstöckig, diese immer dreistöckig und hoch wie Wartthürme. In dem unteren Raume dieser Thürme steht das Vieh, und in dem mittleren, zu dem sie bei Tage eine Leiter ansetzen, wohnen die Menschen. Zuweilen führt eine Galerie oder ein Corridor um dieses mittlere Stockwerk herum. Im obersten Raume endlich haben sie ihre Schatz- und Vorrathskammer. In den Thälern stehen gewöhnlich zwanzig bis dreißig Häuser zusammen, weiter oben nur zwei bis drei, und zuletzt jede Burg ganz isolirt.

Gastfrei sind sie in den Thälern wie auf den Bergen. Ich bekam immer in jedem Dorfe, wo meine Begleiter Bekannte hatten, ein ganzes Haus mit allem Zubehöre abgetreten. Ich schickte gewöhnlich schon Leute voraus, die meine Ankunft verkündeten. Es kamen mir dann einige Einwohner des Ortes mit einem ganzen Ochsen entgegen und sprachen: „Dieser Ochse ist „Dein, und wir bitten, lasse es Dir bei uns schmecken." — Ich sagte ihnen dann wohl: „Großer Gott, liebe Leute, was soll ich mit dem großen „Ochsen machen? Wenn Ihr mir ein Huhn und ein paar Eier brächtet, wäre „mir's weit lieber." — „Wir werden kommen und mit Dir essen", hieß es dann lakonisch, denn ihre Beredtsamkeit haben überhaupt alle Osseten aus Lacedämon. Der Ochse wurde alsdann von den Aeltesten des Ortes geschlachtet und in großen Kesseln auf dem Hofe des Gasthauses gekocht. Das Braten kennen die Osseten nicht, sie kochen Alles in Wasser. Die Lesghier sollen nach der Aussage russischer Gefangener sogar hier und da das Fleisch noch roh genießen. — Die Osseten speisen zu sehen, ist ein merkwürdiges Schauspiel. Erstlich schon die Vertheilung, die unter den Anwesenden ganz und gar nach Rang und Würden, nach Ansehen und Größe der Familien geschieht. Selten geht es ohne Streit ab. Der eine Familienvater behauptet, ihm sei bei der großen Anzahl seiner Hausgenossen zu wenig gegeben, ein Anderer meint, ihm komme der Schenkel zu, und die Armen und Knechte brummen auch dazwischen und wollen sich mit den Intestinen nicht abfinden lassen. Alsdann die Gier, mit der sie schlingen. — Wenn ich zu wohlhabenden Leuten kam, die bei der Mahlzeit ein paar Ochsen und auch noch einige Schafe dazu darauf gehen ließen, so sah ich sie oft ganze Tage lang speisen und zechen, und suchte vergebens zu entdecken, wohin all' das Fleisch wanderte. Freilich können sie auch dann hinterher drei bis vier Tage hungern. Die in den höheren Bergen haben die größte Uebung darin, sowohl im Schlingen als im Hungern, weil bei ihnen am häufigsten Hungersnoth ausbricht. Sie essen keine Art von Wild, nicht weil sie den Geschmack desselben nicht lieben, sondern weil sie ihr Pulver und Blei für zu kostbar halten, um es auf Thiere zu verpuffen, es muß für die Menschen bleiben.

An Getränken kennen sie hier und da in den äußeren Thälern grusinischen Wein, im Inneren aber blos Branntwein und eine Art von Bier, welches sie wie wir aus Gerste brauen. Für Beides haben sie verschiedene Trinkgefäße, für den Branntwein ein kleines aus Holz, mit einem langen Halse und einer kleinen Oeffnung, oder auch die ausgehöhlte Spitze eines Ochsenhornes, ein Spitzglas; für's Bier und für's Wasser aber haben sie große, gewaltige Hörner von Schafen oder Rindern, von denen manche anderthalb Ellen lang sind. Sie setzen etwas darein, so große Becher auf e i n e n Zug zu leeren. Wie erinnert das Alles an die Germanen des Tacitus!

Sie sind große Liebhaber von solchen Gastgelagen und Festivitäten, und wenn ich weiter zog, so begleiteten mich immer viele zu meinem nächsten

Quartiere, blos um an dem Ochsenbraten Theil zu nehmen, den man dort
erwartete. Ja sie setzen sogar zuweilen ihre Fehden bei Seite und schließen
mit ihren Feinden, die etwa in der Gesellschaft sich befinden, einen einst=
weiligen Waffenstillstand, um an der Mahlzeit Theil nehmen zu können.
Bei solchen Gelegenheiten ging die Sache so zu:

Wenn ich zu einem Dorfe heranzog, wo sich Blutsfeinde eines meiner
Begleiter befanden, so benachrichtigten diese, die wie die Falken schon aus
unglaublichen Entfernungen ihre Widersacher aus dem Haufen zu erkennen
wußten, die nahenden Gäste durch eine Kugel, die sie ganz dicht über unsere
Mützen dahinsausen ließen. Wäre der Feind allein gewesen, so hätte ihn die
Kugel auf der Stelle niedergestreckt; da er aber mit einem großen Haufen kam,
so konnte dieß natürlich nicht gewagt werden. Wir machten alsdann sogleich
Halt und fragten: „Sj' käm woina?" (Wer hat in dieser Gegend Bluts=
feinde?) Zugleich wurde ein neutraler Bote als Parlementär in das Haus
geschickt, aus dem der Schuß gefallen war. Gewöhnlich kam es dabei zum
Abschlusse eines Waffenstillstandes, wonach dann Allen der Einzug gestattet
wurde. Zuweilen aber war auch die Unterhandlung erfolglos, und es wurde
dann der Feind bezeichnet, der sich entfernen mußte, wenn die Anderen als
Freunde aufgenommen werden wollten. — Auch sonst, wenn der Zug durch
enge Thäler ging, flogen häufig solche Warnungskugeln über unsere Köpfe
hin, wobei denn alle Mal unterhandelt und debattirt werden mußte. In
jedem Thale geht nämlich der Hauptweg in der Mitte hin, und unmittelbar
an der Straße befindet sich kein Haus oder Dorf. Diese liegen vielmehr zu
beiden Seiten einige hundert Schritte davon entfernt im Walde und auf den
vorspringenden Höhen. Beständig sind auf den Thurmhäusern Ausgucker in
Thätigkeit, deren Wachsamkeit keine verzogene Miene und kein Räuspern auf
der Landstraße entgeht.

Die Osseten schießen natürlich ungemein sicher und treffen jedes Mal
ihr Ziel so, als hätten sie es mit einem Haarzirkel abgemessen. Es muß
ihnen diese Geschicklichkeit aber schon im Blute liegen, denn es ist sehr auf=
fallend, daß sie sich fast gar nicht im Schießen üben. Sie halten Pulver
und Kugeln dazu für zu kostbar und haben keinerlei Art von Scheibenschießen
und Schützengesellschaften, wie z. B. die Büchsenschützen in Tyrol. Ihre
Flinte zumal schießen sie nie los, ohne ein würdiges Ziel zu haben. Ihre
Pistolen feuern sie freilich wohl dann und wann gegen Sonne und Mond ab,
zum Zeichen ihres Uebermuthes.

Sie sind alle ohne Ausnahme folgendermaßen bewaffnet. Ein krummer
oder gerader Säbel — denn man findet verschiedene Formen — hängt ihnen
vorn zur Seite auf dieselbe Weise, wie die Türken ihn tragen. Ein langer

Dolch steckt im Gürtel. Ein Gewehr und zwei Pistolen tragen sie an langen grünen Schnüren aufgehängt hinten am Rücken. Auch ziehen sie über ihren Halbkaftan noch ein eisernes Kettenhemd und über den Kopf eine eben solche Kettenhaube. Jedoch ist ein vollständiger Kettenpanzer selten und ein Gegenstand des Luxus der Reichen, die Meisten begnügen sich mit einem Stücke von solchem Panzer und haben nur einen Kettenflicken vor der Brust oder einen über den Kopf. Die Weiber, die den Männern fast Alles bereiten müssen, machen ihnen sogar auch die Stiefel, Kleider und selbst jene Kettenpanzer. Am Sattel hängt ihnen ein kleiner runder Schild herab, dessen sie sich im Handgemenge bedienen. Dieser Schild ist zwei- bis dreifach mit dickem Sohlenleder überzogen und am Rande mit einem eisernen Ringe beschlagen. In der Mitte sitzt ein eiserner Knopf oder Buckel. Zuweilen sind auch zwischen Buckel und Rand noch viele concentrische Blechringe aufgenagelt. Das Ganze wiegt gewöhnlich 15 bis 20 Pfund. An ihren Gewehren befindet sich Linse und Visir. Die Linse ist äußerst klein und fein. Das Visir ist ein dünnes, in der Nähe des Flintenschlosses quer aufsitzendes Metallplättchen mit einer feinen Ritze, durch welche sie die Linse aufnehmen. Das Pulver verstehen sie sich selber zu bereiten und finden in ihren Bergen die dazu nöthigen Ingredienzen, Salpeter wie Schwefel. Ebenso giebt es einen Ueberfluß von Blei bei ihnen, und alle Osseten schießen mit bleiernen Kugeln, während die Lesghier bekanntlich nur kupferne haben.

Ein besonderer Gegenstand meiner Nachforschungen waren ihre Flinten und die Wege, auf denen sie dieselben erhalten möchten. Wenn ich sie darüber befragte, so hieß es immer: „ot pradi", „wir haben sie von den Vorfahren". — Meister, welche Gewehre machen könnten, wie es deren bei den Lesghiern giebt, haben sie nicht unter sich. Dennoch haben die Osseten weit bessere Gewehre als die Lesghier und augenscheinlich von europäischer Arbeit. Einige nannten mir ihre Gewehre auch „Krimski", es seien krim'sche. Und ich glaube daher, daß die meisten Feuerwaffen noch aus der Zeit stammen mögen, wo die Genueser Herren der Krim und des schwarzen Meeres waren, und daß nur gelegentlich hier und da die Osseten einige Verbesserungen und Veränderungen an den Gewehren angebracht haben mögen. Ihre Säbel sind meistens aus derselben Quelle, wie die italienischen Inschriften, die sich an vielen befinden, deutlich genug beweisen. Die Möglichkeit, daß sich Feuerwaffen aus so entfernten Zeiten noch bis jetzt in brauchbarem Stande erhalten haben, erklärt sich aus der ungemeinen Sauberkeit und Aufmerksamkeit, mit der die Osseten ihre Gewehre behandeln. Die Gewehre, wie alle ihre Waffen, sind immer blank geputzt, und dieß Waffenputzen ist eines der wenigen Geschäfte, welche sie ihren Weibern nicht überlassen. Zu Hause hängt das Gewehr immer im sichersten und ungestörtesten Winkel des Zimmers, wie bei den Russen die Heiligenbilder, und nie läßt man es ohne Ueberzug von Leder oder Burka. Ueberfällt sie auf Reisen ein Regen, so verbergen sie ihre Waffen sorgfältiger als sich selbst unter ihren dickwolligen Mänteln. Dazu schießen sie das Gewehr nie ohne Noth los. Ja es kommt vor, daß sie es im ganzen Jahre nicht ein Mal abschießen, obgleich sie Alles stets Nacht und Tag, zu Hause und auf der Reise schuß- und schlagfertig bei sich haben. Auf ihre Frauen sind sie bei Weitem nicht so eifersüchtig als auf ihre Flinten, und es wird weit leichter verziehen, wenn man jene kränkt, als wenn man diesen etwas zu Leide thut. Wie alle Kaukasier, tragen auch sie eine Reihe kleiner Taschen auf der Brust, in deren jeder eine völlig fertige Patrone steckt. Sie sind nicht blos gute Schützen, son= dern auch — was man nicht von allen Kaukasiern rühmen kann — ausgezeichnete Fechtmeister. Der Graf W......, Generalgouverneur von Neu=Rußland, war in seiner Jugend als einer der besten Fechtkünstler in der russischen Armee berühmt, und als er im Kaukasus diente, forderte er oft Offeten zum Zweikampfe heraus, mußte aber häufig als Besiegter die Meisterschaft seiner Gegner anerkennen. Der Bogen und Pfeile bedienen sie sich nicht.

Die Menschenjagd ist, wie gesagt, bei den Offeten die Hauptsache. Auf Vögel, Hasen, Rehe, Schakals u. s. w. verschleudern sie ihr Blei nie. Blos den wilden Schafen (Moufflons), den Bären und Leoparden, die sich zu Zei= ten in ihren Bergen zeigen, stellen sie nach. In den Brussabseli soll es auch noch Auerochsen geben, bei deren Jagd sie sich dann zu großen Jägergesell= schaften vereinigen. Außer auf diese Wesen schießen sie dann nur noch auf den Mond, wenn nämlich eine Mondfinsterniß eintritt. Sie glauben, daß ein böses, in der Luft fliegendes Ungethüm dieselbe veranlasse, und feuern so lange auf das arme Thier los, bis die Finsterniß aufhört. Natürlich sind die so über Alles geschätzten Waffen sehr theuer. Für einen Säbel zahlt man oft 50 bis 100 Schafe und für eine gute Flinte, die sie noch mehr schätzen, sogar bis 200 Rinder.

Ein Offete hat seine Waffen so beständig bei sich, wie ein wildes Thier sein Gebiß. Nur bei'm Schlafen hängen sie sie an die Wand. Sie ackern bewaffnet, sie hüten ihr Vieh bewaffnet und machen nicht den kleinsten Weg zum Nachbar unbewaffnet.

Es ist mir jetzt selbst ein Wunder, daß ich bei solchen Menschen so glück= lich davon gekommen bin. Denn ich habe wirklich zuweilen wahre Kannibalen in meinem Gefolge gehabt, so z. B. einmal einen Keschelzen, der unter allen als einer der Unnahbarsten bekannt war. Ich bat ihn eines Tages, er

ſolle mir doch einmal aufrichtig ſagen, wie viele Menſchen er ſchon in ſeinem
Leben erſchoſſen habe. Verſchämt wie ein Mädchen, das man nach der
Anzahl ihrer Geliebten fragt, ſchmunzelte er und ſagte: „Ich weiß nicht,
Herr!" — „Nun, zähle einmal." — Mit Beihülfe der Anderen wurden
dann ungefähr an fünfzig Leute hergerechnet, die er aus bloßer Rache um's
Leben gebracht hatte. — „So iſt es mir aber ein Wunder, daß Du ſelber noch
lebſt." — „Wenn ſie mir wie die Katzen nachſchleichen, Herr, ſo gehe ich
ihnen wie ein Fuchs aus dem Wege und falle wie ein Wolf über ſie her." —
„Nun, einmal wird doch ſchon die Reihe auch noch an ſeinen Schädel kommen!" riefen die Anderen lachend dazwiſchen.

Daß ich ſelbſt ſo gut durchgekommen, erkläre ich mir zum Theil daraus, daß meine Gaſtfreunde aus ſehr verſchiedenen Gegenden waren und
ſich ſelber einander nicht recht trauten. Mancher hätte mich, den im Stillen
verwünſchten Ruſſen, wohl gern niedergeſchoſſen, allein Furcht und Scham
vor den Fremden wegen des gebrochenen Gaſtrechts hielten ſie davon zurück.

Zuweilen kam ich indeß auch nahe genug an den Pforten des Todes vorüber. Hiervon nur einen Vorfall.

In einem Dorfe des Aridonthales *) z. B., deſſen Bewohner ſchon
meinen Begleitern nicht recht trauten, und wo eigentlich keiner von ihnen
einen Gaſtfreund hatte, empfing man uns nicht ſehr freundlich und wollte
auch kein eigenes Haus für uns abtreten. — Wir könnten wohl im Dorfe
Quartier bekommen, hieß es, aber wir müßten es uns gefallen laſſen, in
verſchiedene Häuſer vertheilt zu werden. Dagegen proteſtirte nun unſere
ganze Geſellſchaft, die Unrath merkte, lebhaft und erklärte, das ſei wider
die Sitte, und wenn ſie uns überhaupt ſchon Aufnahme verſprochen, ſo
müßten ſie auch die Fremden alle zuſammen laſſen und uns ein ganzes Haus
geben. Wir pochten ſo lange auf Sitte und Recht, bis wir ein ſolches er-
hielten. Man richtete ſich ein, aß zu Abend und legte ſich zur Ruhe. —
Ich zog mich mit meinem Dolmetſcher in mein Zimmer zurück und ſchlief
ein. Meine Begleiter blieben noch bei'm verlöſchenden Feuer vor meiner
Stubenthüre wie gewöhnlich ſitzen. — In der Nacht wachte ich auf, ſah
zu meiner Verwunderung durch die Spalte der Thüre noch zu ſo ſpäter Zeit
friſch aufloderndes Feuer und hörte meine Begleiter unter einander flüſtern.
Ich befahl meinem Armenier, nachzuſehen, was da wäre, und als dieſer die
Thüre öffnete, ſah ich alle meine Gefährten mit dem Gewehre im Arm um-
herſitzen, mit dem Geſichte nach der offenen Hausthüre gerichtet. — Ich trat
ſelber hinaus und fragte, was das bedeute. Man antwortete mir, ob ich

---

*) Der Aridon iſt ein Nebenfluß des Terek. Auf unſeren Karten ſteht Ardon.

denn nicht das Geräusch und Gesumme in der Umgegend höre, das bedeute etwas Schlimmes. — Es dauerte auch nicht lange, so sah man einige verdächtige Schatten im Gebüsche schleichen, und bald traten sie offen hervor. Der ganze Hof füllte sich mit der bewaffneten und murmelnden Mannschaft des Dorfes. Alle Flintenläufe meiner Begleiter waren zur Thüre hinaus gerichtet. Unten machte man schon Anstalt, das Haus zu erklettern, und Einer ermunterte dazu den Anderen. Da trat ich mit meinem Dolmetscher auf den Corridor hervor und fragte sie, was sie wollten und wozu sie gekommen wären. — Die Männer, die schon ziemlich deutlich hatten merken lassen, was sie wollten, wurden durch diese ihnen ungewohnte Kühnheit etwas verwirrt und hielten an sich, denn die Offeten bringen seltener offenen Muth als List in's Spiel des Kampfes. Sie antworteten daher etwas verlegen: „Wir sind gekommen, um Dich zu fragen, wer Du seiest und was Du „eigentlich bei uns wollest. — „Und um dieß zu fragen, kommt Ihr zu dieser „Zeit in der Nacht und weckt uns, Euere reisemüden Gäste? Ist es nicht „viel passender, dieß morgen am Tage zu besprechen? Ich hoffe, wenigstens „noch drei bis vier Tage bei Euch zu bleiben, und da habe ich also Zeit genug, „mich vollkommen bei Euch zu legitimiren. Geht schlafen, guten Leute, „und laßt auch uns, die Ihr als Gastfreunde aufgenommen habt, in Frieden „ruhen. Morgen wollen wir Euch über Alles Rede stehen." — Hierauf ließ sich nun nichts Gescheites erwidern. Sie fühlten sich mit der deductio ad absurdum geschlagen, welcher Fechtercoup oft besser das Leben rettet als Schwert und Schild, und trollten murrend ab. Nun hieß es aber: Zeit gewonnen, Alles gewonnen. In der größten Stille wurden jetzt die Pferde gesattelt, aufgepackt, und spornstreichs suchten wir das Gebiet freundlicherer Wirthe zu erreichen.

In der edeln Kunst des Gesanges sind die Offeten nicht so geschickt wie in der Fechtkunst. Ich habe sie freilich zuweilen im Chore singen hören, doch schien es mir immer nichts Anderes zu sein als ein einförmiges: ra! — ra — ra — ra! bald ein Bißchen höher, bald ein Bißchen niedriger, mit nicht viel mehr Modulation der Töne, als ein Spinnrad sie hervorbringt, und mit Variationen der Stärke nach Art des Sturmgeheuls. Von musikalischen Instrumenten sah ich nur eine Art von Zither, die dem kleinrussischen Pandur gleicht. Höchst merkwürdig ist es, daß sie auch wie unsere Russen „w'prissätku" tanzen *), was sonst keines der anderen kaukasischen Völker thut.

---

*) „W'prissätka" heißt bei den Russen die beständig wiederholte Tanzfigur (oder Pas), bei der sie sich auf die Hacken des einen Fußes plötzlich herablassen und das andere Bein von sich strecken.

Auch in der Rechenkunst sind sie wiederum anders als Alle. — Sie zählen nach einem Octodecimalsystem, also bis achtzehn, wie wir bis zehn, fassen dann die Achtzehner zusammen, wie wir die Zehner, und nachher die Achtzehnmalachtzehner wie wir die Hunderte u. s. f.

In sehr vieler Hinsicht leben die Osseten, obgleich ärmlich, doch besser als die jenseits ihrer Berge wohnenden grusinischen Stämme, die Mingrelier, Imerethier, Abchasen, Georgier u. s. w. — Besonders sind sie weit rein= licher als diese. Während ein Grusinier sein seidenes Hemd trägt, bis es ihm in Fetzen vom Leibe fällt, sorgen die ossetischen Frauen häufig für reine Kleider zum Wechseln. Ja, sie haben sogar manche Bequemlichkeit mehr in ihren Häusern als die Grusinier, z. B. Tische, Stühle und Bänke, welche diese nicht kennen. In jedem Hause befindet sich für das Familienhaupt, wie wir schon oben bemerkten, ein förmlicher Lehnstuhl. Auch fehlt gewöhn= lich nicht ein großer Tisch von Eichenholz, wie bei den alten Germanen. Im Körperbaue zeichnen sich die Osseten vor allen Dingen durch ihre äußerst zier= lichen Füße aus, besonders ihre Frauen, deren Füße Alles übertreffen, was sonst noch irgendwo auf Erden in einem Schuhe steckt. Die Osseten haben so viel Auge für hübsche Füße, daß sie jeden Europäer, wenn auch sonst an gar nichts, doch sogleich an seinen Füßen erkennen würden. Es ist dieß auch bei den Abchasen und anderen Kaukasiern eben so, die Alle unseren europäi= schen Krähenaugengang sehr schnell erkennen.

Die Osseten schneiden ihre Haare rund um den Kopf herum ab, so daß sie ihnen auf dem Schädel wie ein dicker Quast auseinander fallen. Den Bart rasiren sie sich überall, blos auf den Lippen nicht.

Schrecklich, aber gerecht, verfahren die Osseten mit dem Vatermörder. Sie legen ihn, und zuweilen auch sogar noch seine Familie (das wäre freilich doch ungerecht) gebunden in sein Haus und verbrennen das Ganze mit Allem, was darin steht und weilt, alle Geräthschaften und alles Vieh, und rotten seine ganze Wirthschaft mit Stumpf und Stiel aus. Bei anderen solchen Gelegenheiten theilen sie die Mobilien, aber von eines Vatermörders Sachen wird nichts angerührt.

Ueberhaupt ehren sie den Vater hoch, und derselbe bleibt Herr im Hause und über seine Söhne, so lange noch Leben in ihm ist, und wenn er auch schon völlig altersschwach wäre. Alle verrichten mit Lust seine Befehle und erfüllen seine Wünsche. Bis zu seinem Tode fordert keiner sein Erbtheil.

In Bezug auf Heirathen gilt bei ihnen sonderbarer Weise ein jüdisches Gesetz. Der unverheirathete Bruder muß nämlich des gestorbenen Bruders hinterlassene Frau heirathen.

Charakteristisch sind die Strafgesetze für Entwendungen. War es ein

Diebstahl, so muß der Dieb das Fünffache zurückgeben, war es aber eine gewaltsame Räuberei, so wird blos das Geraubte einfach zurückgegeben. Bei einer kräftigen Nation, wo Schwäche verachtet wird, ist dieß auch ganz in der Ordnung, denn vor der Gewalt kann sich Jeder leichter hüten als vor der List.

Bei den Osseten ist der Mann feuriger, die Frau matter; bei den Grusiniern ist es umgekehrt, denn bei ihnen ist die Frau Feuer und Flamme und der Mann schlaffer. Bei den Osseten erklärt sich die Erscheinung wohl aus den vielen Arbeiten, die der Frau aufgebürdet werden.

Die Osseten erzählten mir von einer sonderbaren Naturmerkwürdigkeit. Sie sagten, im Winter kämen mit den Schneelawinen zuweilen Würmer von den Bergen herunter, die fingerdick, einen halben Fuß lang und ganz durchsichtig wären. Wenn man sie in die Hand nähme, wo sie sich ganz weich anfühlten, oder sie in's Zimmer brächte, so zergingen sie zu Wasser. — Ich selber habe ihnen dieß nicht glauben wollen, doch erzählte man mir in mehren Orten von diesem Wurme. Er solle nur im alten Schnee hausen, nicht aber in frisch gefallenem, sagten sie. Die Sache klingt sonderbar, doch ist sie immer der Beachtung werth. Die Natur ist voll Wunder, und ein Volk greift selbst seine wunderlichsten Geschichten nicht völlig aus der Luft.

„Safa" ist ein ossetischer Vorname, und Familiennamen, die sehr häufig vorkommen, sind z. B. „Schawlocha" und „Roka." — „Etwa Ihre „deutschen „Meiers" und „Müllers", und unsere russischen „Pawlows" und „Petrows."

Der Ackerbau ist natürlich sehr unbedeutend, doch säen sie allerdings hier und da Gerste, Hafer und Korn bei ihren Wohnungen herum, es ist aber so wenig, daß sie nicht einmal Ackerwagen zum Heimführen nöthig haben. Sie schleppen alles Gemähte auf dem Rücken in's Haus. Das Heu, das sie entfernter von ihren Wohnungen an den Bergabhängen ernten, führen sie erst im Herbste, wenn der erste Schnee fiel, heim. Sie schleppen dann Alles zu passenden Abhängen hinan und lassen es in großen Haufen zu den Wohnungen hinabrutschen. Die Abhänge, an denen sie das Gras mähen, sind oft so steil, daß sie sich daran nur mittels eiserner Stacheln, die sie sich unter die Füße binden, aufrecht erhalten können. Mit Pistolen und Gewehr auf dem Rücken, mit Säbel und Dolch zur Seite, die Sense in der Hand, sieht man sie dann auf ihren eisernen Zacken an den steilen Bergen herumstelzen.

Russische Gefangene sah ich auf der ganzen Reise nirgends bei den Osseten. — Ich glaube, sie hatten sie vor meiner Ankunft auf die Seite geschafft.

Viele Oſſeten ſelber drückten mir den Wunſch aus, daß dem barbariſchen
und wilden Zuſtande bei ihnen ein Ende gemacht werden möchte. Dieſer
Wunſch ging zum Theil in Erfüllung, denn außer den guten, ſchon oben
erwähnten Erfolgen für die Wiſſenſchaft hatte auch meine Reiſe noch den Er=
folg, daß drei Jahre nach der Beendigung derſelben eine große und nun mit
mehr Sachkenntniß geleitete Expedition gegen die Oſſeten gemacht wurde, die
einen Theil des Landes dem ruſſiſchen Scepter unterwarf.

Tauriſche Miscellen.

So erhielt mein Freund mit allerlei Erzählungen von fremden Ländern
meinen Geiſt munter, während mein Leibliches zu leiden hatte. Ich erzählte
ihm nur das über den Kaukaſus nach, weil er doch ſo mit ſeiner Nach=
barin, der Krim, in manchem phyſikaliſchen und hiſtoriſchen Zuſammen=
hange ſteht, und beide nie ganz ohne Einfluß und Wechſelwirkung auf ein=
ander geblieben ſind. Die anderen Stunden füllte meiſtens Goethe, mit deſſen
Jugendgeſchichte ich auch in meine eigene Jugend zurückging, aus der mir ſo
manche tröſtende Erinnerung aufſtieg.

Auch las ich noch ein paar Bücher über die Krim, ſo die Geſchichte
Tauriens des Herrn Lagorio. Dieſer Lagorio iſt ein Italiener, früher ein
wohlhabender Kaufmann und Conſul in Feodoſia, jetzt dort ein armer Schrift=
ſteller, deſſen Werk ſchon eine zweite Auflage in Paris erlebt hat. Es iſt aber
mit nicht ſehr großer Gelehrſamkeit und beſonders nicht mit wiſſenſchaftlichem
Geiſte geſchrieben. Dennoch aber entzückt an Ort und Stelle, wo die Dinge
paſſirten, ſelbſt die geringſte hiſtoriſche Erzählung, und die alten Kymmerier,
die mythologiſchen Sagen der Griechen, die Kolonieen der Mileſier und Hera=
kleoten, die Olbiopoliten und Cherſoniten, Mithridates und ſeine Nachfol=
ger, die mährchenhaft klingenden Namen der bosporaniſchen Könige, die
Kämpfe der cherſon'ſchen Republik mit dem Reiche des Bosporus, die wun=
derlichen chaotiſchen Gebilde der Völkerwanderung, die Baſtarnen, Jazyghen,
Alanen, Gothen, die Hunnen, Ungern und Bulgaren, die Awaren und
Chazaren, die Petſchenegen und Komanen, Uzen und Polowzer, dann die
Mongolen, Tataren und Nogaizen, und zuletzt die „Ungh-Jortning weh
Taekht kyrimning, weh Deschti kyptschakning", das heißt „die Groß=
„Chane der goldenen Horde, des Throns der Krim und der Länder des Kap=
„tſchak", die Herzoge von Gothien *), die edlen Kaufherren aus Genua, die
große türkiſche Flotte von 400 Segeln, die aus Stambul herangeſchwommen
kam, um die letzte Macht der Genueſer in dem Freiſtaate Feodoſia zu brechen,

---

*) Zur Zeit der byzantiniſchen Kaiſer wurde der gebirgige Theil der Krim
„Gothien" genannt, und es wurden Herzoge dieſes Theils inſtallirt.

dieß Alles ging wie ein unterhaltendes Schattenspiel an mir vorbei, oder beffer zu fagen, wie Geisterstimmen aus der Vorzeit klangen alle die großen Erinnerungen diefes kleinen Erdflecks zu mir herüber.

Ein anderes dickes Buch über die Krim, das in einem erstaunlich ftarken Bande alle kleinen Ruinen, die fich irgendwo auf einem Hügel verfteckt finden, wie Linfenkörner aufzählt, ohne etwas Erhebliches über irgend eine zu fagen, konnte felbft meine krankhaft belebte Phantafie in nichts reizen.

Am fchönften foll von der Krim der polnifche Dichter Mickiewicz gefungen haben, den die Polen für ihren Byron halten. Er wurde 1824 von Wilna, wo man damals dem Tugendbunde nachfpürte, nach Moskau als Gehülfe des dortigen Generalgouverneurs verfetzt, machte von da aus eine Reife nach der Krim und befchenkte dort jeden ausgezeichneten Ort mit einem, wie man fagt, erhabenen Sonette. Im Jahre 1831 mußte er fein Vaterland verlaffen und ging nach Paris, wo er noch lebt.

Auch fonft gab es in meiner Apotheke Unterhaltung genug. Eine Apotheke ift in den kleineren ruffifchen Städten immer ein halbes Wirthshaus. Bald kamen ein paar ruffifche Herren, die fich ein Schnäpschen nahmen, bald fchickte eine vorüberreifende Dame ihren Bedienten herein, etwas Kühlendes gegen die Hitze zu holen, bald meldete fich ein italienifcher Wirth, der meinem Freunde, dem Apotheker, Aufträge für das Dampffchiff gab, dann wieder ein franzöfifcher Weinkellermeifter, der ein paar Dutzend Flafchen krim'fchen Champagners deponirte, um fie mit dem nächften Dampfboote zu fpediren, dann ein deutfcher Gärtner, der feine Früchte zum Präfent brachte, oder ein deutfcher Arzt, der allerlei Anekdoten und kleine artige Intriguen erzählte, an denen das „Juschnoi-Bereg" ungemein reich ift, oder ein ruffifcher Gutsverwalter, der die Medicin pfundweife kaufte, um fich mit einem Male für eine ganze Zeit hindurch zu verfehen, oder ein Grieche, der feine Fifche anbot, oder ein Tatar, der alle Tage nachfragte, ob man keine Commiffionen für ihn habe, oder endlich ein Engländer in Dienften des Grafen .... o ..., der ein großer Anglomane ift und meint, daß nur aus englifchen Händen alles Tüchtige hervorgehen könne, fo daß ich alfo Gelegenheit hatte, die ganze bunte Zufammenfetzung der Küftenbevölkerung Stück für Stück auf ganz bequeme Art zu ftudiren.

Was jene Klatfchereien und Intriguen betrifft, fo ift die krim'fche Südküfte innerhalb der oben bezeichneten Gränzen zwifchen Alufchta und Balaklawa auch in Bezug auf fie als ein fo merkwürdig zufammenhängendes Ganze zu betrachten, als wäre fie eine einzige kleine Landftadt. Alles kennt fich, Alles hackt auf einander, und Alles fpinnt Feindfchaft und fchmiedet Freundfchaft Eines gegen das Andere, und ich hörte in meiner achttägigen

Krankheit so viele Geschichtchen, daß man ein achtbändiges Werk damit an=
füllen könnte.

Als ich mich endlich wieder gesundet hinausmachen konnte, benutzte ich
die letzten Tage meines Aufenthalts noch zu ein paar Ausflügen in der Nach=
barschaft, zu einem nach Osten, einem nach Westen und einem nach Norden
in's Innere. Mein gütiger Freund, der Apotheker, lieh mir dazu sein Pferd,
und ich machte mich zunächst nach Osten auf, um die hübschen Gärten von
Oreanda, Livadia und Miskhor noch einmal zu sehen. Auf dem Wege da=
hin stieß ich auf ein paar Dutzend Tataren, die an der Küste ein Pferde=
rennen hielten. Diese Sitte, die alle Tataren bis tief in Asien hinein ken=
nen, ist bei ihnen so alltägliche Gewohnheit, daß es durchaus nicht erst be=
sonderer Gelegenheiten, Festivitäten oder dergleichen, wie bei uns wohl, bedarf,
um sie zu veranlassen. Ueberall, wo ein paar Tataren zu Pferde zusammen=
kommen und auch einige Fußgänger als Zuschauer zugegen sind, entspinnt
sich sogleich eine Unterhaltung über die Pferde, und ein geäußerter Tadel oder
Lobspruch führt alsbald die Wette herbei. Auf der Stelle wird ein Ausgangs=
punct und ein Ziel festgesetzt, ein paar Schiedsrichter werden gewählt, die
Reiter ordnen sich und schießen auf das gegebene Zeichen auf ihren kleinen
Pferden davon. Der Ausgangspunct war dieß Mal eine Brücke, und das
Ziel die Mündung eines Bergflüßchens in's Meer. Mit ungemeiner Schnel=
ligkeit durchrannten die Reiter die Bahn. Einer purzelte in den Sand des
Ufers hin, und ein kleiner Grauschimmel überholte alle und erhielt den Sie=
gerpreis von 15 Rubeln ausgezahlt.

Ich aß zu Mittag in Livadia, dem Gute des Grafen Potocki, der jetzt
russischer Gesandter in Stockholm ist. Jedes der Küstengüter hat seine eigenen
Vorzüge und rühmt sich eigenthümlicher Schönheiten. Das eine ist bekannt
durch seine hübsche Felsenpartieen, das andere durch seinen Rosenflor, ein
drittes durch seine architektonischen Raritäten. Livadia hat seine weiten freund=
lichen Wiesenplätze, das Rareste an der beengten Felsenküste, und seine reizende
Aussicht auf die Stadt und Bai von Jalta. Es ist hier ein Schweizer aus
Basel Verwalter, aus der berühmten Familie der Tacher, die aus Graubün=
den stammt und dem größten Cäsar unseres Jahrhunderts eine Gemahlin
gab. Herr Tacher, bei dem ich die gastfreundlichste Aufnahme von der Welt
fand, erzählte mir viel von seiner Cousine, der Kaiserin, und was sie Alles
für ihre Verwandten hätte thun wollen. Er besaß den ganzen Stammbaum
seines Hauses von der Zeit an, wo es noch in den Schluchten und Ritter=
burgen der graubündischen Alpen hauste, bis dahin, wo der Vater der Josephine
nach Amerika ging und dort reich wurde, und dann der eine weibliche Zweig

auf den hocherhabenen Thron von Frankreich und der andere männliche noch
höher nach dem 600 Fuß über dem Meere erhabenen Livadia kam.

Der Graf Potocki baut neben dem allerliebſten Schweizerhöfchen, das,
von Wirthſchaftsgebäuden, hübſchen Gärten, Wieſen und Cypreſſen umgeben,
bis jetzt der einzige reizende Häuserſchmuck ſeines Gutes iſt, noch ein großes
Palais. Der Plan dazu war nach einem bedeutend großen Maßſtabe ange=
legt. Allein, indem man baute, liefen die Koſten ſo hoch auf, daß man ſchnell
ſich in engere Gränzen zuſammenzog. Man hatte glücklicher Weiſe an dem
Hauptgebäude noch gar nicht gebaut, ſondern blos erſt die Küche und den für
die Fremden beſtimmten Flügel fertig. Man iſt jetzt im Begriffe, dieß Bei=
des zu einem Ganzen zu vereinigen und nach den nöthig gewordenen Ver=
änderungen des Inneren es hierbei bewenden zu laſſen, was auch ſehr rich=
tig gehandelt iſt. Denn wenn man ſo viel im Norden zu thun hat, wozu
an der ſo entfernten Südküſte, die durch weite Steppenländer vom ganzen
übrigen civiliſirten Europa getrennt iſt, ſo äußerſt koſtſpielige Palais auf=
führen?

Die Frau von Herrn von Tacher war eine Galizierin, die ungemein an
Heimweh litt, und die durch alle Schönheiten Tauriens und ſeine erhebenden
hiſtoriſchen Erinnerungen über den Verluſt ihres geliebten, wenn gleich weniger
reizenden Vaterlandes nicht getröſtet werden konnte. Sie, ihr Mann und ihre
Kinder hatten das ganze Jahr hindurch mit den böſen Gallenfiebern gekämpft,
die hier an der Küſte alle Fremden plagen und oft zu Tode quälen.

Nachmittags ritt ich weiter nach Oreanba, dem Gute der Kaiſerin,
und fand hier eine ſehr freundliche Aufnahme bei dem Director des Gartens,
einem Deutſchen, der dort in einem reizenden, halb in aſiatiſchem Geſchmacke
gebauten, rund umher mit breiten Galerieen umgebenen Häuschen wohnt.
Ich beſchloß hier einige Tage zu weilen und die geprieſenen Schönheiten
der Krim recht ſpeciell zu ſtudiren. Den Abend hatten wir eine recht ar=
tige kleine Geſellſchaft bei'm Souper, die Frau des Garten=Directors, die
ihre Bildung aus guter Hand, nämlich bei'm Paſtor Oberlin im Stein=
thale der Vogeſen, empfangen hatte, ein paar deutſche Gärtner, die unter
der Leitung des Directors ſtanden, und von denen der eine ein ſehr origineller
Kopf war, und endlich einen geweſenen Garde=Offizier, jetzt Flott=Lieutenant
in Sewaſtopol.

Letzterer befand ſich auf einer höchſt ſonderbaren Expedition. Er reiſte
nämlich mit einem kleinen Boote und 6 Seeſoldaten an der Küſte herum,
um Trauben, Feigen, Maulbeeren, Aprikoſen und andere rare Früchte ein=
zukaufen, die in Sewaſtopol nicht zu haben waren und auf einem großen
Balle figuriren ſollten, den man zu Ehren eines bedeutenden, vom Kaiſer ge=

schickten Generals geben wollte. Er war voll Furcht, daß ihn ein Sturm
überraschen möchte. Denn sein Boot war offen, und eine einzige ungeschickt
tanzende Welle hätte die ganze Ballfreude stark versalzen können. Fünf Tage
dauerte seine Expedition schon, und zwei Tage würde er noch brauchen, sagte er und
meinte, da ich in Petersburg gewesen, so müßte ich gewiß schon von ihm gehört
haben; denn er habe dort ja eine berüchtigte Geschichte ausgehen lassen, die
in aller Leute Munde lebe. Er erzählte sie mir, und es kamen wirklich darin
Liebesabenteuer, Streit, Duell, Tod und Proceß, kurz Alles vor, was
eine solche Geschichte interessant macht. Er selber sei darauf vom Garde-
kapitän zum Gemeinen degradirt worden, habe sich dann in die Flotte des
schwarzen Meeres hineingebeten, es darin bis zum Lieutenant wieder hinauf
gebracht und befinde sich jetzt auf dieser so wichtigen Expedition, deren glücklicher Erfolg von der ganzen schönen Gesellschaft Sewastopols mit Spannung
erwartet würde.

Er erzählte allerlei Anekdoten, von denen ich nur eine behalten habe,
weil sie einigermaßen charakteristisch für Rußland und für den verstorbenen
Kaiser Alexander ist. Dieser kam einmal in einfachem Ueberrocke und in
noch einfacherer Equipage auf einer russischen Poststation an, wo er einen
Mann traf, den er mit den Worten zu sich rief: „He, Muschik (Bauer) komm'
„her!“ — „Ne, mein Herr, ich bin kein Muschik, höher hinauf, Bruder!“ —
„Nun denn Dessätnik (Zehnmann)“, — „Ne, höher hinauf!“ — „Nun Wut-
„bornui (Auserwählter) komm' her“. — „Höher hinauf, höher hinauf!“ —
„Vielleicht gar der Golowa (Oberschulz)?“ *) — „Ihnen zu dienen, Väter-
„chen, der Golowa des Orts. Was ist dem Herrn Kapitän gefällig?“ —
„Ne, Bruder“, erwiderte der Kaiser, „nicht Kapitän, höher hinauf!“ —
„Vielleicht ein Herr Major oder Polkownik (Oberst)?“ — „Nein, Bruder,
„höher hinauf!“ — „Ei! etwa ein General?“ — „Höher hinauf!“ — „Wie?
„doch nicht gar ein Feldmarschall? Verzeihen Ew. Excellenz, daß ich“ —
„Höher hinauf, Bruder, höher hinauf!“ — „Mein Gott im Himmel! Sehe
„ich recht?! Sie sind“ — — „Dir zu dienen, Väterchen, Dein Kaiser“. —
Der alte Golowa sank so erschreckt in die Kniee, daß der Kaiser alle Mühe
hatte, ihn wieder höher hinauf zu bringen.

Ein ander Mal warf ein Postillon in Liefland, wo damals ein sehr
strenger Generalgouverneur, ein Italiener Paulucci, der jetzige Gouverneur
von Genua, administrirte, den Kaiser Alexander um. Der Kaiser fiel ziemlich
glücklich in den weichen Schnee. Der Postillon fiel dem Kaiser zu Füßen,
der ihn aufheben wollte und ihm sagte: „Laß nur, ich verzeihe Dir“. Der

---

*) Die drei letzten Namen bezeichnen die verschiedenen Würdestufen der Vor-
steher in russischen Dörfern.

Postillon blieb aber noch in bittender Stellung, und der Kaiser fragte ihn: „Nun steh' doch auf, ich verzeihe Dir ja, was willst Du denn noch?" — „Ach ich wollte Ew. Majestät nur bitten, daß Sie es doch nicht unserem „Generalgouverneur wieder erzählen möchten". Dieß versprach ihm denn auch lachend der gütige Kaiser.

Ein Anekdötchen aus der Mythologie wurde zur Charakteristik des russischen Mushik *) aufgetischt. Als Prometheus nämlich die Menschen und die verschiedenen Völker schuf und zuerst den Italiener fragte, was er sich auf der Erde wünschte, sagte dieser: „Macaroni". Der Engländer wünschte sich Beefsteakes und Plumpudding. — Als der Russe auf Prometheus Geheiß lebendig aus dem Boden hervorstieg, nahm er seinen Hut vor diesem ab, lächelte ihn schmeichlerisch an und bat, ohne gefragt zu sein: „Pashalui na wodku" (Ein wenig zum Schnäpschen, Herr). Dieß „Pashalui na wodku" ist eine Redensart, die der Fremde bald genug lernt; denn überall geht man ihn damit zum Trinkgeldgeben an. Freilich fangen sie jetzt auch an, das Schnäpschen mit Thee zu maskiren, und bitten: „na tschaju" (zum Thee).

Am anderen Tage wurden Garten und Umgegend von Oreanda durchkreuzt, welches verstümmelte griechische Wort ursprünglich wohl so viel bedeutete als Belvedere. Die Felsengestaltung ist hier in der That einzig schön. Aus der ganzen großen Felsenmauer, welche die krim'schen Gebirge bilden, und die, wie gesagt, noch einige tausend Fuß über die Region der Landgüter und Gärten hinausragt, treten etwa drei 500 bis 700 Fuß hohe Felsenmassen hervor und bilden sehr malerische Aspecten.

Zwei von diesen Felsenmassen bäumen sich nun gegen das Meer hin schroff empor, hängen aber mit der Landseite durch breite Rücken zusammen, so daß man gleich von der Landstraße aus auf sie hinauftritt. Zwischen beiden bleibt eine schöne ebene Fläche, die sich ihnen auch rund herum zu Füßen legt und sich nur sehr allmählig in breiten Absätzen völlig zum Meere hinabterrassirt. Diese Ebenen und allmähligen Absätze sind nun eben zur Anlage des schönen Gartens bestimmt, der auch zum Theil schon in's Leben getreten ist. Mitten in diesen schwach geneigten Ebenen steigt nun die dritte Felsenmasse auf, die so umfangreich wie die Hälfte eines Berges und dabei sehr seltsam von der Natur gestaltet ist. Auf der einen Seite ist sie nämlich schroff wie eine Wand, auf der anderen aber ungemein regelmäßig terrassirt, der Art, daß 5 bis 6 große Terrassen so deutlich zu erkennen sind, als hätte die Kunst sie eingesprengt. Auf der Platte jeder Terrasse wachsen Bäume und Sträucher, die Seiten der Stufen sind aber völlig kahl und schroff.

---

*) Mushik heißt nicht eigentlich Bauer im Sinn von Ackersmann, sondern überhaupt jeder gemeine Mann vom Bauernstande.

Auf dem einen jener beiden ersten Felsen liegt das jetzige Wohnhaus des Guts, das der Director bewohnt. Das neue hier zu bauende Schloß soll gerade vorn auf die vorderste Stirn des Felsens kommen. Man hatte es anfangs unten näher am Meere in der Mitte der schönen belaubten Gartenpartieen anlegen wollen, und auch wir entschieden uns sogleich für diese Lage, als die viel angenehmere. Allein als der Kaiser hier war und auf dem für das Schloß bezeichneten Platze die Felsen in der Nähe sah, fand er den Anblick beengend und bestimmte die Spitze der Felsen selbst zum Bauplatze. Allerdings hat hier auch das Schloß eine weit kühnere Lage und wird so eine prachtvolle Ansicht in der Landschaft gewähren, während es unten für die ganze Umgegend verloren gewesen wäre. Indeß verliert man doch auch so noch nicht die Felsen aus dem Rücken, dazu müßte man mit dem Schlosse oben auf die Jaila hinaufsteigen, und dann ist die Felsenstirn äußerst eng und hat kaum Platz genug für ein solches Gebäude, und endlich wird man dadurch völlig von den unteren schönen Partieen getrennt, zu denen man hinauf und hinabklettern muß. Man könnte ja recht gut beide Plätze bebauen, den unteren mit einem Schlosse zum Wohnen und Genießen und den oberen mit einem Tempel, einer alten Ritterschloßruine mit einer Sennhütte, oder sonst etwas der Art für den Schmuck der Gegend und für die Aussichten. Man hat schon Vieles über die Sache hin- und hergeschrieben. Der Graf Woronzow ist auch für unten. Nächstes Jahr soll der Bau beginnen.

Das zu Oreanda gehörende Gartenland ist sehr weitläufig. Wenn ich mich nicht irre, so sind es 200 Dissjatinen. Wir ritten den ganzen Tag darin herum und sahen doch kaum alle bedeutendere Puncte. Sein Hauptmangel ist Wasser, woran überhaupt alle Gärten der Südküste leiden, weil die Jaila's diesen schönen Artikel nur mit der größten Sparsamkeit hergeben. Was müßte sich das prächtig ausnehmen, wenn von einem jener Felsen ein tüchtiger voller Bach sich herabstürzte, vielleicht unmittelbar in's Meer. Man sucht das Bißchen Naß, was in dürftigen Quellen herabgießt, auf alle Weise zu fesseln. Daher bildete sich auch einer der Gärtner nicht wenig darauf ein, daß er eine schöne Stelle zur Anlage eines Teiches entdeckt habe. Er sagte, er habe sowohl diese Entdeckung, als auch die Ausführung ganz in der Stille bewerkstelligt, ohne Jemandem etwas davon zu sagen, und habe dann eines Tages den Grafen ....z.., der die Aufsicht über alle kaiserlichen Gärten in Südrußland hat, damit überrascht. Derselbe sei sehr zufrieden gewesen, und der Teich würde ihm sicherlich etwas eintragen, eine Beförderung, eine Auszeichnung oder Geldbelohnung. So ist es in Rußland, man muß dort überall mit neuen Arrangements Effect zu machen suchen, um weiter zu kommen. Ich fand den Effect dieses Teiches aber sehr schwach und befürchte besonders, daß er sich nie füllen oder doch nicht in Fülle erhalten wird, da die ihn speisende Quelle gar zu schwach ist. Jede zwei Linien, die das Wasser stieg, wurden alle Tage mit gespannter Aufmerksamkeit beobachtet.

Ich gab dem Gärtner den Rath, wenn er sich auszeichnen wollte, so solle er der Natur bei jenem oben erwähnten, terrassirten Felsen etwas nach= helfen und eine krim'sche Isola Bella oder hängende Gärten der Semiramis daraus machen. Er lachte darüber und meinte, das passe doch nicht in einen englischen Park. Ich meinte es aber ganz ernstlich und erwiderte, ich glaube eher, daß ein englischer Park nicht in solche Felsen hineinpasse. Diese Gar= tengattung sei für ein feuchtes und wasserreiches Hügelland ersonnen, nicht für ein von Felsen beschränktes Terrain. Man müsse auf's Beßte benutzen, wozu die Natur zunächst die Hand böte. Jener Felsen sei vielleicht einzig in der Welt, denn eine solche regelmäßige Abstufung wie hier könne der Zu= fall und das Spiel der Natur nicht oft zu Stande gebracht haben. Daß auf den Terrassen Feuchtigkeit vorhanden sein müsse, zeige der üppige Wuchs der Bäume. Trüge man nun noch Erde hinauf, sprenge Treppen zur Ver= bindung der Terrassen in die Felsen, kehre das wilde Gestrüpp weg und arrangire auf jeder der Terrassen ein eigenes Gärtchen, jedes etwa nach einem anderen Plane, so hätte man gewiß die famosesten hängenden Gärten, die je die Welt gesehen, und gegen welche die der Semiramis nur ein Kinderspiel sein würden. Er würde sich damit also einen größeren Namen als Semiramis gemacht haben, und welche Belohnung würde ihm nicht zu Theil werden!

Natürlich kostet der Ankauf der Ländereien zu Gartenanlagen an der Südküste enorm viel, da nirgends der landwirthschaftliche, sondern nur immer der ästhetische Werth des Bodens bezahlt wird, der dann, wie bei Kunst= gegenständen, in's Unbestimmbare steigen kann. Während auf der nördlichen Seite der krim'schen Gebirge die Preise einer Dissiatine Landes zwischen 10 und 25 Rubel variiren, steigen sie auf der Südküste auf 500 bis 1000 Ru= bel, ja man hat hier und da schon 5000 bis 6000 Rubel für eine Dissiatine bezahlt. Die tatarischen Dörfer, die einmal im Besitze des Bodens sind, stehen sich natürlich gut dabei. Sie werden allmählig alle ausgekauft, und mancher Tatar zieht sich darnach wohlhabend von der Südküste zurück. In den letzten vier Jahren, erzählte mir ein deutscher Arzt, sollen auf diese Weise 300 bis 400 tatarische Familien ihre Heimath verlassen haben. Zum Theil gehen sie nach Baktschisarai, der alten chanischen Residenz, zum Theil ver= lassen sie auch ganz das Land und schiffen nach Anatolien hinüber, wohin sich jetzt mehr und mehr alles Mohamedanische aus Europa zurückzuziehen scheint. Es versteht sich, daß mit diesem Güterverkaufe auch viel Speculation ge=

trieben wird. Mancher Deutsche oder Franzose, der ein gutes Auge hat und irgendwo eine hübsche Situation entdeckt, wo ein Palais und eine Gartenanlage am rechten Platze sein würden, macht nun in der Stille sein Plänchen, kauft sich dort etwas für billige Preise zusammen und sieht sich dann unter den reichen, russischen Großen um, ob nicht Einer unter ihnen zu finden ist, dem er Geschmack für sein Plätzchen beibringen kann, und dem er es dann für ein bedeutendes Sümmchen überläßt.

Die Anlage und Unterhaltung der Gärten und Gebäude an der Südküste wird ungemein kostbar, weil dieselbe an allen nützlichen Dingen, außer an Bausteinen, eigentlich Mangel leidet. Sie bietet nicht einmal ein Holz, das tauglich zu Weinfässern wäre, und man muß diese den Dniepr herunter und dann über's Meer kommen lassen. Auch zu Meubeln giebt es kaum ein taugliches Holz in der Krim. Das Brod ist theuer und daher auch der Arbeitslohn, und geschickte Arbeiter sind noch theurer. Der Arbeitslohn eines gewöhnlichen Tagearbeiters beträgt einen bis zwei Rubel täglich. Als aber der Kaiser im vorigen Jahre erwartet, und dazu die ganze Küste gescheuert, gefegt und aufgeputzt wurde, mußte man täglich sieben Rubel zahlen. Dieß lockt natürlich Arbeiter aus der Ferne, und des guten Verdienstes wegen kommen selbst Leute aus Anatolien her. Ich sah mehre solche Kleinasiaten in den Gärten arbeiten; man erkennt sie leicht an ihren Turbans und ihrer übrigen türkischen Tracht. Sie haben ihren Ferman (Paß) vom türkischen Kaiser in der Tasche. Gewöhnlich kommen sie in einer kleinen, offenen Lotka (Boot) sechs bis acht Mann hoch herüber. Ein guter Wind führt sie zuweilen in ein Mal 24 Stunden heran, doch machen sie auch oft Odysseische Irrfahrten. Umgekehrt gehen aber auch Russen mitunter von der Krim nach Anatolien hinüber, doch sind das immer nur paßlose Vagabonden.

Milch und Butter sind oft auf der Küste gar nicht feil, und zu den Dejeunés und Diners der Großen müssen die gewöhnlichsten und alltäglichsten Dinge, die wir aus Stall und Garten holen, aus einem Umkreise von zehn Meilen durch Extrapost=Couriere zusammengebracht werden. Auch das Obst ist keineswegs das feinste. Unübertrefflich aber und ganz ausgezeichnet sind zwei Dinge, das Schaffleisch so vollkommen, wie man es sonst nirgend in Europa wiederfindet, und der Honig äußerst aromatisch und lieblich.

Den empfindlichsten Mangel — wenigstens für ein Tonschönheiten liebenbes Ohr — leiden die Gartenanlagen der Südküste an Singvögeln, wie überhaupt an Vögeln jeder Art. Ich habe während meines ganzen dortigen Aufenthaltes, ein paar Habichte und Adler, die von den hohen Felsen der Jaila herabkamen, ausgenommen, nicht einen einzigen Vogel gesehen, nicht einmal Sperlinge, so daß ich mich noch jetzt jedes Mal über das Zirpen der

Sperlinge vor meinem Fenster freue, wenn ich an diese traurige Vögel- und Ton - Disette Tauriens zurückdenke. Im Frühlinge soll es freilich anders sein, da kommen aus Kleinasien so viele und verschiedene Vögel her- über, daß jedes Blatt der Bäume zwitschert und singt. Gegen den Juni hin aber verliert sich das Alles völlig, und die Bäume sind wie ausgestorben. Woher diese unerklärliche Erscheinung? Man sagt, es sei den Vögeln zu heiß und zu trocken. Was die Hitze betrifft, so giebt es aber noch viel heißere Länder, die doch von Vögeln nicht gemieden werden. Wasser ist freilich nicht in Fülle da, aber um den Durst von Vögeln zu stillen, ist die Fülle übergroß. Bäume sind auch genug vorhanden. Freilich ist kein Getreide und wenig Gesäme anderer Art da, aber dafür Trauben, wilde und zahme, über- all, und eine große Menge von Beeren und Früchten der verschiedensten Gat- tungen. — Mir bleibt die Sache ein Räthsel.

Die Singvögel werden hier ersetzt durch die Frösche, die Laubfrösche nämlich. Diese sitzen und hüpfen in großen Gesellschaften in allen Bäumen und musiciren den ganzen Tag über. Da ich ihre dem Geschrei der Dohlen so ähnlichen Laute hier zum ersten Male hörte, so konnte ich mich anfangs gar nicht überreden, daß sie von Fröschen kämen. Es beginnen erst ein paar auf einem Baume, und dann geht es wie ein Lauffeuer im ganzen Thale herum, und von allen Bäumen wird mit einem Eifer und einer Heftigkeit geantwortet, als wenn große Noth und Schrecken unter ihnen herrsche. Dieß geht so fort bis zu einem gewissen Culminationspuncte des Geschreies, wo die Menschen oft ihr eigenes Wort nicht hören können. Dann wird auf eine Zeit lang auf ein Mal Alles wieder still, als wenn sie auf eine neue Variation ihrer Melodie sännen, bis sie dann plötzlich wieder losbrechen, aber den alten Singsang ganz auf dieselbe Weise abschreien. So geht es den ganzen Tag durch. Des Abends werden sie ruhiger, und des Nachts schweigen sie. Dann werden sie von den Grillen, die hier ungemein laut schreien, als gäben sie sich die größte Mühe, die fehlenden Nachtigallen zu ersetzen, und anderem Insectengezirpe abgelöst. — So traurig ist es um die natürliche Musik der Krim bestellt.

Wir fanden im Garten von Oreanda überall, besonders an geschützten Stellen am Fuße der Felsen, den schlauen Ameisenlöwen. Zuweilen waren seine kleinen Sandtrichter in solcher Menge so dicht bei einander, daß wir anfangs immer glaubten, sie seien durch vom Felsen herabtröpfelnden Regen entstanden. Allein wir fanden in jedem den kleinen Löwen, der an Schlau- heit so viel mehr aufwendet, als er an Stärke weniger besitzt, wie sein Namens- vetter, der König der Thiere. Seine Trichter sind immer ganz regelmäßig ausgearbeitet und auch an solchen Stellen angelegt, die vor Regen geschützt

sind, so daß der Sand immer trocken und lose bleibt. Würde er angefeuch=
tet, so würden die Ameisen rascher durch den Trichter hinlaufen und nicht auf
dem schurrenden Sande aufgehalten werden. Als wir mit dem Ausgraben
eines Ameisenlöwen beschäftigt waren, — denn er verliert sich immer in der
Mitte seines Trichters unter dem Rande — haspelte auf langen Beinen ein
großer Procerus Tauricus, ein anderthalb Zoll langer, schön blaufarbiger,
der Krim eigenthümlicher Käfer vorüber und fiel mit seiner ganzen Elephanten=
masse in einen benachbarten Trichter. Der kleine Löwe kam hervor, verkroch
sich aber sogleich wieder bei'm Anblicke dieser Riesenameise, die bei'm Heraus=
arbeiten ihm sein ganzes Häuschen zerstörte. Wir hatten nun das Vergnügen,
zu sehen, wie geschickt er anfing zu schaufeln, um Alles wieder in Stand
zu setzen.

Von Eidechsen und Schlangen giebt es eine Menge von Arten in den
Gärten der Küste, besonders eine Unzahl von kleinen und großen, grünlichen
Eidechsen, die um Mittag, wenn die Sonne recht warm ist, auf allen Felsen
spielen und buchstäblich bei jedem Schritte im Grase vorüberschießen. Als
wir nach Hause ritten, hörten wir einen Jammerruf im Grase, und gleich
darauf sprang mit allen Anzeichen des größten Schreckens und laut schreiend
ein großer Frosch (Rana cachinnans) auf den Weg, dem eine lange Schlange
nachschoß. Mitten auf dem Wege erhaschte sie sein Bein, als eben unsere
Pferde dazwischen traten und den kleinen Mann retteten, der auf der anderen
Seite in's Gras zurückhinkte, während die Schlange vor unseren drohenden
Kantschuhieben sich pfeilschnell aus dem Staube machte.

Apropos — bei Kantschu fällt mir ein, daß sehr sonderbarer Weise dieses
bei uns so bekannte Wort in Rußland eigentlich gar nicht gebräuchlich ist.
Der gemeine Russe nennt seine Peitsche „Knut“, der Kosak überall „No=
gaika.“ Das Wort Kantschu habe ich blos bei den Tataren in der Krim
gehört, und man wunderte sich sehr darüber, daß mir dieses Wort so geläufig
war, da man selbst auch dort weit mehr von Nogaika spricht.

Bei Tische gab uns der Pastor Oberlin in den Vogesen viel zu sprechen.
Ich hatte wohl die Lebensbeschreibung dieses so merkwürdigen Mannes ge=
lesen, allein noch Niemanden gesprochen, der in so nahen Verhältnissen mit
ihm gestanden wie die Frau meines Gastfreundes. Sie gab mir eine sehr
detaillirte Schilderung der Lebensweise Oberlin's und seines Verfahrens bei
der Erziehung seiner Gemeinde und seiner Hausgenossen, mit welcher Auf=
merksamkeit, Sorgfalt und Liebe er jedes nützliche Pflänzchen, das er irgend=
wo gefunden, gepflegt und jedes Steinchen des Anstoßes überall beseitigt
habe, mit welcher musterhaften Sparsamkeit er gelebt und, obgleich lebens=
freudig, sich fast alle leiblichen Genüsse entzogen, um sie zu Nützlichem für

feine Mitmenschen umzuschaffen. Napoleon, sagte fie, habe ihn auch sehr
geschätzt, einen Brief an ihn geschrieben und ihn auch besucht. Solche
Männer wie Oberlin sind für das praktische Leben Dasselbe, was für die
Wissenschaft ein Swammerdamm, ein Lyonnet, die sich auf die vollendete
Ausarbeitung eines kleinen Gebietes beschränken; sie sind viel seltener als
die, welche als Gesetzgeber, Staatslenker, Systembauer mit Glück das Ganze
und Große umfassen. Indeß giebt es doch bei uns allerdings noch hier und
da ähnliche Charaktere, die aber unter den 60,000,000 Einwohnern Ost=
europa's gänzlich fehlen. Hier kann sich stilles Verdienst am allerschwersten,
ja gar nicht geltend machen, und wo ein solches duftendes Veilchen erscheinen
würde, da würde man es nur verächtlich belächeln. — Wie oft fiel mir in
Rußland Pückler=Muskau's trefflicher Bibliothekar Jäck und sein naturfor=
schender Sammler von Bamberg ein, weil ich nirgends eine Spur von ihnen
unter den Russen fand.

Den Abend hatte ich eine ganz eigenthümliche Lectüre, das Tagebuch
und die Selbstgeständnisse eines deutschen Gärtners, eines noch ziemlich
jungen, angenehmen Mannes, der ebenfalls in Oreanda angestellt war.
Er war auf dem Harze geboren, hatte in der Jugend nur gewöhnlichen
Volksunterricht gehabt und war als junger Mensch nach Riga in eine der
dortigen großen Blumenhandlungen gekommen. Von Riga hatte er seinen
Wanderstab weiter nach Polen zum Fürsten Lubomirski gesetzt, von da war
er zum größten Steppengutsbesitzer in der Nähe von Woßnesenst gekommen
und dann als kaiserlicher Gärtner nach der Krim versetzt worden. Er war
einer der merkwürdigsten Autodidakten, die mir je vorgekommen. In Riga
hatte er drei Sprachen auf ein Mal für sich aus Grammatiken zu lernen an=
gefangen und es so weit gebracht, daß er nun ziemlich gut Französisch, Ruf=
fisch und Englisch sprach und schrieb. Dann hatte er das Zeichnen und Malen
gelernt, wozu er aus Deutschland nur sehr mangelhafte Kenntnisse mitge=
bracht. Auch hatte er sich in Riga so viel zusammengespart, daß er sich ein
Klavier anschaffen konnte, auf dem er sich nach einigen Unterrichtsstunden
selber weiter half. Mit allen diesen Dingen verschönerte er sich nun seine
Mußestunden an der taurischen Küste, betrachtete aber dabei seine Gärtnerei
immer entschieden als die Hauptsache, verstand sein Handwerk und erwarb
sich dadurch alles Lob seiner Vorgesetzten. Er hatte große Massen getrockneter
Pflanzen aus allen Gegenden Rußlands, in denen er gewesen, und ich lernte
viel von ihm. Ueber alle die Gegenden, in denen er sich eine Zeit lang auf=
gehalten, hatte er recht gut geschriebene Tagebücher verfaßt, immer mit den
Ueberschriften: „Mein Leben in Riga,“ „mein Aufenthalt in der Steppe“,
„meine Leiden in Polen“ u. s. w. Ich sah daraus, daß der Mann bei so

großer Selbstkenntniß ein Philosoph war und bei mehr Schule ein Schrift=
steller hätte werden können.   Seine lebendigen Darstellungen und die Selbst=
gespräche und Zwiegespräche, die er immer so aufgeschrieben hatte, wie sie
wirklich in natura vorgekommen waren, boten das größte Interesse. Beson=
ders sprach die Geschichte seiner Leiden an den Ufern des Dniepr sehr wahr
Das aus, was so mancher aus Westeuropa nach dem wüsten Osten ver=
schlagene Geist zu erdulden hat.   Ich hatte selber Aehnliches mitgemacht,
und ich glaubte zuweilen, er hätte es mir aus der Seele geschrieben. Alle
seine Tagebücher waren hübsch geheftet und mit niedlichen Bildern versehen,
auf denen er immer selber die Hauptrolle spielte, wie dieß bei Autodidakten
und in ihrem eigenen Selbst grabenden Forschern natürlich ist.   So hatte er
ein Bild, „R.... in seiner Einsiedelei am Klavier.“ — „Mein Streit mit
„Herrn X.“ — „Wie ich mit den Töchtern des Fürsten Lubomirski, dem
„Lehrer und der Gouvernante Verstecken spielte“ u. s. w.   Es versteht sich,
daß dieser interessante Mann sogleich mein bester Freund in Oreanda wurde.
Wie gern hätte ich ihm auch für seine Zeichnungen mehr Schule gewünscht.
Man kann sich darauf verlassen, daß ganz Rußland voll steckt von eingewan=
derten Ausländern dieser Art, die sich mit allen ihren Talenten in sich selbst
vergraben, d. h. wenn sie stille, ehrliche Leute sind, denen es um wahre
geistige Bildung zu thun ist, denn Andere vergessen auch ihr ganzes deutsches,
inneres Leben und begeben sich auf die Bahnen der praktischen Speculationen,
d. h. des Gelderwerbes.

Auf diese Weise verlebte ich ein paar für mich Reconvalescenten sehr an=
genehme und nützliche Tage in Oreanda und nahm dann am dritten Abende
von meinen freundlichen Wirthen Abschied, um nach Jalta zurückzukehren.
Unterwegs lockte mich noch ein Mal das Schweizerhäuschen von Livadia zu
sich heran, und ich bereute den kleinen Abstecher nicht.   Im Lusthause des
Cousins der Kaiserin Josephine befand sich sehr angenehme und heitere Gesell=
schaft, denn was das betrifft, so fehlt es daran nie an der Südküste.   Den
ganzen Sommer hindurch fliegen hier überall die Gäste ein und aus, Gäste
der verschiedensten Nationen und der verschiedensten Glücksumstände.   Noch
eben — bald hätte ich es ganz zu erwähnen vergessen — war mir auf dem
Wege zwischen Oreanda und Livadia der französische Ambassadeur am Peters=
burger Hofe, Herr von Barante, in den Gebüschen begegnet, von seiner Frau
und seiner Familie umgeben.   Ich bedauerte sehr, daß ich mit dem Verfasser
so manchen geschätzten historischen Werkes keine intimere Bekanntschaft machen
sollte, als die ist, welche man anknüpft, wenn man zu Pferde an einander
vorüber galoppirt und sich gegenseitig begrüßt.

Die Gesellschaft in dem Moos=Lusthäuschen von Livadia bestand haupt=

ſächlich aus Damen, einem Beſtandtheile, den man in der Geſellſchaft eben ſo ungern entbehrt als den Zucker im Punſch. Unter ihnen befanden ſich eine ſehr heitere Franzöſin, die Frau eines reichen Italieners aus Odeſſa, und eine junge Dame aus Jaſſy, die zu ihrer Couſine zum Beſuche gekommen war, um mit ihr eine Luſtreiſe in die Krim zu machen. Sie war ſo jung, hübſch, luſtig und naiv, daß ich ſie lange für ein unverheirathetes Mädchen hielt und auch in dieſem Sinne mit ihr ſprach, als ich auf einmal hörte, daß der Oberſt, ihr Gemahl, und ihre beiden kleinen Kinder in Jaſſy zurück-gebliebten ſeien. Ich muß geſtehen, daß mir kürzlich keine ſolche herzlich ge-meinte Heiterkeit und ſolche naive und komiſche Neckluſt, wie aus ihren Augen ſprachen, vorgekommen waren. Man ſieht ſo etwas in Rußland ſelten. Ich bemerkte ihr, daß man wohl jenſeits des Pruth ſehr angenehm und froh lebe. Sie antwortete: „Oh oui, on est plus sans gêne, qu'en Russie. Nous „vivons là bas passablement bien. En hiver nous donnons des bals à „notre bon prince, et de temps en temps il nous en donne. Au prin-„temps nous faisons — le prince et nous autres — de petits voyages „au bateau à vapeur sur le fleuve, qui appartient à notre prince, c'est „à dire le Danube. Nous avançons jusqu' à la mer Noire et là nous „faisons de la musique et des bêtises. — Wie hübſch ſich doch die Geogra-phie aus einem reizenden Munde lernt! Die Ohren laſſen nichts fahren, und der Geiſt nimmt Alles auf. Ich war ſehr froh über einen tiefen Seufzer dieſes Mundes, denn als ich nach deſſen Bedeutung fragte, hörte ich, daß er dem wogenden Meere gälte, das man in einigen Tagen befahren müßte, und freute mich auf ſo lehrreiche Reiſegefährten.

Den folgenden Tag wandte ich mein Apothekerpferdchen nach Oſten, um den berühmten botaniſchen Garten von Nikita in Augenſchein zu neh-men. Der Weg dahin ging über Maſſandra und Magaratſch, wie wir dieß ſchon oben ſagten, doch wich ich bald von der großen Straße ab, um etwas Neues kennen zu lernen, denn Wege, auf denen ich ſchon ein Mal trabte, ſind mir ſo unausſtehlich wie aufgewärmte Suppen. Ich ſchlug mich näher nach der Küſte zu und kam hier nun mitten durch alle die reizenden Weingärten und Anpflanzungen von Magaratſch. Wir bemerkten ſchon, daß das ganze Thal in eine Menge kleiner Parcellen getheilt iſt und daß dieſe an einzelne Beſitzer verkauft ſind. Jeder derſelben hat ſich nun auf ſeine Weiſe, nach ſeinem Geſchmacke und nach der Größe ſeines Geldbeutels angeſiedelt, und da die Natur das ganze Terrain mit einer eben ſolchen Manchfaltigkeit des Geſchmacks geſtaltet hat, ſo gehört Magaratſch zu den anmuthigſten und unterhaltendſten Partieen der Küſte, die um ſo mehr als ein kleines Wunder erſcheint, da Alles, Wege und Stege, Felder und Gärten, Häuſer und

Höfe, noch ganz neu ist und noch vor sieben bis acht Jahren hier völlige Wildniß herrschte. Die freundlichen, überall zerstreuten Wohnungen sind von Wein umrankt und von Cypressen umschwankt, Weingärten häufen sich in unzähligen, sehr allmählig abgeflachten Terrassen über einander, kleine Bergkuppeln steigen daraus hervor, welche die Gehöfte tragen, grüne Wiesen legen sich dazwischen und halten Alles malerisch auseinander, kleine Baumpartieen verhüllen zuweilen die Landschaft dem Wanderer und bereiten die angenehmsten Ueberraschungen. In diesen Gehölzchen schlängeln sich wilde Weinreben von Baum zu Baum und bis hoch in die Gipfel, aus denen sie mit zahlreichen Früchten wie aus dem Füllhorne der Pomona herabfallen. Auf mancherlei Kreuz= und Querwegen gelangte ich durch das Thal endlich zum Garten von Nikita.

Ich durchstrich ihn zu Pferde, und als ich um eine Ecke des Weges bog, sah ich plötzlich zu meiner großen Ueberraschung den Director des Gartens mit seiner Frau und der halben Dampfschiff=Compagnie unter einem großen Wallnußbaume sitzen. Es war der Gouverneur und seine ganze Familie, die auch vor ein paar Tagen von ihrer Tour in's Innere zurückgekehrt waren und nun ebenfalls von Jalta aus, wie ich, kleine Spaziergänge machten, um damit die Zeit bis zur Rückfahrt Peters des Großen hinzuhalten. Ich freute mich sehr, alte Bekanntschaften wieder zu treffen, machte die neue des Directors, eines liefländischen Barons und seiner Frau, einer Cousine der berühmten Frau von Krüdener. Es wurde nach einigen Spaziergängen im Garten im Freien unter einigen schönen schattigen Eichen gespeist, und zum Nachtische wurden krim'sche Weine und krim'sche Geschichten aufgetischt. Die Baronin erzählte viel von ihren liefländischen Verwandten, besonders von der berühmten Krüdener, die in Karasubasar mitten unter Tataren verstorben und auch begraben ist, der Baron von einem eben so berühmten und vielleicht noch heilbringenderen Menschen, dem berühmten Pallas, der ebenfalls in der Krim lange Zeit lebte. Er war ein geborener Berliner, wirkte lange Zeit als Akademiker in Petersburg, machte weltbekannte Reisen in mehren Theilen von Rußland und zog sich dann seiner Gesundheit wegen nach Simpheropol in der Krim zurück, wo er bis 1812 lebte. Ein Jahr vor seinem Tode rief ihn sein reicher Bruder, der unverheirathet war, nach Berlin, um seine Reichthümer mit ihm zu theilen, allein er genoß nicht viel davon, denn im folgenden Jahre starb er in eben der Stadt, in der er geboren. Seine Wittwe lebt noch diesen Augenblick in Simpheropol.

O, die Krim ist durchaus nicht ohne ihre notablen Namen! So schließt sich an jene berühmte Religionsschwärmerin und diesen ausgezeichneten Gelehrten eine eben so bekannte Schönheit, die einst selbst von Kaiser und Potentaten die aufrichtigsten Huldigungen empfing und die jetzt in Erinnerung dieser schönen temps passés an der Küste lebt.

Der Garten von Nikita ist natürlich voll von Genuß für einen Pflanzenliebhaber. Der Director ist ein großer Pomolog und besonders Kenner der verschiedenen Weingattungen, von denen hier vielleicht ein größeres Assortissement wächst als sonst in irgend einem Garten. Man gab uns die Zahl der Sorten auf 300 an. Da man sie so viel als möglich vollständig zu machen sucht und noch immer neue Gattungen dazu holt, so würde, wie man mir sagte, man wohl auf 400 kommen. — Von dem wilden Weine der Krim ist es nicht ausgemacht, ob er blos verwilderter oder wirklich von Hause aus wilder ist. Uebrigens rankt er überall, selbst in den wildesten Baumpartieen der Küste, auch an ganz einsam gelegenen Felsen dicht an der Küste sah ich häufig kleine Weinstöcke mit kleinen süßen Trauben.

Ein der Südküste eigenthümlicher Baum ist der Erdbeerenbaum. Er windet sich oft sehr malerisch mit seinen von einer feuerrothen Rinde bedeckten Aesten zwischen den Felsen herum, und sein Stamm schlängelt sich wie eine dicke Schlange aus den Spalten hervor. Er wächst ziemlich hoch an der Bergmauer der Südküste hinauf, doch noch höher, ganz oben steht die Pinus Taurica. Das fruchtbare und feuchte Erdreich, welches dieser Baum um sich herum anhäuft, wird von den Gärtnern der Küste sehr geschätzt, und sie holen es überall, wo sie der Fichte leicht beikommen können, sorgfältig herunter, um es unten auf ihren Blumenbeeten zu benutzen.

Der Wachholder der Küste (Juniperus excelsa) ist nicht das krüppelige, struppige, aller Zier entbehrende Gewächs, welches wir im Norden kennen, sondern ein hoher, schöner Baum. Dagegen sind die krim'schen Eichen (Quercus pubescens) nicht mit den unserigen zu vergleichen. Selbst die, welche mir an der Küste als die größten und schönsten gezeigt wurden, können sich nicht im Geringsten mit einer schönen, deutschen Eiche messen. Am auffallendsten waren mir an diesen Eichen die ungemein winzigen Blättchen.

Es wurde uns auch noch, als der Krim ganz eigenthümlich, ein Pyramiden-Apfelbaum gezeigt, und sogar, als Nikita eigenthümlich, eine fußlose Eidechse (Lacerta apoda), die sonst in der Krim nirgends vorkommen soll als in Nikita. Auch wilde Feigen- und Terpentinbäume bewunderten wir außerhalb des Gartens zwischen den Felsen. Der Kaperstrauch kriecht überall. Seine eßbare Knospe wird am meisten von Sudak und dann von Feodosia aus verfahren. Der Epheu kommt hier zu mächtigen Stämmen und ent-

faltet mitunter ein Blattgefieder an den Felſen hin, als wollte er ſie mit
ſeinen polyppiſch durcheinander greifenden Armen aus dem Boden heben.

Gegen Abend empfahlen wir uns allen Cypreſſen, Oliven, ſämmtlichen
300 Weinen und unſeren liebenswürdigen Wirthen von Nikita, und am anderen Tage, dem letzten vor der Abfahrt des Dampfſchiffes, das bereits, vom
Grabe des Mithridates zurückgekehrt, wieder auf der Rhede von Jalta lag,
machte ich noch einen Ausflug ganz anderer Art. Ich ſtieg mit einem deutſchen Arzte zu Pferde, und wir trabten in die inneren Thäler von Jalta hinein,
um zu einem berühmten Waſſerfalle zu gelangen, der aber, wie ich mir
gleich vorher gedacht, ſehr wenig ſeinem Ruhme entſprach, ſo daß auch hier,
wie oft im Leben, der Weg ſelber mehr werth war als das Ziel.

Zunächſt kamen wir in ein Haſelnußgehölz, wo eben ganze Tataren-
Familien, Männer, Weiber und Kinder, mit dem Ableſen der Nüſſe beſchäftigt waren. Der größte Theil der Haſelnüſſe, die Petersburg und Moskau
knacken, — und die Maſſe derſelben iſt nicht gering — kommt aus der Krim.
Es giebt dort verſchiedene Sorten, kleine kugelige, ſehr lange und große, und
die größten ſind wieder rundlich. Die letzteren nennen die Ruſſen „Funduki.“
Man ſieht dieſe Waare in Odeſſa in ungeheueren Maſſen aufgeſtapelt. Von
dort aus oder auch direct aus der Krim zu Wagen verſendet, vertheilen
ſie ſich durch's ganze Reich. Die Tataren haben eine gute Einnahme von
ihren Nüſſen, und eine wie bequeme! Sie biegen blos die langen, voll-
hängenden Zweige herunter, ſtreifen die Nüſſe ab, eſſen und ſcherzen dabei,
ohne im Geringſten zu ſchwitzen. Wenn Einem die Sache ſo leicht gemacht
wird, da hält es ſchwer, nicht etwas träge zu werden, und ich wundere mich
nur, daß die Tataren es nicht noch mehr ſind.

Wir kühlten uns die Hitze des Tages mit der ſäuerlichen Frucht der
Kornelkirſche (cornus escula), welche die Tataren Kiſil (Rothbeere) nennen.
Sie wächſt in der ganzen Krim an allen Wegen und Stegen, und ihre Beeren
gewinnen hier eine bedeutende Größe. Unſeren Geiſt fütterten wir mit Krank-
heit, d. h. der Arzt erzählte mir Allerlei von den an der Küſte herrſchenden
Krankheiten. Die Hauptfieber, ſagte er, wären Wechſel-, Gallen- und
Nervenfieber. Vom Gallenfieber bliebe kein Fremder verſchont, oft lägen
ganze Gutswirthſchaften mit allen ihren Einwohnern und nichttatariſchen
Arbeitern daran nieder. Die Tataren dagegen wüßten nichts davon. Das
Nervenfieber nähme hier eine ganz eigenthümliche Form an und wäre faſt
jedes Mal mit einer Lähmung der Glieder verbunden. Es überfiele ſelbſt die
geſündeſten Menſchen und käme gewöhnlich ganz unerwartet. Plötzlich werde
man unwohl und ſchwindelig, lege ſich hin und fiebere dann 30 bis 40 Tage

hindurch). Gewöhnlich wäre nur Lähmung der Füße dabei, aber oft auch stiege die Lähmung bis in den Kopf. Die Krise wäre bei diesem Fieber sehr schwer zu erkennen, und die Nachwehen wären oft eben so betrübt wie die Krankheit selbst. Lange nachher müsse man noch auf Krücken gehen, und häufig bleibe man taub. Auch von diesem Fieber wüßten die Tataren wenig. Unter ihnen dagegen wären die Wassersucht, das Wechselfieber und gichtische Krankheiten sehr häufig, auch sollten gewisse üble epidemische Krankheiten unter ihnen häufig grassiren und fast endemisch sein. Eben so zeigen sich noch oft bei ihnen die Blattern, weil sie keine Aerzte gebrauchen und auch ihre Kinder nicht impfen lassen wollen. Ihr Hauptarzt ist der Mullah, der alle Mal zum Kranken gerufen wird und der ihm gewisse Dinge von Mohamed und Allah vorspricht, worauf die Kranken wieder gewisse Dinge antworten müssen. Der Arzt wußte leider nicht, was. Auffallend aber, sagte er, wäre es, daß die Mullahs, ohne vielleicht etwas vom thierischen Magnetismus zu wissen, ihn doch bei vielen Krankheiten in Anwendung brächten. Sie machten nämlich allerlei Handbewegungen über dem Kranken, bis er in magnetischen Schlaf verfiele. Jene Bewegungen wären indeß weniger wellenförmiges Streichen wie bei uns als vielmehr ein Darauflostüpfen mit den Fingern, die jedoch nie das Gesicht des Kranken berührten. — Auffallend, sagte er, wäre die große Verschiedenheit des Gesundheitszustandes der verschiedenen Stellen der Küste, obgleich auch wieder sehr erklärlich aus den verschiedenen Verhältnissen ihrer Umgebungen. Er hätte einige Güter, wo die Leute selten krank wären, weil sie, immer von Felsen umgeben, bei ihren anstrengenden und schweißtreibenden Arbeiten vor den fatalen Ostwinden geschützt wären, andere dagegen, wo immer Alles kränkelte.

Wir kamen mit unseren Gesprächen immer tiefer in die Berge, hatten manche hübsche Scene um uns, nahe bei dem im Inneren des Thales versteckten Wasserfalle auch eine alte Ruine, deren Erbauer keine Inschrift verkündete, allein wir waren nun bis zum Grade völliger Sättigung mit krim'schen Naturschönheiten und Ruinen gekommen, und es wollte nichts mehr auf uns rechten Effect machen. Wir nahmen unseren Rückweg über ein von lauter Griechen bewohntes Dorf und besuchten dessen Kirchhof, wo uns die griechischen Buchstaben an den kleinen marmornen Kreuzen so wohl gefielen, weil sie uns an unsere kalligraphischen Schulübungen erinnerten, und eine griechische Bauernhütte, wo die Leute mit dem Aufreihen der Tabacksblätter beschäftigt waren, mit denen sie ihr Haus umkränzten, um sie trocknen zu lassen. Der krim'sche Taback ist durchaus nicht übel und wird ganz auf dieselbe Weise präparirt, geschnitten und verkauft wie der türkische.

Damit waren denn nun meine tauriſchen Wanderungen zu Ende. Nach einem ſanften Schlummer in dem würzigen Dufte meiner Apotheke gab's den anderen Morgen nun noch zu laufen, zu packen, Abſchied zu nehmen und noch ſonſt Allerlei zu thun. Um 12 Uhr ſagte ich meinem Arzte, meinem freundſchaftlichen Apotheker und Jalta ein Lebewohl, bei dem es auch hieß: „Nur in der anderen Welt ſehen wir uns wieder,“ warf mich in ein kleines Boot und kam bei dem ſchon von Dampf= und Menſchengewühl ſummen= den und brauſenden Pyroſkaph an. Der Peter holte nun auch bald ſeinen Anker auf, ließ ſeine Räder kreiſen und ſchoß mit uns zur Bai von Jalta hinaus.

Sehr verwundert waren wir Alle, die ſämmtlichen alten bekannten Ge= ſichter von der Herfahrt wiederzufinden. „Ach guten Tag, ſind Sie auch „wieder da? Ich dachte, Sie wollten damals nicht wieder zu See gehen?“ „Ja ich wurde verhindert, Extrapoſt zu nehmen, und ziehe es nun doch ſo vor. „Man kommt kürzer weg.“ — „Und Sie, meine Dame, ich dachte, Sie „wollten Ihre Equipage von Odeſſa kommen laſſen?“ — „Ja wir haben auch „darum geſchrieben. Allein man ſagte, es würde ſehr lange dauern, und ſo „gaben wir es lieber auf.“ — Kurz wir fanden uns Alle wieder und lachten uns gegenſeitig über den uns inwohnenden menſchlichen Unbeſtand aus. — „Ach, meine Herren, lachen Sie doch nicht,“ rief eine der polniſchen Damen, „Gott weiß, was uns noch auf dieſer Reiſe bevorſteht.“ Es pflegt indeß ge= wöhnlich ſo zu ſein, daß alle Mal nach drei Wochen ſich dieſelbe Geſellſchaft auf dem Odeſſa'ſchen Dampfboote wieder zuſammenfindet, weil gewöhnlich jeder Fremde den Kymmeriern ſo viel Zeit widmet.

Das Langweiligſte war aber das examen rigorosum, dem man ſich nun noch unterziehen mußte. Denn bald nach der erſten Begrüßung begann= nen die Fragen: „Eh bien, Monsieur, où est-ce que vous avez été? „Vous avez donc vu la Cascade du Djour-Djour?“— „Non, Monsieur.“— „Comment, Monsieur, vous n'avez pas vu la Cascade du Djour-Djour?“ — „Non, Madame.“ — „Ecoutez, écoutez, Monsieur n'a pas vu le „Djour-Djour.“ — „Eh bien écoutons ensuite, est-ce que vous avez vu „la source du Ssalgir et la caverne tout près?“ — „Non, Madame.“ — „Comment, vous n'avez pas vu la source du Ssalgir et la caverne tout „près?“ — „Non, Mademoiselle.“ — „Ah, Monsieur, mais qu'est-ce donc, „que vous avez vu?“ — „J'ai vu, par exemple, les Tatares, Madame.“— „Fi donc les Tatares! Pour vous dire la verité, je ne suis jamais „entré chez un Tatare, parce qu'il y a toujours chez eux quantité de „pu —!“

Das Wetter war ungemein schön und blieb es dieß Mal auch auf der ganzen Reise. Die meisten der Herren verspürten auch nichts weiter von See= krankheit als einen sehr angenehmen, etwas krankhaft erhöhten Appetit. Wir dinirten daher, an der hohen Küste vorüber rauschend, mit einer Lust, die den Neid aller Bergbewohner erregen mußte, und ließen einige Gläser auf das Wohlsein der schönen Krim erklingen.

Im Vorüberfahren winkten wir noch ein Mal allen Puncten der Küste zu, dem schönen Livadia, Oreanda, Alupka, der Honighöhle, der Scala, den Bergen des Baidar und Balaklava, und gegen Abend verdeckte uns die Dämmerung die letzten Spitzen des Chersonesus Trachea, die wir vor drei Wochen in der Morgendämmerung begrüßt hatten. Wir tranken Thee und steuerten in das freie unbegränzte Meer hinaus. Bei'm Thee erzählte ein Italiener, er habe Nachgrabungen in Jalta auf dem Kirchhofe anstellen lassen und dort 3 bis 4 Schichten von Leichnamen übereinander gefunden. Auch zeigte er ein sehr merkwürdiges griechisches Kreuz vor, das seiner eigen= thümlichen Arbeit nach wohl aus den Zeiten der byzantinischen Kaiser stammen mochte. Er sagte, er habe auch ein paar große thönerne Gefäße gefunden, die er sich nach Odessa nachkommen lassen wolle. Ich selbst sah mehre solche alte ausgegrabene Gefäße in einigen Haushaltungen in Jalta in Gebrauch, unter anderen in einem Gasthofe eines, als Wassertonne eingegraben, das 16 We= dro (Eimer) faßte. Uebrigens fand ich eben solche Gefäße ganz so, wie man sie auch in Italien hier und da ausgegraben hat, auch in einigen Häusern von Odessa. Hier sagte man mir, man habe sie aus Konstantinopel, wo sie noch jetzt verfertigt würden.

Unter den Damen hatte indeß trotz dem, daß das schwarze Meer heute so artig und galant war, wie man es nur irgend von einem sonst so wirschen Gaste verlangen kann, die Seekrankheit schon schrecklich grassirt. Einige hat= ten sich gleich bei der ersten Landspitze mäuschenstill niedergelegt, und ihre sonst so gesprächigen Lippen spaltete bis Odessa kein Lächeln mehr, und über ihre Zunge schlüpfte kein Wörtchen oder höchstens ein sterbendes. Die einzigen beiden, die noch frisch aufrecht saßen, waren meine Strumpfstrickerin von der Herreise und meine hübsche Moldawanerin von Livadia. Ich gesellte mich zu ihnen und eben so ein Offizier, der ebenfalls die Naivität in den Jassy'schen Augen zu lieben schien. Wir saßen bis tief in die Nacht hinein beisammen, und da kamen denn allerlei Scherze und Anekdoten zum Vorschein, und zu= letzt kamen wir förmlich in's Geschichtenerzählen. Einige davon waren recht interessant, und es wird sich wohl einmal Gelegenheit finden, sie aufzutischen. Jede Stunde brachte uns ein anmuthiges Histörchen, und indem so ein Stern

nach dem anderen über unseren Köpfen hinwegschlüpfte, durchschnitten wir
eine Welle nach der anderen, durchschifften die Nacht, den Sonnenaufgang,
den Kaffee, das Frühstück, das Mittagsessen und begrüßten mit dem letzten
Glase des Desserts die Stadt Odessa, die Nachmittags aus den Wellen her-
vortauchte, und in deren Hafen bald alle in der Tatarei gesponnene Fäden
der Freundschaft wieder zerrissen, indem unsere ganze Gesellschaft nach allen
vier Winden auf Telegen, Droschken und Vierspännern auseinander fuhr.

———————